I0042415

DE LA DIVISION

DU

TRAVAIL SOCIAL

THÈSE

PRÉSENTÉE A LA FACULTÉ DES LETTRES DE PARIS

PAR

ÉMILE DURKHEIM

Ancien élève de l'École normale supérieure
Chargé d'un cours de science sociale et de pédagogie
à la Faculté des lettres de Bordeaux
Agrégé de philosophie

Οὐ γὰρ γίνεται πόλις ἐξ ὁμοίων· ἕτερον
γὰρ συμμαχία καὶ πόλις.

(ARISTOTE, Pol., B, I, 1261 a, 24.)

PARIS

ANCIENNE LIBRAIRIE GERMER BAILLIÈRE ET Cᵉ

FÉLIX ALCAN, ÉDITEUR

108, BOULEVARD SAINT-GERMAIN, 108

1893

DE LA DIVISION

DU

TRAVAIL SOCIAL

1895

R
11323

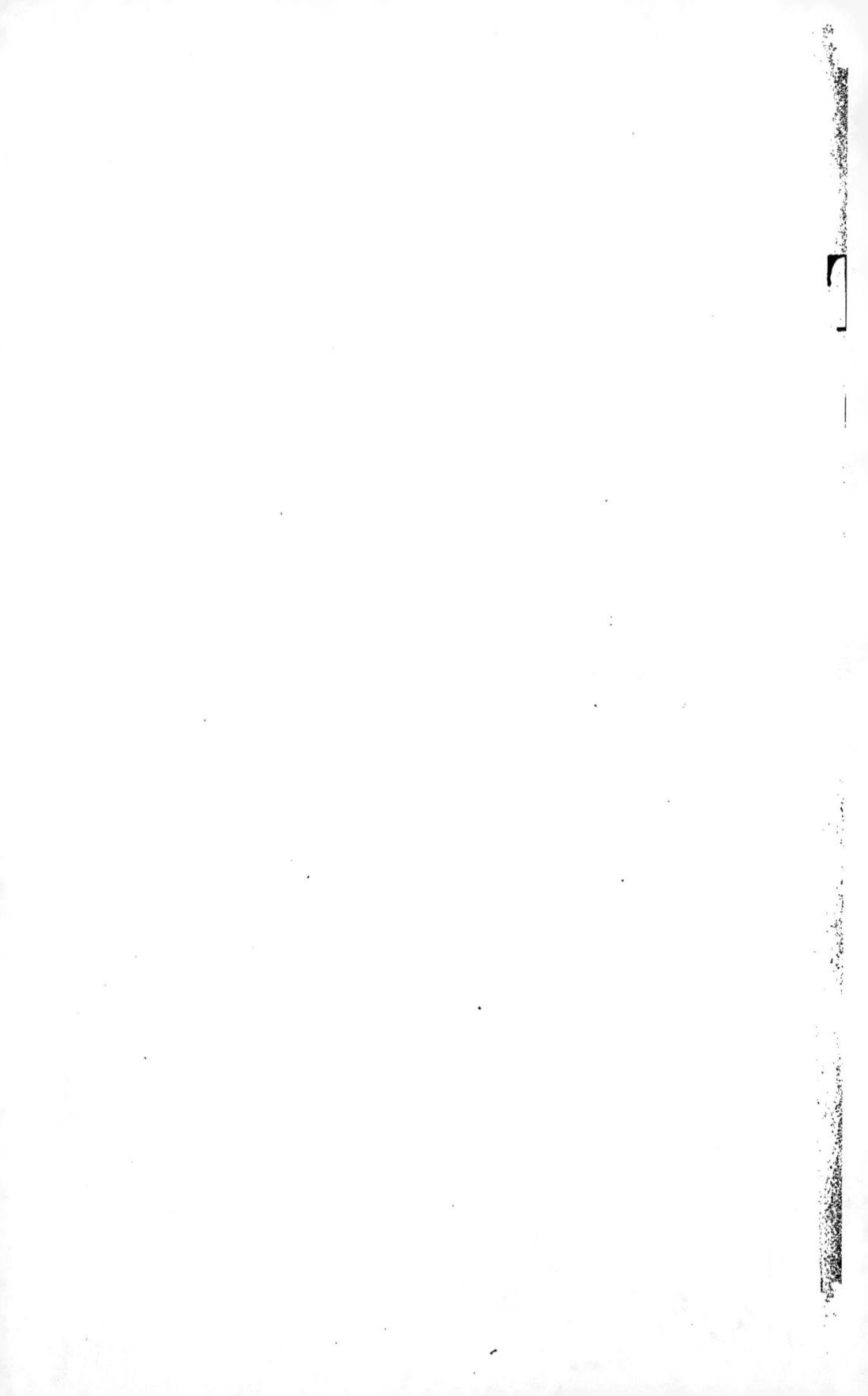

DE LA DIVISION

DU

RAVAIL SOCIAL

THÈSE

PRÉSENTÉE A LA FACULTÉ DES LETTRES DE PARIS

PAR

Émile DURKHEIM

Ancien élève de l'École Normale Supérieure
Chargé d'un cours de science sociale et de pédagogie à la Faculté des lettres de Bordeaux
Agrégé de philosophie.

Οὐ γὰρ γίνεται πόλις ἐξ ὁμοίων· ἕτερον
γὰρ συμμαχία καὶ πόλις.

(ARISTOTE, *Pol.*, B, I, 1261 *a*, 24.)

PARIS

ANCIENNE LIBRAIRIE GERMER BAILLIÈRE ET Cie

FÉLIX ALCAN, ÉDITEUR

108, BOULEVARD SAINT-GERMAIN, 108

—

189

Tous droits réservés.

A MON CHER MAITRE

M. ÉMILE BOUTROUX

Hommage respectueux et reconnaissant.

ERRATA

Page 61, avant-dernière ligne : au lieu de *dirai*, lire *dirait*.
— 101, note 2, dernière ligne : au lieu de *consulte*, lire *consulter*.
— 231, ligne 15 : au lieu de *personne,* lire *personnel*.
— 278, ligne 33 : au lieu de *continnera*, lire *continuera*.
— 304, ligne 21 : au lieu de *suffiantes*, lire *suffisantes*.
— 355, ligne 16 : après *la partie la plus importante*, intercaler *du patri-
    moine*.
— 366, note, dernière ligne : après *race* restituer *à*.

PRÉFACE

Ce livre est avant tout un effort pour traiter les faits de la vie morale d'après la méthode des sciences positives. Mais on a fait de ce mot un emploi qui en dénature le sens et qui n'est pas le nôtre. Les moralistes qui déduisent leur doctrine, non d'un principe *a priori*, mais de quelques propositions empruntées à une ou plusieurs sciences positives comme la biologie, la psychologie, la sociologie, qualifient leur morale de scientifique. Telle n'est pas la méthode que nous nous proposons de suivre. Nous ne voulons pas tirer la morale de la science, mais faire la science de la morale, ce qui est bien différent. Les faits moraux sont des phénomènes comme les autres; ils consistent en des règles d'action qui se reconnaissent à certains caractères distinctifs, comme nous le verrons plus loin; il doit donc être possible de les observer, de les décrire, de les classer et de chercher les lois qui les expliquent. C'est ce que nous allons faire pour certains d'entre eux. On objectera l'existence de la liberté? Mais si vraiment elle implique la négation de toute loi déter-

minée, elle est un obstacle insurmontable, non seulement
pour les sciences psychologiques et sociales, mais pour
toutes les sciences; car, comme les volitions humaines
sont toujours liées à quelques mouvements extérieurs, elle
rend le déterminisme tout aussi inintelligible au dehors de
nous qu'au dedans. Cependant, nul ne conteste la possibilité
des sciences physiques et naturelles. Nous réclamons le
même droit pour notre science (¹).

Ainsi entendue, cette science n'est en opposition avec
aucune espèce de philosophie, car elle se place sur un tout
autre terrain. Il est possible que la morale ait quelque fin
transcendante que l'expérience ne peut atteindre; c'est
affaire au métaphysicien de s'en occuper. Mais ce qui est
avant tout certain, c'est qu'elle se développe dans l'histoire
et sous l'empire de causes historiques, c'est qu'elle a une
fonction dans notre vie temporelle. Si elle est telle ou telle
à un moment donné, c'est que les conditions dans lesquelles
vivent alors les hommes ne permettent pas qu'elle soit
autrement, et la preuve en est qu'elle change quand ces
conditions changent, et seulement dans ce cas. Il n'est plus
aujourd'hui possible de croire que l'évolution morale consiste
dans le développement d'une même idée qui, confuse et indécise chez l'homme primitif, s'éclaire et se précise peu à peu
par le progrès spontané des lumières. Si les anciens Romains
n'avaient pas la large conception que nous avons aujourd'hui
de l'humanité, ce n'est pas par suite d'une erreur due à
l'étroitesse de leur intelligence; mais c'est que de pareilles

(¹) On nous a reproché (Beudant, *Le Droit individuel et l'État*, p. 211)
d'avoir quelque part qualifié de subtile cette question de la liberté. L'expression
n'avait dans notre bouche rien de dédaigneux. Si nous écartons ce problème,
c'est uniquement parce que la solution qu'on en donne, *quelle qu'elle soit*,
ne peut faire obstacle à nos recherches.

idées étaient incompatibles avec la nature de la cité romaine. Notre cosmopolitisme ne pouvait pas plus y apparaître qu'une plante ne peut germer sur un sol incapable de la nourrir; et, d'ailleurs, il ne pouvait être pour elle qu'un principe de mort. Inversement, s'il a fait depuis son apparition, ce n'est pas à la suite de découvertes philosophiques; ce n'est pas que nos esprits se soient ouverts à des vérités qu'ils méconnaissaient; c'est que des changements se sont produits dans la structure des sociétés, qui ont rendu nécessaire ce changement dans les mœurs. La morale se forme donc, se transforme et se maintient pour des raisons d'ordre expérimental; ce sont ces raisons seules que la science de la morale entreprend de déterminer.

Mais de ce que nous nous proposions avant tout d'étudier la réalité, il ne s'ensuit pas que nous renoncions à l'améliorer; nous estimerions que nos recherches ne méritent pas une heure de peine si elles ne devaient avoir qu'un intérêt spéculatif. Si nous séparons avec soin les problèmes théoriques des problèmes pratiques, ce n'est pas pour négliger ces derniers; c'est, au contraire, pour nous mettre en état de les mieux résoudre. C'est pourtant une habitude que de reprocher à tous ceux qui entreprennent d'étudier la morale scientifiquement leur impuissance à formuler un idéal. On dit que leur respect du fait ne leur permet pas de le dépasser; qu'ils peuvent bien observer ce qui est, mais non pas nous fournir des règles de conduite pour l'avenir. Nous espérons que ce livre servira du moins à ébranler ce préjugé; car on y verra que la science peut nous aider à trouver le sens dans lequel nous devons orienter notre conduite, à déterminer l'idéal vers lequel nous tendons confusément. Seulement, nous ne nous élèverons à cet idéal qu'après avoir observé le réel et nous l'en dégagerons; mais est-il possible de procéder autrement? Même les idéalistes les plus intempérants ne peuvent pas suivre une autre méthode, car l'idéal ne repose sur rien s'il ne tient pas par ses racines à la réalité. Toute la différence, c'est qu'ils étudient celle-ci d'une façon très sommaire, se contentent même souvent d'ériger un mouvement de leur sensibilité, une aspiration un peu vive de leur cœur, *qui pourtant n'est qu'un fait*, en une sorte d'impératif devant lequel ils inclinent leur raison et nous demandent d'incliner la nôtre.

On objecte que la méthode d'observation manque de règles pour juger les faits recueillis. Mais cette règle se dégage des faits eux-mêmes, nous aurons l'occasion d'en donner la preuve. Tout d'abord, il y a un état de santé morale que la science seule peut déterminer avec compétence, et, comme il n'est nulle part intégralement réalisé, c'est déjà un idéal que de chercher à s'en rapprocher. De plus, les conditions de cet état changent parce que les sociétés se transforment et les problèmes pratiques les plus graves que nous ayons à trancher consistent précisément à le déterminer à nouveau en fonction des changements qui se sont accomplis dans le milieu. Or, la science, en nous fournissant la loi des variations par lesquelles il a déjà passé, nous permet d'anticiper celles qui sont en train de se produire et que réclame le nouvel ordre de choses. Si nous savons dans quel sens évolue le droit de propriété à mesure que les sociétés deviennent plus volumineuses et plus denses, et si quelque nouvel accroissement de volume et de densité rend nécessaires de nouvelles modifications, nous pourrons les prévoir et, les prévoyant, les vouloir par avance. Enfin, en comparant le type normal avec lui-

ème — opération strictement scientifique — nous pour-
ons trouver qu'il n'est pas tout entier d'accord avec soi,
u'il contient des contradictions, c'est-à-dire des imperfec-
ions, et chercher à les éliminer ou à les redresser; voilà
n nouvel objectif que la science offre à la volonté. Mais,
dit-on, si la science prévoit, elle ne commande pas. Il est
rai; elle nous dit seulement ce qui est nécessaire à la vie.
Iais comment ne pas voir que, *à supposer que l'homme
veuille vivre*, une opération très simple transforme immédiatement les lois qu'elle établit en règles impératives de
conduite. Sans doute elle se change alors en art; mais le
passage de l'une ' utre se fait sans solution de continuité.
Reste à savoir si nous devons vouloir vivre; même sur
cette question ultime, la science, croyons-nous, n'est pas
muette (¹).

. Mais si la science de la morale ne fait pas de nous des
spectateurs indifférents ou résignés de la réalité, elle nous
apprend en même temps à la traiter avec la plus extrême pru-
dence, elle nous communique un esprit sagement conservateur. On a pu, et à bon droit, reprocher à certaines théories
qui se disent scientifiques d'être subversives et révolution-
naires; mais c'est qu'elles ne sont scientifiques que de nom.
En effet, elles construisent, mais n'observent pas. Elles voient
dans la morale, non un ensemble de faits acquis qu'il faut
étudier, mais une sorte de législation toujours révocable que
chaque penseur institue à nouveau. La morale réellement
pratiquée par les hommes n'est alors considérée que comme
une collection d'habitudes, de préjugés qui n'ont de valeur
que s'ils sont conformes à la doctrine proposée; et comme

(¹) Nous y touchons un peu plus loin, liv. II, ch. I, p. 260.

cette doctrine est dérivée d'un principe qui n'est pas induit
de l'observation des faits moraux, mais emprunté à des
sciences étrangères, il est inévitable qu'elle contredise sur
plus d'un point l'ordre moral existant. Mais nous sommes
moins que personne exposés à ce danger, car la morale est
pour nous un système de faits réalisés, lié au système total
du monde. Or, un fait ne se change pas en un tour de main,
même quand c'est désirable. D'ailleurs, comme il est solidaire d'autres faits, il ne peut être modifié sans que ceux-ci
soient atteints, et il est souvent bien difficile de calculer
par avance le résultat final de cette série de répercussions; aussi l'esprit le plus audacieux devient-il réservé à la
perspective de pareils risques. Enfin et surtout, tout fait
d'ordre vital — comme sont les faits moraux — ne peut
généralement pas durer s'il ne sert à quelque chose, s'il ne
répond pas à quelque besoin; tant donc que la preuve contraire n'est pas faite, il a droit à notre respect. Sans doute,
il arrive qu'il n'est pas tout ce qu'il doit être et que, par
conséquent, il y ait lieu d'intervenir; nous venons nous-
même de l'établir. Mais l'intervention est alors limitée : elle
a pour objet, non de faire de toutes pièces une morale à côté
ou au-dessus de celle qui règne, mais de corriger celle-ci ou
de l'améliorer partiellement.

Ainsi disparaît l'antithèse que l'on a souvent tenté d'établir entre la science et la morale, argument redoutable où
les mystiques de tous les temps ont voulu faire sombrer la
raison humaine. Pour régler nos rapports avec les hommes,
il n'est pas nécessaire de recourir à d'autres moyens que
ceux qui nous servent à régler nos rapports avec les choses :
la réflexion, méthodiquement employée, suffit dans l'un et
dans l'autre cas. Ce qui réconcilie la science et la morale,

c'est la science de la morale; car, en même temps qu'elle nous enseigne à respecter la réalité morale, elle nous fournit les moyens de l'améliorer.

Nous croyons donc que la lecture de cet ouvrage peut et doit être abordée sans défiance et sans arrière-pensée. Toutefois, le lecteur doit s'attendre à y rencontrer des propositions qui heurteront certaines opinions reçues. Comme nous éprouvons le besoin de comprendre ou de croire comprendre les raisons de notre conduite, la réflexion s'est appliquée à la morale bien avant que celle-ci ne soit devenue objet de science. Une certaine manière de nous représenter et de nous expliquer les principaux faits de la vie morale nous est ainsi devenue habituelle, qui pourtant n'a rien de scientifique; car elle s'est formée au hasard et sans méthode, elle résulte d'examens sommaires, superficiels, faits en passant, pour ainsi dire. Si l'on ne s'affranchit pas de ces jugements tout faits, il est évident que l'on ne saurait entrer dans les considérations qui vont suivre; la science, ici comme ailleurs, suppose une entière liberté d'esprit. Il faut se défaire de ces manières de voir et de juger qu'une longue accoutumance a fixées en nous; il faut se soumettre rigoureusement à la discipline du doute méthodique. Ce doute est d'ailleurs sans danger; car il porte, non sur la réalité morale, qui n'est pas en question, mais sur l'explication qu'en donne une réflexion incompétente et mal informée.

Nous devons prendre sur nous de n'admettre aucune explication qui ne repose sur des preuves authentiques. On jugera les procédés que nous avons employés pour donner à nos démonstrations le plus de rigueur possible. Pour soumettre à la science un ordre de faits, il ne suffit pas de les observer avec soin, de les décrire, de les classer; mais, ce qui est beaucoup plus difficile, il faut encore, suivant le mot de Descartes, trouver *le biais par où ils sont scientifiques*, c'est-à-dire découvrir en eux quelque élément objectif qui comporte une détermination exacte et, si c'est possible, la mesure. Nous nous sommes efforcé de satisfaire à cette condition de toute science. On verra, notamment, comment nous avons étudié la solidarité sociale à travers le système des règles juridiques; comment, dans la recherche des causes, nous avons écarté tout ce qui se prête trop aux jugements personnels et aux appréciations subjectives, afin d'atteindre certains faits de structure sociale assez profonds pour pouvoir être objets d'entendement et, par conséquent, de science. En même temps, nous nous sommes fait une loi de renoncer à la méthode trop souvent suivie par les sociologues qui, pour prouver leur thèse, se contentent de citer sans ordre et au hasard un nombre plus ou moins imposant de faits favorables, sans se soucier des faits contraires; nous nous sommes préoccupé d'instituer de véritables expériences, c'est-à-dire des comparaisons méthodiques. Néanmoins, quelques précautions qu'on prenne, il est bien certain que de tels essais ne peuvent être encore que très imparfaits; mais, si défectueux qu'ils soient, nous pensons qu'il est nécessaire de les tenter. Il n'y a, en effet, qu'un moyen de faire une science, c'est de l'oser, mais avec méthode. Sans doute, il est impossible de l'entreprendre si toute matière première fait défaut. Mais, d'autre part, on se leurre d'un vain espoir quand on croit que la meilleure manière d'en préparer l'avènement est d'accumuler d'abord avec patience tous les matériaux qu'elle utilisera, car on ne peut savoir quels sont ceux dont elle a besoin que si elle a déjà quelque sentiment d'elle-même et de ses besoins, partant, si elle existe.

Quant à la question qui a été l'origine de ce travail, c'est celle des rapports de la personnalité individuelle et de la solidarité sociale. Comment se fait-il que, tout en devenant plus autonome, l'individu dépende plus étroitement de la société? Comment peut-il être à la fois plus personnel et plus solidaire? car il est incontestable que ces deux mouvements, si contradictoires qu'ils paraissent, se poursuivent parallèlement. Tel est le problème que nous nous sommes posé. Il nous a paru que ce qui résolvait cette apparente antinomie c'est une transformation de la solidarité sociale, due au développement toujours plus considérable de la division du travail. Voilà comment nous avons été amené à faire de cette dernière l'objet de notre étude (¹).

(¹) Nous n'avons pas besoin de rappeler que la question de la solidarité sociale a déjà été étudiée dans la seconde partie du livre de M. Marion sur la *Solidarité morale*. Mais M. Marion a pris le problème par un autre côté; il s'est surtout attaché à établir la réalité du phénomène de la solidarité.

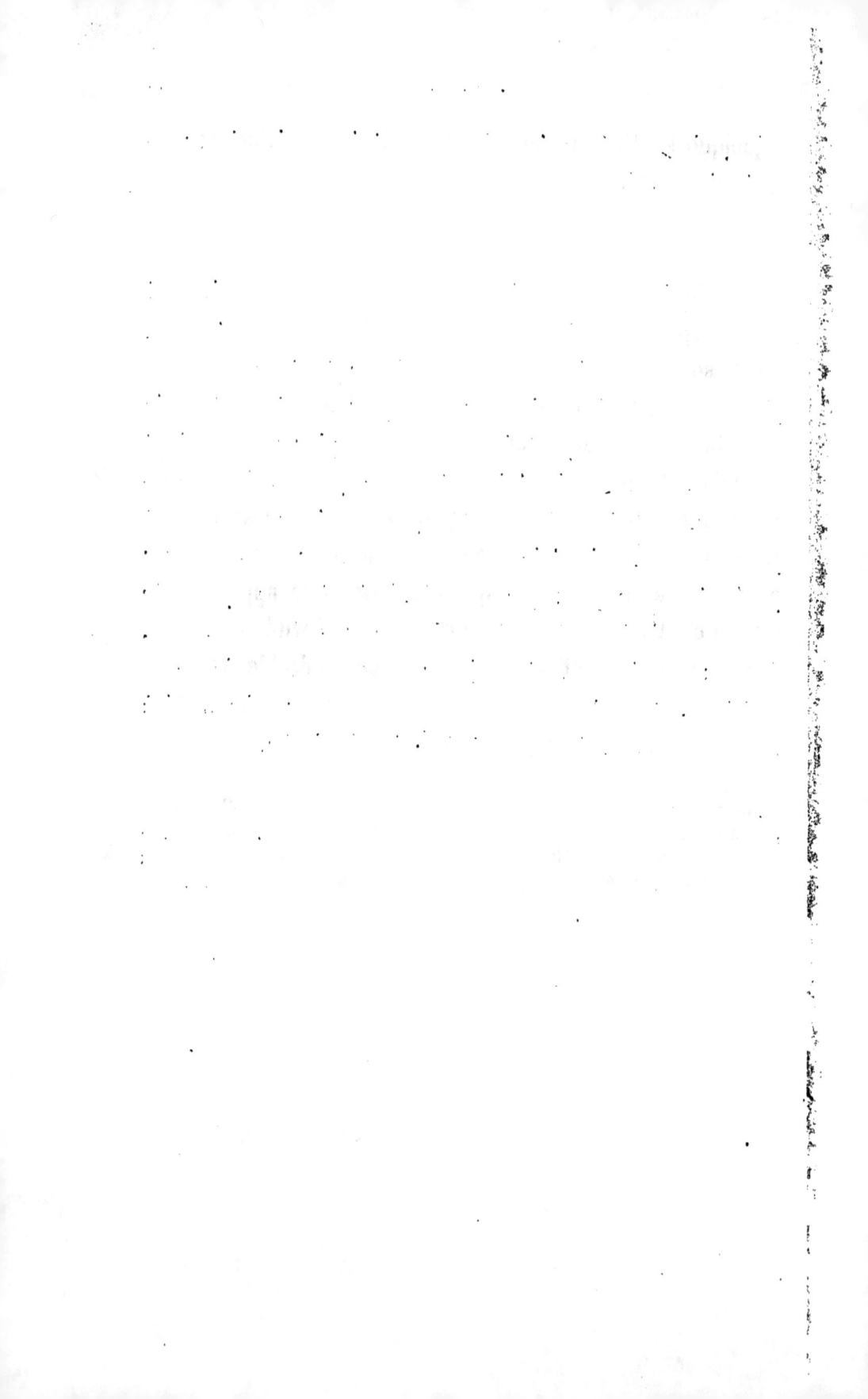

DE
LA DIVISION DU TRAVAIL
SOCIAL

INTRODUCTION

Le Problème

Quoique la division du travail ne date pas d'hier, c'est seulement à la fin du siècle dernier que les sociétés ont commencé à
prendre conscience de cette loi, que jusque-là elles subissaient
presque à leur insu. Sans doute, dès l'antiquité, plusieurs
penseurs en aperçurent l'importance (¹); mais Adam Smith est
le premier qui ait essayé d'en faire la théorie. C'est d'ailleurs lui
qui créa ce mot, que la science sociale prêta plus tard à la
biologie.

Aujourd'hui, ce phénomène s'est généralisé à un tel point
qu'il frappe les yeux de tous. Il n'y a plus d'illusion à se faire
sur les tendances de notre industrie moderne; elle se porte de
plus en plus aux puissants mécanismes, aux grands groupements
de forces et de capitaux et par conséquent à l'extrême division
du travail. Non seulement dans l'intérieur des fabriques les
occupations sont séparées et spécialisées à l'infini, mais chaque
manufacture est elle-même une spécialité qui en suppose d'au-

---

(¹) Οὐ γὰρ ἐκ δύο ἰατρῶν γίγνεται κοινωνία, ἀλλ' ἐξ ἰατροῦ καὶ γεωργοῦ καὶ ὅλως
ἑτέρων οὐκ ἴσων. (Éthique à Nicomaque, E.1133,α.16.)

tres. Adam Smith et Stuart Mill espéraient encore que du moins
l'agriculture ferait exception à la règle et ils y voyaient le dernier asile de la petite propriété. Quoique en pareille matière il
faille se garder de généraliser outre mesure, cependant il paraît
difficile de contester aujourd'hui que les principales branches de
l'industrie agricole sont de plus en plus entraînées dans le mouvement général (¹). Enfin le commerce lui-même s'ingénie à suivre
et à refléter avec toutes leurs nuances l'infinie diversité des entreprises industrielles, et, tandis que cette évolution s'accomplit
avec une spontanéité irréfléchie, les économistes qui en scrutent
les causes et en apprécient les résultats, loin de la condamner
et de la combattre, en proclament la nécessité. Ils y voient la loi
supérieure des sociétés humaines et la condition du progrès.

Mais la division du travail n'est pas spéciale au monde économique; on en peut observer l'influence croissante dans les
régions les plus différentes de la société. Les fonctions politiques, administratives, judiciaires, se spécialisent de plus en plus.
Il en est de même des fonctions artistiques et scientifiques.
Nous sommes loin du temps où la philosophie était la science
unique; elle s'est fragmentée en une multitude de disciplines spéciales dont chacune a son objet, sa méthode, son
esprit. « De demi-siècle en demi-siècle, les hommes qui ont
marqué dans les sciences sont devenus plus spéciaux (²). »

Ayant à relever la nature des études dont s'étaient occupés les
savants les plus illustres depuis deux siècles, M. de Candolle
remarqua qu'à l'époque de Leibnitz et de Newton il lui aurait
fallu écrire « presque toujours deux ou trois désignations pour
chaque savant, par exemple: astronome et physicien, ou mathématicien, astronome et physicien, ou bien n'employer que des
termes généraux comme philosophe ou naturaliste. Encore
cela n'aurait pas suffi. Les mathématiciens et les naturalistes
étaient quelquefois des érudits ou des poètes. Même à la fin du

(¹) *Journal des Économistes,* novembre 1884, p. 211.
(²) De Candolle, *Histoire des Sciences et des Savants,* 2ᵉ édit., p. 263.

xviii° siècle, des désignations multiples auraient été nécessaires pour indiquer exactement ce que des hommes tels que Wolff, Haller, Charles Bonnet avaient fait de remarquable dans plusieurs catégories des sciences et des lettres. Au xix° siècle cette difficulté n'existe plus ou du moins elle est très rare (¹). » Non seulement le savant ne cultive plus simultanément des sciences différentes, mais il n'embrasse même plus l'ensemble d'une science tout entière. Le cercle de ses recherches se restreint à un ordre déterminé de problèmes ou même à un problème unique. En même temps la fonction scientifique qui, jadis, se cumulait presque toujours avec quelque autre plus lucrative, comme celle de médecin, de prêtre, de magistrat, de militaire, se suffit de plus en plus à elle-même. M. de Candolle prévoit même qu'un jour prochain la profession de savant et celle de professeur, aujourd'hui encore si intimement unies, se dissocieront définitivement.

Les spéculations récentes de la philosophie biologique ont achevé de nous faire voir dans la division du travail un fait d'une généralité que les économistes, qui en parlèrent pour la première fois, n'avaient pas pu soupçonner. On sait, en effet, depuis les travaux de Wolff, de Von Baer, de Milne-Edwards, que la loi de la division du travail s'applique aux organismes comme aux sociétés; on a même pu dire qu'un organisme occupe une place d'autant plus élevée dans l'échelle animale, que les fonctions y sont plus spécialisées. Cette découverte a eu pour effet à la fois d'étendre démesurément le champ d'action de la division du travail et d'en rejeter les origines dans un passé infiniment lointain, puisqu'elle devient presque contemporaine de l'avènement de la vie dans le monde. Ce n'est plus seulement une institution sociale qui a sa source dans l'intelligence et dans la volonté des hommes; mais c'est un phénomène de biologie générale dont il faut, semble-t-il, aller chercher les

(¹) *Loc. cit.*

conditions dans les propriétés essentielles de la matière organisée. La division du travail social n'apparaît plus que comme
une forme particulière de ce *processus* général, et les sociétés,
en se conformant à cette loi, semblent céder à un courant qui
est né bien avant elles et qui entraîne dans le même sens le
monde vivant tout entier.

Un pareil fait ne peut évidemment pas se produire sans
affecter profondément notre constitution morale; car le développement de l'homme se fera dans deux sens tout à fait
différents, suivant que nous nous abandonnerons à ce mouvement ou que nous y résisterons. Mais alors une question pressante
se pose: de ces deux directions laquelle faut-il vouloir? Notre
devoir est-il de chercher à devenir un être achevé et complet, un
tout qui se suffit à soi-même, ou bien au contraire de n'être que
la partie d'un tout, l'organe d'un organisme? En un mot, la
division du travail, en même temps qu'elle est une loi de la
nature, est-elle aussi une règle morale de la conduite humaine,
et, si elle a ce caractère, pour quelles causes et dans quelle
mesure? Il n'est pas nécessaire de démontrer la gravité de ce
problème pratique; car, quelque jugement qu'on porte sur la
division du travail, tout le monde sent bien qu'elle est et qu'elle
devient de plus en plus une des bases fondamentales de l'ordre
social; mais pour le résoudre, comment procéderons-nous?

I

D'ordinaire, pour savoir si un précepte de conduite est ou non
moral, on le confronte avec une formule générale de la moralité
que l'on a antérieurement établie; suivant qu'il en peut être
déduit ou qu'il la contredit, on lui reconnaît une valeur morale
ou on la lui refuse.

Nous ne saurions suivre cette méthode; car, pour qu'elle pût
donner des résultats, il faudrait que cette formule, qui doit servir

de critère, fût une vérité scientifique indiscutable. Or, non seulement chaque moraliste a la sienne, et cette diversité des doctrines
suffit déjà à en rendre suspecte la valeur objective, mais nous
allons montrer que toutes celles qui ont été successivement proposées sont fautives et que, pour en trouver une plus exacte,
toute une science est nécessaire qui ne saurait être improvisée.

En effet, de l'aveu implicite ou exprès de tous les moralistes,
une telle formule ne peut être acceptée que si elle est adéquate
à la réalité qu'elle exprime, c'est-à-dire si elle rend compte de
tous les faits dont la nature morale est incontestée. Ceux-là
même qui se passent ou croient se passer le plus de l'observation
et de l'expérience sont bien obligés, en fait, de soumettre leur
conclusion à ce contrôle, car ils n'ont pas d'autre moyen pour
en démontrer l'exactitude et pour réfuter leurs adversaires. « Si
l'on y regarde de près, dit très justement M. Janet, on verra que
dans la théorie des devoirs on fait bien plus appel à la conscience
des hommes et à la notion innée ou acquise qu'ils ont de leurs
devoirs qu'à tel ou tel principe abstrait... Ce qui le prouve, c'est
que dans la discussion contre les faux systèmes de morale on
puise toujours ses exemples, et par là ses arguments, dans les
devoirs que l'on suppose admis de part et d'autre... En un mot,
toute science doit reposer sur des faits. Or, les faits qui servent de
fondement à la morale, ce sont les devoirs généralement admis
ou tout au moins admis par ceux avec qui on discute (¹). »

Or, de toutes les formules qui ont été données de la loi générale de la moralité, nous n'en connaissons pas une qui puisse
supporter cette vérification.

C'est en vain que Kant s'est efforcé de déduire de son impératif catégorique cet ensemble de devoirs, mal définis sans doute,
mais universellement reconnus, qu'on appelle les devoirs de

(¹) *Manuel de philosophie*, p. 569.

charité. Son argumentation se réduit à un jeu de concepts [1];
elle peut se résumer ainsi: Nous n'agissons moralement que
quand la maxime de notre action peut être universalisée. Par
conséquent, pour qu'il fût moral de refuser notre assistance à nos
semblables quand ils en ont besoin, il faudrait que nous pussions
faire de la maxime égoïste une loi s'appliquant à tous les cas sans
exception. Or, nous ne pouvons la généraliser à ce point sans
nous contredire; car, en fait, toutes les fois que, personnellement,
nous sommes dans la détresse, nous désirons être assistés. La charité est donc un devoir général de l'humanité, puisque l'égoïsme
est irrationnel. Mais, répondrons-nous, tout ce qui fait cette prétendue irrationalité, c'est qu'il est en conflit avec le besoin que
nous ressentons parfois d'être secourus à notre tour, et il est, en
effet, certain que ces deux tendances se contredisent. Mais pourquoi serait-ce la seconde qui primerait la première? Sans doute,
pour rester d'accord avec soi-même, il faut choisir, une fois pour
toutes, entre ces deux conduites; mais il n'y a pas de raison pour
choisir l'une plutôt que l'autre. Il y a une tout autre manière de
résoudre l'antinomie: c'est d'être un égoïste conséquent et systématique, de s'appliquer à soi-même la règle qu'on applique aux
autres et de se faire une loi de ne rien demander à autrui. La
maxime égoïste n'est donc pas plus réfractaire qu'une autre
prendre une forme universelle; il suffit de la pratiquer avec
toutes les conséquences qu'elle implique. Cette rigueur logique
sera surtout facile aux hommes qui se sentent capables de se
suffire à eux-mêmes en toutes circonstances et sont tout disposés
à se passer toujours d'autrui pourvu qu'autrui se passe toujours
d'eux. Dira-t-on que dans ces conditions la société humaine
devient impossible? Ce serait faire intervenir des considérations
étrangères à l'impératif kantien.

Il est vrai que, dans un autre passage [2], Kant a essayé de

---

[1] *Metaphysik der Sitten*, 2ᵉ partie, § 30, et *Grundlegung der Metaphysik der Sitten*, édition Hartenstein, t. IV, p. 271.

[2] *Grundlegung*, éd. Hartenstein, t. IV, p. 278.

démontrer d'une autre manière les devoirs de charité en les déduisant du concept de la personne humaine. Mais la démonstration n'est pas plus probante. Traiter la personne humaine comme une fin en soi, ce n'est pas seulement, dit-il, la respecter négativement, c'est encore la développer autant qu'il est possible, aussi bien chez autrui qu'en soi-même. Mais une telle explication peut tout au plus rendre compte de cette charité inférieure, que nous faisons avec notre luxe et notre superflu. Tout au contraire, la charité véritable, celle qui consiste dans un don de soi-même, implique nécessairement que je subordonne ma personne à une fin qui la dépasse. Je veux que cette fin soit la personne humaine d'autrui; il n'en est pas moins vrai que je ne puis exalter ainsi l'humanité chez les autres qu'à condition de l'humilier en moi, la rabaissant au rôle de moyen. De tels actes seraient donc dénués de toute valeur morale positive puisque, si d'un côté ils sont conformes à la loi, ils la violent par un autre. Or il s'en faut qu'ils soient exceptionnels et rares; toute la vie en est pleine, parce qu'autrement elle serait impossible. Par exemple, est-ce que la société conjugale ne suppose pas que les époux se donnent mutuellement et intégralement l'un à l'autre? Aussi, rien n'est-il plus lamentable que de voir la manière dont Kant déduit les règles constitutives du mariage. A ses yeux, cet acte de sacrifice par lequel l'époux consent d'être un instrument de plaisir pour l'autre époux, est, par soi-même, immoral [1] et ne perd ce caractère que s'il est racheté par un sacrifice semblable et réciproque du second au premier. C'est ce troc de personnalités qui remet les choses en état et qui rétablit l'équilibre moral!

Les difficultés ne sont pas moindres pour la morale de la perfection. Elle permet bien de comprendre pourquoi l'individu

---

[1] *In diesem Akt macht sich ein Mensch selbst zur Sache; welches dem Rechte der Menscheit an seiner eigenen Person widerstreitet.* (*Metaphysik der S ten,* 1re partie, § 25.)

doit chercher à étendre son être autant qu'il peut; mais pourquoi songerait-il aux autres? Le perfectionnement d'autrui n'importe pas à son perfectionnement propre. S'il reste conséquent avec soi-même, il devra pratiquer l'égoïsme moral le plus intraitable. C'est en vain que l'on fera remarquer que la sympathie, les instincts de famille, les sentiments patriotiques comptent parmi nos penchants naturels et même parmi les plus élevés, et qu'à ce titre ils doivent être cultivés. Les devoirs que l'on pourrait, à la rigueur, déduire d'une telle considération, ne ressemblent en rien à ceux qui nous lient réellement à nos semblables; car ceux-ci consistent dans des obligations de servir autrui et non de le faire servir à notre perfectionnement personnel (¹).

Pour échapper à cette conséquence, on a voulu concilier le principe de la perfection avec un autre qui le complète et qu'on a appelé le principe de la communauté d'essence. «Que l'on voie dans l'humanité, dit M. Janet, un corps dont les individus sont les membres, ou au contraire une association d'êtres semblables et idéalement identiques, toujours est-il qu'il faut reconnaître dans la communauté humaine autre chose qu'une simple collection ou juxtaposition de parties, une rencontre d'atomes, un agrégat mécanique et purement extérieur. Il y a entre les hommes un lien interne, *vinculum sociale,* qui se manifeste par les affections, par la sympathie, par le langage, par la société civile, mais qui doit être quelque chose de plus profond que tout cela et caché dans la dernière profondeur de l'essence humaine... Les hommes étant liés par une communauté d'essence, nul ne peut dire : Ce qui regarde autrui m'est indifférent (²).» Mais, quoi qu'il en soit de cette solidarité, de sa nature et de ses origines, on ne peut la poser que comme *un fait* et cela ne suffit pas pour l'ériger en *devoir*. Ce n'est pas assez de remarquer que dans la réalité l'homme ne s'appartient pas tout entier pour avoir le droit d'en conclure qu'il ne doit pas s'appartenir tout entier.

(¹) Nous empruntons cet argument à M. Janet, *Morale,* p. 123.
(²) *Ibid.,* p. 124-125.

Sans doute nous sommes solidaires de nos voisins, de nos ancêtres, de notre passé; beaucoup de nos croyances, de nos sentiments, de nos actes ne sont pas nôtres mais nous viennent du
dehors. Mais où est la preuve que cette dépendance soit un bien?
Qu'est-ce qui en fait la valeur morale? Pourquoi ne serait-ce
pas, au contraire, un joug dont nous devons chercher à nous
débarrasser, et le devoir ne consisterait-il pas dans un complet
affranchissement? C'était, on le sait, la doctrine des Stoïciens.
On répond que l'entreprise est irréalisable; mais encore faudrait-
il la tenter et la mener aussi loin que possible. Si vraiment le
succès ne peut être complet, il nous resterait à subir cette solidarité dans la mesure où nous ne pouvons l'empêcher. Mais de ce
qu'elle est peut-être inévitable, il ne suit pas qu'elle soit morale.
Cette conclusion paraît surtout s'imposer quand on fait du perfectionnement personnel le principe du devoir. Dira-t-on que
je participe à tout ce que je fais pour les autres puisque, po ur
une raison quelconque, les autres sont encore moi-même? Mais
je suis encore bien plus complètement moi-même par cette partie
de mon être qui ne se confond pas avec autrui; c'est cette sphère
intérieure qui, seule, m'est propre; je me perfectionnerai donc
d'autant mieux que je concentrerai davantage tous mes efforts
sur elle. On a objecté aux utilitaires qu'on ne pouvait pas
conclure de la solidarité des intérêts à leur identité; mais il en
est de même de la solidarité des perfections. Il faut choisir : si
mon premier devoir est d'être une personne, je dois réduire au
minimum tout ce qu'il y a d'impersonnel en moi.

L'insuffisance de ces doctrines serait plus apparente encore si
nous leur demandions d'expliquer non des devoirs très généraux,
comme ceux dont il vient d'être question, mais des règles plus
particulières, comme celles qui prohibent soit le mariage entre
proches parents, soit les unions libres, ou celles qui déterminent
le droit successoral, ou bien encore celles qui imposent au parent
de l'orphelin les charges de la tutelle, etc. Plus les maximes
morales sont spéciales et concrètes, plus les rapports qu'elles

règlent sont définis, plus aussi il devient difficile d'apercevoir le lien qui les rattache à des concepts aussi abstraits. Aussi certains penseurs, poussant la logique jusqu'au bout, renoncent-ils à intégrer dans la simplicité de leur formule le détail de la vie morale telle qu'elle se manifeste dans l'expérience. Pour eux, la morale concrète n'est pas une application mais une dégradation de la morale abstraite. Elle résulte des altérations qu'il faut faire subir à la loi morale pour l'ajuster aux faits; c'est l'idéal que l'on a corrigé et plus ou moins adultéré pour le réconcilier avec les exigences de la pratique. En d'autres termes, ils admettent deux éthiques dans l'éthique : l'une qui seule est vraie, mais qui est impossible par définition, l'autre qui est praticable, mais qui consiste uniquement dans des arrangements à demi conventionnels, dans des concessions inévitables mais regrettables aux nécessités de l'expérience. C'est une sorte de morale inférieure et pervertie dont il faut se contenter par suite de notre imperfection, mais à laquelle les âmes un peu hautes ne peuvent se résigner sans tristesse. De cette manière on a du moins l'avantage de ne pas se poser un problème insoluble, puisque on renonce à faire rentrer dans une formule trop étroite ces faits qui la débordent. Mais si la théorie ainsi rectifiée est d'accord avec elle-même, elle n'est pas davantage d'accord avec les choses, car elle a pour effet de rejeter dans cette sphère inférieure de l'éthique des institutions d'une moralité incontestée, comme le mariage, la famille, le droit de propriété, etc. Il y a plus : la cause principale de cette corruption que subirait l'idéal moral en descendant dans la réalité serait ce que l'on a appelé la solidarité des hommes et des temps [1]. Or, en fait, non seulement la solidarité n'est pas un devoir moins obligatoire que les autres, mais elle est peut-être bien la source de la moralité.

Infidèles au titre qu'elles ont pris, les doctrines dites empiri-

---

[1] V. Renouvier, *Science de la Morale*, t. I, p. 349.

ues ne sont pas plus que les précédentes adéquates à la réalité
morale.

Nous ne dirons rien de la morale qui prend pour base l'intérêt
individuel, car on peut la regarder comme abandonnée. Rien
ne vient de rien; ce serait un miracle logique si l'on pouvait
déduire l'altruisme de l'égoïsme, l'amour de la société de
l'amour de soi, le tout de la partie (¹). La meilleure preuve en
est d'ailleurs dans la forme que M. Spencer a récemment donnée
à cette doctrine. Il n'a pu rester conséquent avec son principe
qu'en faisant son procès à la morale la plus généralement
acceptée, qu'en traitant de pratiques superstitieuses les devoirs
qui impliquent un vrai désintéressement, un oubli plus ou
moins complet de soi-même. Aussi a-t-il pu dire lui-même de
ses propres conclusions que sans doute elles n'obtiendraient pas
beaucoup d'adhésions, car « elles ne s'accordent assez ni avec
les idées courantes ni avec les sentiments les plus répandus » (²).
Que dirait-on d'un biologiste qui, au lieu d'expliquer les phénomènes biologiques, contesterait leur droit à l'existence ?

Une formule, aujourd'hui beaucoup plus répandue (³), définit
la morale en fonction non de l'utilité individuelle, mais de l'intérêt social. Mais si cette expression de la moralité est certainement plus compréhensive que la précédente, on ne saurait
cependant la regarder comme une bonne définition.

D'abord, bon nombre de choses sont utiles ou même nécessaires à la société, qui pourtant ne sont pas morales. Aujour-
d'hui une nation ne peut se passer ni d'une armée nombreuse
et bien équipée ni d'une grande industrie, et pourtant on n'a
jamais songé à regarder comme le plus moral le peuple qui
possède le plus de canons ou de machines à vapeur. Il y a même

(¹) V. Guyau, *Morale anglaise*; Wundt, *Ethik*, p. 356 et suiv.
(²) *Bases de la Morale évolutionniste*, p. 220.
(³) Wiart, *Des Principes de la Morale considérée comme science*. Paris,
2. — En Allemagne, cette théorie a été souvent soutenue et avec éclat dans
les temps récents. (V. Ihering, *Der Zweck im Recht*; Post, *Die Grundlage
des Rechts*; Schaeffle, *Bau und Leben des socialen Koerpers*.)

des actes parfaitement immoraux et qui pourtant seraient à l'occasion très profitables à la société.

Inversement, il y a bon nombre de pratiques morales qui ne sont pas moins obligatoires que d'autres sans que pourtant il soit possible d'apercevoir quels services elles rendent à la communauté. Quelle est l'utilité sociale de ce culte des morts dont la violation cependant nous est particulièrement odieuse? de la pudeur raffinée que les classes cultivées observent comme un devoir impératif? M. Spencer a fort bien démontré que la large philanthropie qui est maintenant entrée dans nos mœurs est non seulement inutile, mais nuisible à la société. Elle a pour résultat de conserver à la vie et de mettre à la charge commune une multitude d'incapables qui non seulement ne servent à rien, mais encore gênent par leur présence le libre développement des autres. Il est incontestable que nous entretenons dans nos hôpitaux toute une population de crétins, d'idiots, d'aliénés, d'incurables de toute sorte qui ne sont utilisables d'aucune manière et dont l'existence est ainsi prolongée grâce aux privations que s'imposent les travailleurs sains et normaux; il n'y a pas de subtilité dialectique qui puisse prévaloir contre l'évidence des faits [1]. On objecte que ces infirmités irrémédiables sont l'exception [2]; mais que de tempéraments simplement débiles sont mis en état de durer grâce à cette même philanthropie, et cela au détriment de la santé moyenne et du bien-être collectif! Sans parler des scrofuleux, des phtisiques, des rachitiques qui ne peuvent jamais être que de médiocres travailleurs et qui ne peuvent guère rapporter à la société autant qu'ils lui coûtent, il y a dans les nations contemporaines une foule toujours croissante de ces dégénérés, candidats perpétuels au suicide et au crime, ouvriers de désordre et de désorganisation, auxquels nous prodiguons des soins maternels, dont nous favorisons pour ainsi dire l'essor, quoiqu'ils soient pour l'avenir une menace

[1] V. Spencer, *Introduction à la science sociale*, p. 360.
[2] V. Fouillée, *Propriété sociale*, p. 83.

ujours plus redoutable. Sans admettre avec M. Spencer que
tte générosité étendue fait plus de mal que de bien, encore
ut-il reconnaître qu'elle est pour le moins gratuite, que les
vantages qu'elle présente sont bien problématiques. Cependant
lus nous avançons et plus cette vertu si peu économique se
éveloppe. C'est en vain que M. Spencer et les derniers disciples
e Bastiat essaient d'arrêter le mouvement : il devient toujours
lus fort.

A tous ces exemples bien d'autres pourraient être ajoutés, tels
ue la règle qui nous commande le respect de l'âge, celle qui
ous défend de faire souffrir les animaux, et ces innombrables
ratiques religieuses qui s'imposent à la conscience du croyant
vec une autorité proprement morale, sans que pourtant elles
résentent la moindre utilité sociale. Pour le Juif, autrefois,
anger de la viande de porc constituait une véritable abomina-
ion morale; cependant on ne saurait soutenir que cet usage fût
ndispensable à la société juive. D'ailleurs, on peut s'assurer
'une manière générale que ces exceptions doivent être nom-
reuses. Que les pratiques morales soient utiles ou non à la
ociété, il est certain que le plus généralement ce n'est pas en
ue de cette fin qu'elles se sont établies; car, pour que l'utilité
ollective fût le ressort de l'évolution morale, il faudrait que,
ans la plupart des cas, elle pût être l'objet d'une représentation
ssez nette pour déterminer la conduite. Or, ces calculs utilitai-
es, fussent-ils exacts, sont de trop savantes combinaisons d'idées
our agir beaucoup sur la volonté; les éléments en sont trop
ombreux et les rapports qui les unissent trop enchevêtrés. Pour
es tenir tous réunis sous le regard de la conscience et dans
'ordre voulu, toute l'énergie dont nous disposons est nécessaire
t il ne nous en reste plus pour agir. C'est pourquoi, dès que
'intérêt n'est pas immédiat et sensible, il est trop faiblement
ensé pour mettre en branle l'activité. De plus, rien n'est obscur
omme ces questions d'utilité. Pour peu que la situation soit
omplexe, l'individu ne voit plus clairement où est son propre

intérêt. Il faut tenir compte de tant de circonstances et de conditions diverses, il faut avoir des choses une notion si parfaitement adéquate, qu'en pareille matière la certitude est impossible. Quelque parti qu'on prenne, on sent bien que la résolution à laquelle on s'arrête garde quelque chose de conjectural, qu'une large place reste ouverte aux risques. Mais l'évidence est encore bien plus difficile à obtenir quand c'est l'intérêt, non d'un individu, mais d'une société qui est en jeu; car il ne suffit plus d'apercevoir les conséquences relativement proches que peut produire une action dans notre petit milieu personnel, mais il faut mesurer les contre-coups qui peuvent en résulter dans toutes les directions de l'organisme social. Pour cela, des facultés de prévision et de combinaison sont nécessaires, que la moyenne des hommes est loin de posséder. Si même on examine celles de ces règles dont l'utilité sociale est le mieux démontrée, on observe que les services qu'elles rendent ne pouvaient pas être connus à l'avance. Ainsi, la statistique a récemment démontré que la vie domestique est un puissant préservatif contre la tendance au suicide et au crime; est-il admissible que la constitution de la famille ait été déterminée par une connaissance anticipée de ces bienfaisants résultats?

Il est donc bien certain que les commandements de la morale, pour peu qu'ils soient complexes, n'ont pas eu primitivement pour fin l'intérêt de la société. Des aspirations esthétiques, religieuses, des passions de toute sorte, mais sans objectif utilitaire, ont pu également leur donner naissance. Sans doute, une fois qu'ils existent, une sélection s'établit entre eux. Ceux qui gênent sensiblement la vie collective sont éliminés; car, autrement, la société où ils se produisent ne pourrait pas durer et, de toute manière, ils disparaîtraient avec elle. Mais beaucoup doivent nécessairement persister, quoiqu'ils ne soient pas directement utiles, maintenus qu'ils sont par les causes qui les ont suscités. Car la sélection naturelle est, en définitive, une méthode de perfectionnement assez grossière. Elle peut bien débarrasser le terrain des êtres les plus défectueux et assurer ainsi le triomphe de ceux qui sont relativement le mieux doués. Mais elle se réduit à un simple procédé de triage; par elle-même elle ne crée rien, n'ajoute rien. Elle peut bien retrancher de la morale les pratiques qui sont le plus nuisibles et qui créent pour les sociétés un état marqué d'infériorité; mais elle ne peut pas faire que celles qui survivent soient toutes utiles si, originellement, elles ne l'étaient pas.

II

Il est vrai que cet examen ne saurait guère être complet. Les doctrines morales sont trop nombreuses pour qu'on puisse être certain de n'en omettre aucune. Mais la manière dont elles sont construites suffit pour nous assurer qu'elles ne peuvent être que des vues subjectives et plus ou moins approchées.

En effet, puisque la loi générale de la morale n'a de valeur scientifique que si elle peut rendre compte de la diversité de faits moraux, il faut commencer par étudier ces derniers pour arriver à la découvrir. Avant de savoir quelle est la formule qui les résume, il faudrait les avoir analysés, en avoir décrit les caractères, déterminé les fonctions, recherché les causes, et c'est seulement en comparant les résultats de toutes ces études spéciales que l'on pourra dégager les propriétés communes à toutes les règles morales, c'est-à-dire les caractères constitutifs de la moralité. Comment, alors que nous ne sommes pas fixés sur la nature des devoirs particuliers et des droits particuliers, pourrions-nous nous entendre sur la nature de leur principe? Cette méthode s'impose alors même que la source de la morale consisterait dans quelque donnée *a priori*, comme on l'a tant de fois supposé. Car, si vraiment ce germe initial de la moralité existe, la peine que l'on a pour le définir, les manières très différentes dont on l'exprime prouvent assez qu'en tout cas il est bien

confus et caché. Évidemment, pour le dégager et le formuler il
ne suffit pas de regarder attentivement au dedans de soi-même;
mais où qu'il existe, que ce soit en nous ou en dehors de nous,
on ne peut parvenir jusqu'à lui qu'en partant des faits où il
s'incarne et qui seuls le manifestent.

On comprendra mieux encore la nécessité de cette marche si
l'on se représente bien toute la complexité de la morale. Elle
n'est pas faite, en effet, de deux ou trois règles très générales
qui nous servent de fils conducteurs dans la vie et que nous
n'avons qu'à diversifier suivant les cas, mais d'un très grand
nombre de préceptes spéciaux. Il n'y a pas un devoir, mais des
devoirs. Ici comme ailleurs, ce qui existe c'est le particulier et
l'individuel, et le général n'en est qu'une expression schématique. S'agit-il de morale domestique? Il s'en faut qu'on ait tout
dit quand on a établi d'une manière abstraite que les enfants
doivent obéir aux parents, que ceux-ci doivent protéger ceux-là,
que le mari et la femme se doivent fidélité et mutuelle assistance. Mais en fait, les relations *réelles* qui unissent entre eux
les différents membres de la famille sont bien plus nombreuses
et plus définies. Il n'y a pas entre les parents et les enfants ce
rapport abstrait fait de protection d'une part et de respect de
l'autre; mais ce qui existe dans la réalité, c'est une foule de
droits particuliers, de devoirs particuliers, les uns réels, les
autres personnels, droits et devoirs enchevêtrés dans une multitude d'autres dont ils sont solidaires et inséparables. Il y a
notamment le droit de correction tel que la loi et les mœurs le
délimitent, le droit du père sur la fortune de ses enfants
mineurs, les droits et les devoirs qui sont relatifs à la tutelle,
ceux qui concernent l'hérédité; il y a les formes différentes que
prennent les uns et les autres suivant que l'enfant est naturel,
légitime ou adoptif, suivant qu'ils sont exercés par le père ou
par la mère, etc. Si nous soumettions le mariage à l'analyse,
nous n'y trouverions pas une moins grande diversité de relations. S'agit-il du droit de propriété? Il s'en faut que la notion

en soit simple et puisse être définie d'un mot. Le *jus utendi et abutendi* et toutes les autres définitions qu'on en a proposées n'en sont que des expressions très imparfaites. Ce qu'on appelle le droit de propriété est en réalité un *complexus* de droits déterminés par un très grand nombre de règles qui se complètent ou se limitent les unes les autres : règles sur le droit d'accession, sur les servitudes légales, sur l'expropriation pour raisons d'utilité publique, sur la limitation du droit de réserve, sur le droit des héritiers légitimes à réclamer la mise en interdit du prodigue, sur la prescription, etc. Bien loin que ces règles particulières ne soient que des corollaires de préceptes plus généraux, sans existence propre par elles-mêmes; bien loin qu'elles tirent toute leur autorité de maximes plus élevées, ce sont elles, au contraire, qui, directement et sans intermédiaire, obligent à chaque instant la volonté. Dans toutes les rencontres importantes, quand nous voulons savoir ce que doit être notre conduite, nous n'avons pas besoin de remonter aux principes pour chercher ensuite comment ils s'appliquent au cas particulier. Mais il y a des manières d'agir définies et spéciales qui s'imposent à nous. Est-ce que, quand nous obéissons à la loi de la pudeur, nous savons le rapport qu'elle soutient avec les axiomes fondamentaux de la morale et comment elle en dérive? Est-ce que, quand nous éprouvons une répulsion instinctive pour l'inceste, nous en découvrons les raisons que les savants n'ont pas encore découvertes? Sommes-nous père? Pour savoir ce qu'il faut faire dans une situation donnée, nous n'avons pas besoin de déduire de la notion générale de paternité les devoirs particuliers qu'elle implique, mais nous trouvons toutes faites un certain nombre de règles qui nous tracent notre conduite pour les circonstances ordinaires de la vie. On se fera une idée assez juste de la notion et du rôle de ces pratiques en les comparant aux réflexes de la vie organique; elles sont, en effet, comme autant de moules dans lesquels nous sommes tenus de couler notre action. Seulement ce sont des réflexes qui sont inscrits non à l'intérieur de l'organisme, mais dans le droit et dans les mœurs; ce sont des phénomènes sociaux et non des phénomènes biologiques, ils ne déterminent pas l'activité du dedans, mais la sollicitent du dehors et par des moyens qui leur sont propres.

Il est évidemment impossible qu'on puisse jamais trouver la loi qui domine un monde aussi vaste et aussi varié, si l'on ne commence par l'observer dans toute son étendue. Est-ce ainsi que procèdent les moralistes? Tout au contraire, ils croient pouvoir s'élever à cette loi supérieure d'un seul bond et sans intermédiaire. Ils commencent par raisonner comme si la morale était tout entière à créer, comme s'ils se trouvaient en présence d'une table rase sur laquelle ils peuvent à leur gré édifier leur système, comme s'il s'agissait de trouver, non une loi qui résume et qui explique un système de faits actuellement réalisés, mais le principe d'une législation morale à instituer de toutes pièces. A ce point de vue il n'y a pas à distinguer entre les écoles. L'argumentation des empiristes n'est ni moins hâtive ni moins sommaire que celle des rationalistes; la maxime de l'utile n'a pas été obtenue plus que les autres à l'aide d'une méthode vraiment inductive. Mais le procédé des uns et des autres est le suivant: ils partent du concept de l'homme, en déduisent l'idéal qui leur paraît convenir à un être ainsi défini, puis ils font de l'obligation de réaliser cet idéal la règle suprême de la conduite, la loi morale. Les différences qui distinguent les doctrines viennent uniquement de ce que l'homme n'est pas partout conçu de la même manière. Ici on en fait une volonté pure, ailleurs on accorde plus ou moins de place à la sensibilité; ceux-ci y voient un être autonome fait pour la solitude, ceux-là un être essentiellement social. Pour les uns il est fait de telle sorte qu'il ne peut vivre sans une loi qui le dépasse et le domine, qui s'impose à lui avec une autorité impérative. Les autres, au contraire, sont plus frappés de ce fait qu'il fait spontanément et sans contrainte tout ce qu'il fait naturellement; ils en concluent que l'idéal moral doit avoir un attrait qui stimule le désir. Mais, si l'inspiration varie, la méthode est partout la même. Tous font abstraction de la réalité existante, ou, si quelques-uns tentent après coup quelque effort pour la retrouver, ce contrôle tardif ne se fait jamais que d'une manière très expéditive. On passe en revue rapidement les devoirs les plus généraux; mais on ne sort pas des généralités, et d'ailleurs il s'agit beaucoup moins de procéder à une vérification en règle que d'illustrer par quelques exemples la proposition abstraite que l'on a commencé par établir (¹).

Il est donc impossible qu'avec une telle méthode on aboutisse à une conclusion vraiment objective. Tout d'abord, ce concept de l'homme qui sert de base à toutes ces déductions, ne saurait être le produit d'une élaboration scientifique, méthodiquement conduite; car la science n'est pas en état de nous renseigner sur ce point avec précision. Nous commençons à connaître quelques uns des éléments dont est composé l'homme, mais il en est beaucoup que nous ignorons et nous n'avons de l'ensemble qu'ils forment qu'une notion très confuse. Il y a donc tout lieu de craindre que le moraliste ne la détermine au gré de ses croyances et de ses aspirations personnelles. De plus, quand même elle serait parfaitement exacte, les conclusions qu'on en tire par voie de déduction ne peuvent, en tout cas, être que conjecturales. Quand un ingénieur déduit de principes théoriques, même incontestés, des conséquences pratiques, il ne peut être certain des résultats de son raisonnement que quand l'expérience les a véri-

---

(¹) A notre connaissance, M. Janet est le seul moraliste français qui ait placé la morale que l'on appelle si improprement *pratique* avant celle qu'on nomme *théorique*. Cette innovation est, croyons-nous, importante. Mais pour qu'elle pût produire tous ses fruits, il serait nécessaire que cette étude des devoirs ne se réduisît pas à une analyse purement descriptive et d'ailleurs très générale. Il faudrait que chacun d'eux fût constitué dans toute sa complexité, qu'on déterminât les éléments qu'il comprend, les conditions dont dépend son développement, son rôle, soit par rapport à l'individu, soit par rapport à la société, etc. C'est seulement de ces recherches particulières que pourraient peu à peu se dégager des vues d'ensemble et une généralisation philosophique.

nés. La déduction, à elle seule, ne constitue pas une démonstration suffisante. Pourquoi en serait-il autrement du moraliste? Les règles qu'il établit de la manière que nous avons dite ne sont que des hypothèses tant qu'elles n'ont pas subi l'épreuve des faits. L'expérience seule peut décider si c'est bien celles qui conviennent à l'homme.

Mais, ce qui est plus grave encore, c'est que toutes ces opérations logiques reposent sur un simple postulat. Elles supposent, en effet, que l'unique raison d'être de la morale est d'assurer le développement de l'homme; or il n'y a aucune preuve que tel soit en effet son rôle. Qui nous dit qu'elle ne sert pas à des fins exclusivement sociales auxquelles l'individu est tenu de se subordonner? — Alors, dira-t-on, nous déduirons notre formule du concept de la société! — Mais, outre que cette proposition elle-même n'est pas démontrée, encore faudrait-il savoir quelles sont ces fins. Il ne sert de rien de dire qu'elle a pour objet de sauvegarder les grands intérêts sociaux; nous avons vu que cette expression de la moralité était à la fois trop lâche et trop étroite. En un mot, à supposer même que la méthode déductive fût applicable à ce problème, pour pouvoir tirer la loi générale de la moralité d'une notion quelconque, il faudrait tout au moins savoir quelle est la fonction de la morale, et, pour cela, le seul moyen est d'observer les faits moraux, c'est-à-dire cette multitude de règles particulières qui gouvernent effectivement la conduite. Il faudrait donc commencer par instituer toute une science qui, après avoir classé les phénomènes moraux, rechercherait les conditions dont dépend chacun des types ainsi formés et en déterminerait le rôle, c'est-à-dire une science positive de la morale qui ne serait une application ni de la sociologie ni de la psychologie, mais une science purement spéculative et autonome, quoique, comme nous le verrons plus loin, elle appartienne au cycle des sciences sociales (1).

(1) Nous nous permettons de renvoyer à nos articles sur la *Science positive de la Morale* in *Revue philosophique*, juillet, août, septembre 1887.

Il est vrai que si, comme on l'a souvent admis, les règles morales sont des vérités éternelles qui tirent leur valeur d'elles-mêmes ou d'une source transcendante, de telles recherches pourraient être sensiblement abrégées. Dans cette hypothèse, en effet, les circonstances de temps et de lieu n'ont sur le développement de la morale qu'une influence tout à fait secondaire. Ce sont elles qui font que ces vérités se révèlent aux hommes ou plus tôt ou plus tard; mais ce n'est pas elles qui sont cause que les règles de conduite ont ou n'ont pas une nature morale. Il peut donc bien y avoir intérêt à suivre dans l'histoire le développement des notions morales, afin de pouvoir retrouver à travers les faits l'idée qu'ils incarnent et réalisent progressivement; mais, comme pour cela il suffit d'apercevoir le sens général dans lequel va le courant, il n'est pas nécessaire d'étudier en détail les milieux qu'il traverse, puisqu'ils ne l'affectent que superficiellement et peuvent tout au plus en faciliter ou en entraver la marche. Ainsi, pour que cette étude de faits rendît tous les services qu'elle comporte, il suffirait qu'elle fût une revue rapide et sommaire des principales étapes par lesquelles a passé le développement historique de la morale (¹).

Mais cette thèse nous paraît actuellement insoutenable; car l'histoire a démontré que ce qui était moral pour un peuple pouvait être immoral pour un autre, et non pas seulement en fait, mais en droit. Il est, en effet, impossible de regarder comme morales des pratiques qui seraient subversives des sociétés qui les observeraient; car c'est partout un devoir fondamental que d'assurer l'existence de la patrie. Or, il n'est pas douteux que si les peuples qui nous ont précédés avaient eu pour la dignité individuelle le respect que nous professons aujourd'hui, ils n'auraient pas pu vivre. Pour qu'ils pussent se maintenir, étant données leurs conditions d'existence, il était absolument nécessaire que l'individu fût moins jaloux de son indépendance. Si

---

(¹) C'est à peu près la méthode de M. Wundt dans son *Ethik, eine Untersuchung der Thatsachen und Gesetze des sittlichen Lebens*. Stuttgart, 1886.

donc la morale de la cité ou celle de la tribu sont si différentes de la nôtre par certains points, ce n'est pas que ces sociétés se soient trompées sur la destinée de l'homme; mais c'est que leur destinée, telle qu'elle était déterminée par les conditions où elles se trouvaient placées, n'en comportait pas d'autre. Ainsi, les règles morales ne sont morales que par rapport à certaines conditions expérimentales et, par conséquent, on ne saurait rien comprendre à la nature des phénomènes moraux, si l'on ne détermine avec le plus grand soin ces conditions dont ils dépendent. Il est possible qu'il y ait une morale éternelle, écrite dans quelque esprit transcendant, ou bien immanente aux choses et dont les morales historiques ne sont que des approximations successives: c'est une hypothèse métaphysique que nous n'avons pas à discuter. Mais, en tout cas, cette morale est relative à un certain état de l'humanité et, tant que cet état n'est pas réalisé, non seulement elle ne saurait être obligatoire pour les consciences saines, mais encore il peut se faire qu'il soit de notre devoir de la combattre.

Cette science des faits moraux est donc très laborieuse et très complexe. On comprend maintenant pourquoi les tentatives des moralistes, en vue de déterminer le principe de la morale, devaient nécessairement échouer. C'est qu'une telle question ne saurait être abordée au début de la science; on ne peut la résoudre qu'au fur et à mesure que la science avance.

III

Mais alors, comment reconnaître les faits qui sont l'objet de cette science, c'est-à-dire les faits moraux? — A quelque signe extérieur et visible et non d'après une formule qui essaie d'en exprimer l'essence. C'est ainsi que le biologiste reconnaît un fait biologique à certains caractères apparents et sans qu'il ait besoin pour cela de se faire une notion philosophique du phénomène.

Tout d'abord, il est bien évident qu'ils consistent dans des règles de conduite; mais il en est ainsi de bien des faits qui n'ont rien de moral. Par exemple, il y a des règles qui tracent au médecin la conduite qu'il doit tenir dans le traitement de telle ou telle maladie, d'autres qui prescrivent à l'industriel, au commerçant, à l'artiste la façon dont il doit procéder pour réussir; elles ne sauraient cependant être confondues avec les règles morales qui s'en distinguent par les deux traits suivants :

1° Quand un acte qui, en vertu de sa nature, est astreint à se conformer à une règle morale s'en écarte, la société, si elle est informée, intervient pour mettre obstacle à cette déviation. Elle réagit d'une manière active contre son auteur. Celui qui a commis un meurtre ou un vol, par exemple, est puni d'une peine matérielle; celui qui déroge aux lois de l'honneur encourt le mépris public; celui qui a manqué aux engagements librement contractés, est obligé de réparer le dommage qu'il a causé, etc. Le même phénomène ne se produit pas quand les autres préceptes de conduite sont violés. Si je ne conduis pas mes affaires d'après les règles de l'art, je risque de ne pas réussir; mais la société ne s'oppose pas à ce que j'agisse ainsi. Elle laisse mon acte se produire en toute liberté. Il peut ne pas aboutir aux fins où il tend, mais il n'est pas pour cela refoulé.

2° Cette réaction sociale suit l'infraction avec une véritable nécessité; elle est prédéterminée parfois même jusque dans ses modalités. Tout le monde sait par avance ce qui se passera si l'acte est reconnu comme contraire à la règle soit par les tribunaux compétents, soit par l'opinion publique. Une contrainte matérielle ou morale, selon les cas, sera exercée sur l'agent soit pour le punir, soit pour l'obliger à remettre les choses en l'état, soit pour produire tous ces résultats à la fois. Au contraire, l'insuccès qui suit l'oubli des principes de la technique traditionnelle est des plus contingents. Tout ce qu'on en peut dire, c'est qu'il est plus ou moins vraisemblable; mais il peut se faire aussi que cette dérogation aux règles, même si elle est faite au su et au vu de tout le monde, soit accueillie avec faveur. On ne peut donc rien savoir de certain tant que l'événement n'est pas consommé. C'est cette place laissée aux chances favorables qui fait que, dans ce champ de l'activité sociale, les changements sont beaucoup plus faciles et plus rapides; c'est que les variations individuelles peuvent s'y produire non seulement en toute liberté, mais encore avec succès. Au contraire, quand l'infraction est de celles auxquelles la société s'oppose formellement, l'individu ne peut innover, puisque toute innovation est combattue comme une faute. Les seuls progrès possibles sont ceux que la société fait collectivement.

Cette réaction prédéterminée, exercée par la société sur l'agent qui a enfreint la règle, constitue ce qu'on appelle une *sanction*; du moins nous limitons ainsi le sens de ce mot que l'on a souvent employé dans une acception plus étendue. Nous possédons maintenant le critérium que nous cherchons : nous pouvons dire que tout fait moral consiste dans une règle de conduite sanctionnée.

Cette définition, d'ailleurs, ne diffère pas de celle qui est généralement admise; elle en est seulement une traduction plus précise et plus scientifique. On s'entend, en effet, pour dire que ce qui distingue les règles morales, c'est qu'elles sont obligatoires; mais de quelle manière pouvons-nous reconnaître la présence de ce caractère? Est-ce en interrogeant notre conscience et en constatant par une intuition directe que cette obligation est effectivement ressentie? Mais nous savons que toutes les consciences ne se ressemblent pas, même au sein d'une même société. Il en est de plus délicates, d'autres qui sont plus grossières, d'autres même qui sont atteintes comme d'une inversion du sens moral. A laquelle faudra-t-il s'adresser? A celle de l'homme cultivé, à celle du laboureur, à celle du délinquant? Évidemment on n'entend parler que de la conscience normale, de celle qui est la plus générale dans la société. Mais, comme il est impossible de voir directement ce qui s'y passe, pour savoir de quelle manière les règles de conduite y sont représentées, il faut bien que nous nous référions à quelque fait externe qui reflète cet état intérieur. Or il n'en est pas qui puisse mieux jouer ce rôle que la sanction. Il est impossible en effet que les membres d'une société reconnaissent une règle de conduite comme obligatoire sans réagir contre tout acte qui la viole ; cette réaction est même tellement nécessaire que toute conscience saine l'éprouve idéalement à la seule pensée d'un tel acte. Si donc nous définissons la règle morale par la sanction qui y est attachée, ce n'est pas que nous considérions le sentiment de l'obligation comme un produit de la sanction. Au contraire, c'est parce que celle-ci dérive de celui-là qu'elle peut servir à le symboliser, et comme ce symbole a le grand avantage d'être objectif, accessible à l'observation et même à la mesure, il est de bonne méthode de le préférer à la chose qu'il représente. Pour devenir scientifique l'étude des faits moraux doit suivre l'exemple de autres sciences. Celles-ci s'efforcent par tous les moyens possibles d'écarter les sensations personnelles de l'observateur pour atteindre les faits en eux-mêmes. De même, il faut que le moraliste procède de manière à ne prendre pour obligatoire que ce qui *est* obligatoire et non ce qui lui *paraît* tel ; qu'il prenne pour matière de ses recherches des réalités et non des apparences subjectives. Or, la réalité d'une obligation n'est certaine que si elle se manifeste par quelque sanction.

Mais alors, si l'on s'en tient à cette définition, tout le droit entre dans la morale ? — Nous croyons en effet ces deux domaines trop intimement unis pour pouvoir être radicalement séparés. Il se produit entre eux des échanges continuels ; tantôt ce sont des règles morales qui deviennent juridiques et tantôt des règles juridiques qui deviennent morales. Très souvent le droit ne saurait être détaché des mœurs qui en sont le substrat, ni les mœurs du droit qui les réalise et les détermine. Aussi n'est-il guère de moralistes qui aient poussé la logique jusqu'à mettre tout le droit en dehors de la morale. La plupart reconnaissent un caractère moral aux prescriptions juridiques les plus générales et les plus essentielles. Mais il est difficile qu'une telle sélection ne soit pas arbitraire; car on n'a aucun critère qui permette de la faire méthodiquement. Comment graduer les règles du droit d'après leur importance et leur généralité relatives, de manière à pouvoir fixer le moment à partir duquel toute moralité s'évanouit?

On ne peut d'ailleurs faire cette distinction sans tomber dans d'inextricables difficultés; car ces principes généraux ne peuvent passer dans les faits qu'en devenant solidaires de ces règles juridiques auxquelles sont soumis les cas particuliers. Si donc cette réglementation spéciale est étrangère à la morale, cette solidarité compromet inévitablement la moralité des principes et ceux-ci ne peuvent plus sans déchoir, sans cesser d'être eux-mêmes, descendre dans la réalité. Sois juste, dit le moraliste, respecte la propriété d'autrui. Mais cette propriété ne peut avoir été acquise que conformément aux règles particulières du droit; par exemple, elle provient d'un héritage ou d'une usucapion ou d'une accession. Si donc les différentes sources d'où dérive en fait le droit de propriété ne sont pas morales ou sont simplement amorales, comment la propriété elle-même pourrait-elle avoir quelque valeur morale? Il faut respecter l'autorité légale, voilà encore une règle dont la moralité n'est pas contestée. Mais cette autorité a été instituée d'après les prescriptions du droit constitutionnel; si celui-ci n'a rien de moral, comment les pouvoirs qu'il a créés pourraient-ils avoir droit à notre respect? Les exemples pourraient être multipliés. Si on laisse la morale pénétrer dans le droit, elle l'envahit et, si elle n'y pénètre pas, elle reste à l'état de lettre morte, de pure abstraction, au lieu d'être une discipline effective des volontés.

Ces deux ordres de phénomènes sont donc inséparables et relèvent d'une seule et même science. Cependant la sanction qui est attachée aux règles que l'on appelle plus spécialement morales présente des caractères particuliers que l'on peut déterminer. On réserve en effet généralement ce nom à celles qui ne peuvent être violées sans que l'auteur de l'infraction encoure de la part de l'opinion publique un blâme qui peut aller de la flétrissure infamante jusqu'à la simple désapprobation, en passant par toutes les nuances du mépris. Ce blâme constitue une répression; car c'est une douleur imposée à l'agent et dont la perspective peut parfois suffire à le détourner de l'acte réprouvé. On l'a souvent distinguée de celle qu'appliquent les tribunaux en disant qu'elle est toute morale. Mais la distinction n'est pas exacte; car toute peine morale prend nécessairement une forme matérielle. Pour que le blâme soit efficace, il faut qu'il se traduise au dehors par des mouvements dans l'espace; par exemple, le coupable sera exclu de la société où il est habitué à vivre, on le tiendra à distance. Or cet exil n'est pas d'une autre nature que celui que prononcent les tribunaux réguliers. D'ailleurs, il y a et il y a toujours eu des peines légales qui sont purement morales; telles sont celles qui consistent dans la privation de certains droits comme l'infamie des Romains, l'atimie des Grecs, la dégradation civique, etc. La différence qui sépare ces deux sortes de peines ne tient donc pas à leurs caractères intrinsèques, mais à la manière dont elles sont administrées. L'une est appliquée par chacun et par tout le monde, l'autre par des corps définis et constitués; l'une est diffuse, l'autre est organisée. La première peut d'ailleurs être doublée d'une autre; le blâme de l'opinion publique peut être accompagné d'une peine légale proprement dite. Mais toute règle de conduite à laquelle est attachée une sanction répressive diffuse, que celle-ci soit seule ou non, est morale, au sens ordinaire du mot.

Cette définition suffit à prouver que la science positive de la morale est une branche de la sociologie; car toute sanction est chose sociale au premier chef. Les devoirs que comprend cette partie de l'éthique que l'on appelle la morale individuelle sont sanctionnés de la même manière que les autres. C'est dire qu'ils ne sont individuels qu'en apparence et ne peuvent dépendre eux aussi que de conditions sociales. D'ailleurs, ils ont été conçus de manières différentes suivant les époques. Or, de tous les milieux dans lesquels vit l'homme, il n'y a que le milieu social qui ait passé par des changements assez profonds pour pouvoir rendre compte de ces transformations.

Mais tous les faits moraux sont-ils compris dans cette défini-tion? Consistent-ils tous en des règles impératives ou bien, au contraire, n'y aurait-il pas en morale une sphère plus élevée qui dépasse le devoir? L'expérience semble démontrer qu'il y a des actes qui sont louables sans être obligatoires, qu'il y a un libre idéal qu'on n'est pas tenu d'atteindre. « Par exemple, un homme opulent sera loué d'employer sa fortune à favoriser le dévelop-pement des arts et des sciences; cela est évidemment bon et louable; et cependant on ne peut pas dire que ce soit un devoir pour tout homme riche de faire un pareil emploi de sa fortune. On louera, on admirera un homme qui dans une aisance mé-diocre prendra la charge de secourir et d'élever une famille qui n'est pas la sienne; cependant celui qui n'agit pas ainsi n'est pas coupable, et comment pourrait-il ne pas être coupable si ce genre d'action était rigoureusement obligatoire (¹)? »

Il y a, il est vrai, des moralistes qui n'admettent pas cette dis-tinction. Suivant M. Janet, si certains actes que nous admirons ne nous paraissent pas obligatoires, c'est qu'ils ne sont effective-ment pas obligatoires pour la moyenne des hommes qui n'est pas capable de s'élever à une si haute perfection. Mais si ce n'est pas un devoir pour tout le monde, il ne s'ensuit pas que ce ne soit un devoir pour personne. Tout au contraire, ceux qui sont en état de parvenir à ce degré d'héroïsme ou de sainteté y sont

(¹) Janet, la Morale, p. 223.

strictement tenus, à moins bien entendu qu'il ne leur soit possible de faire aussi bien d'une autre manière; inversement, s'ils
ne sont pas tenus à de tels actes, c'est que ceux-ci ne sont pas les
meilleurs qu'ils puissent accomplir et par conséquent ne sont
pas moraux. « Il serait absurde de soutenir qu'un certain degré
de perfection étant possible pour moi, j'ai le droit de me contenter
d'un moindre; et de même il serait absurde d'exiger de moi un
degré de perfection auquel ne m'appelle pas ma nature (¹). »

Mais la distinction subsiste tout entière. Il reste vrai qu'il y a
des actes que l'opinion publique impose, d'autres qu'elle abandonne aux initiatives privées. Ces derniers sont donc gratuits et
libres. — Mais l'agent s'oblige soi-même à les accomplir. — Je le
veux; mais il n'y est pas obligé, ce qui est bien différent. S'il ne
réalise pas son idéal il *se* blâmera; mais il ne sera pas blâmé.
Encore ne faut-il pas confondre ce blâme que l'on s'inflige à
soi-même pour avoir négligé de faire une belle action avec le
remords que détermine une faute proprement dite. Ces deux
sentiments n'ont ni les mêmes caractères ni la même intensité.
L'un et l'autre sont des peines; mais le second est une douleur
cuisante due à la blessure que nous avons faite de nos propres
mains aux parties vives de notre conscience morale; l'autre se
réduit à un regret d'avoir laissé échapper une joie délicieuse.
L'un vient de ce qu'une perte irréparable a été faite; l'autre, de
ce que nous avons manqué une occasion de nous enrichir. La
réaction interne qui suit l'acte ne diffère pas sensiblement de la
réaction externe et la conscience morale de l'agent fait les
mêmes distinctions que la conscience publique. Ira-t-on plus loin
et dira-t-on que c'est à tort qu'elle fait ces distinctions? Dans ce
cas la discussion devient impossible; car nous cherchons seulement à observer la réalité morale telle qu'elle existe, ne connais-
sant pas pour le moment de critère qui nous permette de la
redresser. Au reste, M. Janet finit par reconnaître implicitement

_____

(¹) *Loc. cit.*, p. 231.

ces différences et par admettre qu'il existe tout au moins deux formes bien distinctes de la vertu. « La vertu, dit-il, est... dans ce qu'elle a de plus sublime, un acte libre et individuel, qui donne naissance à des formes inattendues de grandeur et de générosité. La forme inférieure de la vertu est la forme légale qui, sans aucune spontanéité, suit fidèlement une règle donnée... Mais la vraie vertu, comme le génie, échappe à la règle ou plutôt crée la règle (1). »

Mais alors, il semble que notre définition ne comprenne pas tout le défini. Il n'en est rien cependant; car s'il est vrai qu'il y a des actes qui sont l'objet de l'admiration et qui pourtant ne sont pas obligatoires, il n'est pas exact qu'ils soient moraux. Pour les mettre ainsi en dehors de la morale, il n'est pas nécessaire de nous référer à une notion abstraite de la moralité et de faire voir qu'ils n'en peuvent être déduits. Nous affirmons seulement qu'il serait contraire à toute méthode de réunir sous une même rubrique des actes qui sont astreints à se conformer à une règle préétablie et d'autres qui sont libres de toute réglementation. Si donc, pour rester fidèle à l'usage, on réserve aux premiers la qualification de moraux, on ne saurait la donner également aux seconds. — Mais qui nous dit qu'ils ne jouent pas le même rôle? — C'est une hypothèse que nous n'avons pas à discuter pour le moment; car nous n'en avons pas les moyens. Nous cherchons seulement à classer les phénomènes d'après leurs caractères externes les plus importants et il nous paraît impossible de confondre des faits qui présentent des propriétés aussi opposées.

Le contraste qui existe entre eux paraîtra bien plus frappant encore si l'on remarque que le fait moral proprement dit ne consiste pas dans l'acte conforme à la règle, mais dans la règle elle-même. Or, il n'y a pas de règle là où il n'y a pas d'obligation. Libres créations de l'initiative privée, de tels actes ne

---

(1) *Loc. cit.*, p. 239.

gardent leurs caractères spécifiques qu'à condition de n'avoir été sollicités d'aucune manière. Parfois même, ils prennent la conscience morale tellement à l'improviste que celle-ci, n'ayant pas à leur appliquer de jugements tout faits, reste hésitante et déconcertée. Sans doute, il y a un précepte très général qui promet l'éloge ou la reconnaissance publique à quiconque fait plus que son devoir; mais outre que cette maxime n'a rien d'impératif, la récompense qu'elle annonce n'est attachée à aucune action déterminée; elle ne fait qu'ouvrir une immense carrière à l'imagination de l'individu qui peut s'y mouvoir en toute liberté. Les différentes manières de faire plus que son devoir ne peuvent pas être plus définies que les différentes manières de faire moins.

D'ailleurs, il est aisé d'apercevoir que ces dissemblances externes correspondent à des différences internes et profondes. Car ce qu'indique cette contingence, cette place faite à l'imagination, c'est que ces actes ne sont pas nécessaires, ne sont ajustés à aucune fin vitale, en un mot sont un luxe; c'est dire qu'ils sont du domaine de l'art. Après que nous avons astreint une partie de notre énergie physique et intellectuelle à s'acquitter de sa tâche journalière, nous aimons à la laisser se jouer en liberté, la bride sur le cou, à la dépenser pour le plaisir de la dépenser, sans que cela serve à rien, sans que nous nous proposions aucun but défini. C'est en cela que consiste le plaisir du jeu dont le plaisir esthétique n'est qu'une forme supérieure. De même, quand notre énergie morale s'est acquittée de ses obligations quotidiennes, de ses devoirs réguliers, elle éprouve le besoin de se répandre pour se répandre, de se jouer en des combinaisons nouvelles qu'aucune règle ne détermine ni n'impose, pour le plaisir de le faire, pour la joie d'être libre. C'est ce besoin qui inspire tous les actes gratuits que nous accomplissons, depuis les raffinements de l'urbanité mondaine, les ingéniosités de la politesse, les détentes de la sympathie au sein de la famille, les prévenances, les présents, les paroles affectueuses ou les caresses échangées entre amis ou parents, jusqu'aux sacrifices héroïques que n'exige aucun devoir. Car c'est une erreur de croire que ces belles inventions, comme les appelle très justement M. Janet, ne se rencontrent que dans des circonstances extraordinaires. Il y en a de toute importance; la vie en est pleine; elles en font le charme ([1]). Le sentiment qu'elles nous inspirent est de même nature et dépend de la même cause. Si nous les admirons ce n'est pas à cause de leurs conséquences dont l'utilité est souvent douteuse. Un père de famille expose sa vie pour un inconnu; qui oserait dire que ce fût utile? Ce que nous aimons, c'est le libre déploiement de force morale, quelles qu'en soient d'ailleurs les suites effectives.

Seulement, si de telles manifestations sont du domaine de l'esthétique, elles en sont une sphère très spéciale. Elles ont en effet quelque chose de moral; car elles dérivent d'habitudes et de tendances qui ont été acquises dans la pratique de la vie morale proprement dite, telles que le besoin de se donner, de sortir de soi, de s'occuper d'autrui, etc. Mais ces dispositions, morales par leurs origines, ne sont plus employées moralement parce qu'avec l'obligation disparait la moralité ([2]). De même que le jeu est l'esthétique de la vie physique, l'art, l'esthétique de la vie intellectuelle, cette activité *sui generis* est l'esthétique de la vie morale ([3]).

([1]) Ce n'est donc pas la difficulté de ces actions qui les sépare des autres. Il en est de très aisées. Cette distinction ne peut par conséquent pas venir de ce que nous regardons volontiers comme facultatif tout ce qui est un peu difficile.

([2]) Ce serait donc mal interpréter notre pensée que de nous confondre avec ceux qui admettent l'existence de devoirs facultatifs; les deux mots jurent ensemble.

([3]) Nous ne voulons pas mêler de considérations pratiques à une étude scientifique. Cependant il nous paraît que la distinction de ces deux domaines est très nécessaire même au point de vue pratique. Car on ne peut les confondre sans les mettre sur le même plan; très souvent même on semble attribuer une certaine supériorité à l'activité esthético-morale. Or on risque d'affaiblir le sentiment de l'obligation, c'est-à-dire l'existence du devoir, en admettant qu'il y a une moralité, et peut-être la plus élevée, qui consiste en de libres créations de l'individu, qu'aucune règle ne détermine, qui est essentiellement anomique. Nous croyons au contraire que l'anomie est la négation de toute morale.

IV

Cependant notre définition est encore défectueuse. En effet, la conscience morale des sociétés est sujette à se tromper. Elle peut attacher le signe extérieur de la moralité à des règles de conduite qui ne sont pas par elles-mêmes morales et, au contraire, laisser sans sanctions des règles qui devraient être sanctionnées. Il nous faut donc compléter notre critère, afin que nous ne soyons pas exposés à prendre pour moraux des faits qui ne le sont pas, ou bien au contraire à exclure de la morale des faits qui par leur nature sont moraux.

La question ne diffère pas essentiellement de celle que se pose le biologiste, quand il cherche à séparer le domaine de la physiologie normale de celui de la physiologie pathologique; car c'est un fait de pathologie morale qu'une règle présente indûment le caractère de l'obligation ou en soit indûment privée. Nous n'avons donc qu'à imiter la méthode que suivent en pareil cas les naturalistes. Ils disent d'un phénomène biologique qu'il est normal pour une espèce déterminée quand il se produit dans la moyenne des individus de cette espèce, quand il fait partie du type moyen; est pathologique au contraire tout ce qui est en dehors de la moyenne, soit en dessus, soit en dessous. D'ailleurs, par type moyen, il ne faut pas entendre un être individuel dont tous les caractères sont définis, quantitativement et qualitativement, avec une précision mathématique. Ils n'ont au contraire rien d'absolu ni de fixe, mais comportent toujours des variations qui sont comprises entre certaines limites, et c'est seulement en deçà et au delà de ces limites que commence le domaine de la pathologie. Si par exemple, pour une société donnée, on relève la taille de tous les individus et si l'on dispose en colonnes les mesures ainsi obtenues en commençant par les plus élevées, on constate que les chiffres les plus nombreux et

les plus voisins les uns des autres sont massés au centre. Au delà,
soit en haut, soit en bas, ils sont non seulement plus rares, mais
aussi plus espacés. C'est cette masse centrale et dense qui
constitue la moyenne et, si souvent on exprime celle-ci par
un seul chiffre, c'est qu'on représente tous ceux de la région
moyenne par celui autour duquel ils gravitent.

C'est d'après la même méthode qu'il faut procéder en morale.
Un fait moral est normal pour un type social déterminé, quand
on l'observe dans la moyenne des sociétés de cette espèce; il est
pathologique dans le cas contraire. Voilà ce qui fait que le caractère moral des règles particulières de conduite est variable;
c'est qu'il dépend de la nature des types sociaux. Par exemple,
dans toutes les sociétés à *totems*, clans et agrégats de clans, il y a
une règle qui défend de tuer et de manger l'animal qui sert
d'emblème au groupe; nous dirons que cette règle est normale
pour ce type social. Dans toutes nos sociétés européennes
l'infanticide, qui était autrefois impuni, est sévèrement interdit;
nous dirons que cette règle est normale pour le type social
auquel appartiennent nos sociétés. On peut même mesurer de
cette manière le degré de force coercitive que doit normalement
avoir chaque règle morale; il n'y a qu'à déterminer l'intensité
normale de la réaction sociale qui suit la violation de la règle.
Ainsi, nous savons qu'en Italie les mœurs jugent parfois avec
indulgence des actes de brigandage que la conscience publique
réprouve beaucoup plus énergiquement dans les autres pays
d'Europe; un tel fait est donc anormal.

Toutefois, il ne faut pas oublier que le type normal n'est
pas quelque chose de stable dont les traits peuvent être fixés
dans un instant indivisible; au contraire il évolue, comme les
sociétés elles-mêmes et tous les organismes. On est, il est vrai,
disposé à croire qu'il se confond avec le type moyen de l'espèce
pendant la période de maturité; car c'est seulement à ce moment que l'organisme est vraiment lui-même, parce qu'il est
alors tout ce qu'il peut être. Mais si l'on appréciait l'état

normal ou pathologique d'un animal soit pendant l'enfance,
soit pendant la vieillesse, d'après le type normal de cet animal
adulte, on commettrait la même faute que si l'on jugeait de
l'état de santé d'un insecte d'après celui d'un mammifère. Il
faudrait voir dans le vieillard et dans l'enfant de véritables
malades. Or, tout au contraire, la présence chez l'un ou l'autre
de caractères propres à l'adulte est l'indice d'un état pathologique. Un éveil trop précoce chez celui-ci, une persistance trop
prolongée chez celui-là des instincts génésiques sont des
phénomènes proprement morbides (1). Il y a donc un type
normal de l'enfance, un autre de l'âge mûr, un autre de la
vieillesse et il en est des sociétés comme des organismes individuels.

Par conséquent, pour savoir si un fait moral est normal
pour une société, il faut tenir compte de l'âge de cette dernière et déterminer en conséquence le type normal qui doit
servir de point de repère. Ainsi, pendant l'enfance de nos
sociétés européennes, certaines règles restrictives de la liberté
de penser étaient normales qui ont perdu ce caractère à un
âge plus avancé. Il est vrai qu'il n'est pas toujours facile de
préciser à quel moment de son évolution se trouve soit une
société, soit un organisme. Car il ne suffit pas pour cela de
nombrer les années; on peut être plus vieux ou plus jeune
que son âge. C'est seulement d'après certains caractères de
la structure et des fonctions qu'il est possible de distinguer
scientifiquement la vieillesse de l'enfance ou de la maturité (2)
et ces caractères ne sont pas encore déterminés avec une rigueur
suffisante. Pourtant, outre qu'il n'y a pas d'autre manière de

---

(1) Cela ne veut pas dire que la maladie fait partie du type normal de la
vieillesse. Au contraire, les maladies du vieillard sont des faits anormaux
comme celles de l'adulte.

(2) Ainsi le fait qu'un homme âgé présente le type complet de l'adulte n'a
rien de morbide; ce qui est pathologique, c'est que, tout en présentant dans
ses lignes essentielles le type anatomique et physiologique du vieillard, il ait
en même temps certains caractères de l'adulte.

procéder, la difficulté n'a rien d'insoluble. Certains de ces signes objectifs sont déjà connus ([1]); d'autre part, si le nombre des années n'est pas toujours un critère satisfaisant, cependant il peut être utilement employé, pourvu que ce soit avec mesure et précaution; enfin les progrès mêmes de la science rendront cette détermination plus exacte.

Il y a pourtant des cas où, pour distinguer l'état sain de l'état maladif, il ne suffit pas de se référer au type normal, c'est quand tous les traits n'en sont pas formés; quand, ébranlé sur certains points par une crise passagère, il est lui-même en voie de devenir. C'est ce qui arrive quand la conscience morale des nations n'est pas encore adaptée aux changements qui se sont produits dans le milieu et que, partagée entre le passé qui la retient en arrière et les nécessités du présent, elle hésite à se fixer. Alors on voit apparaître des règles de conduite dont le caractère moral est indécis, parce qu'elles sont en train de l'acquérir ou de le perdre sans l'avoir définitivement ni acquis ni perdu. Ce sont des velléités mal déterminées et qui pourtant sont générales, et le cas se présente d'autant plus souvent dans la vie sociale qu'elle est perpétuellement en voie de transforma-tion. Cependant la méthode reste la même. Il faut commencer par fixer le type normal et pour cela le seul moyen est de le comparer avec lui-même. Nous ne pouvons déterminer les conditions nouvelles de l'état de santé qu'en fonction des anciennes, car nous n'avons pas d'autre point de repère. Pour savoir si tel précepte a une valeur morale, il faut le comparer à d'autres dont la moralité intrinsèque est établie. S'il joue le même rôle, c'est-à-dire s'il sert aux mêmes fins, si, d'autre part, il résulte de causes dont résultent également d'autres faits moraux, si par suite ces derniers l'impliquent au point de ne pouvoir exister s'il n'existe en même temps, on a le droit de conclure

---

([1]) Par exemple, pour une société, l'affaiblissement régulier de la natalité peut servir à prouver que les limites de la maturité sont atteintes ou dépassées.

de cette identité fonctionnelle et de cette solidarité qu'il doit être voulu au même titre et de la même manière que les autres règles obligatoires de conduite, par conséquent qu'il est moral.

Il n'est pas certain, il est vrai, que, même avec cette correction, le type normal réalise le dernier degré de la perfection. Sans doute, pour qu'il ait pu se maintenir d'une manière aussi générale, il faut que dans ses caractères essentiels il soit suffisamment bien adapté à ses conditions d'existence; mais il n'est pas prouvé que rien n'y soit à reprendre. Seulement autre chose est la santé, autre chose la perfection. Or, pour le moment, nous cherchons uniquement quels sont les signes caractéristiques de l'état de santé morale; car, si la division du travail les présente, cela doit nous suffire. Ajoutons d'ailleurs que cette perfection plus haute ne peut être déterminée qu'en fonction de l'état normal; car il est lui-même le seul modèle d'après lequel il puisse être corrigé. On ne peut avoir qu'une raison intelligible d'en trouver défectueux certains éléments; c'est qu'ils diffèrent de la moyenne des autres et constituent des anomalies dans le type moyen. C'est donc toujours à ce dernier qu'on est ramené; ce n'est que par rapport à lui-même qu'il peut être jugé insuffisant. Le perfectionner, c'est le rendre plus semblable à soi. Procéder autrement, ce serait admettre un idéal qui, venant on ne sait d'où, s'impose aux choses du dehors, une perfection qui ne tire pas sa valeur de la nature des êtres et des conditions dont ils dépendent, mais sollicite le désir par je ne sais quelle vertu transcendante et mystique; théorie sentimentale qui ne relève pas de la discussion scientifique. Le seul idéal que puisse se proposer la raison humaine est d'améliorer ce qui est; or, c'est de la réalité seule qu'on peut apprendre les améliorations qu'elle réclame.

Nous arrivons donc à la définition suivante : *On appelle fait moral normal pour une espèce sociale donnée, considérée à une phase déterminée de son développement, toute règle de conduite à laquelle une sanction répressive diffuse est attachée dans la*

moyenne des sociétés de cette espèce, considérées à la même période
de leur évolution; secondairement, la même qualification convient
à toute règle qui, sans présenter nettement ce critère, est pourtant
analogue à certaines des règles précédentes, c'est-à-dire sert aux
mêmes fins et dépend des mêmes causes.

Trouvera-t-on ce critère trop empirique? Mais en fait les
moralistes de toutes les écoles l'emploient plus ou moins expli-
citement. Nous savons en effet qu'ils sont obligés de prendre
pour point de départ de leurs spéculations une morale reconnue
et incontestée, qui ne peut être que celle qui est le plus généralement suivie de leur temps et dans leur milieu. C'est d'une
observation sommaire de cette morale qu'ils s'élèvent à cette
loi qui est censée l'expliquer. C'est elle qui leur fournit la
matière de leurs inférences; c'est elle aussi qu'ils retrouvent
au terme de leurs déductions. Pour qu'il en fût autrement, il
faudrait que, dans le silence du cabinet, le moraliste pût construire par la seule force de la pensée le système complet des
relations sociales puisque la morale les pénètre toutes, entreprise évidemment impossible. Même quand il paraît innover, il
ne fait que traduire des tendances réformatrices qui s'agitent
autour de lui. Il y ajoute quelque chose parce qu'il les éclaircit,
parce qu'il en fait une théorie; mais cette théorie se réduit à
montrer qu'elles vont au même but que telle ou telle pratique
morale dont l'autorité est indiscutée. Puisque cette méthode
s'impose, le mieux n'est-il pas de la pratiquer ouvertement,
en abordant résolument les difficultés qui sont grandes et en
s'entourant de toutes les garanties possibles contre l'erreur?

V

Munis de cette définition, nous pouvons revenir à la question
que nous nous sommes posée : la division du travail a-t-elle une
valeur morale?

Il ne paraît guère contestable que dans les grandes sociétés de l'Europe actuelle, qui appartiennent toutes au même type social et sont à peu près arrivées à la même phase de leur développement, l'opinion publique, dans sa très grande généralité, tend de plus en plus à l'imposer impérativement. Sans doute, ceux qui essaient d'y déroger ne sont pas punis d'une peine précise établie par la loi; mais ils sont blâmés. Il fut un temps, il est vrai, où l'homme parfait nous paraissait être celui qui, sachant s'intéresser à tout sans s'attacher exclusivement à rien, capable de tout goûter et de tout comprendre, trouvait moyen de réunir et de condenser en lui ce qu'il y avait de plus exquis dans la civilisation. Mais aujourd'hui, cette culture générale, tant vantée jadis, ne nous fait plus l'effet que d'une discipline molle et relâchée. Pour lutter contre la nature, nous avons besoin de facultés plus vigoureuses et d'énergies plus productives. Nous voulons que l'activité, au lieu de se disperser sur une large surface, se concentre et gagne en intensité ce qu'elle perd en étendue. Nous nous défions de ces talents trop mobiles qui, se prêtant également à tous les emplois, refusent de choisir un rôle spécial et de s'y tenir. Nous éprouvons de l'éloignement pour ces hommes dont l'unique souci est d'organiser et d'assouplir toutes leurs facultés, mais sans en faire aucun usage défini et sans en sacrifier aucune, comme si chacun d'eux devait se suffire à soi-même et former un monde indépendant. Il nous semble que cet état de détachement et d'indétermination a quelque chose d'antisocial. L'honnête homme d'autrefois n'est plus pour nous qu'un dilettante et nous refusons au dilettantisme toute valeur morale; nous voyons bien plutôt la perfection dans l'homme compétent qui cherche, non à être complet, mais à produire, qui a une tâche délimitée et qui s'y consacre, qui fait son service, trace son sillon. « Se perfectionner, dit M. Secrétan, c'est apprendre son rôle, c'est se rendre capable de remplir sa fonction... La mesure de notre perfection ne se trouve plus dans notre complaisance à nous-mêmes, dans les applaudissements de la foule ou dans le sourire approbateur d'un dilettantisme précieux, mais dans la somme des services rendus et dans notre capacité d'en rendre encore (¹). » Aussi l'idéal moral, d'un, de simple et d'impersonnel qu'il était, va-t-il de plus en plus en se diversifiant. Nous ne pensons plus que le devoir fondamental de l'homme soit de réaliser en lui les qualités de l'homme en général; mais nous croyons qu'il est non moins tenu d'avoir celles de son emploi. Un fait entre autres rend sensible cet état de l'opinion, c'est le caractère de plus en plus spécial que prend l'éducation. De plus en plus nous jugeons nécessaire de ne pas soumettre tous nos enfants à une culture uniforme, comme s'ils devaient tous mener une même vie, mais de les former différemment en vue des fonctions différentes qu'ils seront appelés à remplir. En un mot, par un de ses aspects, l'impératif catégorique de la conscience morale est en train de prendre la forme suivante : *Mets-toi en état de remplir utilement une fonction déterminée.*

Il faut ajouter, il est vrai, que la règle précédente, quelque impérative qu'elle soit, est toujours et partout limitée par une règle contraire. Jamais, pas plus aujourd'hui qu'autrefois, la division du travail n'a été déclarée bonne absolument et sans réserve, mais seulement dans de certaines limites qu'il ne faut pas dépasser. Ces limites sont très mobiles; mais elles ne laissent pas d'exister. Partout, dans la conscience morale des nations, à côté de la maxime qui nous ordonne de nous spécialiser, il en est une autre, antagoniste de la première, qui nous commande de réaliser un même idéal qui nous est commun à tous. Si la fin morale se diversifie, c'est seulement à partir d'un certain point en deçà duquel elle est identique pour tout le monde. Ce point recule de plus en plus, puisque la diversification devient toujours plus grande, et par conséquent une place toujours moindre est laissée à l'idéal général. Mais si cette ligne de démarcation s'est déplacée, elle n'a pas disparu. Tout le monde ne la voit pas au

(¹) *Le Principe de la morale*, p. 189.

même endroit : les uns la mettent plus haut, les autres plus bas, suivant qu'on a les yeux tournés vers le présent ou vers le passé, suivant qu'on est plus respectueux de la tradition ou plus épris de progrès; tout le monde cependant reconnait qu'elle existe. Mais il n'y a dans cette limitation d'une règle obligatoire par une autre rien qui doive surprendre ni qui altère le caractère moral de la première. Il en est de la vie morale comme de la vie du corps ou de celle de la conscience; rien n'y est bon indéfiniment et sans mesure. Comme toutes les forces en présence ont droit à l'existence, il est juste que chacune ait sa part et il ne faut pas qu'aucune empiète sur les autres. C'est pourquoi, de même que les différentes fonctions et les différentes facultés se pondèrent et se retiennent les unes les autres en deçà d'un certain degré de développement, de même les différentes pratiques morales se modèrent mutuellement et leur antagonisme produit leur équi-libre.

Cet antagonisme démontre même qu'en tout cas la division du travail ne saurait être moralement neutre. Elle ne peut pas occuper de situation intermédiaire. En effet, la règle qui nous commande de réaliser en nous tous les attributs de l'espèce ne peut être limitée par la règle contraire de la division du travail que si celle-ci est de même nature, c'est-à-dire si elle est morale. Un devoir peut être contenu et modéré par un autre devoir, mais non par des nécessités purement économiques. Si la division du travail ne se recommande que par des avantages matériels, elle n'a pas qualité pour restreindre l'action d'un précepte moral. Mais alors celui-ci débarrassé de tout contrepoids s'applique sans restriction; car c'est une obligation qui n'est plus neutralisée par aucune autre. Il ne faut plus dire que nous devons tous nous proposer *en partie* un même idéal, mais que nous ne devons pas en avoir d'autre que celui qui nous est commun à tous; nous ne sommes plus seulement tenus de ne pas laisser entamer *au delà d'un certain point* l'intégrité de notre nature, mais de la main-tenir absolument intacte, sans en rien abandonner. Toute spécia-

lisation, si réduite soit-elle, devient donc moralement mauvaise ;
elle constitue en effet une dérogation à ce devoir fondamental,
car elle n'est possible que si l'individu renonce à être un homme
complet, fait le sacrifice d'une partie de soi-même pour développer le reste. Ainsi il faut choisir : si la division du travail
n'est pas morale, elle est franchement immorale ; si elle n'est pas
une règle obligatoire, elle viole une règle obligatoire et doit être
proscrite.

Or, on ne peut la proscrire sans s'insurger contre les faits ; car
elle est évidemment inévitable puisqu'elle progresse depuis des
siècles sans que rien puisse l'arrêter. Pour porter contre elle une
condamnation sans réserve, il faudrait admettre entre la morale
et la réalité un divorce inintelligible. La morale vit de la vie
du monde ; il est donc impossible que ce qui est nécessaire au
monde pour vivre soit contraire à la morale. Ainsi se trouve
écarté un des termes du dilemme et démontré à nouveau, par
l'absurde, le caractère moral de la division du travail.

Cependant, quoique ces preuves constituent de fortes présomptions, elles laissent place à quelques doutes.

En effet, en regard des faits que nous venons de rappeler on
en peut citer qui sont contraires. Si l'opinion publique sanctionne
la règle de la division du travail, ce n'est pas sans une sorte
d'inquiétude et d'hésitation. Tout en commandant aux hommes
de se spécialiser, elle semble toujours craindre qu'ils ne se
spécialisent trop. A côté des maximes qui vantent le travail
intensif il en est d'autres, non moins répandues, qui en signalent
les dangers. «C'est, dit Jean-Baptiste Say, un triste témoignage à
se rendre que de n'avoir jamais fait que la dix-huitième partie
d'une épingle ; et qu'on ne s'imagine pas que ce soit uniquement
l'ouvrier qui toute sa vie conduit une lime ou un marteau qui
dégénère ainsi de la dignité de sa nature, c'est encore l'homme
qui par état exerce les facultés les plus déliées de son esprit (¹).»

(¹) *Traité d'économie politique*, livre I, ch. VIII.

Dès le commencement du siècle, Lemontey(¹), comparant l'existence de l'ouvrier moderne à la vie libre et large du sauvage, trouvait le second bien plus favorisé que le premier. Tocqueville n'est pas moins sévère : «A mesure, dit-il, que le principe de la division du travail reçoit une application plus complète... l'art fait des progrès, l'artisan rétrograde(²).»

Ce que prouvent ces faits contradictoires, c'est que, si la division du travail est en train de revêtir la forme de l'obligation, ce n'est pas encore un fait accompli. La conscience morale paraît bien s'orienter dans ce sens, mais n'a pas encore trouvé son assiette. Deux tendances contraires sont en présence et, quoique l'une d'elles semble de plus en plus l'emporter sur l'autre, cependant les faits acquis ne sont ni assez définitifs ni assez caractérisés pour nous permettre d'assurer en toute certitude que l'évolution doit régulièrement continuer dans ce sens jusqu'à son entier achèvement. C'est donc un de ces cas où le type normal ne peut servir de critère parce qu'il n'est pas encore constitué sur ce point.

Par conséquent, il nous reste à procéder d'après l'autre manière que nous avons indiquée. Il nous faut étudier la division du travail en elle-même d'une façon toute spéculative, chercher à quoi elle sert et de quoi elle dépend, en un mot nous en former une notion aussi adéquate que possible. Cela fait, nous pourrons la comparer avec les autres phénomènes moraux et voir quels rapports elle soutient avec eux. Si nous trouvons qu'elle joue un rôle similaire à quelque autre pratique dont le caractère moral et normal est indiscuté ; que si dans certains cas elle ne remplit pas ce rôle, c'est par suite de déviations anormales ; que les causes qui la déterminent sont aussi les conditions déterminantes d'autres règles morales, nous pourrons conclure qu'elle doit être classée parmi ces dernières. Sans doute nous n'avons pas à nous substituer à la conscience morale des sociétés

---

(¹) *Raison ou Folie*, chapitre sur l'influence morale de la division du travail.
(²) *La Démocratie en Amérique*.

et à légiférer à sa place; mais nous pouvons chercher à lui apporter un peu de lumière et à faire cesser ses perplexités.

Notre travail se divisera donc en trois parties principales :

Nous chercherons d'abord quelle est la fonction de la division du travail, c'est-à-dire à quel besoin social elle correspond;

Nous déterminerons ensuite les causes et les conditions dont elle dépend;

Enfin, comme elle n'aurait pas été l'objet d'accusations aussi graves si réellement elle ne déviait plus ou moins souvent de l'état normal, nous chercherons à classer les principales formes anormales qu'elle présente, afin d'éviter qu'elles soient confondues avec les autres. Cette étude offrira de plus cet intérêt, c'est qu'ici, comme en biologie, le pathologique nous aidera à mieux comprendre le physiologique.

D'ailleurs, si l'on a tant discuté sur la valeur morale de la division du travail, c'est beaucoup moins parce qu'on n'est pas d'accord sur la formule générale de la moralité, que pour avoir trop négligé les questions de fait que nous allons aborder. On a toujours raisonné comme si elles étaient évidentes; comme si, pour connaître la nature, le rôle, les causes de la division du travail, il suffisait d'analyser la notion que chacun de nous en a. Une telle méthode ne comporte pas de conclusions scientifiques; aussi, depuis Adam Smith, la théorie de la division du travail n'a-t-elle fait que bien peu de progrès. « Ses continuateurs, dit M. Schmoller [1], avec une pauvreté d'idées remarquable se sont obstinément attachés à ses exemples et à ses remarques jusqu'au jour où les socialistes élargirent le champ de leurs observations et opposèrent la division du travail dans les fabriques actuelles à celles des ateliers du xviiie siècle. Même par là la théorie n'a pas été développée d'une façon systématique et approfondie; les considérations technologiques ou les observations d'une vérité banale de quelques économistes ne purent non plus favoriser

---

[1] *La division du travail étudiée au point de vue historique*, in *Revue d'écon. pol.*, 1889, p. 567.

particulièrement le développement de ces idées. » Pour savoir ce
qu'est objectivement la division du travail, il ne suffit pas de
développer le contenu de 'idée que nous nous en faisons, mais
il faut la traiter comme un fait objectif, observer, comparer, et
nous verrons que le résultat de ces observations diffère souvent
de celui que nous suggère le sens intime.

LIVRE I

LA FONCTION DE LA DIVISION DU TRAVAIL

LIVRE I

—

La Fonction de la division du travail.

———

CHAPITRE I

MÉTHODE POUR DÉTERMINER CETTE FONCTION

Le mot de *fonction* est employé de deux manières assez différentes. Tantôt il désigne un système de mouvements vitaux,
abstraction faite de leurs conséquences, tantôt il exprime le
rapport de correspondance qui existe entre ces mouvements et
quelques besoins de l'organisme. C'est ainsi qu'on parle de la
fonction de digestion, de respiration, etc.; mais on dit aussi que
la digestion a pour fonction de présider à l'incorporation dans
l'organisme des substances liquides ou solides destinées à réparer
ses pertes; que la respiration a pour fonction d'introduire dans
les tissus de l'animal les gaz nécessaires à l'entretien de la
vie, etc. C'est dans cette seconde acception que nous entendons
le mot. Se demander quelle est la fonction de la division du
travail, c'est donc chercher à quel besoin elle correspond; quand
nous aurons résolu cette question, nous pourrons voir si ce
besoin est de même nature que ceux auxquels répondent d'autres
règles de conduite dont le caractère moral n'est pas discuté.

Si nous avons choisi ce terme, c'est que tout autre serait
inexact ou équivoque. Nous ne pouvons employer celui de but
ou d'objet et parler de la fin de la division du travail, parce que

4

ce serait supposer que la division du travail existe *en vue des résultats* que nous allons déterminer. Celui de résultats ou d'effets ne saurait davantage nous satisfaire, parce qu'il n'éveille aucune idée de correspondance. Au contraire, le mot de rôle ou de fonction a le grand avantage d'impliquer cette idée, mais sans rien préjuger sur la question de savoir comment cette correspondance s'est établie, si elle résulte d'une adaptation intentionnelle et préconçue ou d'un ajustement après coup. Or, ce qui nous importe, c'est de savoir si elle existe et en quoi elle consiste, non si elle a été pressentie par avance ni même si elle a été sentie ultérieurement.

I

Rien ne paraît facile au premier abord comme de déterminer le rôle de la division du travail. Ses effets ne sont-ils pas connus de tout le monde? Parce qu'elle augmente à la fois la force productive et l'habileté du travailleur, elle est la condition nécessaire du développement intellectuel et matériel des sociétés; elle est la source de la civilisation. D'autre part, comme on prête assez volontiers à la civilisation une valeur absolue, on ne songe même pas à chercher une autre fonction à la division du travail.

Qu'elle ait réellement ce résultat, c'est ce qu'on ne peut songer à discuter. Mais si elle n'en avait pas d'autre et ne servait pas à autre chose, on n'aurait aucune raison pour lui attribuer un caractère moral.

En effet, les services qu'elle rend ainsi sont presque complètement étrangers à la vie morale, ou du moins n'ont avec elle que des relations très indirectes et très lointaines. Quoiqu'il soit assez d'usage aujourd'hui de répondre aux diatribes de Rousseau par des dithyrambes en sens inverse, il n'est pas du tout prouvé que la civilisation soit une chose morale. Pour trancher la question, on ne peut pas se référer à des analyses de concepts qui sont nécessairement subjectives; mais il faudrait connaître un fait qui pût servir à mesurer le niveau de la moralité moyenne et observer ensuite comment il varie à mesure que la civilisation progresse. Malheureusement, cette unité de mesure nous fait défaut; mais nous en possédons une pour l'immoralité collective. Le nombre moyen des suicides, des crimes de toute sorte, peut en effet servir à marquer la hauteur de l'immoralité dans une société donnée. Or, si l'on fait l'expérience, elle ne tourne guère à l'honneur de la civilisation, car le nombre de ces phénomènes morbides semble s'accroître à mesure que les arts, les sciences et l'industrie progressent(¹). Sans doute il y aurait quelque légèreté à conclure de ce fait que la civilisation est immorale, mais on peut être tout au moins certain que, si elle a sur la vie morale une influence positive et favorable, celle-ci est assez faible.

Si, d'ailleurs, on analyse ce *complexus* mal défini qu'on appelle la civilisation, on trouve que les éléments dont il est composé sont dépourvus de tout caractère moral.

C'est surtout vrai pour l'activité économique qui accompagne toujours la civilisation. Bien loin qu'elle serve aux progrès de la morale, c'est dans les grands centres industriels que les crimes et les suicides sont le plus nombreux; en tout cas, il est évident qu'elle ne présente pas les signes extérieurs auxquels on reconnaît les faits moraux. Nous avons remplacé les diligences par les chemins de fer, les bateaux à voiles par les transatlantiques, les petits ateliers par les manufactures; tout ce déploiement d'activité est généralement regardé comme utile, mais il n'a rien de moralement obligatoire. L'artisan, le petit industriel qui résistent à ce courant général et persévèrent obstinément dans leurs modestes entreprises, font tout aussi bien leur devoir que le

---

(¹) V. Alexander von Oettingen, *Moralstatistik*, Erlangen, 1882, §§ 87 et suivants; — Tarde, *Criminalité comparée*, ch. II. (Pour les suicides, v. plus bas, liv. II, ch. I, § 2.)

grand manufacturier qui couvre un pays d'usines et réunit sous
ses ordres toute une armée d'ouvriers. La conscience morale des
nations ne s'y trompe pas; elle préfère un peu de justice à tous
les perfectionnements industriels du monde. Sans doute l'activité
industrielle n'est pas sans raison d'être; elle répond à des besoins,
mais ces besoins ne sont pas moraux.

A plus forte raison en est-il ainsi de l'art, qui est absolument
réfractaire à tout ce qui ressemble à une obligation, car il est le
domaine de la liberté. C'est un luxe et une parure qu'il est peut-
être beau d'avoir, mais que l'on ne peut pas être tenu d'acquérir:
ce qui est superflu ne s'impose pas. Au contraire, la morale c'est
le minimum indispensable, le strict nécessaire, le pain quotidien
sans lequel les sociétés ne peuvent pas vivre. L'art répond au
besoin que nous avons de répandre notre activité sans but, pour
le plaisir de la répandre, tandis que la morale nous astreint
à suivre une voie déterminée vers un but défini; qui dit obligation dit du même coup contrainte. Ainsi, quoiqu'il puisse être
animé par des idées morales ou se trouver mêlé à l'évolution
des phénomènes moraux proprement dits, l'art n'est pas moral
par soi-même. Peut-être même l'observation établirait-elle que
chez les individus, comme dans les sociétés, un développement
intempérant des facultés esthétiques est un grave symptôme au
point de vue de la moralité.

De tous les éléments de la civilisation, la science est le seul
qui, dans de certaines conditions, présente un caractère moral.
En effet, les sociétés tendent de plus en plus à regarder comme
un devoir pour l'individu de développer son intelligence en
s'assimilant les vérités scientifiques qui sont établies. Il y a, dès
à présent, un certain nombre de connaissances que nous devons
tous posséder. On n'est pas tenu de se jeter dans la grande
mêlée industrielle; on n'est pas tenu d'être un artiste; mais tout
le monde est maintenant tenu de ne pas rester ignorant. Cette
obligation est même si fortement ressentie que, dans certaines
sociétés, elle n'est pas seulement sanctionnée par l'opinion publi-

que, mais par la loi. Il n'est pas, d'ailleurs, impossible d'entrevoir d'où vient ce privilège spécial à la science. C'est que la science n'est autre chose que la conscience portée à son plus haut point de clarté. Or, pour que les sociétés puissent vivre dans les conditions d'existence qui leur sont maintenant faites, il faut que le champ de la conscience tant individuelle que sociale s'étende et s'éclaire. En effet, comme les milieux dans lesquels elles vivent deviennent de plus en plus complexes et, par conséquent, de plus en plus mobiles, pour durer, il faut qu'elles changent souvent. D'autre part, plus une conscience est obscure, plus elle est réfractaire au changement, parce qu'elle ne voit pas assez vite qu'il est nécessaire de changer ni dans quel sens il faut changer; au contraire, une conscience éclairée sait préparer par avance la manière de s'y adapter. Voilà pourquoi il est nécessaire que l'intelligence guidée par la science prenne une part plus grande dans le cours de la vie collective.

Seulement, la science que tout le monde est ainsi requis de posséder ne mérite guère d'être appelée de ce nom. Ce n'est pas la science, c'en est tout au plus la partie commune et la plus générale. Elle se réduit, en effet, à un petit nombre de connaissances indispensables qui ne sont exigées de tous que parce qu'elles sont à la portée de tous. La science proprement dite dépasse infiniment ce niveau vulgaire. Elle ne comprend pas seulement ce qu'il est honteux d'ignorer, mais tout ce qu'il est possible de savoir. Elle ne suppose pas seulement chez ceux qui la cultivent ces facultés moyennes que possèdent tous les hommes, mais des dispositions spéciales. Par suite, n'étant accessible qu'à une élite, elle n'est pas obligatoire; c'est une chose utile et belle, mais elle n'est pas à ce point nécessaire que la société la réclame impérativement. Il est avantageux d'en être muni; il n'y a rien d'immoral à ne pas l'acquérir. C'est un champ d'action qui est ouvert à l'initiative de tous, mais où nul n'est contraint d'entrer. On n'est pas plus tenu d'être un savant que d'être un artiste. La science est donc, comme l'art et l'industrie, en dehors de la morale (1).

Si tant de controverses ont eu lieu sur le caractère moral de la civilisation, c'est que trop souvent les moralistes n'ont pas de critère objectif pour distinguer les faits moraux des faits qui ne le sont pas. On a l'habitude de qualifier de moral tout ce qui a quelque noblesse et quelque prix, tout ce qui est l'objet d'aspirations un peu élevées, et c'est grâce à cette extension excessive du mot que l'on a fait rentrer la civilisation dans la morale. Pour nous, nous savons que le domaine de l'éthique n'est pas aussi indéterminé; il comprend toutes les règles d'action auxquelles est attachée une sanction et plus particulièrement une sanction répressive diffuse, mais ne va pas plus loin. Par conséquent, puisqu'il n'y a rien dans la civilisation qui présente ce critère de la moralité, elle est moralement indifférente. Si donc la division du travail n'avait pas d'autre rôle que de rendre la civilisation possible, elle participerait à la même neutralité morale.

C'est parce qu'on n'a généralement pas vu d'autre fonction à la division du travail que les théories qu'on en a proposées sont à ce point inconsistantes. En effet, à supposer qu'il existe une zone neutre en morale, nous avons vu (2) que la division du travail n'en fait pas partie. Si elle n'est pas bonne, elle est mauvaise; si elle n'est pas morale, elle est une déchéance morale. Si donc elle ne sert pas à autre chose, on tombe dans d'insolubles antinomies, car les avantages économiques qu'elle présente sont compensés par des inconvénients moraux et, comme il est impossible de soustraire l'une de l'autre ces deux quantités hétérogènes et incomparables on ne saurait dire laquelle des deux l'emporte sur l'autre, ni, par conséquent, prendre un parti. On invoquera la primauté de la morale pour condamner radicalement la division du travail? Mais, outre que cette *ultima ratio* est toujours une sorte de coup d'État scientifique, nous avons dit plus haut pourquoi une telle position est impossible à soutenir.

Il y a plus; si la division du travail ne remplit pas d'autre rôle, non seulement elle n'a pas de caractère moral, mais on n'aperçoit pas quelle raison d'être elle peut avoir. Nous verrons, en effet, que par elle-même la civilisation n'a pas de valeur intrinsèque et absolue; ce qui en fait le prix, c'est qu'elle correspond à certains besoins. Or, cette proposition sera démontrée plus loin (¹), ces besoins sont eux-mêmes des conséquences de la division du travail. C'est parce que celle-ci ne va pas sans un surcroît de fatigue que l'homme est contraint de rechercher, comme un surcroît de réparations, ces biens de la civilisation qui, autrement, seraient pour lui sans intérêt. Si donc la division du travail ne répondait pas à d'autres besoins que ceux-là, elle n'aurait d'autre fonction que d'atténuer les effets qu'elle produit elle-même, que de panser les blessures qu'elle fait. Dans ces conditions, il pourrait être nécessaire de la subir, mais il n'y aurait aucune raison de la vouloir puisque les services qu'elle rendrait se réduiraient à réparer les pertes qu'elle cause.

Tout nous invite donc à chercher une autre fonction à la division du travail. Quelques faits d'observation courante vont nous mettre sur le chemin de la solution.

II

Tout le monde sait que nous aimons qui nous ressemble, quiconque pense et sent comme nous. Mais le phénomène contraire ne se rencontre pas moins fréquemment. Il arrive très souvent que nous nous sentons portés vers des personnes qui ne nous ressemblent pas, précisément parce qu'elles ne nous ressemblent pas. Ces faits sont en apparence si contradictoires

(¹) V. liv. II, ch. I et V.

que de tout temps les moralistes ont hésité sur la vraie nature de l'amitié et l'ont dérivée tantôt de l'une et tantôt de l'autre cause. Les Grecs s'étaient déjà posé la question. « L'amitié, dit Aristote, donne lieu à bien des discussions. Selon les uns, elle consiste dans une certaine ressemblance et ceux qui se ressemblent s'aiment : de là ce proverbe *qui se ressemble s'assemble* et *le geai cherche le geai,* et autres dictons pareils. Mais selon les autres, au contraire, tous ceux qui se ressemblent sont potiers les uns pour les autres. Il y a d'autres explications cherchées plus haut et prises de la considération de la nature. Ainsi Euripide dit que la terre desséchée est amoureuse de pluie, et que le sombre ciel chargé de pluie se précipite avec une amoureuse fureur sur la terre. Héraclite prétend qu'on n'ajuste que ce qui s'oppose, que la plus belle harmonie naît des différences, que la discorde est la loi de tout devenir [1]. »

Ce que prouve cette opposition des doctrines, c'est que l'une et l'autre amitié existent dans la nature. La dissemblance, comme la ressemblance, peut être une cause d'attrait mutuel. Toutefois, des dissemblances quelconques ne suffisent pas à produire cet effet. Nous ne trouvons aucun plaisir à rencontrer chez autrui une nature simplement différente de la nôtre. Les prodigues ne recherchent pas la compagnie des avares, ni les caractères droits et francs celle des hypocrites et des sournois; les esprits aimables et doux ne se sentent aucun goût pour les tempéraments durs et malveillants. Il n'y a donc que des différences d'un certain genre qui tendent ainsi l'une vers l'autre; ce sont celles qui, au lieu de s'opposer et de s'exclure, se complètent mutuellement. « Il y a, dit M. Bain, un genre de dissemblance qui repousse, un autre qui attire, l'un qui tend à amener la rivalité, l'autre à conduire à l'amitié... Si l'une (des deux personnes) possède une chose que l'autre n'a pas mais qu'elle désire, il y a dans ce fait le point de départ d'un charme positif [2]. » C'est

---

(1) *Éthique à Nic.,* VIII, 1, 1155.a.32.
(2) *Émotions et volonté,* tr. fr., p. 135.

ainsi que le théoricien à l'esprit raisonneur et subtil a souvent
une sympathie toute spéciale pour les hommes pratiques, au
sens droit, aux intuitions rapides; le timide pour les gens
décidés et résolus, le faible pour le fort, et réciproquement. Si
richement doués que nous soyons, il nous manque toujours
quelque chose, et les meilleurs d'entre nous ont le sentiment de
leur insuffisance. C'est pourquoi nous cherchons chez nos amis
les qualités qui nous font défaut, parce qu'en nous unissant à
eux nous participons en quelque manière à leur nature et que
nous nous sentons alors moins incomplets. Il se forme ainsi de
petites associations d'amis où chacun a son rôle conforme à son
caractère, où il y a un véritable échange de services. L'un
protège, l'autre console; celui-ci conseille, celui-là exécute, et
c'est ce partage des fonctions, ou, pour employer l'expression
consacrée, cette division du travail qui détermine ces relations
d'amitié.

Nous sommes ainsi conduits à considérer la division du travail
sous un nouvel aspect. Dans ce cas, en effet, les services économiques qu'elle peut rendre sont peu de chose à côté de l'effet
moral qu'elle produit, et sa véritable fonction est de créer entre
deux ou plusieurs personnes un sentiment de solidarité. De
quelque manière que ce résultat soit obtenu, c'est elle qui
suscite ces sociétés d'amis et elle les marque de son empreinte.

L'histoire de la société conjugale nous offre du même phénomène un exemple plus frappant encore.

Sans doute l'attrait sexuel ne se fait jamais sentir qu'entre
individus de la même espèce, et l'amour suppose assez généralement une certaine harmonie de pensées et de sentiments. Il
n'est pas moins vrai que ce qui donne à ce penchant son caractère spécifique et ce qui produit sa particulière énergie, ce n'est
pas la ressemblance, mais la dissemblance des natures qu'il unit.
C'est parce que l'homme et la femme diffèrent l'un de l'autre

qu'ils se recherchent avec passion. Toutefois, comme dans le cas précédent, ce n'est pas un contraste pur et simple qui fait éclore ces sentiments réciproques : seules, des différences qui se supposent et se complètent peuvent avoir cette vertu. En effet, l'homme et la femme isolés l'un de l'autre ne sont que des parties différentes d'un même tout concret qu'ils reforment en s'unissant. En d'autres termes, c'est la division du travail sexuel qui est la source de la solidarité conjugale, et voilà pourquoi les psychologues ont très justement remarqué que la séparation des sexes avait été un événement capital dans l'évolution des sentiments; c'est qu'elle a rendu possible le plus fort peut-être de tous les penchants désintéressés.

Il y a plus. La division du travail sexuel est susceptible de plus ou de moins; elle peut ou ne porter que sur les organes sexuels et quelques caractères secondaires qui en dépendent, ou bien au contraire s'étendre à toutes les fonctions organiques et sociales. Or, on peut voir dans l'histoire qu'elle s'est exactement développée dans le même sens et de la même manière que la solidarité conjugale.

Plus nous remontons dans le passé, plus elle se réduit à peu de chose. La femme de ces temps reculés n'était pas du tout la faible créature qu'elle est devenue avec les progrès de la moralité. Des ossements préhistoriques témoignent que la différence entre la force de l'homme et celle de la femme était relativement beaucoup plus petite qu'elle n'est aujourd'hui [1]. Maintenant encore, dans l'enfance et jusqu'à la puberté, le squelette des deux sexes ne diffère pas d'une façon appréciable : les traits en sont surtout féminins. Si l'on admet que le développement de l'individu reproduit en raccourci celui de l'espèce, on a le droit de conjecturer que la même homogénéité se retrouvait aux débuts de l'évolution humaine, et de voir dans la forme féminine comme une image approchée de ce qu'était originellement ce

[1] Topinard, *Anthropologie*, p. 146.

type unique et commun dont la variété masculine s'est peu à
peu détachée. Des voyageurs nous rapportent d'ailleurs que, dans
un certain nombre de tribus de l'Amérique du Sud, l'homme et
la femme présentent dans la structure et l'aspect général une
ressemblance qui dépasse ce qu'on voit ailleurs [1]. Enfin le
Dr Lebon a pu établir directement et avec une précision
mathématique cette ressemblance originelle des deux sexes pour
l'organe éminent de la vie physique et psychique, le cerveau.
En comparant un grand nombre de crânes choisis dans des races
et dans des sociétés différentes, il est arrivé à la conclusion
suivante : « Le volume du crâne de l'homme et de la femme,
même quand on compare des sujets d'âge égal, de taille égale
et de poids égal, présente des différences considérables en faveur
de l'homme, et cette inégalité va également en s'accroissant avec
la civilisation, en sorte qu'au point de vue de la masse du
cerveau et par suite de l'intelligence la femme tend à se différencier de plus en plus de l'homme. La différence qui existe par
exemple entre la moyenne des crânes des Parisiens contempo-
rains et celle des Parisiennes est presque double de celle observée
entre les crânes masculins et féminins de l'ancienne Égypte [2]. »
Un anthropologiste allemand, M. Bischoff, est arrivé sur ce point
aux mêmes résultats [3].

Ces ressemblances anatomiques sont accompagnées de ressemblances fonctionnelles. Dans ces mêmes sociétés, en effet, les
fonctions féminines ne se distinguent pas bien nettement des
fonctions masculines; mais les deux sexes mènent à peu près la
même existence. Il y a maintenant encore un très grand nombre
de peuples sauvages où la femme se mêle à la vie politique.
C'est ce que l'on a observé notamment chez les tribus indiennes
de l'Amérique, comme les Iroquois, les Natchez [4], à Hawaï où

---

[1] V. Spencer, *Essais scientifiques*, tr. fr., p. 300. — Waitz, dans son *Anthropologie der Naturvœlker*, I, 76, rapporte beaucoup de faits du même genre.

[2] *L'homme et les sociétés*, II, 154.

[3] *Das Gehirngewicht des Menschen. Eine Studie.* Bonn, 1880.

[4] Waitz, *Anthropologie*, III, 101-102.

elle participe de mille manières à la vie des hommes ([1]), à la Nouvelle-Zélande, à Samoa. De même on voit très souvent les femmes accompagner les hommes à la guerre, les exciter au combat et même y prendre une part très active. A Cuba, au Dahomey, elles sont aussi guerrières que les hommes et se battent à côté d'eux ([2]): Un des attributs aujourd'hui distinctifs de la femme, la douceur, ne paraît pas lui avoir appartenu primitivement. Déjà dans certaines espèces animales la femelle se fait plutôt remarquer par le caractère contraire.

Or, chez ces mêmes peuples le mariage est dans un état tout à fait rudimentaire. Il est même très vraisemblable, sinon absolument démontré, qu'il y a eu une époque dans l'histoire de la famille où il n'y avait pas de mariage; les rapports sexuels se nouaient et se dénouaient à volonté sans qu'aucune obligation juridique liât les conjoints. En tout cas, nous connaissons un type familial qui est relativement proche de nous et où le mariage n'est encore qu'à l'état de germe indistinct : c'est la famille maternelle ([3]). Les relations de la mère avec ses enfants y sont très définies, mais celles des deux époux sont très lâches. Elles peuvent cesser dès que les parties le veulent, ou bien encore ne se contractent que pour un temps limité ([4]). La fidélité conjugale n'y est pas encore exigée. Le mariage, ou ce qu'on appelle ainsi, consiste uniquement dans des obligations d'étendue restreinte et le plus souvent de courte durée, qui lient le mari aux parents de la femme; il se réduit donc à peu de chose. Or, dans une société donnée, l'ensemble de ces règles juridiques qui constituent le mariage ne fait que symboliser l'état de la solidarité conjugale. Si celle-ci est très forte, les liens qui unissent les époux sont nombreux et complexes et, par conséquent, la réglementation

([1]) Waitz, op. cit., VI, 121.

([2]) Spencer, *Sociologie*, tr. fr., III, 891.

([3]) La famille maternelle a certainement existé chez les Germains. — V. Dargun, *Mutterrecht und Raubehe im Germanischen Rechte*. Breslau, 1883.

([4]) V. notamment Smith, *Marriage and Kinship in Early Arabia*. Cambridge, 1885, p. 67.

matrimoniale qui a pour objet de les définir est elle-même très
développée. Si au contraire la société conjugale manque de
cohésion, si les rapports de l'homme et de la femme sont instables et intermittents, ils ne peuvent pas prendre une forme bien
déterminée et par conséquent le mariage se réduit à un petit
nombre de règles sans rigueur et sans précision. L'état du
mariage dans les sociétés où les deux sexes ne sont que faiblement différenciés témoigne donc que la solidarité conjugale y est
elle-même très faible.

Au contraire, à mesure qu'on avance vers les temps modernes,
on voit le mariage se développer. Le réseau de liens qu'il crée
s'étend de plus en plus; les obligations qu'il sanctionne se
multiplient. Les conditions dans lesquelles il peut être conclu,
celles auxquelles il peut être dissous se délimitent avec une
précision croissante ainsi que les effets de cette dissolution. Le
devoir de fidélité s'organise; d'abord imposé à la femme seule, il
devient plus tard réciproque. Quand la dot apparaît, des règles
très complexes viennent fixer les droits respectifs de chaque
époux sur sa propre fortune et sur celle de l'autre. Il suffit
d'ailleurs de jeter un coup d'œil sur nos Codes pour voir quelle
place importante y occupe le mariage. L'union des deux époux
a cessé d'être éphémère; ce n'est plus un contact extérieur,
passager et partiel, mais une association intime, durable, souvent
même indissoluble de deux existences tout entières.

Or il est certain que dans le même temps le travail sexuel s'est
de plus en plus divisé. Limité d'abord aux seules fonctions
sexuelles, il s'est peu à peu étendu à bien d'autres. Il y a longtemps que la femme s'est retirée de la guerre et des affaires
publiques et que sa vie s'est concentrée tout entière dans l'intérieur de la famille. Depuis, son rôle n'a fait que se spécialiser
davantage. Aujourd'hui, chez les peuples cultivés, la femme mène
une existence tout à fait différente de celle de l'homme. On
dirait que les deux grandes fonctions de la vie psychique se sont
comme dissociées, que l'un des sexes a accaparé les fonctions

affectives et l'autre les fonctions intellectuelles. A voir dans certaines classes les femmes s'occuper d'art et de littérature comme les hommes, on pourrait croire, il est vrai, que les occupations des deux sexes tendent à redevenir homogènes. Mais, même dans cette sphère d'action, la femme apporte sa nature propre, et son rôle reste très spécial, très différent de celui de l'homme. De plus, si l'art et les lettres commencent à devenir choses féminines, l'autre sexe semble les délaisser pour se donner plus spécialement à la science. Il pourrait donc très bien se faire que ce retour apparent à l'homogénéité primitive ne fût autre chose que le commencement d'une différenciation nouvelle. D'ailleurs, ces différences fonctionnelles sont rendues matériellement sensibles par les différences morphologiques qu'elles ont déterminées. Non seulement la taille, le poids, les formes générales sont très dissemblables chez l'homme et chez la femme, mais le Dr Lebon a démontré, nous l'avons vu, qu'avec le progrès de la civilisation le cerveau des deux sexes se différencie de plus en plus. Suivant cet observateur, cet écart progressif serait dû à la fois au développement considérable des crânes masculins et à un stationnement ou même à une régression des crânes féminins. « Alors, dit-il, que la moyenne des crânes parisiens masculins les range parmi les plus gros crânes connus, la moyenne des crânes parisiens féminins les range parmi les plus petits crânes observés, bien au-dessous du crâne des Chinoises et à peine au-dessus du crâne des femmes de la Nouvelle-Calédonie ([1]). »

Dans tous ces exemples, le plus remarquable effet de la division du travail n'est pas qu'elle augmente le rendement des fonctions divisées, mais qu'elle les rend solidaires. Son rôle dans tous ces cas n'est pas simplement d'embellir ou d'améliorer des sociétés existantes, mais de rendre possibles des sociétés qui sans elle

([1]) Op. cit., 154.

n'existeraient pas. Faites régresser au delà d'un certain point la division du travail sexuel, et la société conjugale s'évanouit pour ne laisser subsister que des relations sexuelles éminemment éphémères; si même les sexes ne s'étaient pas séparés du tout, toute une forme de la vie sociale ne serait pas née. Il est possible que l'utilité économique de la division du travail soit pour quelque chose dans ce résultat, mais, en tout cas, il dépasse infiniment la sphère des intérêts purement économiques; car il consiste dans l'établissement d'un ordre social et moral *sui generis*. Des individus sont liés les uns aux autres qui sans cela seraient indépendants; au lieu de se développer séparément, ils concertent leurs efforts; ils sont solidaires et d'une solidarité qui n'agit pas seulement dans les courts instants où les services s'échangent, mais qui s'étend bien au delà. La solidarité conjugale, par exemple, telle qu'elle existe aujourd'hui chez les peuples les plus cultivés, ne fait-elle pas sentir son action à chaque moment et dans tous les détails de la vie? D'autre part, ces sociétés que crée la division du travail ne peuvent manquer d'en porter la marque. Puisqu'elles ont cette origine spéciale, elles ne peuvent pas ressembler à celles que détermine l'attrait du semblable pour le semblable; elles doivent être constituées d'une autre manière, reposer sur d'autres bases, faire appel à d'autres sentiments.

Si l'on a souvent fait consister dans le seul échange les relations sociales auxquelles donne naissance la division du travail, c'est pour avoir méconnu ce que l'échange implique et ce qui en résulte. Il suppose que deux êtres dépendent mutuellement l'un de l'autre parce qu'ils sont l'un et l'autre incomplets, et il ne fait que traduire au dehors cette mutuelle dépendance. Il n'est donc que l'expression superficielle d'un état interne et plus profond. Précisément parce que cet état est constant, il suscite tout un mécanisme d'images qui fonctionne avec une continuité que n'a pas l'échange. L'image de celui qui nous complète devient en nous-même inséparable de la nôtre, non seulement parce qu'elle y est fréquemment associée, mais surtout parce qu'elle en est le

complément naturel : elle devient donc partie intégrante et permanente de notre conscience, à tel point que nous ne pouvons
plus nous en passer et que nous recherchons tout ce qui en peut
accroître l'énergie. C'est pourquoi nous aimons la société de
celui qu'elle représente, parce que la présence de l'objet qu'elle
exprime, en la faisant passer à l'état de perception actuelle, lui
donne plus de relief. Au contraire, nous souffrons de toutes les
circonstances qui, comme l'éloignement ou la mort, peuvent avoir
pour effet d'en empêcher le retour ou d'en diminuer la vivacité.

Si courte que soit cette analyse, elle suffit à montrer que ce
mécanisme n'est pas identique à celui qui sert de base aux sentiments de sympathie dont la ressemblance est la source. Sans
doute il ne peut jamais y avoir de solidarité entre autrui et nous
que si l'image d'autrui s'unit à la nôtre. Mais quand l'union
résulte de la ressemblance des deux images, elle consiste dans
une agglutination. Les deux représentations deviennent solidaires
parce qu'étant indistinctes totalement ou en partie elles se confondent et n'en font plus qu'une, et elles ne sont solidaires que
dans la mesure où elles se confondent. Au contraire, dans le cas
de la division du travail, elles sont en dehors l'une de l'autre et
elles ne sont liées que parce qu'elles sont distinctes. Les sentiments ne sauraient donc être les mêmes dans les deux cas ni les
relations sociales qui en dérivent.

Nous sommes ainsi conduits à nous demander si la division du
travail ne jouerait pas le même rôle dans des groupes plus
étendus; si, dans les sociétés contemporaines où elle a pris le
développement que nous savons, elle n'aurait pas pour fonction
d'intégrer le corps social, d'en assurer l'unité. Il est très légitime
de supposer que les faits que nous venons d'observer se reproduisent ici, mais avec plus d'ampleur; que ces grandes sociétés
politiques ne peuvent, elles aussi, se maintenir en équilibre que
grâce à la spécialisation des tâches; que la division du travail y
est la source, sinon unique, du moins principale de la solidarité
sociale. C'est déjà à ce point de vue que s'était placé Comte. De

tous les sociologues, à notre connaissance, il est le premier qui ait signalé dans la division du travail autre chose qu'un phénomène purement économique. Il y a vu « la condition la plus essentielle de la vie sociale » pourvu qu'on la conçoive « dans toute son étendue rationnelle, c'est-à-dire qu'on l'applique à l'ensemble de toutes nos diverses opérations quelconques au lieu de la borner, comme il est trop ordinaire, à de simples usages matériels ». Considérée sous cet aspect, dit-il, « elle conduit immédiatement à regarder non seulement les individus et les classes, mais aussi, à beaucoup d'égards, les différents peuples comme participant à la fois, suivant un mode propre et un degré spécial, exactement déterminé, à une œuvre immense et commune dont l'inévitable développement graduel lie d'ailleurs aussi les coopérateurs actuels à la série de leurs prédécesseurs quelconques et même à la série de leurs divers successeurs. C'est donc la répartition continue des différents travaux humains qui constitue principalement la solidarité sociale et qui devient la cause élémentaire de l'étendue et de la complication croissante de l'organisme social (¹). »

Si cette hypothèse était démontrée, la division du travail jouerait un rôle beaucoup plus important que celui qu'on lui attribue d'ordinaire. Elle ne servirait pas seulement à doter nos sociétés d'un luxe, enviable peut-être, mais superflu; elle serait une condition de leur existence. C'est par elle, ou du moins c'est surtout par elle, que serait assurée leur cohésion; c'est elle qui déterminerait les traits essentiels de leur constitution. Par cela même, et quoique nous ne soyons pas encore en état de résoudre la question avec rigueur, on peut cependant entrevoir dès maintenant que, si telle est réellement la fonction de la division du travail, elle doit avoir un caractère moral, car les besoins d'ordre, d'harmonie, de solidarité sociale passent généralement pour être moraux.

(¹) *Cours de philosophie positive*, IV, 425. — On trouve des idées analogues dans Schaeffle, *Bau und Leben des socialen Körpers*, II, *passim*, et Clément, *Science sociale*, I, 235 et suiv.

Mais avant d'examiner si cette opinion commune est fondée, il faut vérifier l'hypothèse que nous venons d'émettre sur le rôle de la division du travail. Voyons si, en effet, dans les sociétés où nous vivons, c'est d'elle que dérive essentiellement la solidarité sociale.

III

Mais comment procéder à cette vérification?

Nous n'avons pas simplement à rechercher si, dans ces sortes de sociétés, il existe une solidarité sociale qui vient de la division du travail. C'est une vérité évidente, puisque la division du travail y est très développée et qu'elle produit la solidarité. Mais il faut surtout déterminer dans quelle mesure la solidarité qu'elle produit contribue à l'intégration générale de la société; car c'est seulement alors que nous saurons jusqu'à quel point elle est nécessaire, si elle est un facteur essentiel de la cohésion sociale, ou bien au contraire si elle n'en est qu'une condition accessoire et secondaire. Pour répondre à cette question, il faut donc comparer ce lien social aux autres afin de mesurer la part qui lui revient dans l'effet total, et, pour cela, il est indispensable de commencer par classer les différentes espèces de solidarité sociale.

Mais la solidarité sociale est un phénomène tout moral qui par lui-même ne se prête pas à l'observation exacte ni surtout à la mesure. Pour procéder tant à cette classification qu'à cette comparaison, il faut donc substituer au fait interne qui nous échappe un fait extérieur qui le symbolise et étudier le premier à travers le second.

Ce symbole visible, c'est le droit. En effet, là où la solidarité sociale existe, malgré son caractère immatériel elle ne reste pas à l'état de pure puissance, mais manifeste sa présence par des effets sensibles. Là où elle est forte, elle incline fortement les hommes les uns vers les autres, les met fréquemment en contact, multiplie les occasions qu'ils ont de se trouver en rapports. A parler exactement, au point où nous en sommes arrivés, il est malaisé de dire si c'est elle qui produit ces phénomènes ou, au contraire, si elle en résulte; si les hommes se rapprochent parce qu'elle est énergique, ou bien si elle est énergique parce qu'ils sont rapprochés les uns des autres. Mais il n'est pas nécessaire pour le moment d'élucider la question et il suffit de constater que ces deux ordres de faits sont liés et varient en même temps et dans le même sens. Plus les membres d'une société sont solidaires, plus ils soutiennent de relations diverses soit les uns avec les autres, soit avec le groupe pris collectivement; car, si leurs rencontres étaient rares, ils ne dépendraient les uns des autres que d'une manière intermittente et faible. D'autre part, le nombre de ces relations est nécessairement proportionnel à celui des règles juridiques qui les déterminent. En effet, la vie sociale, partout où elle existe d'une manière durable, tend inévitablement à prendre une forme définie et à s'organiser, et le droit n'est autre chose que cette organisation même dans ce qu'elle a de plus stable et de plus précis (¹). La vie générale de la société ne peut pas s'étendre sur un point sans que la vie juridique s'y étende en même temps et dans le même rapport. Nous pouvons donc être certains de trouver reflétées dans le droit toutes les variétés essentielles de la solidarité sociale.

On pourrait objecter, il est vrai, que les relations sociales peuvent se fixer sans prendre pour cela une forme juridique. Il en est dont la réglementation ne parvient pas à ce degré de consolidation et de précision; elles ne restent pas indéterminées pour cela, mais, au lieu d'être réglées par le droit, elles ne le sont que par les mœurs. Le droit ne réfléchit donc qu'une partie de la vie sociale et par conséquent ne nous fournit que des données incomplètes pour résoudre le problème. Il y a plus: il arrive

---

(¹) Voir plus loin, livre III, ch. I.

souvent que les mœurs ne sont pas d'accord avec le droit; on dit sans cesse qu'elles en tempèrent les rigueurs, qu'elles en corrigent les excès formalistes, parfois même qu'elles sont animées d'un tout autre esprit. Ne pourrait-il pas alors se faire qu'elles manifestent d'autres sortes de solidarité sociale que celles qu'exprime le droit positif?

Mais cette opposition ne se produit que dans des circonstances tout à fait exceptionnelles. Il faut pour cela que le droit ne corresponde plus à l'état présent de la société et que pourtant il se maintienne, sans raison d'être, par la force de l'habitude. Dans ce cas en effet, les relations nouvelles qui s'établissent malgré lui ne laissent pas de s'organiser; car elles ne peuvent pas durer sans chercher à se consolider. Seulement, comme elles sont en conflit avec l'ancien droit qui persiste, elles ne peuvent recevoir qu'une organisation un peu flottante; elles ne dépassent pas le stade des mœurs et ne parviennent pas à entrer dans la vie juridique proprement dite. C'est ainsi que l'antagonisme éclate. Mais il ne peut se produire que dans des cas rares et pathologiques, qui ne peuvent même durer sans danger. Normalement, les mœurs ne s'opposent pas au droit, mais au contraire en sont la base. Il arrive, il est vrai, que sur cette base rien ne s'élève. Il peut y avoir des relations sociales qui ne comportent que cette réglementation diffuse qui vient des mœurs; mais c'est qu'elles manquent d'importance ou de continuité, sauf bien entendu les cas anormaux dont il vient d'être question. Si donc il peut se faire qu'il y ait des types de solidarité sociale que les mœurs sont seules à manifester, ils sont certainement très secondaires; au contraire, le droit reproduit tous ceux qui sont essentiels et ce sont les seuls que nous ayons besoin de connaître.

Ira-t-on plus loin et soutiendra-t-on que la solidarité sociale n'est pas tout entière dans ses manifestations sensibles; que celles-ci ne l'expriment qu'en partie et imparfaitement; qu'au delà du droit et des mœurs il y a l'état interne d'où elle dérive, et que pour la connaître véritablement il faut l'atteindre en elle-même et sans intermédiaire? — Mais nous ne pouvons connaître scientifiquement les causes que par les effets qu'elles produisent et, pour en mieux déterminer la nature, la science ne fait que choisir parmi ces résultats ceux qui sont le plus objectifs et qui se prêtent le mieux à la mesure. Elle étudie la chaleur à travers les variations de volume que produisent dans les corps les changements de température, l'électricité à travers ses effets physico-chimiques, la force à travers le mouvement. Pourquoi la solidarité sociale ferait-elle exception?

Qu'en subsiste-t-il d'ailleurs une fois qu'on l'a dépouillée de ses formes sociales? Ce qui lui donne ses caractères spécifiques, c'est la nature du groupe dont elle assure l'unité; c'est pourquoi elle varie suivant les types sociaux. Elle n'est pas la même au sein de la famille et dans les sociétés politiques; nous ne sommes pas attachés à notre patrie de la même manière que le Romain l'était à la cité ou le Germain à sa tribu. Mais puisque ces différences tiennent à des causes sociales, nous ne pouvons les saisir qu'à travers les différences que présentent les effets sociaux de la solidarité. Si donc nous négligeons ces dernières, toutes ces variétés deviennent indiscernables et nous ne pouvons plus apercevoir que ce qui leur est commun à toutes, à savoir la tendance générale à la sociabilité, tendance qui est toujours et partout la même et n'est liée à aucun type social en particulier. Mais ce résidu n'est qu'une abstraction; car la sociabilité en soi ne se rencontre nulle part. Ce qui existe et vit réellement, ce sont les formes particulières de la solidarité, la solidarité domestique, la solidarité professionnelle, la solidarité nationale, celle d'hier, celle d'aujourd'hui, etc. Chacune a sa nature propre; par conséquent, ces généralités ne sauraient en tout cas donner du phénomène qu'une explication bien incomplète, puisqu'elles laissent nécessairement échapper ce qu'il a de concret et de vivant.

L'étude de la solidarité relève donc de la sociologie. C'est un fait social que l'on ne peut bien connaître que par l'intermé-

diaire de ses effets sociaux. Si tant de moralistes et de psychologues ont pu traiter la question sans suivre cette méthode, c'est
qu'ils ont tourné la difficulté. Ils ont éliminé du phénomène tout
ce qu'il a de plus spécialement social pour n'en retenir que le
germe psychologique dont il est le développement. Il est certain
en effet que la solidarité, tout en étant un fait social au premier
chef, dépend de notre organisme individuel. Pour qu'elle puisse
exister, il faut que notre constitution physique et psychique la
comporte. On peut donc à la rigueur se contenter de l'étudier
sous cet aspect. Mais, dans ce cas, on n'en voit que la partie la
plus indistincte et la moins spéciale; ce n'est même pas elle à
proprement parler, mais plutôt ce qui la rend possible.

Encore cette étude abstraite ne saurait-elle être bien féconde
en résultats. Car, tant qu'elle reste à l'état de simple prédisposition de notre nature psychique, la solidarité est quelque
chose de trop indéfini pour qu'on puisse aisément l'atteindre.
C'est une virtualité intangible qui n'offre pas prise à l'observation. Pour qu'elle prenne une forme saisissable, il faut que quelques conséquences sociales la traduisent au dehors. De plus,
même dans cet état d'indétermination, elle dépend de conditions
sociales qui l'expliquent et dont par conséquent elle ne peut
être détachée. C'est pourquoi il est bien rare qu'à ces analyses
de pure psychologie quelques vues sociologiques ne se trouvent mêlées. Par exemple, on dit quelques mots de l'influence
de l'*état grégaire* sur la formation du sentiment social en général ([1]); ou bien on indique rapidement les principales relations
sociales dont la sociabilité dépend de la manière la plus apparente ([2]). Sans doute, ces considérations complémentaires, introduites sans méthode, à titre d'exemples et suivant les hasards
de la suggestion, ne sauraient suffire pour élucider beaucoup la
nature sociale de la solidarité. Elles démontrent du moins que
le point de vue sociologique s'impose même aux psychologues.

([1]) Bain, *Émotions et volonté*, p. 117 et suiv.
([2]) Spencer, *Principes de psychologie*, 8e partie, ch. V.

Notre méthode est donc toute tracée. Puisque le droit reproduit les formes principales de la solidarité sociale, nous n'avons
qu'à classer les différentes espèces de droit pour chercher ensuite
quelles sont les différentes espèces de solidarité sociale qui y
correspondent. Il est dès à présent probable qu'il en est une qui
symbolise cette solidarité spéciale dont la division du travail est
la cause. Cela fait, pour mesurer la part de cette dernière, il
suffira de comparer le nombre des règles juridiques qui l'expriment au volume total du droit.

Pour ce travail, nous ne pouvons nous servir des distinctions
usitées chez les jurisconsultes. Imaginées pour la pratique, elles
peuvent être très commodes à ce point de vue, mais la science
ne peut se contenter de ces classifications empiriques et par
à peu près. La plus répandue est celle qui divise le droit en
droit public et en droit privé; le premier est censé régler les
rapports de l'individu avec l'État, le second ceux des individus
entre eux. Mais quand on essaie de serrer les termes de près, la
ligne de démarcation qui paraissait si nette au premier abord
s'efface. Tout droit est privé, en ce sens que c'est toujours et
partout des individus qui sont en présence et qui agissent; mais
surtout tout droit est public, en ce sens qu'il est une fonction
sociale et que tous les individus sont, quoique à des titres divers,
des fonctionnaires de la société. Les fonctions maritales, pater-
nelles, etc., ne sont ni délimitées ni organisées d'une autre
manière que les fonctions ministérielles et législatives, et ce
n'est pas sans raison que le droit romain qualifiait la tutelle de
munus publicum. Qu'est-ce d'ailleurs que l'État? Où commence
et où finit-il? On sait combien la question est controversée; il
n'est pas scientifique de faire reposer une classification fondamentale sur une notion aussi obscure et mal analysée.

Pour procéder méthodiquement, il nous faut nous reporter au
principe qui nous a servi jusqu'ici, c'est-à-dire classer les règles
juridiques d'après les différentes sanctions qui y sont attachées.

Il en est de deux sortes. Les unes consistent essentiellement dans une douleur imposée à l'agent, elles sont répressives: c'est le cas du droit pénal. Il est vrai que celles qui sont attachées aux règles purement morales ont le même caractère; seulement elles sont distribuées d'une manière diffuse, par tout le monde indistinctement, tandis que celles du droit pénal ne sont appliquées que par l'intermédiaire d'un organe défini; elles sont organisées. Quant à l'autre sorte, elle n'implique pas nécessairement une souffrance de l'agent, mais consiste seulement dans *la remise des choses en état*, dans le rétablissement des rapports troublés sous leur forme normale, soit que l'acte incriminé soit ramené de force au type dont il a dévié, soit qu'il soit annulé, c'est-à-dire privé de toute valeur sociale. On doit donc répartir en deux grandes espèces les règles juridiques, suivant qu'elles ont des sanctions répressives organisées, ou des sanctions seulement restitutives ([1]). La première comprend tout le droit pénal; la seconde le droit civil, le droit commercial, le droit des procédures, le droit administratif et constitutionnel, abstraction faite des règles pénales qui peuvent s'y trouver.

Cherchons maintenant à quelle sorte de solidarité sociale correspond chacune de ces espèces.

([1]) Si l'on combine cette division avec la définition que nous avons donnée des règles purement morales, on obtient le tableau suivant, base d'une classification complète de toutes les règles obligatoires de conduite:

Règles obligatoires de conduite à sanctions

RÉPRESSIVES { *Diffuses* (Morale commune sans sanctions juridiques).
{ *Organisées* (Droit pénal).

RESTITUTIVES.

Ce tableau montre de nouveau combien il est difficile de séparer l'étude des règles simplement morales de l'étude des règles juridiques.

CHAPITRE II

—

SOLIDARITÉ MÉCANIQUE OU PAR SIMILITUDES

———

I

Le lien de solidarité sociale auquel correspond le droit répressif est celui dont la rupture constitue le crime; nous appelons de ce nom tout acte qui, à un degré quelconque, détermine contre son auteur cette réaction caractéristique qu'on nomme la peine. Chercher ce qu'est ce lien, c'est donc se demander quelle est la cause de la peine, ou, plus clairement, en quoi le crime consiste essentiellement.

Il y a sans doute des crimes d'espèces différentes; mais entre toutes ces espèces il y a non moins sûrement quelque chose de commun. Ce qui le prouve, c'est que la réaction qu'ils déterminent de la part de la société, à savoir la peine, est, sauf les différences de degrés, toujours et partout la même. L'unité de l'effet révèle l'unité de la cause. Non seulement entre tous les crimes prévus par la législation d'une seule et même société, mais entre tous ceux qui ont été ou qui sont reconnus et punis dans les différents types sociaux, il existe assurément des ressemblances essentielles. Si différents que paraissent au premier abord les actes ainsi qualifiés, il est impossible qu'ils n'aient pas quelque fond commun. Car ils affectent partout de la même manière la conscience morale des nations et produisent partout la même conséquence. Ce sont tous des crimes, c'est-à-dire des actes réprimés par des châtiments définis. Or, les propriétés essentielles d'une chose sont celles que l'on observe partout où cette chose existe et qui n'appartiennent qu'à elle. Si donc nous voulons savoir en quoi consiste essentiellement le crime, il faut dégager les traits qui se retrouvent les mêmes dans toutes les variétés criminologiques des différents types sociaux. Il n'en est point qui puissent être négligées. Les conceptions juridiques des sociétés les plus inférieures ne sont pas moins dignes d'intérêt que celles des sociétés les plus élevées; elles sont des faits non moins instructifs. En faire abstraction serait nous exposer à voir l'essence du crime là où elle n'est pas. C'est ainsi que le biologiste aurait donné des phénomènes vitaux une définition très inexacte, s'il avait dédaigné d'observer les êtres monocellulaires; car de la seule contemplation des organismes et surtout des organismes supérieurs, il aurait conclu à tort que la vie consiste essentiellement dans l'organisation.

Le moyen de trouver cet élément permanent et général n'est évidemment pas de dénombrer les actes qui ont été en tout temps et en tout lieu qualifiés de crimes, pour observer les caractères qu'ils présentent. Car si, quoi qu'on en ait dit, il y a des actions qui ont été universellement regardées comme criminelles, elles sont l'infime minorité et, par conséquent, une telle méthode ne pourrait nous donner du phénomène qu'une notion singulièrement tronquée, puisqu'elle ne s'appliquerait qu'à des exceptions (1). Ces variations du droit répressif prouvent en

(1) C'est pourtant cette méthode qu'a suivie M. Garofalo. Sans doute, il semble y renoncer quand il reconnaît l'impossibilité de dresser une liste de faits universellement punis (*Criminologie*, 5), ce qui d'ailleurs est excessif. Mais il y revient finalement puisque, en somme, le crime naturel est pour lui celui qui froisse les sentiments qui sont partout à la base du droit pénal, c'est-à-dire la partie invariable du sens moral et celle-là seulement. Mais pourquoi le crime qui froisse quelque sentiment particulier à certains types sociaux serait-il moins crime que les autres? M. Garofalo est ainsi amené à refuser le caractère de crime à des actes qui ont été universellement reconnus comme criminels dans certaines espèces sociales et, par suite, à rétrécir artificiellement les cadres de la criminalité. Il en résulte que sa notion du crime est singulièrement incomplète. Elle est aussi bien flottante, car l'auteur ne fait pas entrer dans ses comparaisons tous les types sociaux, mais il en exclut un grand nom-

même temps que ce caractère constant ne saurait se trouver parmi les propriétés intrinsèques des actes imposés ou prohibés par les règles pénales, puisqu'ils présentent une telle diversité, mais dans les rapports qu'ils soutiennent avec quelque condition qui leur est extérieure.

On a cru trouver ce rapport dans une sorte d'antagonisme entre ces actions et les grands intérêts sociaux, et on a dit que les règles pénales énonçaient pour chaque type social les conditions fondamentales de la vie collective. Leur autorité viendrait donc de leur nécessité; d'autre part, comme ces nécessités varient avec les sociétés, on s'expliquerait ainsi la variabilité du droit répressif. Mais nous nous sommes déjà expliqués sur ce point. Outre qu'une telle théorie fait au calcul et à la réflexion une part beaucoup trop grande dans la direction de l'évolution sociale, il y a une multitude d'actes qui ont été ou sont encore regardés comme criminels, sans que par eux-mêmes ils soient nuisibles à la société. En quoi le fait de toucher un objet *tabou*, un animal ou un homme impur ou consacré, de laisser s'éteindre le feu sacré, de manger de certaines viandes, de ne pas immoler sur la tombe des parents le sacrifice traditionnel, de ne pas prononcer exactement la formule rituelle, de ne pas célébrer certaines fêtes, etc., a-t-il pu jamais constituer un danger social? On sait pourtant quelle place occupe dans le droit répressif d'une foule de peuples la réglementation du rite, de l'étiquette, du cérémonial, des pratiques religieuses. Il n'y a qu'à ouvrir le Pentateuque pour s'en convaincre, et, comme ces faits se rencontrent normalement dans certaines espèces sociales, il est

---

bre qu'il traite d'anormaux. On peut dire d'un fait social qu'il est anormal par rapport au type de l'espèce, mais une espèce ne saurait être anormale. Les deux mots jurent d'être accouplés. Si intéressant que soit l'effort de M. Garofalo pour arriver à une notion scientifique du délit, il n'est pas fait avec une méthode suffisamment exacte et précise. C'est ce que montre bien cette expression de *délit naturel* dont il se sert. Est-ce que tous les délits ne sont pas naturels? Il est probable qu'il y a là un retour de la doctrine de Spencer, pour qui la vie sociale n'est vraiment naturelle que dans les sociétés industrielles. Malheureusement rien n'est plus faux.

impossible d'y voir de simples anomalies et des cas pathologiques que l'on a le droit de négliger.

Alors même que l'acte criminel est certainement nuisible à la
société, il s'en faut que le degré de nocivité qu'il présente soit
régulièrement en rapport avec l'intensité de la répression qui
le frappe. Dans le droit pénal des peuples les plus civilisés, le
meurtre est universellement regardé comme le plus grand des
crimes. Cependant une crise économique, un coup de bourse,
une faillite même peuvent désorganiser beaucoup plus gravement le corps social qu'un homicide isolé. Sans doute le meurtre
est toujours un mal, mais rien ne prouve que ce soit le plus grand
mal. Qu'est-ce qu'un homme de moins pour la société? Qu'est-ce
qu'une cellule de moins dans l'organisme? On dit que la sécurité
générale serait menacée pour l'avenir si l'acte restait impuni:
mais qu'on mette en regard l'importance de ce danger, si réel
qu'il soit, et celle de la peine; la disproportion est éclatante.
Enfin, les exemples que nous venons de citer montrent qu'un
acte peut être désastreux pour une société sans encourir la
moindre répression. Cette définition du crime est donc, de toute
manière, inadéquate.

Dira-t-on, en la modifiant, que les actes criminels sont ceux
qui *semblent* nuisibles à la société qui les réprime; que les règles
pénales expriment, non pas les conditions qui sont essentielles à
la vie sociale, mais celles qui *paraissent* telles au groupe qui
les observe? Mais une telle explication n'explique rien; car elle
ne nous fait pas comprendre pourquoi, dans un si grand nombre
de cas, les sociétés se sont trompées et ont imposé des pratiques
qui par elles-mêmes n'étaient même pas utiles. En définitive,
cette prétendue solution du problème se réduit à un véritable
truisme; car, si les sociétés obligent ainsi chaque individu à
obéir à ces règles, c'est évidemment qu'elles estiment à tort ou
à raison, que cette obéissance régulière et ponctuelle leur est
indispensable; c'est qu'elles y tiennent énergiquement. C'est
donc comme si l'on disait que les sociétés jugent ces règles

nécessaires parce qu'elles les jugent nécessaires. Ce qu'il nous faudrait dire, c'est pourquoi elles les jugent ainsi. Si ce sentiment avait sa cause dans la nécessité objective des prescriptions pénales ou du moins dans leur utilité, ce serait une explication. Mais elle est contredite par les faits; la question reste tout entière.

Cependant cette dernière théorie n'est pas sans quelque fondement; c'est avec raison qu'elle cherche dans certains états du sujet les conditions constitutives de la criminalité. En effet, le seul caractère commun à tous les crimes, c'est qu'ils consistent — sauf quelques exceptions apparentes qui seront examinées plus loin — en des actes universellement réprouvés par les membres de chaque société. On se demande aujourd'hui si cette réprobation est rationnelle et s'il ne serait pas plus sage de ne voir dans le crime qu'une maladie ou qu'une erreur. Mais nous n'avons pas à entrer dans ces discussions; nous cherchons à déterminer ce qui est ou a été, non ce qui doit être. Or la réalité du fait que nous venons d'établir n'est pas contestable; c'est dire que le crime froisse des sentiments qui, pour un même type social, se retrouvent dans toutes les consciences saines.

Il n'est pas possible de déterminer autrement la nature de ces sentiments, de les définir en fonction de leurs objets particuliers; car ces objets ont infiniment varié et peuvent varier encore (¹). Aujourd'hui, ce sont les sentiments altruistes qui présentent ce caractère de la manière la plus marquée; mais il fut un temps très voisin de nous, où les sentiments religieux, domestiques et mille autres sentiments traditionnels avaient exactement les mêmes effets. Maintenant encore, il s'en faut que la sympathie négative pour autrui soit, comme le veut M. Garofalo, seule à produire ce résultat: Est-ce que, même en temps de paix, nous

(¹) Nous ne voyons pas quelle raison scientifique M. Garofalo a de dire que les sentiments moraux actuellement acquis à la partie civilisée de l'humanité constituent une morale « non susceptible de perte, mais d'un développement toujours croissant » (p. 9). Qu'est-ce qui permet de marquer ainsi une limite aux changements qui se feront dans un sens ou dans l'autre?

n'avons pas pour l'homme qui trahit sa patrie au moins autant d'aversion que pour le voleur et l'escroc? Est-ce que, dans les pays où le sentiment monarchique est encore vivant, les crimes de lèse-majesté ne soulèvent pas une indignation générale? Est-ce que, dans les pays démocratiques, les injures adressées au peuple ne déchaînent pas les mêmes colères? On ne saurait donc dresser une liste des sentiments dont la violation constitue l'acte criminel; ils ne se distinguent des autres que par ce trait, c'est qu'ils sont communs à la grande moyenne des individus de la même société. Aussi les règles qui prohibent ces actes et que sanctionne le droit pénal sont-elles les seules auxquelles le fameux axiome juridique *nul n'est censé ignorer la loi* s'applique sans fiction. Comme elles sont gravées dans toutes les consciences, tout le monde les connaît et sent qu'elles sont fondées. C'est du moins vrai de l'état normal. S'il se rencontre des adultes qui ignorent ces règles fondamentales ou n'en reconnaissent pas l'autorité, une telle ignorance ou une telle indocilité sont des symptômes irrécusés de perversion pathologique; ou bien, s'il arrive qu'une disposition pénale se maintienne quelque temps sans qu'elle soit contestée de tout le monde, c'est grâce à un concours de circonstances exceptionnelles, par conséquent anormales, et un tel état de choses ne peut jamais durer.

C'est ce qui explique la manière particulière dont le droit pénal se codifie. Tout droit écrit a un double objet : prescrire certaines obligations, définir les sanctions qui y sont attachées. Dans le droit civil, et plus généralement dans toute espèce de droit à sanctions restitutives, le législateur aborde et résout séparément ces deux problèmes. Il détermine d'abord l'obligation avec toute la précision possible et c'est seulement ensuite qu'il dit la manière dont elle doit être sanctionnée. Par exemple, dans le chapitre de notre Code civil qui est consacré aux devoirs respectifs des époux, ces droits et ces obligations sont énoncés d'une manière positive; mais il n'y est pas dit ce qui arrive quand ces devoirs sont violés de part ou d'autre. C'est ailleurs qu'il faut aller chercher cette sanction. Parfois même elle est totalement sous-entendue. Ainsi l'article 214 du Code civil ordonne à la femme d'habiter avec son mari ; on en déduit que le mari peut la forcer à réintégrer le domicile conjugal, mais cette sanction n'est nulle part formellement indiquée. Le droit pénal, tout au contraire, n'édicte que des sanctions, mais il ne dit rien des obligations auxquelles elles se rapportent. Il ne commande pas de respecter la vie d'autrui, mais de frapper de mort l'assassin. Il ne dit pas tout d'abord, comme fait le droit civil, voici le devoir, mais tout de suite, voici la peine. Sans doute, si l'action est punie, c'est qu'elle est contraire à une règle obligatoire ; mais cette règle n'est pas expressément formulée. Il ne peut y avoir à cela qu'une raison, c'est que la règle est connue et acceptée de tout le monde. Quand un droit coutumier passe à l'état de droit écrit et se codifie, c'est que des questions litigieuses réclament une solution plus définie ; si la coutume continuait à fonctionner silencieusement, sans soulever de discussions ni de difficultés, il n'y aurait pas de raison pour qu'elle se transformât. Puisque le droit pénal ne se codifie que pour établir une échelle graduée de peines, c'est donc que celle-ci seule peut prêter au doute. Inversement, si les règles dont la peine punit la violation n'ont pas besoin de recevoir une expression juridique, c'est qu'elles ne sont l'objet d'aucune contestation, c'est que tout le monde en sent l'autorité (¹).

Il est vrai que parfois le Pentateuque n'édicte pas de sanctions, quoique, comme nous le verrons, il ne contienne guère que des dispositions pénales. C'est le cas pour les dix commandements, tels qu'ils se trouvent formulés au chapitre XX de l'Exode et au chapitre V du Deutéronome. Mais c'est que le Pentateuque, quoiqu'il ait fait office de Code, n'est pourtant pas un Code proprément dit. Il n'a pas pour objet de réunir en un système unique et de préciser en vue de la pratique les règles pénales

(¹) Cf. Binding, *Die Normen und ihre Uebertretung.* Leipzig, 1872, I, 6 et suivantes.

suivies par le peuple juif; c'est même si peu une codification que
les différentes parties dont il est composé semblent n'avoir pas
été rédigées à la même époque. C'est avant tout un résumé des
traditions de toute sorte par lesquelles les Juifs s'expliquaient à
eux-mêmes et à leur façon la genèse du monde, de leur société
et de leurs principales pratiques sociales. Si donc il énonce certains devoirs qui certainement étaient sanctionnés par des peines,
ce n'était pas qu'ils fussent ignorés ou méconnus des Juifs ni
qu'il fût nécessaire de les leur révéler; au contraire, puisque le
livre n'est qu'un tissu de légendes nationales, on peut être
assuré que tout ce qu'il renferme était écrit dans toutes les
consciences. Mais c'est qu'il s'agissait essentiellement de reproduire en les fixant les croyances populaires sur l'origine de ces
préceptes, sur les circonstances historiques dans lesquelles ils
étaient censés avoir été promulgués, sur les sources de leur
autorité; or, de ce point de vue, la détermination de la peine
devient quelque chose d'accessoire (¹).

C'est pour la même raison que le fonctionnement de la justice
répressive tend toujours à rester plus ou moins diffus. Dans des
types sociaux très différents, elle ne s'exerce pas par l'organe
d'un magistrat spécial, mais la société tout entière y participe
dans une mesure plus ou moins large. Dans les sociétés primitives, où, comme nous le verrons, le droit est tout entier pénal,
c'est l'assemblée du peuple qui rend la justice. C'était le cas chez
les anciens Germains (²). A Rome, tandis que les affaires civiles
relevaient du préteur, les affaires criminelles étaient jugées par
le peuple, d'abord par les comices curies et ensuite, à partir de
la loi des XII Tables, par les comices centuries; jusqu'à la fin de
la république, et quoiqu'en fait il eût délégué ses pouvoirs à des
commissions permanentes, il reste en principe le juge suprême

---

(¹) Les seules exceptions véritables à cette particularité du droit pénal se
produisent quand c'est un acte de l'autorité publique qui crée le délit. Dans
ce cas, le devoir est généralement défini indépendamment de la sanction; on
se rendra compte plus loin de la cause de cette exception.

(²) Tacite, *Germania*, ch. XII.

pour ces sortes de procès [1]. A Athènes, sous la législation de Solon, la juridiction criminelle appartenait en partie aux Ἡλιαία, vaste collège qui nominalement comprenait tous les citoyens au-dessus de trente ans [2]. Enfin, chez les nations germano-latines, la société intervient dans l'exercice de ces mêmes fonctions, représentée par le jury. L'état de diffusion où se trouve ainsi cette partie du pouvoir judiciaire serait inexplicable, si les règles dont il assure l'observation et par conséquent les sentiments auxquels ces règles répondent, n'étaient immanents dans toutes les consciences. Il est vrai que, dans d'autres cas, il est détenu par une classe privilégiée ou par des magistrats particuliers. Mais ces faits ne diminuent pas la valeur démonstrative des précédents; car, de ce que les sentiments collectifs ne réagissent plus qu'à travers certains intermédiaires, il ne suit pas qu'ils aient cessé d'être collectifs pour se localiser dans un nombre restreint de consciences. Mais cette délégation peut être due soit à la multi-plicité plus grande des affaires qui nécessite l'institution de fonctionnaires spéciaux, soit à la très grande importance prise par certains personnages ou certaines classes et qui en fait les interprètes autorisés des sentiments collectifs.

Cependant on n'a pas défini le crime quand on a dit qu'il consiste dans une offense aux sentiments collectifs; car il en est parmi ces derniers qui peuvent être offensés sans qu'il y ait crime. Ainsi, l'inceste est l'objet d'une aversion assez générale, et cependant c'est une action simplement immorale. Il en est de même des manquements à l'honneur sexuel que commet la femme en dehors de l'état de mariage, du fait d'aliéner totale-ment sa liberté entre les mains d'autrui ou d'accepter d'autrui

---

(1) Cf. Walter, *Histoire de la procédure civile et du droit criminel chez les Romains*, tr. fr., §.820; Rein, *Criminalrecht der Rœmer*, p. 63.

(2) Cf. Gilbert, *Handbuch der Griechischen Staatsalterthümer*. Leipzig, 1881, I, 138.

une telle aliénation. Les sentiments collectifs auxquels correspond le crime doivent donc se singulariser des autres par quelque propriété distinctive : ils doivent avoir une certaine intensité moyenne. Non seulement ils sont gravés dans toutes les consciences, mais ils y sont fortement gravés. Ce ne sont pas des velléités hésitantes et superficielles, mais des émotions et des tendances qui sont fortement enracinées en nous. Ce qui le prouve, c'est l'extrême lenteur avec laquelle le droit pénal évolue. Non seulement il se modifie plus difficilement que les mœurs, mais il est la partie du droit positif la plus réfractaire au changement. Que l'on observe, par exemple, ce qu'a fait le législateur depuis le commencement du siècle dans les différentes sphères de la vie juridique; les innovations dans les matières de droit pénal sont extrêmement rares et restreintes, tandis qu'au contraire une multitude de dispositions nouvelles se sont introduites dans le droit civil, le droit commercial, le droit administratif et constitutionnel. Que l'on compare le droit pénal tel que la loi des XII Tables l'a fixé à Rome avec l'état où il se trouve à l'époque classique; les changements que l'on constate sont bien peu de chose à côté de ceux qu'a subis le droit civil pendant le même temps. Dès l'époque des XII Tables, dit Mainz, les principaux crimes et délits sont constitués : « Durant dix générations, le catalogue des crimes publics ne fut augmenté que par quelques lois qui punissent le péculat, la brigue et peut-être le *plagium* (¹). » Quant aux délits privés, on n'en reconnut que deux nouveaux: la rapine *(actio bonorum vi raptorum)* et le dommage causé injustement *(damnum injuria datum)*. On retrouve le même fait partout. Dans les sociétés inférieures, le droit, comme nous le verrons, est presque exclusivement pénal; aussi est-il très stationnaire. D'une manière générale, le droit religieux est toujours répressif; il est essentiellement conservateur. Cette fixité du droit pénal témoigne de la force de résistance des sentiments collec-

---

(¹) *Esquisse historique du droit criminel de l'ancienne Rome* in *Nouvelle Revue historique du droit français et étranger*, 1882, p. 24 et 27.

tifs auxquels il correspond. Inversement, la plus grande plasticité des règles purement morales et la rapidité relative de leur évolution démontrent la moindre énergie des sentiments qui en sont la base; ou bien ils sont plus récemment acquis et n'ont pas encore eu le temps de pénétrer profondément les consciences, ou bien ils sont en train de perdre racine et remontent du fond à la surface.

Une dernière addition est encore nécessaire pour que notre définition soit exacte. Si, en général, les sentiments que protègent des sanctions simplement morales, c'est-à-dire diffuses, sont moins intenses et moins solidement organisés que ceux que protègent des peines proprement dites, cependant il y a des exceptions. Ainsi il n'y a aucune raison d'admettre que la piété filiale moyenne ou même les formes élémentaires de la compassion pour les misères les plus apparentes soient aujourd'hui des sentiments plus superficiels que le respect de la propriété ou de l'autorité publique; cependant, le mauvais fils et l'égoïste même le plus endurci ne sont pas traités en criminels. Il ne suffit donc pas que les sentiments soient forts, il faut qu'ils soient précis. En effet, chacun d'eux est relatif à une pratique très définie. Cette pratique peut être simple ou complexe, positive ou négative, c'est-à-dire consister dans une action ou une abstention, mais elle est toujours déterminée. Il s'agit de faire ou de ne pas faire ceci ou cela, de ne pas tuer, de ne pas blesser, de prononcer telle formule, d'accomplir tel rite, etc. Au contraire, les sentiments comme l'amour filial ou la charité sont des aspirations vagues vers des objets très généraux. Aussi les règles pénales sont-elles remarquables par leur netteté et leur précision, tandis que les règles purement morales ont généralement quelque chose de flottant. Leur nature indécise fait même que très souvent il est difficile d'en donner une formule arrêtée. Nous pouvons bien dire d'une manière très générale qu'on doit travailler, qu'on doit avoir pitié d'autrui, etc.; mais nous ne pouvons fixer de quelle façon ni dans quelle mesure. Il y a place ici par consé-

quent pour des variations et des nuances. Au contraire, parce
que les sentiments qu'incarnent les règles pénales sont déterminés, ils ont une bien plus grande uniformité; comme ils ne
peuvent pas être entendus de manières différentes, ils sont
partout les mêmes.

Nous sommes maintenant en état de conclure.

L'ensemble des croyances et des sentiments communs à la
moyenne des membres d'une même société forme un système
déterminé qui a sa vie propre; on peut l'appeler *la conscience
collective ou commune.* Sans doute elle n'a pas pour substrat un
organe unique; elle est, par définition, diffuse dans toute l'étendue
de la société; mais elle n'en a pas moins des caractères spécifiques qui en font une réalité distincte. En effet, elle est indépendante des conditions particulières où les individus se trouvent
placés; ils passent et elle reste. Elle est la même au Nord et au
Midi, dans les grandes villes et dans les petites, dans les différentes professions. De même, elle ne change pas à chaque
génération, mais elle relie au contraire les unes aux autres les
générations successives. Elle est donc tout autre chose que les
consciences particulières, quoiqu'elle ne soit réalisée que chez
des individus. Elle est le type psychique de la société, type
qui a ses propriétés, ses conditions d'existence, son mode de
développement, tout comme les types individuels, quoique d'une
autre manière. A ce titre, elle a donc le droit d'être désignée
par un mot spécial. Celui que nous avons employé plus haut
n'est pas, il est vrai, sans ambiguïté. Comme les termes de collectif
et de social sont souvent pris l'un pour l'autre, on est induit à
croire que la conscience collective est toute la conscience sociale,
c'est-à-dire s'étend aussi loin que la vie psychique de la société,
alors que, surtout dans les sociétés supérieures, elle n'en est
qu'une partie très restreinte. Les fonctions judiciaires, gouvernementales, scientifiques, industrielles, en un mot toutes les

fonctions spéciales sont d'ordre psychique, puisqu'elles consistent en des systèmes de représentations et d'actions; cependant elles sont évidemment en dehors de la conscience commune. Pour éviter une confusion (1) qui a été commise, le mieux serait peut-être de créer une expression technique pour désigner spécialement l'ensemble des similitudes sociales. Néanmoins, comme l'emploi d'un mot nouveau, quand il n'est pas absolument nécessaire, n'est pas sans inconvénient, nous garderons l'expression plus usitée de conscience collective ou commune, mais en nous rappelant toujours le sens étroit dans lequel nous l'employons.

Nous pouvons donc, résumant l'analyse qui précède, dire qu'un acte est criminel quand il offense les états forts et définis de la conscience collective (2).

La lettre de cette proposition n'est guère contestée, mais on lui donne d'ordinaire un sens très différent de celui qu'elle doit avoir. On l'entend comme si elle exprimait non la propriété essentielle du crime, mais une de ses répercussions. On sait bien qu'il froisse des sentiments très généraux et très énergiques; mais on croit que cette généralité et cette énergie viennent de la nature criminelle de l'acte, qui par conséquent reste tout entier à définir. On ne conteste pas que tout délit soit universellement réprouvé, mais on prend pour accordé que la réprobation dont il est l'objet résulte de sa délictuosité. Seulement on est ensuite fort embarrassé pour dire en quoi cette délictuosité consiste. Dans une immoralité particulièrement

(1) La confusion n'est pas sans danger. Ainsi, on se demande parfois si la conscience individuelle varie ou non comme la conscience collective; tout dépend du sens qu'on donne au mot. S'il représente des similitudes sociales, le rapport de variation est inverse, nous le verrons; s'il désigne toute la vie psychique de la société, le rapport est direct. Il est donc bien nécessaire de distinguer.

(2) Nous n'entrons pas dans la question de savoir si la conscience collective est une conscience comme celle de l'individu. Par ce mot, nous désignons simplement l'ensemble des similitudes sociales, sans préjuger la catégorie par laquelle ce système de phénomènes doit être défini.

grave? Je le veux; mais c'est répondre à la question par la question et mettre un mot à la place d'un autre; car il s'agit précisément de savoir ce que c'est que l'immoralité, et surtout cette immoralité particulière que la société réprime au moyen de peines organisées et qui constitue la criminalité. Elle ne peut évidemment venir que d'un ou plusieurs caractères communs à toutes les variétés criminologiques; or, le seul qui satisfasse à cette condition, c'est cette opposition qu'il y a entre le crime, quel qu'il soit, et certains sentiments collectifs. C'est donc cette opposition qui fait le crime bien loin qu'elle en dérive. En d'autres termes, il ne faut pas dire qu'un acte froisse la conscience commune parce qu'il est criminel, mais qu'il est criminel parce qu'il froisse la conscience commune. Nous ne le réprouvons pas parce qu'il est un crime, mais il est un crime parce que nous le réprouvons. Quant à la nature intrinsèque de ces sentiments, il est impossible de la spécifier; ils ont les objets les plus divers et on n'en saurait donner une formule unique. On ne peut dire qu'ils se rapportent ni aux intérêts vitaux de la société, ni à un minimum de justice; toutes ces définitions sont inadéquates. Mais par cela seul qu'un sentiment, quelles qu'en soient l'origine et la fin, se retrouve dans toutes les consciences avec un certain degré de force et de précision, tout acte qui le froisse est un crime. La psychologie contemporaine revient de plus en plus à l'idée de Spinoza, d'après laquelle les choses sont bonnes parce que nous les aimons, bien loin que nous les aimions parce qu'elles sont bonnes. Ce qui est primitif, c'est la tendance, l'inclination; le plaisir et la douleur ne sont que des faits dérivés. Il en est de même dans la vie sociale. Un acte est socialement mauvais parce qu'il est repoussé par la société. Mais, dira-t-on, n'y a-t-il pas des sentiments collectifs qui résultent du plaisir ou de la douleur que la société éprouve au contact de leurs objets? Sans doute, mais ils n'ont pas tous cette origine. Beaucoup, sinon la plupart, dérivent de tout autres causes. Tout ce qui détermine l'activité à prendre une forme définie peut donner naissance à des habitudes, d'où résultent des tendances qu'il faut désormais satisfaire. De plus, ce sont ces dernières tendances qui seules sont vraiment fondamentales. Les autres n'en sont que des formes spéciales et mieux déterminées; car, pour trouver du charme à tel ou tel objet, il faut que la sensibilité collective soit déjà constituée de manière à pouvoir le goûter. Si les sentiments correspondants sont abolis, l'acte le plus funeste à la société pourra être non seulement toléré, mais honoré et proposé en exemple. Le plaisir est incapable de créer de toutes pièces un penchant; il peut seulement attacher ceux qui existent à telle ou telle fin particulière, pourvu que celle-ci soit en rapport avec leur nature initiale.

Cependant, il y a des cas où l'explication précédente ne paraît pas s'appliquer. Il y a des actes qui sont plus sévèrement réprimés qu'ils ne sont fortement réprouvés par l'opinion moyenne. Ainsi, la coalition des fonctionnaires, l'empiètement des autorités judiciaires sur les autorités administratives, des fonctions religieuses sur les fonctions civiles sont l'objet d'une répression qui n'est pas en rapport avec l'indignation qu'ils soulèvent dans les consciences. La soustraction de pièces publiques nous laisse assez indifférents et pourtant est frappée de châtiments assez élevés. Il arrive même que l'acte puni ne froisse directement aucun sentiment collectif; il n'y a rien en nous qui proteste contre le fait de pêcher et de chasser en temps prohibé ou de faire passer des voitures trop lourdes sur la voie publique. Cependant il n'y a aucune raison de séparer complètement ces délits des autres; toute distinction radicale(1) serait arbitraire puisqu'ils présentent tous, à des degrés divers, le même critère externe. Sans doute, dans aucun de ces exemples la peine ne paraît

(1) Il n'y a qu'à voir comment M. Garofalo distingue ce qu'il appelle les vrais crimes des autres (p. 45); c'est d'après une appréciation personnelle qui ne repose sur aucun caractère objectif.

injuste; si elle était contraire aux mœurs, elle n'eût pu s'établir. Mais, si elle n'est pas repoussée par l'opinion publique, celle-ci, abandonnée à elle-même, ou ne la réclamerait pas du tout ou se montrerait moins exigeante. C'est donc que dans tous les cas de ce genre la délictuosité ne dérive pas, ou ne dérive pas tout entière, de la vivacité des sentiments collectifs qui sont offensés, mais reconnaît une autre cause.

Il est certain, en effet, qu'une fois qu'un pouvoir gouvernemental est institué, il a par lui-même assez de force pour attacher spontanément à certaines règles de conduite une sanction pénale. Il est capable, par son action propre, de créer certains délits ou d'aggraver la valeur criminologique de certains autres. Aussi tous les actes que nous venons de citer présentent-ils ce caractère commun qu'ils sont dirigés contre quelqu'un des organes directeurs de la vie sociale. Faut-il donc admettre qu'il y a deux genres de crimes relevant de deux causes différentes? On ne saurait s'arrêter à une telle hypothèse. Quelque nombreuses qu'en soient les variétés, le crime est partout le même essentiellement, puisqu'il détermine partout le même effet, à savoir la peine, qui, si elle peut être plus ou moins intense, ne change pas pour cela de nature. Or, un même fait ne peut avoir deux causes, à moins que cette dualité ne soit qu'apparente et qu'au fond elles n'en fassent qu'une. Le pouvoir de réaction qui est propre à l'État doit donc être de même nature que celui qui est diffus dans la société.

Et en effet d'où viendrait-il? De la gravité des intérêts que gère l'État et qui demandent à être protégés d'une manière toute particulière? Mais nous savons que la seule lésion d'intérêts même graves ne suffit pas à déterminer la réaction pénale; il faut encore qu'elle soit ressentie d'une certaine façon. D'où vient d'ailleurs que le moindre dommage causé à l'organe gouvernemental soit puni, alors que des désordres beaucoup plus redoutables dans d'autres organes sociaux ne sont réparés que civilement? La plus petite infraction à la police de la voirie est frappée d'une amende; la violation même répétée des contrats, le manque constant de délicatesse dans les rapports économiques n'obligent qu'à la réparation du préjudice. Sans doute l'appareil de direction joue un rôle éminent dans la vie sociale; mais il en est d'autres dont l'intérêt ne laisse pas d'être vital et dont le fonctionnement n'est pourtant pas assuré de cette manière. Si le cerveau a son importance, l'estomac est un organe qui lui aussi est essentiel, et les maladies de l'un sont des menaces pour la vie comme celles de l'autre. Pourquoi ce privilège fait à ce qu'on appelle parfois le cerveau social?

La difficulté se résout facilement si l'on remarque que, partout où un pouvoir directeur s'établit, sa première et sa principale fonction est de faire respecter les croyances, les traditions, les pratiques collectives, c'est-à-dire de défendre la conscience commune contre tous les ennemis du dedans comme du dehors. Il en devient ainsi le symbole, l'expression vivante aux yeux de tous. Aussi la vie qui est en elle se communique-t-elle à lui, comme les affinités des idées se communiquent aux mots qui les représentent, et voilà comment il prend un caractère qui le met hors de pair. Ce n'est plus une fonction sociale plus ou moins importante, c'est le type collectif incarné. Il participe donc à l'autorité que ce dernier exerce sur les consciences et c'est de là que lui vient sa force. Seulement, une fois que celle-ci est constituée, sans s'affranchir de la source d'où elle découle et où elle continue' à s'alimenter, elle devient pourtant un facteur autonome de la vie sociale, capable de produire spontanément des mouvements propres que ne détermine aucune impulsion externe, précisément à cause de cette suprématie qu'elle a conquise. Comme, d'autre part, elle n'est qu'une dérivation de la force qui est immanente à la conscience commune, elle a nécessairement les mêmes propriétés et réagit de la même manière, alors même que cette dernière ne réagit pas tout à fait à l'unisson. Elle repousse donc toute force antagoniste comme ferait l'âme diffuse de la société, alors même que celle-ci ne sent pas cet antagonisme ou ne le sent pas aussi vivement; c'est-à-dire qu'elle marque comme crimes des actes qui la froissent sans pourtant froisser au même degré les sentiments collectifs. Mais c'est de ces derniers qu'elle reçoit toute l'énergie qui lui permet de créer des crimes et des délits. Outre qu'elle ne peut venir d'ailleurs et que pourtant elle ne peut pas venir de rien, les faits suivants, qui seront amplement développés dans toute la suite de cet ouvrage, confirment cette explication. L'étendue de l'action que l'organe gouvernemental exerce sur le nombre et sur la qualification des actes criminels dépend de la force qu'il recèle. Celle-ci à son tour peut être mesurée soit par l'étendue de l'autorité qu'il exerce sur les citoyens, soit par le degré de gravité reconnu aux crimes dirigés contre lui. Or nous verrons que c'est dans les sociétés inférieures que cette autorité est le plus grande et cette gravité le plus élevée, et, d'autre part, que c'est dans ces mêmes types sociaux que la conscience collective a le plus de puissance (¹).

C'est donc toujours à cette dernière qu'il faut revenir; c'est d'elle que directement ou indirectement découle toute criminalité. Le crime n'est pas simplement la lésion d'intérêts même graves, c'est une offense contre une autorité en quelque sorte transcendante. Or, expérimentalement, il n'y a pas de force morale supérieure à l'individu, sauf la force collective.

Il y a d'ailleurs une manière de contrôler le résultat auquel nous venons d'arriver. Ce qui caractérise le crime, c'est qu'il détermine la peine. Si donc notre définition du crime est exacte, elle doit rendre compte de tous les caractères de la peine. Nous allons procéder à cette vérification.

Mais auparavant il faut établir quels sont ces caractères.

(¹) D'ailleurs, quand l'amende est toute la peine, comme elle n'est qu'une réparation dont le montant est fixe, l'acte est sur les limites du droit pénal et du droit restitutif.

II

En premier lieu, la peine consiste dans une réaction passionnelle. Ce caractère est d'autant plus apparent que les sociétés sont moins cultivées. En effet, les peuples primitifs punissent pour punir, font souffrir le coupable uniquement pour le faire souffrir et sans attendre pour eux-mêmes aucun avantage de la souffrance qu'ils lui imposent. Ce qui le prouve, c'est qu'ils ne cherchent ni à frapper juste ni à frapper utilement, mais seulement à frapper. C'est ainsi qu'ils châtient les animaux qui ont commis l'acte réprouvé (¹) ou même les êtres inanimés qui en ont été l'instrument passif (²). Alors que la peine n'est appliquée qu'à des personnes, elle s'étend souvent bien au delà du coupable et s'en va atteindre des innocents, sa femme, ses enfants, ses voisins, etc. (³). C'est que la passion qui est l'âme de la peine ne s'arrête qu'une fois épuisée. Si donc, quand elle a détruit celui qui l'a le plus immédiatement suscitée, il lui reste des forces, elle se répand plus loin d'une manière toute mécanique. Même quand elle est assez modérée pour ne s'en prendre qu'au coupable, elle fait sentir sa présence par la tendance qu'elle a à dépasser en gravité l'acte contre lequel elle réagit. C'est de là que viennent les raffinements de douleur ajoutés au dernier supplice. A Rome encore, le voleur devait non seulement rendre l'objet dérobé, mais encore payer une amende du double ou du quadruple (⁴). D'ailleurs, la peine si générale du talion n'est-elle pas une satisfaction accordée à la passion de la vengeance?

Mais aujourd'hui, dit-on, la peine a changé de nature; ce n'est

---

(¹) V. *Exode*, XXI, 28; *Lév.*, XX, 16.

(²) Par exemple, le couteau qui a servi à perpétrer le meurtre. — V. Post, *Bausteine für eine Allgemeine Rechtswissenschaft*, I, 230-231.

(³) V. *Exode*, XX, 4 et 5; *Deutéronome*, XII, 12-18; Thonissen, *Études sur l'histoire du droit criminel*, I, 70 et 178 et suiv.

(⁴) Walter, *op. cit.*, § 703.

plus pour se venger que la société châtie, c'est pour se défendre.
La douleur qu'elle inflige n'est plus entre ses mains qu'un instrument méthodique de protection. Elle punit, non parce que le
châtiment lui offre par lui-même quelque satisfaction, mais afin
que la crainte de la peine paralyse les mauvaises volontés. Ce
n'est plus la colère, mais la prévoyance réfléchie qui détermine
la répression. Les observations précédentes ne pourraient donc
pas être généralisées; elles ne concerneraient que la forme primitive de la peine et ne pourraient pas être étendues à sa forme
actuelle.

Mais pour qu'on ait le droit de distinguer aussi radicalement
ces deux sortes de peines, ce n'est pas assez de constater qu'elles
sont employées en vue de fins différentes. La nature d'une pratique ne change pas nécessairement parce que les intentions
conscientes de ceux qui l'appliquent se modifient. Elle pouvait,
en effet, jouer déjà le même rôle autrefois, mais sans qu'on s'en
aperçût. Dans ce cas, pourquoi se transformerait-elle par cela
seul qu'on se rend mieux compte des effets qu'elle produit? Elle
s'adapte aux nouvelles conditions d'existence qui lui sont ainsi
faites sans changements essentiels. C'est ce qui arrive pour la
peine.

En effet, c'est une erreur de croire que la vengeance ne soit
qu'une inutile cruauté. Il est bien possible qu'en elle-même elle
consiste dans une réaction mécanique et sans but, dans un
mouvement passionnel et inintelligent, dans un besoin irraisonné
de détruire; mais en fait, ce qu'elle tend à détruire était une
menace pour nous. Elle constitue donc en réalité un véritable
acte de défense, quoique instinctif et irréfléchi. Nous ne nous
vengeons que de ce qui nous a fait du mal, et ce qui nous a fait
du mal est toujours un danger. L'instinct de la vengeance n'est
en somme que l'instinct de conservation exaspéré par le péril.
Ainsi il s'en faut que la vengeance ait eu dans l'histoire de
l'humanité le rôle négatif et stérile qu'on lui attribue. C'est une
arme défensive qui a son prix, seulement c'est une arme gros-

sière. Comme elle n'a pas conscience des services qu'elle rend automatiquement, elle ne peut pas se régler en conséquence; mais elle se répand un peu au hasard au gré des causes aveugles qui la poussent et sans que rien modère ses emportements. Aujourd'hui, comme nous connaissons davantage le but à atteindre, nous savons mieux utiliser les moyens dont nous disposons; nous nous protégeons avec plus de méthode et par suite plus efficacement. Mais dès le principe, ce résultat était obtenu quoique d'une manière plus imparfaite. Entre la peine d'aujourd'hui et celle d'autrefois il n'y a donc pas un abîme, et, par conséquent, il n'était pas nécessaire que la première devînt autre chose qu'elle-même pour s'accommoder au rôle qu'elle joue dans nos sociétés civilisées. Toute la différence vient de ce qu'elle produit ses effets avec une plus grande conscience de ce qu'elle fait. Or, quoique la conscience individuelle ou sociale ne soit pas sans influence sur la réalité qu'elle éclaire, elle n'a pas le pouvoir d'en changer la nature. La structure interne des phénomènes reste la même, qu'ils soient conscients ou non. Nous pouvons donc nous attendre à ce que les éléments essentiels de la peine soient les mêmes que jadis.

Et en effet, la peine est restée, du moins en partie, une œuvre de vengeance. On dit que nous ne faisons pas souffrir le coupable pour le faire souffrir; il n'en est pas moins vrai que nous trouvons juste qu'il souffre. Peut-être avons-nous tort; mais ce n'est pas ce qui est en question. Nous cherchons pour le moment à définir la peine telle qu'elle est ou a été, non telle qu'elle doit être. Or il est certain que cette expression de vindicte publique qui revient sans cesse dans la langue des tribunaux n'est pas un vain mot. En supposant que la peine puisse réellement servir à nous protéger pour l'avenir, nous estimons qu'elle doit être avant tout une *expiation* du passé. Ce qui le prouve, ce sont les précautions minutieuses que nous prenons pour la proportionner aussi exactement que possible à la gravité du crime; elles seraient inexplicables si nous ne

croyions que le coupable doit souffrir parce qu'il a fait le mal
et dans la même mesure. En effet, cette graduation n'est pas
nécessaire si la peine n'est qu'un moyen de défense. Sans doute,
il y aurait danger pour la société à ce que les attentats les plus
graves fussent assimilés à de simples délits; mais il ne pourrait
y avoir qu'avantage, dans la plupart des cas, à ce que les seconds
fussent assimilés aux premiers. Contre un ennemi, on ne saurait
trop prendre de précautions. Dira-t-on que les auteurs des moindres méfaits ont des natures moins perverses et que, pour neutraliser leurs mauvais instincts, il suffit de peines moins fortes?
Mais si leurs penchants sont moins vicieux, ils ne sont pas pour
cela moins intenses. Les voleurs sont aussi fortement enclins au
vol que les meurtriers à l'homicide; la résistance qu'offrent les
premiers n'est pas inférieure à celle des seconds et par conséquent, pour en triompher, on devrait recourir aux mêmes
moyens. Si, comme on l'a dit, il s'agissait uniquement de
refouler une force nuisible par une force contraire, l'intensité
de la seconde devrait être uniquement mesurée d'après l'in..si-
sité de la première, sans que la qualité de celle-ci entrât en
ligne de compte. L'échelle pénale ne devrait donc comprendre
qu'un petit nombre de degrés; la peine ne devrait varier que
suivant que le criminel est plus ou moins endurci, et non
suivant la nature de l'acte criminel. Un voleur incorrigible
serait traité comme un meurtrier incorrigible. Or, en fait,
quand même il serait avéré qu'un coupable est définitivement
incurable, nous nous sentirions encore tenus de ne pas lui
appliquer un châtiment excessif. C'est la preuve que nous
sommes restés fidèles au principe du talion, quoique nous
l'entendions dans un sens plus élevé qu'autrefois. Nous ne
mesurons plus d'une manière aussi matérielle et grossière ni
l'étendue de la faute, ni celle du châtiment; mais nous pensons
toujours qu'il doit y avoir une équation entre ces deux termes,
que nous ayons ou non avantage à établir cette balance. La
peine est donc restée pour nous ce qu'elle était pour nos pères.

C'est encore un acte de vengeance, puisque c'est une expiation. Ce que nous vengeons, ce que le criminel expie, c'est l'outrage fait à la morale.

Il y a surtout une peine où ce caractère passionnel est plus manifeste qu'ailleurs; c'est la honte qui double la plupart des peines et qui croit avec elles. Le plus souvent elle ne sert à rien. A quoi bon flétrir un homme qui ne doit plus vivre dans la société de ses semblables et qui a surabondamment prouvé par sa conduite que des menaces plus redoutables ne suffisaient pas à l'intimider? La flétrissure se comprend quand il n'y a pas d'autre peine ou comme complément d'une peine matérielle assez faible : dans le cas contraire, elle fait double emploi. On peut même dire que la société ne recourt aux châtiments légaux que quand les autres sont insuffisants; mais alors pourquoi les maintenir? Ils sont une sorte de supplice supplémentaire et sans but, ou qui ne peut avoir d'autre cause que le besoin de compenser le mal par le mal. C'est si bien un produit de sentiments instinctifs, irrésistibles, qu'ils s'étendent souvent à des innocents; c'est ainsi que le lieu du crime, les instruments qui y ont servi, les parents du coupable participent parfois à l'opprobre dont nous frappons ce dernier. Or les causes qui déterminent cette répression diffuse sont aussi celles de la répression organisée qui accompagne la première. Il suffit d'ailleurs de voir dans les tribunaux comment la peine fonctionne pour reconnaître que le ressort en est tout passionnel; car c'est à des passions que s'adressent et le magistrat qui poursuit et l'avocat qui défend. Celui-ci cherche à exciter de la sympathie pour le coupable, celui-là à réveiller les sentiments sociaux qu'a froissés l'acte criminel, et c'est sous l'influence de ces passions contraires que le juge prononce.

Ainsi la nature de la peine n'a pas essentiellement changé. Tout ce qu'on peut dire, c'est que le besoin de vengeance est mieux dirigé aujourd'hui qu'autrefois. L'esprit de prévoyance qui s'est éveillé ne laisse plus le champ aussi libre à l'action

aveugle de la passion; il la contient dans de certaines limites, il
s'oppose aux violences absurdes, aux ravages sans raison d'être.
Plus éclairée, elle se répand moins au hasard; on ne la voit plus,
pour se satisfaire quand même, se tourner contre des innocents.
Mais elle reste néanmoins l'âme de la pénalité. Nous pouvons
donc dire que la peine consiste dans une réaction passionnelle
d'intensité graduée (1).

Mais d'où émane cette réaction? Est-ce de l'individu ou de la
société?

Tout le monde sait que c'est la société qui punit; mais il
pourrait se faire que ce ne fût pas pour son compte. Ce qui met
hors de doute le caractère social de la peine, c'est qu'une fois
prononcée, elle ne peut plus être levée que par le gouvernement
au nom de la société. Si c'était une satisfaction accordée aux
particuliers, ceux-ci seraient toujours maîtres d'en faire la
remise : on ne conçoit pas un privilège imposé et auquel le
bénéficiaire ne peut pas renoncer. Si c'est la société seule qui
dispose de la répression, c'est qu'elle est atteinte alors même
que les individus le sont aussi, et c'est l'attentat dirigé contre
elle qui est réprimé par la peine.

Cependant on peut citer des cas où l'exécution de la peine
dépend de la volonté des particuliers. A Rome, certains méfaits
étaient punis d'une amende au profit de la partie lésée qui pouvait y renoncer ou en faire l'objet d'une transaction : c'était le
vol non manifeste, la rapine, l'injure, le dommage causé injustement (2). Ces délits, que l'on appelait privés (*delicta privata*),

------

(1) C'est d'ailleurs ce que reconnaissent ceux-là même qui trouvent inintelligible l'idée d'expiation; car leur conclusion c'est que, pour être mise en
harmonie avec leur doctrine, la conception traditionnelle de la peine devrait
être totalement transformée et réformée de fond en comble. C'est donc qu'elle
reposa et a toujours reposé sur le principe qu'ils combattent. (V. Fouillée,
Science sociale, p. 307 et suiv.)

(2) Rein, *op. cit.*, 111.

s'opposaient aux crimes proprement dits dont la répression était poursuivie au nom de la cité. On retrouve la même distinction en Grèce, chez les Hébreux (¹). Chez les peuples plus primitifs, la peine semble être parfois une chose encore plus complètement privée, comme tend à le prouver l'usage de la *vendetta*. Ces sociétés sont composées d'agrégats élémentaires de nature quasi familiale et qui sont commodément désignés par l'expression de clans. Or, lorsqu'un attentat est commis par un ou plusieurs membres d'un clan contre un autre, c'est ce dernier qui châtie lui-même l'offense qu'il a subie (²). Ce qui accroît encore, au moins en apparence, l'importance de ces faits au point de vue de la doctrine, c'est qu'on a très souvent soutenu que la *vendetta* avait été primitivement la forme unique de la peine : celle-ci aurait donc consisté d'abord dans des actes de vengeance privée. Mais alors, si aujourd'hui la société est armée du droit de punir, ce ne peut être, semble-t-il, qu'en vertu d'une sorte de délégation des individus. Elle n'est que leur mandataire. C'est leurs intérêts qu'elle gère à leur place, probablement parce qu'elle les gère mieux, mais ce n'est pas les siens propres. Dans le principe, ils se vengeaient eux-mêmes; maintenant, c'est elle qui les venge; mais comme le droit pénal ne peut avoir changé de nature par suite de ce simple transfert, il n'aurait donc rien de proprement social. Si la société paraît y jouer un rôle prépondérant, ce n'est que comme substitut des individus.

Mais, si répandue que soit cette théorie, elle est contraire aux faits les mieux établis. On ne peut pas citer une seule société où la *vendetta* ait été la forme primitive de la peine. Tout au contraire, il est certain que le droit pénal à l'origine était essentiellement religieux. C'est un fait évident pour l'Inde, pour la Judée, puisque le droit qui y était pratiqué était censé révélé (³).

(¹) Chez les Hébreux, le vol, la violation de dépôt, l'abus de confiance, les coups étaient traités comme délits privés.

(²) V. notamment Morgan, *Ancient Society*. London, 1870, p. 76.

(³) En Judée, les juges n'étaient pas des prêtres, mais tout juge était le

En Égypte, les dix livres d'Hermès, qui renfermaient le droit
criminel avec toutes les autres lois relatives au gouvernement
de l'État, étaient appelés sacerdotaux, et Élien affirme que, de
toute antiquité, les prêtres égyptiens exercèrent le pouvoir judiciaire ([1]). Il en était de même dans l'ancienne Germanie ([2]). En
Grèce, la justice était considérée comme une émanation de Jupiter, et le châtiment comme une vengeance du dieu ([3]). A Rome,
les origines religieuses du droit pénal sont rendues manifestes
et par de vieilles traditions ([4]), et par des pratiques archaïques
qui subsistèrent très tard, et par la terminologie juridique elle-
même ([5]). Or, la religion est chose essentiellement sociale. Bien
loin qu'elle ne poursuive que des fins individuelles, elle exerce
sur l'individu une contrainte de tous les instants. Elle l'oblige à
des pratiques qui le gênent, à des sacrifices, petits ou grands,
qui lui coûtent. Il doit prendre sur ses biens les offrandes qu'il
est tenu de présenter à la divinité; il doit prendre sur le temps
de son travail ou de ses distractions les moments nécessaires à
l'accomplissement des rites; il doit s'imposer toute sorte de privations qui lui sont commandées, renoncer même à la vie si les
dieux l'ordonnent. La vie religieuse est toute faite d'abnégation
et de désintéressement. Si donc le droit criminel est primitivement un droit religieux, on peut être sûr que les intérêts qu'il
sert sont sociaux. Ce sont leurs propres offenses que les dieux
vengent par la peine et non celles des particuliers; or, les
offenses contre les dieux sont des offenses contre la société.

représentant de Dieu, l'homme de Dieu. (*Deutér.*, I, 17; *Exode*, XXII, 28.)
Dans l'Inde, c'était le roi qui jugeait, mais cette fonction était regardée
comme essentiellement religieuse. (*Manou*, VIII, v, 303-311.)

([1]) Thonissen, *Études sur l'histoire du droit criminel*, I, 107.

([2]) Zoepfl, *Deutsche Rechtsgeschichte*, p. 909.

([3]) « C'est le fils de Saturne, dit Hésiode, qui a donné aux hommes la justice. » (*Travaux et Jours*, V, 279 et 280, édition Didot.) — « Quand les mortels
se livrent... aux actions vicieuses, Jupiter à la longue vue leur inflige un
prompt châtiment. » (*Ibid.*, V, 266. Cf. *Iliade*, XVI, 384 et suiv.)

([4]) Walter, *op. cit.*, § 788.

([5]) Rein, *op. cit.*, p. 27-36.

Aussi, dans les sociétés inférieures, les délits les plus nombreux sont-ils ceux qui lèsent la chose publique : délits contre la religion, contre les mœurs, contre l'autorité, etc. Il n'y a qu'à voir dans la Bible, dans les lois de Manou, dans les monuments qui nous restent du vieux droit égyptien la place relativement petite qui est faite aux prescriptions protectrices des individus, et, au contraire, le développement luxuriant de la législation répressive sur les différentes formes du sacrilège, les manquements aux divers devoirs religieux, aux exigences du cérémonial, etc. [1]. En même temps, ces crimes sont les plus sévèrement punis. Chez les Juifs, les attentats les plus abominables sont les attentats contre la religion [2]. Chez les anciens Germains, deux crimes seulement étaient punis de mort au dire de Tacite, c'était la trahison et la désertion [3]. D'après Confucius et Meng-Tseu, l'impiété est une plus grande faute que l'assassinat [4]. En Égypte, le moindre sacrilège est puni de mort [5]. A Rome, tout en haut de l'échelle de la criminalité, se trouve le *crimen perduellionis* [6].

Mais alors, qu'est-ce que ces peines privées dont nous rapportions plus haut des exemples ? Elles ont une nature mixte et tiennent à la fois de la sanction répressive et de la sanction restitutive. C'est ainsi que le délit privé du droit romain représente une sorte d'intermédiaire entre le crime proprement dit et la lésion purement civile. Il a des traits de l'un et de l'autre et flotte sur les confins des deux domaines. C'est un délit en ce sens que la sanction fixée par la loi ne consiste pas simplement à remettre les choses en état ; le délinquant n'est pas seulement tenu de réparer le dommage qu'il a causé, mais il doit quelque chose en surcroît, une expiation. Cependant ce n'est pas tout

---

[1] V. Thonissen, *passim.*
[2] Munck, *Palestiné,* p. 216.
[3] *Germania,* XII.
[4] Plath, *Gesetz und Recht im alten China,* 1865, 69 et 70.
[5] Thonissen, *op. cit.,* I, 145.
[6] Walter, *op. cit.,* § 803.

à fait un délit puisque, si c'est la société qui prononce la peine, ce n'est pas elle qui est maitresse de l'appliquer. C'est un droit qu'elle confère à la partie lésée qui seule en dispose librement (¹). De même, la *vendetta* est évidemment un châtiment que la société reconnait comme légitime, mais qu'elle laisse aux particuliers le soin d'infliger. Ces faits ne font donc que confirmer ce que nous avons dit sur la nature de la pénalité. Si cette sorte de sanction intermédiaire est en partie une chose privée, dans la même mesure ce n'est pas une peine. Le caractère pénal en est d'autant moins prononcé que le caractère social en est plus effacé, et inversement. Il s'en faut donc que la vengeance privée soit le prototype de la peine; ce n'est au contraire qu'une peine imparfaite. Bien loin que les attentats contre les personnes aient été les premiers qui fussent réprimés, à l'origine ils sont seulement sur le seuil du droit pénal. Ils ne se sont élevés sur l'échelle de la criminalité qu'à mesure que la société s'en est plus complètement saisie, et cette opération, que nous n'avons pas à décrire, ne s'est certainement pas réduite à un simple transfert. Tout au contraire, l'histoire de cette pénalité n'est qu'une suite continue d'empiétements de la société sur l'individu ou plutôt sur les groupes élémentaires qu'elle renferme dans son sein, et le résultat de ces empiétements est de mettre de plus en plus à la place du droit des particuliers celui de la société (²).

Mais les caractères précédents appartiennent tout aussi bien à la répression diffuse qui suit les actions simplement immorales qu'à la répression légale. Ce qui distingue cette dernière, c'est,

---

(¹) Toutefois, ce qui accentue le caractère pénal du délit privé, c'est qu'il entrainait l'infamie, véritable peine publique. (V. Rein, *op. cit.*, 916, et Duvary, *De l'infamie en droit romain*. Paris, 1881, 35.)

(²) En tout cas, il importe de remarquer que la *vendetta* est chose éminemment collective. Ce n'est pas l'individu qui se venge, mais son clan; plus tard, c'est au clan ou à la famille qu'est payée la composition.

avons-nous dit, qu'elle est organisée; mais en quoi consiste cette organisation?

Quand on songe au droit pénal tel qu'il fonctionne dans nos sociétés actuelles, on se représente un code où des peines très définies sont attachées à des crimes également définis. Le juge dispose bien d'une certaine latitude pour appliquer à chaque cas particulier ces dispositions générales; mais, dans ses lignes essentielles, la peine est prédéterminée pour chaque catégorie d'actes délictueux. Cette organisation savante n'est cependant pas constitutive de la peine; car il y a bien des sociétés où celle-ci existe sans être fixée par avance. Il y a dans la Bible nombre de défenses qui sont aussi impératives que possible et qui cependant ne sont sanctionnées par aucun châtiment expressément formulé. Le caractère pénal n'en est pourtant pas douteux; car, si les textes sont muets sur la peine, en même temps ils expriment pour l'acte défendu une telle horreur qu'on ne peut soupçonner un instant qu'il soit resté impuni [1]. Il y a donc tout lieu de croire que ce silence de la loi vient simplement de ce que la répression n'était pas déterminée. Et en effet, bien des récits du Pentateuque nous apprennent qu'il y avait des actes dont la valeur criminelle était incontestée, et dont la peine n'était établie que par le juge qui l'appliquait. La société savait bien qu'elle se trouvait en présence d'un crime; mais la sanction pénale qui y devait être attachée n'était pas encore définie [2]. De plus, même parmi les peines qui sont énoncées par le législateur, il en est beaucoup qui ne sont pas spécifiées avec précision. Ainsi, nous savons qu'il y avait différentes sortes

[1] V. *Deutér.*, VI, 25.

[2] On avait trouvé un homme ramassant du bois le jour du sabbat : « Ceux qui le trouvèrent l'amenèrent à Moïse et à Aaron et à toute l'assemblée, et ils le mirent en prison, *car on n'avait pas encore déclaré ce qu'on devait lui faire.* » (*Nombres*, XV, 32-36.) — Ailleurs, il s'agit d'un homme qui avait blasphémé le nom de Dieu. Les assistants l'arrêtent, mais ne savent pas comme il doit être traité. Moïse lui-même l'ignore et va consulte l'Éternel. (*Lév.*, XXIV, 12-16.)

do supplices qui n'étaient pas mis sur le même pied, et pourtant, dans un grand nombre de cas, les textes ne parlent que de la mort d'une manière générale, sans dire quel genre de mort devait être infligé. D'après Summer Maine, il en était de même dans la Rome primitive; les *crimina* étaient poursuivis devant l'assemblée du peuple qui fixait souverainement la peine par une loi, en même temps qu'elle établissait la réalité du fait incriminé ([1]). Au reste, même jusqu'au XVIe siècle, le principe général de la pénalité, « c'est que l'application en était laissée à l'arbitraire du juge, *arbitrio et officio judicis...* Seulement il n'est pas permis au juge d'inventer des peines autres que celles qui sont usitées ([2]). » Un autre effet de ce pouvoir du juge était de faire entièrement dépendre de son appréciation jusqu'à la qualification de l'acte criminel, qui, par conséquent, était elle-même indéterminée ([3]).

Ce n'est donc pas dans la réglementation de la peine que consiste l'organisation distinctive de ce genre de répression. Ce n'est pas davantage dans l'institution d'une procédure criminelle; les faits que nous venons de citer démontrent assez qu'elle a fait pendant longtemps défaut. La seule organisation qui se rencontre partout où il y a peine proprement dite se réduit donc à l'établissement d'un tribunal. De quelque manière qu'il soit composé, qu'il comprenne tout le peuple ou seulement une élite, qu'il suive ou non une procédure régulière tant dans l'instruction de l'affaire que dans l'application de la peine, par cela seul que l'infraction, au lieu d'être jugée par chacun, est soumise à l'appréciation d'un corps constitué, par cela seul que la réaction collective a pour intermédiaire un organe défini, elle cesse d'être diffuse : elle est organisée. L'organisation pourra être plus complète, mais dès ce moment elle existe.

La peine consiste donc essentiellement dans une réaction

([1]) *Ancien droit*, p. 353.
([2]) Du Boys, *Histoire du droit criminel des peuples modernes*, VI, 11.
([3]) Du Boys, *Ibid.*, 14.

passionnelle, d'intensité graduée, que la société exerce par l'intermédiaire d'un corps constitué sur ceux de ses membres qui ont violé certaines règles de conduite.

Or, la définition que nous avons donnée du crime rend très aisément compte de tous ces caractères de la peine.

III

Tout état fort de la conscience est une source de vie; c'est un facteur essentiel de notre vitalité générale. Par conséquent, tout ce qui tend à l'affaiblir nous diminue et nous déprime; il en résulte une impression de trouble et de malaise analogue à celle que nous ressentons quand une fonction importante est suspendue ou ralentie. Il est donc inévitable que nous réagissions énergiquement contre la cause qui nous menace d'une telle diminution, que nous nous efforcions de l'écarter afin de maintenir l'intégralité de notre conscience.

Au premier rang des causes qui produisent ce résultat, il faut mettre la représentation d'un état contraire. Une représentation n'est pas en effet une simple image de la réalité, une ombre inerte projetée en nous par les choses; mais c'est une force qui soulève autour d'elle tout un tourbillon de phénomènes organiques et psychiques. Non seulement le courant nerveux qui accompagne l'idéation rayonne dans les centres corticaux autour du point où il a pris naissance et passe d'un plexus dans l'autre, mais il retentit dans les centres moteurs où il détermine des mouvements, dans les centres sensoriels où il réveille des images, excite parfois des commencements d'illusions et peut même affecter jusqu'aux fonctions végétatives (1); ce retentissement est d'autant plus considérable que la représentation est elle-même plus intense, que l'élément émotionnel en est plus

---

(1) V. Maudsley, *Physiologie de l'esprit*, tr. fr., p. 270.

développé. Ainsi la représentation d'un sentiment contraire au
nôtre agit en nous dans le même sens et de la même manière
que le sentiment dont elle est le substitut; c'est comme s'il était
lui-même entré dans notre conscience. Elle a, en effet, les mêmes
affinités, quoique moins vives; elle tend à éveiller les mêmes
idées, les mêmes mouvements, les mêmes émotions. Elle oppose
donc une résistance au jeu de notre sentiment personnel et, par
suite, l'affaiblit, en attirant dans une direction contraire toute
une partie de notre énergie. C'est comme si une force étrangère
s'était introduite en nous de nature à déconcerter le libre fonctionnement de notre vie psychique. Voilà pourquoi une conviction opposée à la nôtre ne peut se manifester en notre présence
sans nous troubler; c'est que, du même coup, elle pénètre en
nous et, se trouvant en antagonisme avec tout ce qu'elle y rencontre, y détermine de véritables désordres. Sans doute, tant
que le conflit n'éclate qu'entre des idées abstraites, il n'a rien
de bien douloureux, parce qu'il n'a rien de bien profond. La
région de ces idées est à la fois la plus élevée et la plus superficielle de la conscience, et les changements qui y surviennent,
n'ayant pas de répercussions étendues, ne nous affectent que
faiblement. Mais quand il s'agit d'une croyance qui nous est
chère, nous ne permettons pas et ne pouvons pas permettre
qu'on y porte impunément la main. Toute offense dirigée contre
elle suscite une réaction émotionnelle, plus ou moins violente,
qui se tourne contre l'offenseur. Nous nous emportons, nous
nous indignons contre lui, nous lui en voulons, et les sentiments ainsi soulevés ne peuvent pas ne pas se traduire par des
actes; nous le fuyons, nous le tenons à distance, nous l'exilons
de notre société, etc.

Nous ne prétendons pas sans doute que toute conviction forte
soit nécessairement intolérante; l'observation courante suffit à
démontrer le contraire. Mais c'est que des causes extérieures
neutralisent alors celles dont nous venons d'analyser les
effets. Par exemple, il peut y avoir entre les adversaires une

sympathie générale qui contienne leur antagonisme et qui l'atténue. Mais il faut que cette sympathie soit plus forte que cet antagonisme, autrement elle ne lui survit pas. Ou bien les deux partis en présence renoncent à la lutte quand il est avéré qu'elle ne peut pas aboutir et se contentent de maintenir leurs situations respectives ; ils se tolèrent mutuellement, ne pouvant pas s'entre-détruire. La tolérance réciproque qui clôt parfois les guerres de religion est souvent de cette nature. Dans tous ces cas, si le conflit des sentiments n'engendre pas ses conséquences naturelles, ce n'est pas qu'il ne les recèle, c'est qu'il est empêché de les produire.

D'ailleurs, elles sont utiles en même temps que nécessaires. Outre qu'elles dérivent forcément des causes qui les produisent, elles contribuent à les maintenir. Toutes ces émotions violentes constituent en réalité un appel de forces supplémentaires qui viennent rendre au sentiment attaqué l'énergie que lui soutire la contradiction. On a dit parfois que la colère était inutile parce qu'elle n'était qu'une passion destructive ; mais c'est ne la voir que par un de ses aspects. En fait, elle consiste dans une surexcitation de forces latentes et disponibles qui viennent aider notre sentiment personnel à faire face aux dangers en le renforçant. A l'état de paix, si l'on peut ainsi parler, celui-ci n'est pas suffisamment armé pour la lutte ; il risquerait donc de succomber si des réserves passionnelles n'entraient en ligne au moment voulu ; la colère n'est autre chose qu'une mobilisation de ces réserves. Il peut même se faire que les secours ainsi évoqués dépassant les besoins, la discussion ait pour effet de nous affermir davantage dans nos convictions, bien loin de nous ébranler.

Or, on sait quel degré d'énergie peut prendre une croyance ou un sentiment par cela seul qu'ils sont ressentis par une même communauté d'hommes en relations les uns avec les autres ; les causes de ce phénomène sont aujourd'hui bien connues (¹). De

(¹) V. Espinas, *Sociétés animales, passim.*

même que des états de conscience contraires s'affaiblissent
réciproquement, des états de conscience identiques, en s'échangeant, se renforcent les uns les autres. Tandis que les premiers
se soustraient, les seconds s'additionnent. Si quelqu'un exprime
devant nous une idée qui était déjà nôtre, la représentation que
nous nous en faisons vient s'ajouter à notre propre idée, s'y super-
pose, se confond avec elle, lui communique ce qu'elle-même a
de vitalité; de cette fusion sort une idée nouvelle qui absorbe
les précédentes et qui, par suite, est plus vive que chacune
d'elles prise isolément. Voilà pourquoi, dans les assemblées
nombreuses, une émotion peut acquérir une telle violence; c'est
que la vivacité avec laquelle elle se produit dans chaque conscience
retentit dans toutes les autres. Il n'est même pas nécessaire que
nous éprouvions déjà par nous-même, en vertu de notre seule
nature individuelle, un sentiment collectif, pour qu'il prenne
chez nous une telle intensité; car ce que nous y ajoutons est en
somme bien peu de chose. Il suffit que nous ne soyons pas un
terrain trop réfractaire pour que, pénétrant du dehors avec la
force qu'il tient de ses origines, il s'impose à nous. Puisque donc
les sentiments qu'offense le crime sont, au sein d'une même
société, les plus universellement collectifs qui soient; puisqu'ils
sont même des états particulièrement forts de la conscience
commune, il est impossible qu'ils tolèrent la contradiction.
Surtout si cette contradiction n'est pas purement théorique, si
elle s'affirme non seulement par des paroles, mais par des actes,
comme elle est alors portée à son *maximum*, nous ne pouvons
manquer de nous raidir contre elle avec passion. Une simple
remise en état de l'ordre troublé ne saurait nous suffire; il nous
faut une satisfaction plus violente. La force contre laquelle le
crime vient se heurter est trop intense pour réagir avec tant de
modération. D'ailleurs elle ne pourrait le faire sans s'affaiblir,
car c'est grâce à l'intensité de la réaction qu'elle se ressaisit et se
maintient au même degré d'énergie.

On peut expliquer ainsi un caractère de cette réaction que l'on

a souvent signalé comme irrationnel. Il est certain qu'au fond
de la notion d'expiation il y a l'idée d'une satisfaction accordée
à quelque puissance, réelle ou idéale, qui nous est supérieure.
Quand nous réclamons la répression du crime, ce n'est pas
nous que nous voulons personnellement venger, mais quelque
chose de sacré que nous sentons plus ou moins confusément en
dehors et au-dessus de nous. Ce quelque chose, nous le conce-
vons de manières différentes suivant les temps et les milieux;
parfois, c'est une simple idée, comme la morale, le devoir;
le plus souvent, nous nous le représentons sous la forme
d'un ou de plusieurs êtres concrets : les ancêtres, la divinité.
Voilà pourquoi le droit pénal non seulement est essentiellement
religieux à l'origine, mais encore garde toujours une certaine
marque de religiosité : c'est que les actes qu'il châtie paraissent
être des attentats contre quelque chose de transcendant, être ou
concept. C'est par cette même raison que nous nous expliquons
à nous-même comment ils nous paraissent réclamer une sanction supérieure à la simple réparation dont nous nous contentons dans l'ordre des intérêts purement humains.

Assurément, cette représentation est illusoire; c'est bien nous
que nous vengeons en un sens, nous que nous satisfaisons,
puisque c'est en nous et en nous seuls que se trouvent les
sentiments offensés. Mais cette illusion est nécessaire. Comme,
par suite de leur origine collective, de leur universalité, de leur
permanence dans la durée, de leur intensité intrinsèque, ces
sentiments ont une force exceptionnelle, ils se séparent radicalement du reste de notre conscience dont les états sont beaucoup
plus faibles. Ils nous dominent, ils ont, pour ainsi dire, quelque
chose de surhumain et, en même temps, ils nous attachent à des
objets qui sont en dehors de notre vie temporelle. Ils nous
apparaissent donc comme l'écho en nous d'une force qui nous
est étrangère et qui, de plus, est supérieure à celle que nous
sommes. Nous sommes ainsi nécessités à les projeter en dehors
de nous, à rapporter à quelque objet extérieur ce qui les

concerne; on sait aujourd'hui comment se font ces aliénations partielles de la personnalité. Ce mirage est tellement inévitable que, sous une forme ou sous une autre, il se produira tant qu'il y aura un système répressif. Car, pour qu'il en fût autrement, il faudrait qu'il n'y eût en nous que des sentiments collectifs d'une intensité médiocre, et, dans ce cas, il n'y aurait plus de peine. On dira que l'erreur se dissipera d'elle-même dès que les hommes en auront pris conscience? Mais nous avons beau savoir que le soleil est un globe immense, nous le voyons toujours sous l'aspect d'un disque de quelques pouces. L'entendement peut bien nous apprendre à interpréter nos sensations; il ne peut les changer. Du reste, l'erreur n'est que partielle. Puisque ces sentiments sont collectifs, ce n'est pas nous qu'ils représentent en nous, mais la société. Donc, en les vengeant, c'est bien elle et non nous-même que nous vengeons, et, d'autre part, elle est quelque chose de supérieur à l'individu. C'est donc à tort qu'on s'en prend à ce caractère quasi religieux de l'expiation pour en faire une sorte de superfétation parasite. C'est au contraire un élément intégrant de la peine. Sans doute il n'en exprime la nature que d'une manière métaphorique; mais la métaphore n'est pas sans vérité.

D'autre part, on comprend que la réaction pénale ne soit pas uniforme dans tous les cas puisque les émotions qui la déterminent ne sont pas toujours les mêmes. Elles sont, en effet, plus ou moins vives selon la vivacité du sentiment froissé, et aussi selon la gravité de l'offense subie. Un état fort réagit plus qu'un état faible, et deux états de même intensité réagissent inégalement suivant qu'ils sont plus ou moins violemment contredits. Ces variations se produisent nécessairement et, de plus, elles servent, car il est bon que l'appel de forces soit en rapport avec l'importance du danger. Trop faible, il serait insuffisant; trop violent, ce serait une perte inutile. Puisque la gravité de l'acte criminel varie en fonction des mêmes facteurs, la proportionnalité que l'on observe partout entre le crime et le châtiment s'établit donc avec une spontanéité mécanique, sans qu'il soit nécessaire de faire des supputations savantes pour la calculer. Ce qui fait la graduation des crimes est aussi ce qui fait celle des peines; les deux échelles ne peuvent par conséquent pas manquer de se correspondre, et cette correspondance, pour être nécessaire, ne laisse pas en même temps d'être utile.

Quant au caractère social de cette réaction, il dérive de la nature sociale des sentiments offensés. Parce que ceux-ci se retrouvent dans toutes les consciences, l'infraction commise soulève chez tous ceux qui en sont témoins ou qui en savent l'existence une même indignation. Tout le monde est atteint, par conséquent tout le monde se raidit contre l'attaque. Non seulement la réaction est générale, mais elle est collective, ce qui n'est pas la même chose; elle ne se produit pas isolément chez chacun, mais avec un ensemble et une unité d'ailleurs variables, suivant les cas. En effet, de même que des sentiments contraires se repoussent, des sentiments semblables s'attirent et cela d'autant plus fortement qu'ils sont plus intenses. Comme la contradiction est un danger qui les exaspère, elle amplifie leur force attractive. Jamais on n'éprouve autant le besoin de revoir ses compatriotes que quand on est en pays étranger; jamais le croyant ne se sent aussi fortement porté vers ses coreligionnaires qu'aux époques de persécution. Sans doute, nous aimons en tout temps la compagnie de ceux qui pensent et qui sentent comme nous; mais c'est avec passion, et non plus seulement avec plaisir, que nous la recherchons au sortir de discussions où nos croyances communes ont été vivement combattues. Le crime rapproche donc les consciences honnêtes et les concentre. Il n'y a qu'à voir ce qui se produit, surtout dans une petite ville, quand quelque scandale moral vient d'être commis. On s'arrête dans la rue, on se visite, on se retrouve aux endroits convenus pour parler de l'événement et on s'indigne en commun. De toutes ces impressions similaires qui s'échangent, de toutes ces colères qui s'expriment, se dégage une colère unique, plus ou moins déterminée suivant les cas, qui est celle de tout le monde sans être celle de personne en particulier. C'est la colère publique.

Elle seule, d'ailleurs, peut servir à quelque chose. En effet, les sentiments qui sont en jeu tirent toute leur force de ce fait qu'ils sont communs à tout le monde; ils sont énergiques parce qu'ils sont incontestés. Ce qui fait le respect particulier dont ils sont l'objet, c'est qu'ils sont universellement respectés. Or, le crime n'est possible que si ce respect n'est pas vraiment universel; par conséquent, il implique qu'ils ne sont pas absolument collectifs et entame cette unanimité, source de leur autorité. Si donc, quand il se produit, les consciences qu'il froisse ne s'unissaient pas pour se témoigner les unes aux autres qu'elles restent en communion, que ce cas particulier est une anomalie, elles ne pourraient pas ne pas être ébranlées à la longue. Mais il faut qu'elles se réconfortent en s'assurant mutuellement qu'elles sont toujours à l'unisson; le seul moyen pour cela est qu'elles réagissent en commun. En un mot, puisque c'est la conscience commune qui est atteinte, il faut aussi que ce soit elle qui résiste et, par conséquent, que la résistance soit collective.

Il reste à dire pourquoi elle s'organise.

On s'expliquera ce dernier caractère si l'on remarque que la répression organisée ne s'oppose pas à la répression diffuse, mais s'en distingue seulement par des différences de degrés; la réaction y a plus d'unité. Or, l'intensité plus grande et la nature plus définie des sentiments que venge la peine proprement dite rendent aisément compte de cette unification plus parfaite. En effet, si l'état nié est faible ou s'il n'est nié que faiblement, il ne peut déterminer qu'une faible concentration des consciences outragées; tout au contraire, s'il est fort, si l'offense est grave, tout le groupe atteint se contracte en face du danger et se ramasse, pour ainsi dire, sur lui-même. On ne se contente plus d'échanger des impressions quand on en trouve l'occasion, de se rapprocher ici ou là suivant les hasards ou la plus grande commodité des rencontres; mais l'émoi qui a gagné de proche en proche pousse violemment les uns vers les autres tous ceux qui se ressemblent et les réunit en un même lieu. Ce resserrement matériel de l'agrégat, en rendant plus intime la pénétration mutuelle des esprits, rend aussi plus faciles tous les mouvements d'ensemble; les réactions émotionnelles, dont chaque conscience est le théâtre, sont donc dans les conditions les plus favorables pour s'unifier. Cependant, si elles étaient trop diverses, soit en qualité, soit en quantité, une fusion complète serait impossible entre ces éléments partiellement hétérogènes et irréductibles. Mais nous savons que les sentiments qui les déterminent sont très définis et, par conséquent, très uniformes. Elles participent donc à la même uniformité et, par suite, viennent tout naturellement se perdre les unes dans les autres, se confondre en une résultante unique qui leur sert de substitut et qui est exercée, non par chacun isolément, mais par le corps social ainsi constitué.

Bien des faits tendent à prouver que telle fut historiquement la genèse de la peine. On sait, en effet, qu'à l'origine, c'est l'assemblée du peuple tout entière qui faisait fonction de tribunal. Si même on se reporte aux exemples que nous citions tout à l'heure d'après le Pentateuque (¹), on y verra les choses se passer comme nous venons de les décrire. Dès que la nouvelle du crime s'est répandue, le peuple se réunit et, quoique la peine ne soit pas prédéterminée, la réaction se fait avec unité. C'était même, dans certains cas, le peuple lui-même qui exécutait collectivement la sentence aussitôt après qu'il l'avait prononcée (²). Puis, là où l'assemblée s'incarna dans la personne d'un chef, celui-ci devint, totalement ou en partie, l'organe de la réaction pénale, et l'orga·

(¹) V. plus haut, p. 101, n.2.
(²) V. Thonissen, *Études*, etc., II, p. 30 et 232. — Les témoins du crime jouaient parfois un rôle prépondérant dans l'exécution.

nisation se poursuivit conformément aux lois générales de tout développement organique.

C'est donc bien la nature des sentiments collectifs qui rend compte de la peine et par conséquent du crime. De plus, on voit de nouveau que le pouvoir de réaction dont disposent les fonctions gouvernementales, une fois qu'elles ont fait leur apparition, n'est qu'une émanation de celui qui est diffus dans la société, puisqu'il en naît. L'un n'est que le reflet de l'autre; l'étendue du premier varie comme celle du second. Ajoutons d'ailleurs que l'institution de ce pouvoir sert à maintenir la conscience commune elle-même. Car elle s'affaiblirait si l'organe qui la représente ne participait pas au respect qu'elle inspire et à l'autorité particulière qu'elle exerce. Or, il n'y peut participer sans que tous les actes qui l'offensent soient refoulés et combattus comme ceux qui offensent la conscience collective, et cela alors même qu'elle n'en est pas directement affectée.

IV

Ainsi l'analyse de la peine a confirmé notre définition du crime. Nous avons commencé par établir inductivement que celui-ci consistait essentiellement dans un acte contraire aux états forts et définis de la conscience commune; nous venons de voir que tous les caractères de la peine dérivent en effet de cette nature du crime. C'est donc que les règles qu'elle sanctionne expriment les similitudes sociales les plus essentielles.

On voit ainsi quelle espèce de solidarité le droit pénal symbolise. Tout le monde sait, en effet, qu'il y a une cohésion sociale dont la cause est dans une certaine conformité de toutes les consciences particulières à un type commun qui n'est autre que le type psychique de la société. Dans ces conditions, en effet, non seulement tous les membres du groupe sont individuellement attirés les uns vers les autres parce qu'ils se ressemblent, mais

ils sont attachés aussi à ce qui est la condition d'existence de ce
type collectif, c'est-à-dire à la société qu'ils forment par leur
réunion. Non seulement les citoyens s'aiment et se recherchent
entre eux de préférence aux étrangers, mais ils aiment leur
patrie. Ils la veulent comme ils se veulent eux-mêmes, tiennent
à ce qu'elle dure et prospère, parce que, sans elle, il y a toute
une partie de leur vie psychique dont le fonctionnement serait
entravé. Inversement, la société tient à ce qu'ils présentent tous
ces ressemblances fondamentales parce que c'est une condition
de sa cohésion. Il y a en nous deux consciences : l'une ne contient
que des états qui sont personnels à chacun de nous et qui nous
caractérisent, tandis que les états que comprend l'autre sont
communs à toute la société (¹). La première ne représente
que notre personnalité individuelle et la constitue; la seconde
représente le type collectif et, par conséquent, la société, sans
laquelle il n'existerait pas. Quand c'est un des éléments de cette
dernière qui détermine notre conduite, ce n'est pas en vue de
notre intérêt personnel que nous agissons, mais nous poursui-
vons des fins collectives. Or, quoique distinctes, ces deux consciences sont liées l'une à l'autre, puisqu'en somme elles n'en font
qu'une, n'ayant pour elles deux qu'un seul et même substrat
organique. Elles sont donc solidaires. De là résulte une solidarité
sui generis qui, née des ressemblances, rattache directement
l'individu à la société; nous pourrons mieux montrer dans le
chapitre prochain pourquoi nous proposons de l'appeler mécanique. Cette solidarité ne consiste pas seulement dans un attachement général et indéterminé de l'individu au groupe, mais
rend aussi harmonique le détail des mouvements. En effet,
comme ces mobiles collectifs se retrouvent partout les mêmes,
ils produisent partout les mêmes effets. Par conséquent, chaque

---

(¹) Pour simplifier l'exposition, nous supposons que l'individu n'appartient
qu'à une société. En fait, nous faisons partie de plusieurs groupes et il y a en
nous plusieurs consciences collectives; mais cette complication ne change
rien au rapport que nous sommes en train d'établir.

fois qu'ils entrent en jeu, les volontés se meuvent spontanément et avec ensemble dans le même sens.

C'est cette solidarité qu'exprime le droit répressif, du moins dans ce qu'elle a de vital. En effet, les actes qu'il prohibe et qualifie de crimes sont de deux sortes. Ou bien ils manifestent directement une dissemblance trop violente entre l'agent qui les accomplit et le type collectif, ou bien ils offensent l'organe de la conscience commune. Dans un cas comme dans l'autre, la force qui est choquée par le crime et qui le refoule est donc la même : elle est un produit des similitudes sociales les plus essentielles et elle a pour effet de maintenir la cohésion sociale qui résulte de ces similitudes. C'est cette force que le droit pénal protège contre tout affaiblissement, à la fois en exigeant de chacun de nous un minimum de ressemblances sans lesquelles l'individu serait une menace pour l'unité du corps social, et en nous imposant le respect du symbole qui exprime et résume ces ressemblances en même temps qu'il les garantit.

On s'explique ainsi que des actes aient été si souvent réputés criminels et punis comme tels sans que, par eux-mêmes, ils soient malfaisants pour la société. En effet, tout comme le type individuel, le type collectif s'est formé sous l'empire de causes très diverses et même de rencontres fortuites. Produit du développement historique, il porte la marque des circonstances de toute sorte que la société a traversées dans son histoire. Il serait donc miraculeux que tout ce qui s'y trouve fût ajusté à quelque fin utile ; mais il ne peut pas ne pas s'y être introduit des éléments plus ou moins nombreux qui n'ont aucun rapport avec l'utilité sociale. Parmi les inclinations, les tendances que l'individu a reçues de ses ancêtres ou qu'il s'est formées chemin faisant, beaucoup certainement ou ne servent à rien, ou coûtent plus qu'elles ne rapportent. Sans doute, elles ne sauraient être en majorité nuisibles, car l'être, dans ces conditions, ne pourrait pas vivre ; mais il en est qui se maintiennent sans être utiles, et celles-là même dont les services sont le plus incontestables ont souvent une intensité qui n'est pas en rapport avec leur utilité, parce qu'elle leur vient en partie d'autres causes. Il en est de même des passions collectives. Tous les actes qui les froissent ne sont donc pas dangereux par eux-mêmes ou, du moins, ne sont pas aussi dangereux qu'ils sont réprouvés. Cependant, la réprobation dont ils sont l'objet ne laisse pas d'avoir une raison d'être; car, quelle que soit l'origine de ces sentiments, une fois qu'ils font partie du type collectif, et surtout s'ils en sont des éléments essentiels, tout ce qui contribue à les ébranler ébranle du même coup la cohésion sociale et compromet la société. Il n'était pas du tout utile qu'ils prissent naissance; mais une fois qu'ils ont duré, il devient nécessaire qu'ils persistent malgré leur irrationnalité. Voilà pourquoi il est bon, en général, que les actes qui les offensent ne soient pas tolérés. Sans doute, en raisonnant dans l'abstrait, on peut bien démontrer qu'il n'y a pas de raison pour qu'une société défende de manger telle ou telle viande, par soi-même inoffensive. Mais une fois que l'horreur de cet aliment est devenue partie intégrante de la conscience commune, elle ne peut disparaître sans que le lien social se détende, et c'est ce que les consciences saines sentent obscurément(¹).

Il en est de même de la peine. Quoiqu'elle procède d'une réaction toute mécanique, de mouvements passionnels et en grande partie irréfléchis, elle ne laisse pas de jouer un rôle utile. Seulement ce rôle n'est pas là où on le voit d'ordinaire. Elle ne sert pas ou ne sert que très secondairement à corriger le coupable ou à intimider ses imitateurs possibles; à ce double point de vue, son efficacité est justement douteuse et en tout cas médiocre. Sa vraie fonction est de maintenir intacte la cohésion

---

(¹) Cela ne veut pas dire qu'il faille quand même conserver une règle pénale, parce que, à un moment donné, elle a correspondu à quelque sentiment collectif. Elle n'a de raison d'être que si ce dernier est encore vivant et énergique. S'il a disparu ou s'il s'est affaibli, rien n'est vain et même rien n'est mauvais comme d'essayer de la maintenir artificiellement et de force. Il peut même se faire qu'il faille combattre une pratique qui a été commune, mais ne l'est plus et s'oppose à l'établissement de pratiques nouvelles et nécessaires. Mais nous n'avons pas à entrer dans cette question de casuistique.

sociale en maintenant toute sa vitalité à la conscience commune. Niée aussi catégoriquement, celle-ci perdrait nécessairement de son énergie, si une réaction émotionnelle de la communauté ne venait compenser cette perte, et il en résulterait un relâchement de la solidarité sociale. Il faut donc qu'elle s'affirme avec éclat au moment où elle est contredite, et le seul moyen de s'affirmer est d'exprimer l'aversion unanime que le crime continue à inspirer, par un acte authentique qui ne peut consister que dans une douleur infligée à l'agent. Ainsi, tout en étant un produit nécessaire des causes qui l'engendrent, cette douleur n'est pas une cruauté gratuite. C'est le signe qui atteste que les sentiments collectifs sont toujours collectifs, que la communion des esprits dans la même foi reste tout entière, et, par là, elle répare le mal que le crime a fait à la société. Voilà pourquoi on a raison de dire que le criminel doit souffrir en proportion de son crime, pourquoi les théories qui refusent à la peine tout caractère expiatoire paraissent à tant d'esprits subversives de l'ordre social. C'est qu'en effet ces doctrines ne pourraient être pratiquées que dans une société où toute conscience commune serait à peu près abolie. Sans cette satisfaction nécessaire, ce qu'on appelle la conscience morale ne pourrait pas être conservé. On peut donc dire sans paradoxe que le châtiment est surtout destiné à agir sur les honnêtes gens; car, puisqu'il sert à guérir les blessures faites aux sentiments collectifs, il ne peut remplir ce rôle que là où ces sentiments existent et dans la mesure où ils sont vivants. Sans doute, en prévenant chez les esprits déjà ébranlés un affaiblissement nouveau de l'âme collective, il peut bien empêcher les attentats de se multiplier; mais ce résultat, d'ailleurs utile, n'est qu'un contre-coup particulier. En un mot, pour se faire une idée exacte de la peine, il faut réconcilier les deux théories contraires qui en ont été données : celle qui y voit une expiation et celle qui en fait une arme de défense sociale. Il est certain, en effet, qu'elle a pour fonction de protéger la société, mais c'est parce qu'elle est expiatoire; et d'autre part, si elle doit être expiatoire, ce n'est pas que, par suite de je ne sais quelle vertu mystique, la douleur rachète la faute, mais c'est qu'elle ne peut produire son effet socialement utile qu'à cette seule condition (1).

Il résulte de ce chapitre qu'il existe une solidarité sociale qui vient de ce qu'un certain nombre d'états de conscience sont communs à tous les membres de la même société. C'est elle que le droit répressif figure matériellement, du moins dans ce qu'elle a d'essentiel. La part qu'elle a dans l'intégration générale de la société dépend évidemment de l'étendue plus ou moins grande de la vie sociale qu'embrasse et que réglemente la conscience commune. Plus il y a de relations diverses où cette dernière fait sentir son action, plus aussi elle crée de liens qui attachent l'individu au groupe, plus, par conséquent, la cohésion sociale dérive complètement de cette cause et en porte la marque. Mais d'autre part, le nombre de ces relations est lui-même proportionnel à celui des règles répressives; en déterminant quelle fraction de l'appareil juridique représente le droit pénal, nous mesurerons donc du même coup l'importance relative de cette solidarité. Il est vrai qu'en procédant de cette manière nous ne tiendrons pas compte de certains éléments de la conscience collective qui, à cause de leur moindre énergie ou de leur indétermination, restent étrangers au droit répressif, tout en contribuant à assurer l'harmonie sociale; ce sont ceux qui sont protégés par des peines simplement diffuses. Mais il en est de même des autres parties du droit. Il n'en est pas qui ne soient complétées par des mœurs, et, comme il n'y a pas de raison de supposer que le rapport entre le droit et les mœurs ne soit pas le même dans ces différentes sphères, cette élimination ne risque pas d'altérer les résultats de notre comparaison.

(1) En disant que la peine, telle qu'elle est, a une raison d'être, nous n'entendons pas qu'elle soit parfaite et ne puisse être améliorée. Il est trop évident, au contraire, qu'étant produite par des causes toutes mécaniques en grande partie, elle ne peut être que très imparfaitement ajustée à son rôle. Il ne s'agit que d'une justification en gros.

CHAPITRE III

—

LA SOLIDARITÉ DUE A LA DIVISION DU TRAVAIL OU ORGANIQUE

———

I

La nature même de la sanction restitutive suffit à montrer que la solidarité sociale à laquelle correspond ce droit est d'une tout autre espèce.

Ce qui distingue cette sanction, c'est qu'elle n'est pas expiatoire, mais se réduit à une simple *remise en état*. Une souffrance proportionnée à son méfait n'est pas infligée à celui qui a violé le droit ou qui le méconnaît; il est simplement condamné à s'y soumettre. S'il y a déjà des faits accomplis, le juge les rétablit tels qu'ils auraient dû être. Il dit le droit, il ne dit pas de peines. Les dommages-intérêts n'ont pas de caractère pénal; c'est seulement un moyen de revenir sur le passé pour le restituer, autant que possible, sous sa forme normale. M. Tarde a cru, il est vrai, retrouver une sorte de pénalité civile dans la condamnation aux dépens, qui sont toujours à la charge de la partie qui succombe (¹). Mais, pris dans ce sens, le mot n'a plus qu'une valeur métaphorique. Pour qu'il y eût peine, il faudrait tout au moins qu'il y eût quelque proportion entre le châtiment et la faute, et, pour cela, il serait nécessaire que le degré de gravité de cette dernière fût sérieusement établi. Or, en fait, celui qui perd le procès paie les frais quand même ses intentions seraient pures,

(¹) Tarde, *Criminalité comparée*, 113.

quand même il ne serait coupable que d'ignorance. Les raisons
de cette règle paraissent donc être tout autres : étant donné que
la justice n'est pas rendue gratuitement, il paraît équitable que
les frais en soient supportés par celui qui en a été l'occasion. Il
est possible d'ailleurs que la perspective de ces dépenses arrête
le plaideur téméraire; mais cela ne suffit pas à en faire une
peine. La crainte de la ruine qui suit d'ordinaire la paresse ou la
négligence peut rendre le négociant actif et appliqué, et pourtant
la ruine n'est pas, au sens propre du mot, la sanction pénale de
ses fautes.

Le manquement à ces règles n'est même pas puni d'une peine
diffuse. Le plaideur qui a perdu son procès n'est pas flétri, son
honneur n'est pas entaché. Nous pouvons même imaginer que
ces règles sont autres qu'elles ne sont, sans que cela nous révolte.
L'idée que le meurtre puisse être toléré nous indigne, mais nous
acceptons très bien que le droit successoral soit modifié, et beaucoup conçoivent même qu'il puisse être supprimé. C'est du moins
une question que nous ne refusons pas de discuter. De même,
nous admettons sans peine que le droit des servitudes ou celui
des usufruits soit autrement organisé, que les obligations du
vendeur et de l'acheteur soient déterminées d'une autre manière, que les fonctions administratives soient distribuées d'après
d'autres principes. Comme ces prescriptions ne correspondent en
nous à aucun sentiment, et comme généralement nous n'en
connaissons pas scientifiquement les raisons d'être puisque cette
science n'est pas faite, elles n'ont pas de racines chez la plupart
d'entre nous. Sans doute il y a des exceptions. Nous ne tolérons
pas l'idée qu'un engagement contraire aux mœurs ou obtenu soit
par la violence, soit par la fraude, puisse lier les contractants.
Aussi, quand l'opinion publique se trouve en présence de cas de
ce genre, se montre-t-elle moins indifférente que nous ne disions
tout à l'heure et aggrave-t-elle par son blâme la sanction légale.
C'est que les différents domaines de la vie morale ne sont pas
radicalement séparés les uns des autres; ils sont au contraire

continus et, par suite, il y a entre eux des régions limitrophes où
des caractères différents se retrouvent à la fois. Cependant, la
proposition précédente reste vraie dans la très grande généralité
des cas. C'est la preuve que les règles à sanction restitutive ou
bien ne font pas du tout partie de la conscience collective, ou
n'en sont que des états faibles. Le droit répressif correspond à ce
qui est le cœur, le centre de la conscience commune; les règles
purement morales en sont une partie déjà moins centrale; enfin,
le droit restitutif prend naissance dans des régions très excen-
triques pour s'étendre bien au delà. Plus il devient vraiment lui-
même, plus il s'en éloigne.

Ce caractère est d'ailleurs rendu manifeste par la manière dont
il fonctionne. Tandis que le droit répressif tend à rester diffus
dans la société, le droit restitutif se crée des organes de plus
en plus spéciaux : tribunaux consulaires, conseils de prud'hommes, tribunaux administratifs de toute sorte. Même dans sa partie
la plus générale, à savoir le droit civil, il n'entre en exercice
que grâce à des fonctionnaires particuliers : magistrats, avo-
cats, etc., qui sont devenus aptes à ce rôle grâce à une culture
toute spéciale.

Mais, quoique ces règles soient plus ou moins en dehors de la
conscience collective, elles n'intéressent pas seulement les particuliers. S'il en était ainsi, le droit restitutif n'aurait rien de
commun avec la solidarité sociale, car les rapports qu'il règle
relieraient les individus les uns aux autres sans les rattacher à la
société. Ce seraient de simples événements de la vie privée,
comme sont par exemple les relations d'amitié. Mais il s'en faut
que la société soit absente de cette sphère de la vie juridique. Il
est vrai que, généralement, elle n'intervient pas d'elle-même et
de son propre mouvement; il faut qu'elle y soit sollicitée par les
intéressés. Mais, pour être provoquée, son intervention n'en est
pas moins le rouage essentiel du mécanisme, puisque c'est elle
seule qui le fait fonctionner. C'est elle qui dit le droit par
l'organe de ses représentants.

On a soutenu cependant que ce rôle n'avait rien de proprement social, mais se réduisait à celui de conciliateur des intérêts
privés; que, par conséquent, tout particulier pouvait le remplir,
et que, si la société s'en chargeait, c'était uniquement pour des
raisons de commodité. Mais rien n'est plus inexact que de faire
de la société une sorte de tiers-arbitre entre les parties. Quand
elle est amenée à intervenir, ce n'est pas pour mettre d'accord
des intérêts individuels; elle ne cherche pas quelle peut être la
solution la plus avantageuse pour les adversaires et ne leur pro-
pose pas de compromis; mais elle applique au cas particulier qui
lui est soumis les règles générales et traditionnelles du droit. Or,
le droit est chose sociale au premier chef, et qui a un tout autre
objet que l'intérêt des plaideurs. Le juge qui examine une
demande de divorce ne se préoccupe pas de savoir si cette séparation est vraiment désirable pour les époux, mais si les causes
qui sont invoquées rentrent dans l'une des catégories prévues
par la loi.

Mais, pour bien apprécier l'importance de l'action sociale, il
faut l'observer, non pas seulement au moment où la sanction
s'applique, où le rapport troublé est rétabli, mais aussi quand il
s'institue.

Elle est en effet nécessaire soit pour fonder, soit pour modifier
nombre de relations juridiques que régit ce droit et que le consentement des intéressés ne suffit ni à créer ni à changer. Telles
sont notamment celles qui concernent l'état des personnes.
Quoique le mariage soit un contrat, les époux ne peuvent ni le
former, ni le résilier à leur gré. Il en est de même de tous les
autres rapports domestiques et, à plus forte raison, de tous ceux
que réglemente le droit administratif. Il est vrai que les obligations proprement contractuelles peuvent se nouer et se dénouer
par le seul accord des volontés. Mais il ne faut pas oublier que,
si le contrat a le pouvoir de lier, c'est la société qui le lui communique. Supposez qu'elle ne sanctionne pas les obligations
contractées, celles-ci deviennent de simples promesses qui n'ont

plus qu'une autorité morale (¹). Tout contrat suppose donc que, derrière les parties qui s'engagent, il y a la société toute prête à intervenir pour faire respecter les engagements qui ont été pris; aussi ne prête-t-elle cette force obligatoire qu'aux contrats qui ont par eux-mêmes une valeur sociale, c'est-à-dire qui sont conformes aux règles du droit. Nous verrons même que parfois son intervention est encore plus positive. Elle est donc présente à toutes les relations que détermine le droit restitutif, même à celles qui paraissent le plus complètement privées, et sa présence, pour n'être pas sentie, du moins à l'état normal, n'en est pas moins essentielle (²).

Puisque les règles à sanction restitutive sont étrangères à la conscience commune, les rapports qu'elles déterminent ne sont pas de ceux qui atteignent indistinctement tout le monde; c'est-à-dire qu'ils s'établissent immédiatement, non entre l'individu et la société, mais entre des parties restreintes et spéciales de la société qu'ils relient entre elles. Mais d'autre part, puisque celle-ci n'en est pas absente, il faut bien qu'elle y soit plus ou moins directement intéressée, qu'elle en sente les contre-coups. Alors, suivant la vivacité avec laquelle elle les ressent, elle intervient de plus ou moins près et plus ou moins activement, par l'intermédiaire d'organes spéciaux chargés de la représenter. Ces relations sont donc bien différentes de celles que réglemente le droit répressif, car celles-ci rattachent directement et sans intermédiaire la conscience particulière à la conscience collective, c'est-à-dire l'individu à la société.

Mais ces rapports peuvent prendre deux formes très différentes : tantôt ils sont négatifs et se réduisent à une pure abstention; tantôt ils sont positifs ou de coopération. Aux deux

___

(¹) Et encore cette autorité morale vient-elle des mœurs, c'est-à-dire de la société.

(²) Nous devons nous en tenir ici à ces indications générales, communes à toutes les formes du droit restitutif. On trouvera plus loin (même livre, ch. VII) des preuves nombreuses de cette vérité pour la partie de ce droit qui correspond à la solidarité que produit la division du travail.

classes de règles qui déterminent les uns et les autres correspondent deux sortes de solidarité sociale qu'il est nécessaire de distinguer.

II

Le rapport négatif qui peut servir de type aux autres est celui qui unit la chose à la personne.

Les choses, en effet, font partie de la société tout comme les personnes, et y jouent un rôle spécifique; aussi est-il nécessaire que leurs rapports avec l'organisme social soient déterminés. On peut donc dire qu'il y a une solidarité des choses dont la nature est assez spéciale pour se traduire au dehors par des conséquences juridiques d'un caractère très particulier.

Les jurisconsultes, en effet, distinguent deux sortes de droits: ils donnent aux uns le nom de réels, aux autres celui de personnels. Le droit de propriété, l'hypothèque, appartiennent à la première espèce; le droit de créance à la seconde. Ce qui caractérise les droits réels, c'est que seuls ils donnent naissance à un droit de préférence et de suite. Dans ce cas, le droit que j'ai sur la chose est exclusif de tout autre qui viendrait à s'établir après le mien. Si, par exemple, un bien a été successivement hypothéqué à deux créanciers, la seconde hypothèque ne peut en rien restreindre les droits de la première. D'autre part, si mon débiteur aliène la chose sur laquelle j'ai un droit d'hypothèque, celui-ci n'est en rien atteint, mais le tiers-acquéreur est tenu ou de me payer, ou de perdre ce qu'il a acquis. Or, pour qu'il en soit ainsi, il faut que le lien de droit unisse directement, et sans l'intermédiaire d'aucune autre personne, cette chose déterminée à ma personnalité juridique. Cette situation privilégiée est donc la conséquence de la solidarité propre aux choses. Au contraire, quand le droit est personnel, la personne qui est obligée envers moi peut, en contractant des obligations nouvelles, me donner des cocréanciers dont le droit est égal au mien et, quoique j'aie pour gages tous les biens de mon débiteur, s'il les aliène, ils sortent de mon gage en sortant de son patrimoine. La raison en est qu'il n'y a pas de relation spéciale entre ces biens et moi, mais entre la personne de leur propriétaire et ma propre personne (1).

On voit en quoi consiste cette solidarité réelle : elle relie directement les choses aux personnes, mais non pas les personnes entre elles. A la rigueur, on peut exercer un droit réel en se croyant seul au monde, en faisant abstraction des autres hommes. Par conséquent, comme c'est seulement par l'intermédiaire des personnes que les choses sont intégrées dans la société, la solidarité qui résulte de cette intégration est toute négative. Elle ne fait pas que les volontés se meuvent vers des fins communes, mais seulement que les choses gravitent avec ordre autour des volontés. Parce que les droits réels sont ainsi délimités, ils n'entrent pas en conflits; les hostilités sont prévenues, mais il n'y a pas de concours actif, pas de *consensus*. Supposez un tel accord aussi parfait que possible; la société où il règne — s'il y règne seul — ressemblera à une immense constellation où chaque astre se meut dans son orbite sans troubler les mouvements des astres voisins. Une telle solidarité ne fait donc pas des éléments qu'elle rapproche un tout capable d'agir avec ensemble; elle ne contribue en rien à l'unité du corps social.

D'après ce qui précède, il est facile de déterminer quelle est la partie du droit restitutif à laquelle correspond cette solidarité : c'est l'ensemble des droits réels. Or, de la définition même qui en a été donnée, il résulte que le droit de propriété en est le type le plus parfait. En effet, la relation la plus complète qui puisse exister entre une chose et une personne est celle qui met

(1) On a dit quelquefois que la qualité de père, celle de fils, etc., étaient l'objet de droits réels. (V. Ortolan, *Instituts*, I, 660.) Mais ces qualités ne sont que des symboles abstraits de droits divers, les uns réels (droit du père sur la fortune de ses enfants mineurs, par exemple), les autres personnels.

la première sous l'entière dépendance de la seconde. Seulement, cette relation est elle-même très complexe et les divers éléments dont elle est formée peuvent devenir l'objet d'autant de droits réels secondaires, comme l'usufruit, les servitudes, l'usage et l'habitation. On peut donc dire en somme que les droits réels comprennent le droit de propriété sous ses diverses formes (propriété littéraire, artistique, industrielle, mobilière, immobilière) et ses différentes modalités, telles que les réglemente le second livre de notre Code civil. En dehors de ce livre, notre droit reconnaît encore quatre autres droits réels, mais qui ne sont que des auxiliaires et des substituts éventuels de droits personnels : c'est le gage, l'antichrèse, le privilège et l'hypothèque (art. 2071-2203). Il convient d'y ajouter tout ce qui est relatif au droit successoral, au droit de tester et, par conséquent, à l'absence, puisqu'elle crée, quand elle est déclarée, une sorte de succession provisoire. En effet, l'héritage est une chose ou un ensemble de choses sur lesquelles les héritiers et les légataires ont un droit réel, que celui-ci soit acquis *ipso facto* par le décès du propriétaire, ou bien qu'il ne s'ouvre qu'à la suite d'un acte judiciaire, comme il arrive pour les héritiers indirects et les légataires à titre particulier. Dans tous ces cas, la relation juridique est directement établie, non entre une personne et une personne, mais entre une personne et une chose. Il en est de même de la donation testamentaire, qui n'est que l'exercice du droit réel que le propriétaire a sur ses biens, ou du moins sur la portion qui en est disponible.

Mais il y a des rapports de personne à personne qui, pour n'être point réels, sont cependant aussi négatifs que les précédents et expriment une solidarité de même nature.

En premier lieu, ce sont ceux qu'occasionne l'exercice des droits réels proprement dits. Il est inévitable, en effet, que le fonctionnement de ces derniers mette parfois en présence les personnes mêmes de leurs détenteurs. Par exemple, lorsqu'une chose vient s'ajouter à une autre, le propriétaire de celle qui est réputée principale devient du même coup propriétaire de la seconde; seulement « il doit payer à l'autre la valeur de la chose qui a été unie » (art. 566). Cette obligation est évidemment personnelle. De même, tout propriétaire d'un mur mitoyen qui veut le faire élever est tenu de payer au copropriétaire l'indemnité de la charge (art. 658). Un légataire à titre particulier est obligé de s'adresser au légataire universel pour obtenir la délivrance de la chose léguée, quoiqu'il ait un droit sur celle-ci dès le décès du testateur (art. 1014). Mais la solidarité que ces relations expriment ne diffère pas de celle dont nous venons de parler : elles ne s'établissent en effet que pour réparer ou pour prévenir une lésion. Si le détenteur de chaque droit réel pouvait toujours l'exercer sans en dépasser jamais les limites, chacun restant chez soi, il n'y aurait lieu à aucun commerce juridique. Mais, en fait, il arrive sans cesse que ces différents droits sont tellement enchevêtrés les uns dans les autres qu'on ne peut mettre l'un en valeur sans empiéter sur ceux qui le limitent. Ici, la chose sur laquelle j'ai un droit se trouve entre les mains d'un autre; c'est ce qui arrive pour le legs. Ailleurs, je ne puis jouir de mon droit sans nuire à celui d'autrui; c'est le cas pour certaines servitudes. Des relations sont donc nécessaires pour réparer le préjudice, s'il est consommé, ou pour l'empêcher; mais elles n'ont rien de positif. Elles ne font pas concourir les personnes qu'elles mettent en contact; elles n'impliquent aucune coopération; mais elles restaurent simplement, ou maintiennent dans les conditions nouvelles qui se sont produites, cette solidarité négative dont les circonstances sont venues troubler le fonctionnement. Bien loin d'unir, elles n'ont lieu que pour mieux séparer ce qui s'est uni par la force des choses, pour rétablir les limites qui ont été violées et replacer chacun dans sa sphère propre. Elles sont si bien identiques aux rapports de la chose avec la personne que les rédacteurs du Code ne leur ont pas fait une place à part, mais en ont traité en même temps que des droits réels.

Enfin, les obligations qui naissent du délit et du quasi-délit ont exactement le même caractère (¹). En effet, elles astreignent chacun à réparer le dommage qu'il a causé par sa faute aux intérêts légitimes d'autrui. Elles sont donc personnelles; mais la solidarité à laquelle elles correspondent est évidemment toute négative, puisqu'elles consistent, non à servir, mais à ne pas nuire. Le lien dont elles sanctionnent la rupture est tout extérieur. Toute la différence qu'il y a entre ces relations et les précédentes, c'est que, dans un cas, la rupture provient d'une faute, et dans l'autre, de circonstances déterminées et prévues par la loi. Mais l'ordre troublé est le même; il résulte, non d'un concours, mais d'une pure abstention (²). D'ailleurs, les droits dont la lésion donne naissance à ces obligations sont eux-mêmes réels; car je suis propriétaire de mon corps, de ma santé, de mon honneur, de ma réputation, au même titre et de la même manière que des choses matérielles qui me sont soumises.

En résumé, les règles relatives aux droits réels et aux rapports personnels qui s'établissent à leur occasion forment un système défini qui a pour fonction, non de rattacher les unes aux autres les parties différentes de la société, mais au contraire de les mettre en dehors les unes des autres, de marquer nettement les barrières qui les séparent. Elles ne correspondent donc pas à un lien social positif; l'expression même de solidarité négative dont nous nous sommes servi n'est pas parfaitement exacte. Ce n'est pas une solidarité véritable, ayant une existence propre et

---

(¹) Art. 1382-1386 du Code civil. — On y pourrait joindre les articles sur la répétition de l'indû.

(²) Le contractant qui manque à ses engagements est lui aussi tenu d'indemniser l'autre partie. Mais, dans ce cas, les dommages-intérêts servent de sanction à un lien positif. Ce n'est pas pour avoir nui que le violateur du contrat paie, mais pour n'avoir pas effectué la prestation promise.

une nature spéciale, mais plutôt le côté négatif de toute espèce
de solidarité. La première condition pour qu'un tout soit
cohérent, c'est que les parties qui le composent ne se heurtent
pas en des mouvements discordants. Mais cet accord externe
n'en fait pas la cohésion; au contraire, il la suppose. La solidarité
négative n'est possible que là où il en existe une autre, de nature
positive, dont elle est à la fois la résultante et la condition.

En effet, les droits des individus, tant sur eux-mêmes que sur
les choses, ne peuvent être déterminés que grâce à des compromis et à des concessions mutuelles; car tout ce qui est
accordé aux uns est nécessairement abandonné par les autres.
On a dit parfois que l'on pouvait déduire l'étendue normale du
développement de l'individu soit du concept de la personnalité
humaine (Kant), soit de la notion de l'organisme individuel
(Spencer). C'est possible, quoique la rigueur de ces raisonne-
ments soit très contestable. En tout cas, ce qui est certain, c'est
que, dans la réalité historique, ce n'est pas sur ces considérations abstraites que l'ordre moral s'est fondé. En fait, pour que
l'homme ait reconnu des droits à autrui, non pas seulement en
logique, mais dans la pratique de la vie, il a fallu qu'il con-
sentît à limiter les siens, et, par conséquent, cette limitation
mutuelle n'a pu être faite que dans un esprit d'entente et de
concorde. Or, si l'on suppose une multitude d'individus sans
liens préalables entre eux, quelle raison aurait pu les pousser à
ces sacrifices réciproques? Le besoin de vivre en paix? Mais la
paix par elle-même n'est pas chose plus désirable que la guerre.
Celle-ci a ses charmes et ses avantages. Est-ce qu'il n'y a pas eu
des peuples, est-ce qu'il n'y a pas de tout temps des individus
dont elle est la passion? Les instincts auxquels elle répond ne
sont pas moins forts que ceux que la paix satisfait. Sans doute,
la fatigue peut bien pour un temps mettre fin aux hostilités,
mais cette simple trêve ne peut pas être plus durable que la
lassitude temporaire qui la détermine. Il en est à plus forte
raison de même des dénouements qui sont dus au seul triomphe

de la force; ils sont aussi provisoires et précaires que les traités qui mettent fin aux guerres internationales. Les hommes n'ont besoin de la paix que dans la mesure où ils sont unis déjà par quelque lien de sociabilité. Dans ce cas, en effet, les sentiments qui les inclinent les uns vers les autres modèrent tout naturellement les emportements de l'égoïsme, et d'un autre côté, la société qui les enveloppe, ne pouvant vivre qu'à condition de n'être pas à chaque instant secouée par des conflits, pèse sur eux de tout son poids pour les obliger à se faire les concessions nécessaires. Il est vrai qu'on voit parfois des sociétés indépendantes s'entendre pour déterminer l'étendue de leurs droits respectifs sur les choses, c'est-à-dire de leurs territoires. Mais justement, l'extrême instabilité de ces relations est la meilleure preuve que la solidarité négative ne peut pas se suffire à elle seule. Si aujourd'hui, entre peuples cultivés, elle semble avoir plus de force; si cette partie du droit international qui règle ce qu'on pourrait appeler les droits réels des sociétés européennes a peut-être plus d'autorité qu'autrefois, c'est que les différentes nations de l'Europe sont aussi beaucoup moins indépendantes les unes des autres, c'est que, par certains côtés, elles font toutes partie d'une même société, encore incohérente, il est vrai, mais qui prend de plus en plus conscience de soi. Ce qu'on appelle l'équilibre européen est un commencement d'organisation de cette société.

Il est d'usage de distinguer avec soin la justice de la charité, c'est-à-dire le simple respect des droits d'autrui de tout acte qui dépasse cette vertu purement négative. On voit dans ces deux sortes de pratiques comme deux couches indépendantes de la morale : la justice à elle seule en formerait les assises fondamentales, la charité en serait le couronnement. La distinction est si radicale que, d'après les partisans d'une certaine morale, la justice seule serait nécessaire au bon fonctionnement de la vie sociale; le désintéressement ne serait guère qu'une vertu privée, qu'il est beau, pour le particulier, de poursuivre, mais dont la société peut très bien se passer. Beaucoup même ne le voient pas sans inquiétude intervenir dans la vie publique. On voit par ce qui précède combien cette conception est peu d'accord avec les faits. En réalité, pour que les hommes se reconnaissent et se garantissent mutuellement des droits, il faut d'abord qu'ils s'aiment, que, pour une raison quelconque, ils tiennent les uns aux autres et à une même société dont ils fassent partie. La justice est pleine de charité, ou, pour reprendre nos expressions, la solidarité négative n'est qu'une émanation d'une autre solidarité de nature positive : c'est la répercussion dans la sphère des droits réels de sentiments sociaux qui viennent d'une autre source. Elle n'a donc rien de spécifique, mais c'est l'accompagnement nécessaire de toute espèce de solidarité. Elle se rencontre forcément partout où les hommes vivent d'une vie commune, que celle-ci résulte de la division du travail social ou de l'attrait du semblable pour le semblable.

III

Si du droit restitutif on distrait les règles dont il vient d'être parlé, ce qui reste constitue un système non moins défini qui comprend le droit domestique, le droit contractuel, le droit commercial, le droit des procédures, le droit administratif et constitutionnel. Les relations qui y sont réglées y sont d'une tout autre nature que les précédentes; elles expriment un concours positif, une coopération qui dérive essentiellement de la division du travail.

Les questions que résout le droit domestique peuvent être ramenées aux deux types suivants :

1° Qui est chargé des différentes fonctions domestiques? Qui est époux, qui père, qui enfant légitime, qui tuteur, etc.?

2° Quel est le type normal de ces fonctions et leurs rapports?

C'est à la première de ces questions que répondent les dispositions qui déterminent les qualités et les conditions requises pour contracter mariage, les formalités nécessaires pour que le mariage soit valable, les conditions de la filiation légitime, naturelle, adoptive, la manière dont le tuteur doit être choisi, etc.

C'est au contraire la seconde question que résolvent les cha-pitres sur les droits et les devoirs respectifs des époux, sur l'état de leurs rapports en cas de divorce, de nullité de mariage, de séparation de corps et de biens, sur la puissance paternelle, sur les effets de l'adoption, sur l'administration du tuteur et ses rapports avec le pupille, sur le rôle du conseil de famille vis-à-vis du premier et du second, sur le rôle des parents dans les cas d'interdiction et de conseil judiciaire.

Cette partie du droit civil a donc pour objet de déterminer la manière dont se distribuent les différentes fonctions familiales et ce qu'elles doivent être dans leurs mutuelles relations; c'est dire qu'il exprime la solidarité particulière qui unit entre eux les membres de la famille par suite de la division du travail domestique. Il est vrai qu'on n'est guère habitué à envisager la famille sous cet aspect; on croit le plus souvent que ce qui en fait la cohésion, c'est exclusivement la communauté des senti-ments et des croyances. Il y a en effet tant de choses communes entre les membres du groupe familial que le caractère spécial des tâches qui reviennent à chacun d'eux nous échappe facile-ment; c'est ce qui faisait dire à A. Comte que l'union domes-tique exclut « toute pensée de coopération directe et continue à un but quelconque (¹) ». Mais l'organisation juridique de la famille, dont nous venons de rappeler sommairement les lignes essentielles, démontre la réalité de ces différences fonction-nelles et leur importance. L'histoire de la famille à partir des origines n'est même qu'un mouvement ininterrompu de disso-ciation au cours duquel ces diverses fonctions, d'abord indivises et confondues les unes dans les autres, se sont peu à peu sépa-

_____

(¹) *Cours de philosophie positive*, IV, p. 410.

rées, constituées à part, réparties entre les différents parents
suivant leur sexe, leur âge, leurs rapports de dépendance, de
manière à faire de chacun d'eux un fonctionnaire spécial de la
société domestique ([1]). Bien loin de n'être qu'un phénomène
accessoire et secondaire, cette division du travail familial
domine au contraire tout le développement de la famille.

Le rapport de la division du travail avec le droit contractuel
n'est pas moins accusé.

En effet, le contrat est par excellence l'expression juridique
de la coopération. Il y a, il est vrai, les contrats dits de bienfaisance où l'une seulement des parties est liée. Si je donne à
autrui quelque chose sans conditions, si je me charge gratuitement d'un dépôt ou d'un mandat, il en résulte pour moi des
obligations précises et déterminées. Pourtant, il n'y a pas de
concours proprement dit entre les contractants, puisqu'il n'y a
de charges que d'un côté. Cependant la coopération n'est pas
absente du phénomène; elle est seulement gratuite ou unilatérale.
Qu'est-ce, par exemple, que la donation, sinon un échange sans
obligations réciproques? Ces sortes de contrats ne sont donc
qu'une variété des contrats vraiment coopératifs.

D'ailleurs ils sont très rares; car ce n'est qu'exceptionnellement que les actes de bienfaisance relèvent de la réglementation
légale. Quant aux autres contrats, qui sont l'immense majorité,
les obligations auxquelles ils donnent naissance sont corrélatives
ou d'obligations réciproques, ou de prestations déjà effectuées.
L'engagement d'une partie résulte ou de l'engagement pris par
l'autre, ou d'un service déjà rendu par cette dernière ([2]). Or,
cette réciprocité n'est possible que là où il y a coopération, et
celle-ci, à son tour, ne va pas sans la division du travail. Coopérer,
en effet, c'est se partager une tâche commune. Si cette dernière

([1]) V. quelques développements sur ce point, même livre, ch. VII.
([2]) Par exemple, dans le cas du prêt à intérêt.

est divisée en tâches qualitativement similaires, quoique indispensables les unes aux autres, il y a division du travail simple ou du premier degré. Si elles sont de nature différente, il y a division du travail composée, spécialisation proprement dite.

Cette dernière forme de la coopération est d'ailleurs de beaucoup celle qu'exprime le plus généralement le contrat. Le seul qui ait une autre signification est le contrat de société, et peut-être aussi le contrat de mariage, en tant qu'il détermine la part contributive des époux aux dépenses du ménage. Encore, pour qu'il en soit ainsi, faut-il que le contrat de société mette tous les associés sur le même niveau, que leurs apports soient identiques, que leurs fonctions soient les mêmes, et c'est un cas qui ne se présente jamais exactement dans les relations matrimoniales, par suite de la division du travail conjugal. En regard de ces rares espèces, qu'on mette la multiplicité des contrats qui ont pour objet d'ajuster les unes aux autres des fonctions spéciales et différentes : contrats entre l'acheteur et le vendeur, contrats d'échange, contrats entre entrepreneurs et ouvriers, entre le locataire de la chose et le locateur, entre le prêteur et l'emprunteur, entre le dépositaire et le déposant, entre l'hôtelier et le voyageur, entre le mandataire et le mandant, entre le créancier et la caution du débiteur, etc. D'une manière générale, le contrat est le symbole de l'échange; aussi M. Spencer a-t-il pu, non sans justesse, qualifier de contrat physiologique l'échange de matériaux qui se fait à chaque instant entre les différents organes du corps vivant [1]. Or, il est clair que l'échange suppose toujours quelque division du travail plus ou moins développée. Il est vrai que les contrats que nous venons de citer ont encore un caractère un peu général. Mais il ne faut pas oublier que le droit ne figure que les contours généraux, les grandes lignes des rapports sociaux, celles qui se retrouvent identiquement dans des sphères différentes de la vie collective. Aussi

---

[1] *Bases de la morale évolutionniste*, p. 121.

chacun de ces types de contrats en suppose-t-il une multitude d'autres, plus particuliers, dont il est comme l'empreinte commune et qu'il réglemente du même coup, mais où les relations s'établissent entre des fonctions plus spéciales. Donc, malgré la simplicité relative de ce schéma, il suffit à manifester l'extrême complexité des faits qu'il résume.

Cette spécialisation des fonctions est d'ailleurs plus immédiatement apparente dans le Code de commerce qui réglemente surtout les contrats spéciaux au commerce : contrats entre le commissionnaire et le commettant, entre le voiturier et l'expéditeur, entre le porteur de la lettre de change et le tireur, entre le propriétaire du navire et ses créanciers, entre le premier et le capitaine et les gens de l'équipage, entre le fréteur et l'affréteur, entre le prêteur et l'emprunteur à la grosse, entre l'assureur et l'assuré. Pourtant, ici encore il y a un grand écart entre la généralité relative des prescriptions juridiques et la diversité des fonctions particulières dont elles règlent les rapports, comme le prouve la place importante faite à la coutume dans le droit commercial.

Quand le Code de commerce ne réglemente pas de contrats proprement dits, il détermine ce que doivent être certaines fonctions spéciales, comme celles de l'agent de change, du courtier, du capitaine, du juge commissaire en cas de faillite, afin d'assurer la solidarité de toutes les parties de l'appareil commercial.

Le droit de procédure — qu'il s'agisse de procédure criminelle, civile ou commerciale — joue le même rôle dans l'appareil judiciaire. Les sanctions des règles juridiques de toute sorte ne peuvent être appliquées que grâce au concours d'un certain nombre de fonctions, fonctions des magistrats, des défenseurs, des avoués, des jurés, des demandeurs et des défendeurs, etc.; la procédure fixe la manière dont elles doivent entrer en jeu et en rapports. Elle dit ce qu'elles doivent être et quelle est la part de chacune dans la vie générale de l'organe.

Il nous semble que, dans une classification rationnelle des règles juridiques, le droit de procédure ne devrait être considéré que comme une variété du droit administratif : nous ne voyons pas quelle différence radicale sépare l'administration de la justice du reste de l'administration. Quoi qu'il en soit de cette vue, le droit administratif proprement dit réglemente les fonctions mal définies que l'on appelle administratives (¹) tout comme le précédent fait pour les fonctions judiciaires. Il détermine leur type normal et leurs rapports soit les unes avec les autres, soit avec les fonctions diffuses de la société ; il faudrait seulement en distraire un certain nombre de règles qui sont généralement rangées sous cette rubrique, quoiqu'elles aient un caractère pénal (²). Enfin, le droit constitutionnel fait de même pour les fonctions gouvernementales.

On s'étonnera peut-être de voir réunis dans une même classe le droit administratif et politique et ce que l'on appelle d'ordinaire le droit privé. Mais d'abord, ce rapprochement s'impose si l'on prend pour base de la classification la nature des sanctions, et il ne nous semble pas qu'il soit possible d'en prendre une autre si l'on veut procéder scientifiquement. De plus, pour séparer complètement ces deux sortes de droit, il faudrait admettre qu'il y a un droit vraiment privé, et nous croyons que tout droit est public, parce que tout droit est social. Toutes les fonctions de la société sont sociales, comme toutes les fonctions de l'organisme sont organiques. Les fonctions économiques ont ce caractère comme les autres. D'ailleurs, même parmi les plus diffuses, il n'en est pas qui ne soient plus ou moins soumises à

(¹) Nous gardons l'expression couramment employée ; mais elle aurait besoin d'être définie, et nous ne sommes pas en état de le faire. Il nous paraît, en gros, que ces fonctions sont celles qui sont immédiatement placées sous l'action des centres gouvernementaux. Mais bien des distinctions seraient nécessaires.

(²) Et aussi celles qui concernent les droits réels des personnes morales de l'ordre administratif, car les relations qu'elles déterminent sont négatives.

l'action de l'appareil gouvernemental. Il n'y a donc entre elles,
à ce point de vue, que des différences de degrés.

En résumé, les rapports que règle le droit coopératif à sanctions
restitutives et la solidarité qu'ils expriment résultent de la division
du travail social. On s'explique d'ailleurs que, en général, des
relations coopératives ne comportent pas d'autres sanctions. En
effet, il est dans la nature des tâches spéciales d'échapper à
l'action de la conscience collective; car, pour qu'une chose soit
l'objet de sentiments communs, la première condition est qu'elle
soit commune, c'est-à-dire qu'elle soit présente à toutes les
consciences et que toutes se la puissent représenter d'un seul et
même point de vue. Sans doute, tant que les fonctions ont une
certaine généralité, tout le monde peut en avoir quelque sentiment; mais plus elles se spécialisent, plus aussi se circonscrit le
nombre de ceux qui ont conscience de chacune d'elles, plus par
conséquent elles débordent la conscience commune. Les règles qui
les déterminent ne peuvent donc pas avoir cette force supérieure,
cette autorité transcendante qui, quand elle est offensée, réclame
une expiation. C'est bien aussi de l'opinion que leur vient leur
autorité, tout comme celle des règles pénales, mais d'une opinion
localisée dans des régions restreintes de la société.

De plus, même dans les cercles spéciaux où elles s'appliquent
et où par conséquent elles sont représentées aux esprits, elles ne
correspondent pas à des sentiments bien vifs, ni même le plus
souvent à aucune espèce d'état émotionnel. Car, comme elles
fixent la manière dont les différentes fonctions doivent concourir
dans les diverses combinaisons de circonstances qui peuvent se
présenter, les objets auxquels elles se rapportent ne sont pas
toujours présents aux consciences. On n'a pas toujours à administrer une tutelle, une curatelle (1), ni à exercer ses droits de

---

(1) Voilà pourquoi le droit qui règle les rapports des fonctions domestiques
n'est pas pénal, quoique ces fonctions soient assez générales.

créancier ou d'acheteur, etc., ni surtout à les exercer dans telle ou telle condition. Or, les états de conscience ne sont forts que dans la mesure où ils sont permanents. La violation de ces règles n'atteint donc dans ses parties vives ni l'âme commune de la société, ni même, au moins en général, celle de ces groupes spéciaux, et par conséquent ne peut déterminer qu'une réaction très modérée. Tout ce qu'il nous faut, c'est que les fonctions concourent d'une manière régulière; si donc cette régularité est troublée, il nous suffit qu'elle soit rétablie. Ce n'est pas à dire assurément que le développement de la division du travail ne puisse pas retentir dans le droit pénal. Il y a, nous le savons déjà, des fonctions administratives et gouvernementales dont certains rapports sont réglés par le droit répressif, à cause du caractère particulier dont est marqué l'organe de la conscience commune et tout ce qui s'y rapporte. Dans d'autres cas encore, les liens de solidarité qui unissent certaines fonctions sociales peuvent être tels que de leur rupture résultent des répercussions assez générales pour susciter une réaction pénale. Mais, pour la raison que nous avons dite, ces contre-coups sont exceptionnels.

En définitive, ce droit joue dans la société un rôle analogue à celui du système nerveux dans l'organisme. Celui-ci, en effet, a pour tâche de régler les différentes fonctions du corps de manière à les faire concourir harmoniquement; il exprime ainsi tout naturellement l'état de concentration auquel est parvenu l'organisme, par suite de la division du travail physiologique. Aussi, aux différents échelons de l'échelle animale, peut-on mesurer le degré de cette concentration d'après le développement du système nerveux. C'est dire qu'on peut également mesurer le degré de concentration auquel est parvenue une société par suite de la division du travail social, d'après le développement du droit coopératif à sanctions restitutives. On prévoit tous les services que nous rendra ce critère.

IV

Puisque la solidarité négative ne produit par elle-même aucune intégration, et que d'ailleurs elle n'a rien de spécifique, nous reconnaîtrons deux sortes seulement de solidarité positive, que distinguent les caractères suivants :

1º La première relie directement l'individu à la société sans aucun intermédiaire. Dans la seconde, il dépend de la société parce qu'il dépend des parties qui la composent.

2º La société n'est pas vue sous le même aspect dans les deux cas. Dans le premier, ce que l'on appelle de ce nom, c'est un ensemble plus ou moins organisé de croyances et de sentiments communs à tous les membres du groupe : c'est le type collectif. Au contraire, la société dont nous sommes solidaires dans le second cas est un système de fonctions différentes et spéciales qu'unissent des rapports définis. Ces deux sociétés n'en font d'ailleurs qu'une. Ce sont deux faces d'une seule et même réalité, mais qui ne demandent pas moins à être distinguées.

3º De cette seconde différence en découle une autre qui va nous servir à caractériser et à dénommer ces deux sortes de solidarité.

La première ne peut être forte que dans la mesure où les idées et les tendances communes à tous les membres de la société dépassent en nombre et en intensité celles qui appartiennent personnellement à chacun d'eux. Elle est d'autant plus énergique que cet excédent est plus considérable. Or, ce qui fait notre personnalité, c'est ce que chacun de nous a de propre et de caractéristique, ce qui le distingue des autres. Cette solidarité ne peut donc s'accroître qu'en raison inverse de la personnalité. Il y a dans chacune de nos consciences, avons-nous dit, deux consciences : l'une, qui nous est commune avec notre groupe tout entier, qui par conséquent n'est pas nous-même,

mais la société vivant et agissant en nous; l'autre, qui ne représente au contraire que nous dans ce que nous avons de personnel et de distinct, dans ce qui fait de nous un individu (¹).
La solidarité qui dérive des ressemblances est à son *maximum*
quand la conscience collective recouvre exactement notre
conscience totale et coïncide de tous points avec elle; mais à ce
moment notre individualité est nulle. Elle ne peut naître que si
la communauté prend moins de place en nous. Il y a là deux
forces contraires, l'une centripète, l'autre centrifuge, qui ne
peuvent pas croître en même temps. Nous ne pouvons pas nous
développer à la fois dans deux sens aussi opposés. Si nous avons
un vif penchant à penser et à agir par nous-même, nous ne
pouvons pas être fortement enclin à penser et à agir comme les
autres. Si l'idéal est de se faire une physionomie propre et personnelle, il ne saurait être de ressembler à tout le monde. De
plus, au moment où cette solidarité exerce son action, notre
personnalité s'évanouit, peut-on dire, par définition; car nous
ne sommes plus nous-même, mais l'être collectif.

Les molécules sociales qui ne seraient cohérentes que de cette
seule manière ne pourraient donc se mouvoir avec ensemble
que dans la mesure où elles n'ont pas de mouvements propres,
comme font les molécules des corps inorganiques. C'est pourquoi
nous proposons d'appeler mécanique cette espèce de solidarité.
Ce mot ne signifie pas qu'elle soit produite par des moyens
mécaniques et artificiellement. Nous ne la nommons ainsi que
par analogie avec la cohésion qui unit entre eux les éléments
des corps bruts, par opposition à celle qui fait l'unité des corps
vivants. Ce qui achève de justifier cette dénomination, c'est que
le lien qui unit ainsi l'individu à la société est tout à fait analogue à celui qui rattache la chose à la personne. La conscience
individuelle, considérée sous cet aspect, est une simple dépendance du type collectif et en suit tous les mouvements, comme

(¹) Toutefois, ces deux consciences ne sont pas des régions géographiquement distinctes de nous-même, mais se pénètrent de tous côtés.

l'objet possédé suit ceux que lui imprime son propriétaire. Dans
les sociétés où cette solidarité est très développée, l'individu ne
s'appartient pas, nous le verrons plus loin; c'est littéralement
une chose dont dispose la société. Aussi, dans ces mêmes types
sociaux, les droits personnels ne sont-ils pas encore distingués
des droits réels.

Il en est tout autrement de la solidarité que produit la division
du travail. Tandis que la précédente implique que les individus
se ressemblent, celle-ci suppose qu'ils diffèrent les uns des
autres. La première n'est possible que dans la mesure où la
personnalité individuelle est absorbée dans la personnalité
collective; la seconde n'est possible que si chacun a une sphère
d'action qui lui est propre, par conséquent une personnalité. Il
faut donc que la conscience collective laisse découverte une
partie de la conscience individuelle, pour que s'y établissent ces
fonctions spéciales qu'elle ne peut pas réglementer; et plus cette
région est étendue, plus est forte la cohésion qui résulte de cette
solidarité. En effet, d'une part, chacun dépend d'autant plus
étroitement de la société que le travail est plus divisé, et d'autre
part, l'activité de chacun est d'autant plus personnelle qu'elle
est plus spécialisée. Sans doute, si circonscrite qu'elle soit, elle
n'est jamais complètement originale; même dans l'exercice de
notre profession nous nous conformons à des usages, à des pratiques qui nous sont communes avec toute notre corporation.
Mais, même dans ce cas, le joug que nous subissons est autrement moins lourd que quand la société tout entière pèse
sur nous, et il laisse bien plus de place au libre jeu de notre
initiative. Ici donc, l'individualité du tout s'accroît en même
temps que celle des parties; la société devient plus capable de
se mouvoir avec ensemble, en même temps que chacun de ses
éléments a plus de mouvements propres. Cette solidarité ressemble à celle que l'on observe chez les animaux supérieurs.
Chaque organe, en effet, y a sa physionomie spéciale, son
autonomie, et pourtant l'unité de l'organisme est d'autant plus

grande que cette individuation des parties est plus marquée. En raison de cette analogie, nous proposons d'appeler organique la solidarité qui est due à la division du travail.

En même temps, ce chapitre et le précédent nous fournissent les moyens de calculer la part qui revient à chacun de ces deux liens sociaux dans le résultat total et commun qu'ils concourent à produire par des voies différentes. Nous savons en effet sous quelles formes extérieures se symbolisent ces deux sortes de solidarité, c'est-à-dire quel est le corps de règles juridiques qui correspond à chacune d'elles. Par conséquent, pour connaître leur importance respective dans un type social qui est donné, il suffit de comparer l'étendue respective des deux sortes de droit qui les expriment, puisque le droit varie toujours comme les relations sociales qu'il règle [1].

[1] Pour préciser les idées, nous développons, dans le tableau suivant, la classification des règles juridiques qui est renfermée implicitement dans ce chapitre et le précédent :

I. — Règles à sanction répressive organisée.
(On en trouvera une classification au chapitre suivant.)

II. — Règles à sanction restitutive déterminant des

RAPPORTS *négatifs* ou *d'abstention.*	De la chose avec la personne...	Droit de propriété sous ses formes diverses (mobilière, immobilière, etc.).
		Modalités diverses du droit de propriété (servitudes, usufruit, etc.).
	Des personnes entre elles....	Déterminés par l'exercice normal des droits réels.
		Déterminés par la violation fautive des droits réels.
RAPPORTS *positifs* ou de *coopération.*	Entre les fonctions domestiques.	
	Entre les fonctions économiques diffuses..	Rapports contractuels en général.
		Contrats spéciaux.
	Des fonctions administratives .	Entre elles.
		Avec les fonctions gouvernementales.
		Avec les fonctions diffuses de la société.
	Des fonctions gouvernementales...	Entre elles.
		Avec les fonctions administratives.
		Avec les fonctions politiques diffuses.

CHAPITRE IV

—

AUTRE PREUVE DE CE QUI PRÉCÈDE

———

Pourtant, à cause de l'importance des résultats qui précèdent, il est bon, avant d'aller plus loin, de les confirmer une dernière fois. Cette nouvelle vérification est d'autant plus utile qu'elle va nous fournir l'occasion d'établir une loi qui, tout en leur servant de preuve, servira aussi à éclairer tout ce qui suivra.

Si les deux sortes de solidarité que nous venons de distinguer ont bien l'expression juridique que nous avons dite, la prépondérance du droit répressif sur le droit coopératif doit être d'autant plus grande que le type collectif est plus prononcé et que la division du travail est plus rudimentaire. Inversement, à mesure que les types individuels se développent et que les tâches se spécialisent, la proportion entre l'étendue de ces deux droits doit tendre à se renverser. Or, la réalité de ce rapport peut être démontrée expérimentalement.

.

I

Plus les sociétés sont primitives, plus il y a de ressemblances entre les individus dont elles sont formées. Déjà Hippocrate, dans son écrit *De aere et locis*, avait dit que les Scythes ont un type ethnique et point de types personnels. Humboldt remarque dans ses *Neuspanien* [1] que, chez les peuples barbares, on trouve plutôt une physionomie propre à la horde que des physionomies individuelles, et le fait a été confirmé par un grand nombre d'observateurs. « De même que les Romains trouvaient entre les vieux Germains de très grandes ressemblances, les soi-disant sauvages produisent le même effet à l'Européen civilisé. A vrai dire, le manque d'exercice peut être souvent la cause principale qui détermine le voyageur à un tel jugement;... cependant, cette inexpérience ne pourrait que difficilement produire cette conséquence si les différences auxquelles l'homme civilisé est accoutumé dans son milieu natal n'étaient réellement pas plus importantes que celles qu'il rencontre chez les peuples primitifs. Bien connue et souvent citée est cette parole d'Ulloa, que qui a vu un indigène d'Amérique les a tous vus [2]. » Au contraire, chez les peuples civilisés, deux individus se distinguent l'un de l'autre au premier coup d'œil et sans qu'une initiation préalable soit pour cela nécessaire.

Le Dr Lebon a pu établir d'une manière objective cette homogénéité croissante à mesure qu'on remonte vers les origines. Il a comparé les crânes appartenant à des races et à des sociétés différentes, et il a trouvé « que les différences de volume du crâne existant entre individus de même race... sont d'autant plus grandes que la race est plus élevée dans l'échelle de la civilisation. Après avoir groupé les volumes des crânes de chaque race par séries progressives, en ayant soin de n'établir de comparaisons que sur des séries assez nombreuses pour que les termes en soient reliés d'une façon graduelle, j'ai reconnu, dit-il, que la différence de volume entre les crânes masculins adultes les plus grands et les crânes les plus petits est en nombre rond de 200 centimètres cubes chez le gorille, de 280 chez les parias de l'Inde, de 310 chez les Australiens, de 350 chez les anciens Égyptiens, de 470 chez les Parisiens du xiie siècle, de 600 chez

[1] I, p. 116.
[2] Waitz, *Anthropologie der Naturvoelker*, I, p. 75-76.

les Parisiens modernes, de 700 chez les Allemands ([1]). » Il y a
même quelques peuplades où ces différences sont nulles. « Les
Andamans et les Todas sont tous semblables. On en peut presque
dire autant des Groënlandais. Cinq crânes de Patagons que
possède le laboratoire de M. Broca sont identiques ([2]). »

Il n'est pas douteux que ces similitudes organiques ne correspondent à des similitudes psychiques. « Il est certain, dit Waitz,
que cette grande ressemblance physique des indigènes provient
essentiellement de l'absence de toute forte individualité psychique, de l'état d'infériorité de la culture intellectuelle en
général... L'homogénéité des caractères *(Gemüthseigenschaften)*
au sein d'une peuplade nègre est incontestable. Dans l'Égypte
supérieure, le marchand d'esclaves ne se renseigne avec précision que sur le lieu d'origine de l'esclave et non sur son caractère individuel, car une longue expérience lui a appris que les
différences entre individus de la même tribu sont insignifiantes
à côté de celles qui dérivent de la race. C'est ainsi que les Nubas
et les Gallus passent pour très fidèles, les Abyssins du Nord pour
traîtres et perfides, la majorité des autres pour de bons esclaves
domestiques, mais qui ne sont guère utilisables pour le travail
corporel; ceux de Fertit pour sauvages et prompts à la vengeance ([3]). » Aussi l'originalité n'y est-elle pas seulement rare :
elle n'y a pour ainsi dire pas de place. Tout le monde alors
admet et pratique, sans la discuter, la même religion; les sectes
et les dissidences sont inconnues : elles ne seraient pas tolérées.
Or, à ce moment, la religion comprend tout, s'étend à tout. Elle
renferme dans un état de mélange confus, outre les croyances proprement religieuses, la morale, le droit, les principes de l'organisation politique et jusqu'à la science, ou du moins ce qui en
tient lieu. Elle réglemente même les détails de la vie privée. Par
conséquent, dire que les consciences religieuses sont alors iden-

---

([1]) *Les Sociétés*, p. 103.
([2]) Topinard, *Anthropologie*, p. 393.
([3]) *Op. cit.*, I, p. 77. — Cf. *Ibid.*, p. 416.

tiques, — et cette identité est absolue, — c'est dire implicitement
que, sauf les sensations qui se rapportent à l'organisme et aux états
de l'organisme, toutes les consciences individuelles sont à peu près
composées des mêmes éléments. Encore les impressions sensibles elles-mêmes ne doivent-elles pas offrir une grande diversité,
à cause des ressemblances physiques que présentent les individus.

C'est pourtant une idée encore assez répandue que la civilisation a au contraire pour effet d'accroître les similitudes sociales. « A mesure que les agglomérations humaines s'étendent, dit
M. Tarde, la diffusion des idées suivant une progression géomé-
trique régulière est plus marquée (¹). » Suivant Hale (²), c'est
une erreur d'attribuer aux peuples primitifs une certaine uniformité de caractère, et il donne comme preuve ce fait que la
race jaune et la race noire de l'océan Pacifique, qui habitent
côte à côte, se distinguent plus fortement l'une de l'autre que
deux peuples européens. De même, est-ce que les différences
qui séparent le Français de l'Anglais ou de l'Allemand ne sont
pas moindres aujourd'hui qu'autrefois? Dans presque toutes les
sociétés européennes, le droit, la morale, les mœurs, même les
institutions politiques fondamentales sont à peu près identiques.
On fait également remarquer qu'au sein d'un même pays on ne
trouve plus aujourd'hui les contrastes qu'on y rencontrait autrefois. La vie sociale ne varie plus ou ne varie plus autant d'une
province à l'autre; dans les pays unifiés comme la France, elle
est à peu près la même dans toutes les régions, et ce nivellement
est à son maximum dans les classes cultivées (³).

Mais ces faits n'infirment en rien notre proposition. Il est certain que les différentes sociétés tendent à se ressembler davan-

(¹) *Lois de l'Imitation*, p. 19.
(²) *Ethnography and philology of the Un. States*, Philadelphie, 1846, p. 13.
(³) C'est ce qui fait dire à M. Tarde : « Le voyageur qui traverse plusieurs
pays d'Europe observe plus de dissemblances entre les gens du peuple restés
fidèles à leurs vieilles coutumes qu'entre les personnes des classes supérieures. » *Op. cit.*, p. 59.

tage; mais il n'en est pas de même des individus qui composent chacune d'elles. Il y a maintenant moins de distance que jadis entre le Français et l'Anglais en général, mais cela n'empêche pas les Français d'aujourd'hui de différer entre eux beaucoup plus que les Français d'autrefois. De même, il est bien vrai que chaque province tend à perdre sa physionomie distinctive; mais cela n'empêche pas chaque individu d'en prendre de plus en plus une qui lui est personnelle. Le Normand est moins différent du Gascon, celui-ci du Lorrain et du Provençal: les uns et les autres n'ont plus guère en commun que les traits communs à tous les Français; mais la diversité que présentent ces derniers pris ensemble ne laisse pas de s'être accrue. Car, si les quelques types provinciaux qui existaient autrefois tendent à se fondre les uns dans les autres et à disparaître, il y a à la place une multitude autrement considérable de types individuels. Il n'y a plus autant de différences qu'il y a de grandes régions, mais il y en a presque autant qu'il y a d'individus. Inversement, là où chaque province a sa personnalité, il n'en est pas de même des particuliers. Elles peuvent être très hétérogènes les unes par rapport aux autres, et n'être formées que d'éléments semblables; c'est ce qui se produit également dans les sociétés politiques. C'est ainsi que les protozoaires sont à ce point distincts les uns des autres qu'il est impossible de les classer en espèces (1); mais chacun d'eux est composé d'une matière parfaitement homogène.

Cette opinion repose donc sur une confusion entre les types individuels et les types collectifs, tant provinciaux que nationaux. Il est incontestable que la civilisation tend à niveler les seconds; mais on en a conclu à tort qu'elle a le même effet sur les premiers, et que l'uniformité devient générale. Bien loin que ces deux sortes de types varient l'un comme l'autre, nous verrons que l'effacement des uns est la condition nécessaire à l'appari-

(1) V. Perrier, *Transformisme*, p. 235.

tion des autres (¹). Or, il n'y a jamais qu'un nombre restreint de types collectifs au sein d'une même société, car elle ne peut comprendre qu'un petit nombre de races et de régions assez différentes pour produire de telles dissemblances. Au contraire, les individus sont susceptibles de se diversifier à l'infini. La diversité est donc d'autant plus grande que les types individuels sont plus développés.

Ce qui précède s'applique identiquement aux types profession-nels. Il y a des raisons de supposer qu'ils perdent de leur ancien relief, que l'abime qui séparait jadis les professions, et surtout certaines d'entre elles, est en train de se combler. Mais ce qui est certain, c'est qu'à l'intérieur de chacune d'elles les différences se sont accrues. Chacun a davantage sa manière de penser et de faire, subit moins complètement l'opinion commune de la cor-poration. De plus, si de profession à profession les différences sont moins tranchées, elles sont en tout cas plus nombreuses, car les types professionnels se sont eux-mêmes multipliés à mesure que le travail se divisait davantage. S'ils ne se distin-guent plus les uns des autres que par de simples nuances, du moins ces nuances sont plus variées. La diversité n'a donc pas diminué, même à ce point de vue, quoiqu'elle ne se manifeste plus sous forme de contrastes violents et heurtés.

Nous pouvons donc être assurés que, plus on recule dans l'his-toire, plus l'homogénéité est grande; d'autre part, plus on se rapproche des types sociaux les plus élevés, plus la division du travail se développe. Voyons maintenant comment varient aux divers degrés de l'échelle sociale les deux formes du droit que nous avons distinguées.

(¹) V. plus loin liv. II, ch. II et III. — Ce que nous y disons peut servir à la fois à expliquer et à confirmer les faits que nous établissons ici.

II

Autant qu'on peut juger de l'état du droit dans les sociétés tout à fait inférieures, il paraît être tout entier répressif. « Le sauvage, dit Lubbock, n'est libre nulle part. Dans le monde entier, la vie quotidienne du sauvage est réglée par une quantité de coutumes (aussi impérieuses que des lois) compliquées et souvent fort incommodes, de défenses et de privilèges absurdes. De nombreux règlements fort sévères, quoiqu'ils ne soient pas écrits, compassent tous les actes de leur vie (¹). » On sait, en effet, avec quelle facilité chez les peuples primitifs les manières d'agir se consolident en pratiques traditionnelles, et, d'autre part, combien est grande chez eux la force de la tradition. Les mœurs des ancêtres y sont entourées de tant de respect qu'on ne peut y déroger sans être puni.

Mais de telles observations manquent nécessairement de précision, car rien n'est difficile à saisir comme des coutumes aussi flottantes. Pour que notre expérience soit conduite avec méthode, il faut la faire porter autant que possible sur des droits écrits.

Les quatre derniers livres du Pentateuque, l'Exode, le Lévitique, les Nombres, le Deutéronome représentent le plus ancien monument de ce genre que nous possédions(²). Sur ces quatre ou cinq mille versets, il n'y en a qu'un nombre relativement infime où soient exprimées des règles qui puissent, à la rigueur,

---

(¹) Lubbock, *Les Origines de la civilisation*, p. 410. — Cf. Spencer, *Sociologie*, p. 435.

(²) Nous n'avons pas à nous prononcer sur l'antiquité réelle de l'ouvrage — il nous suffit qu'il se rapporte à une société de type très inférieur — ni sur l'antiquité relative des parties qui le composent, car, au point de vue qui nous occupe, elles présentent toutes sensiblement le même caractère. Nous les prenons donc en bloc.

passer pour n'être pas répressives. Ils se rapportent aux objets suivants :

Droit de propriété: Droit de retrait; — Jubilé; — Propriété des Lévites (Lévitique, XXV, 14-25, 29-34, et XXVII, 1-34).

Droit domestique : Mariage (Deut., XXI, 11-14; XXIII, 5; XXV, 5-10); Lév., XXI, 7, 13, 14); — Droit successoral (Nombres, XXVII, 8-11, et XXVI, 8; Deut., XXI, 15-17); — Esclavage d'indigènes et d'étrangers (Deut., XV, 12-17; Exode, XXI, 2-11; Lév., XIX, 20; XXV, 39-44; XXXVI, 44-54).

Prêts et salaires (Deut., XV, 7-0; XXIII, 19-20; XXIV, 6 et 10-13; XXV, 15).

Quasi-délits (Exode, XXI, 18-33 et 33-35; XXII, 6 et 10-17) (¹).

Organisation des fonctions publiques : Des fonctions des prêtres (Nombres, X); des Lévites (Nombres, III et IV); des Anciens (Deut., XXI, 19; XXII, 15; XXV, 7; XXI, 1; Lév., IV, 15); des Juges (Exode, XVIII, 25; Deut., I, 15-17).

Le droit restitutif et surtout le droit coopératif se réduisent donc à très peu de chose. Ce n'est pas tout. Parmi les règles que nous venons de citer, beaucoup ne sont pas aussi étrangères au droit pénal qu'on pourrait le croire au premier abord, car elles sont toutes marquées d'un caractère religieux. Elles émanent toutes également de la divinité; les violer, c'est l'offenser, et de telles offenses sont des fautes qui doivent être expiées. Le livre ne distingue pas entre tels et tels commandements, mais ils sont tous des paroles divines auxquelles on ne peut désobéir impunément. « Si tu ne prends pas garde à faire toutes les paroles de cette loi qui sont écrites dans ce livre en craignant ce nom glorieux et terrible, l'Éternel ton Dieu, alors l'Éternel te frappera toi et ta postérité.(²) » Le manquement, même par suite d'erreur, à un précepte quelconque, constitue un péché et réclame

---

(¹) Tous ces versets réunis (moins ceux qui traitent des fonctions publiques) sont au nombre de 135.

(²) *Deut.*, XXVIII, 58-59. — Cf. *Nombres*, XV, 30-31.

une expiation ([1]). Des menaces de ce genre, dont la nature pénale n'est pas douteuse, sanctionnent même directement quelques-unes de ces règles que nous avons attribuées au droit restitutif. Après avoir décidé que la femme divorcée ne pourra plus être reprise par son mari si, après s'être remariée, elle divorce de nouveau, le texte ajoute : « Ce serait une abomination devant l'Éternel; *ainsi tu ne chargeras d'aucun péché le pays que l'Éternel ton Dieu te donne en héritage* ([2]). » De même, voici le verset où est réglée la manière dont doivent être payés les salaires : « Tu lui (au mercenaire) donneras le salaire le jour même qu'il aura travaillé, avant que le soleil se couche, car il est pauvre et c'est à quoi son âme s'attend, *de peur qu'il ne crie contre toi à l'Éternel et que tu ne pèches* ([3]). » Les indemnités auxquelles donnent naissance les quasi-délits semblent également présentées comme de véritables expiations. C'est ainsi qu'on lit dans le Lévitique : « On punira aussi de mort celui qui aura frappé de mort quelque personne que ce soit. Celui qui aura frappé une bête à mort la rendra; vie pour vie,.... fracture pour fracture, œil pour œil, dent. pour dent ([4]). » La réparation du dommage causé a tout l'air d'être assimilée au châtiment du meurtre et d'être regardée comme une application de la loi du talion.

Il est vrai qu'il y a un certain nombre de préceptes dont la sanction n'est pas spécialement indiquée; mais nous savons déjà qu'elle est certainement pénale. La nature des expressions employées suffit à le prouver. D'ailleurs, la tradition nous apprend qu'un châtiment corporel était infligé à quiconque violait un précepte négatif, quand la loi n'énonçait pas formellement de peine ([5]). En résumé, à des degrés divers, tout le droit juif, tel

---

([1]) *Lév.*, IV.

([2]) *Deutér.*, XXIV, 4.

([3]) *Deutér.*, XXV, 5.

([4]) XXIV, 17, 18, 20.

([5]) V. Munck, *Palestine*, p. 216. — Selden, *De Synedriis*, p. 880-903, énumère, d'après Maïmonide, tous les préceptes qui rentrent dans cette catégorie.

que le Pentateuque le fait connaître, est empreint d'un caractère
essentiellement répressif. Celui-ci est plus marqué par endroits,
plus latent dans d'autres, mais on le sent partout présent. Parce
que toutes les prescriptions qu'il renferme sont des commandements de Dieu, placés, pour ainsi dire, sous sa garantie directe,
elles doivent toutes à cette origine un prestige extraordinaire
qui les rend sacro-saintes ; aussi, quand elles sont violées, la
conscience publique ne se contente-t-elle pas d'une simple réparation, mais elle exige une expiation qui la venge. Puisque ce
qui fait la nature propre du droit pénal, c'est l'autorité extraordinaire des règles qu'il sanctionne, et que les hommes n'ont
jamais connu ni imaginé d'autorité plus haute que celle que le
croyant attribue à son Dieu, un droit qui est censé être la parole
de Dieu lui-même ne peut manquer d'être essentiellement
répressif. Nous avons même pu dire que tout droit pénal est
plus ou moins religieux, car ce qui en est l'âme, c'est un sentiment de respect pour une force supérieure à l'homme individuel, pour une puissance en quelque sorte transcendante, sous
quelque symbole qu'elle se fasse sentir aux consciences, et ce
sentiment est aussi à la base de toute religiosité. Voilà pourquoi,
d'une manière générale, la répression domine tout le droit chez
les sociétés inférieures : c'est que la religion y pénètre toute la
vie juridique, comme d'ailleurs toute la vie sociale.—

Aussi ce caractère est-il encore très marqué dans les lois de
Manou. Il n'y a qu'à voir la place éminente qu'elles attribuent à
la justice criminelle dans l'ensemble des institutions nationales.
« Pour aider le roi dans ses fonctions, dit Manou, le Seigneur
produisit dès le principe le génie du châtiment, protecteur de
tous les êtres, exécuteur de la justice, son propre fils, et dont
l'essence est toute divine. C'est la crainte du châtiment qui
permet à toutes les créatures mobiles et immobiles de jouir de
ce qui leur est propre, et qui les empêche de s'écarter de leurs
devoirs... Le châtiment gouverne le genre humain, le châtiment
le protège ; le châtiment veille pendant que tout dort ; le châti-

ment est la justice, disent les sages... Toutes les classes se cor-
rompraient, toutes les barrières seraient renversées, l'univers
ne serait que confusion si le châtiment ne faisait plus son
devoir (¹). »

La loi des XII Tables se rapporte à une société déjà beaucoup
plus avancée (²) et plus rapprochée de nous que n'était le peuple
hébreu. Ce qui le prouve, c'est que la société romaine n'est
parvenue au type de la cité qu'après avoir passé par celui où la
société juive est restée fixée, et l'avoir dépassée ; nous en aurons
la preuve plus loin (³). D'autres faits d'ailleurs témoignent de ce
moindre éloignement. D'abord, on trouve dans la loi des XII Tables tous les principaux germes de notre droit actuel, tandis qu'il
n'y a, pour ainsi dire, rien de commun entre le droit hébraïque
et le nôtre (⁴). Ensuite, la loi des XII Tables est absolument
laïque. Si, dans la Rome primitive, des législateurs comme
Numa furent censés recevoir leur inspiration de la divinité, et si,
par suite, le droit et la religion étaient alors intimement mêlés,
au moment où furent rédigées les XII Tables cette alliance avait
certainement cessé ; car ce monument juridique a été présenté
dès l'origine comme une œuvre tout humaine et qui ne visait
que des relations humaines. On n'y trouve que quelques dispo-

---

(¹) *Lois de Manou*, trad. Loiseleur, VII, v. 14-24.
(²) En disant d'un type social qu'il est plus avancé qu'un autre, nous n'entendons pas que les différents types sociaux s'étagent en une même série
linéaire ascendante, plus ou moins élevée, suivant les moments de l'histoire.
Il est au contraire certain que, si le tableau généalogique des types sociaux
pouvait être complètement dressé, il aurait plutôt la forme d'un arbre touffu,
à souche unique sans doute, mais à rameaux divergents. Mais, malgré cette
disposition, la distance entre deux types est mesurable ; ils sont plus ou moins
hauts. Surtout on a le droit de dire d'un type qu'il est au-dessus d'un autre
quand il a commencé par avoir la forme de ce dernier et qu'il l'a dépassée.
C'est certainement qu'il appartient à une branche ou à un rameau plus élevé.
(³) V. chap. VI, § 2.
(⁴) Le droit contractuel, le droit de tester, la tutelle, l'adoption, etc., sont
choses inconnues du Pentateuque.

sitions qui concernent les cérémonies religieuses, et encore semblent-elles y avoir été admises en qualité de lois somptuaires. Or, l'état de dissociation plus ou moins complète où se trouvent l'élément juridique et l'élément religieux est un des meilleurs signes auxquels on peut reconnaître si une société est plus ou moins développée qu'une autre (¹).

Aussi le droit criminel n'occupe-t-il plus toute la place. Les règles qui sont sanctionnées par des peines et celles qui n'ont que des sanctions restitutives sont, cette fois, bien distinguées les .unes des autres. Le droit restitutif s'est dégagé du droit répressif qui l'absorbait primitivement; il a maintenant ses caractères propres, sa constitution personnelle, son individualité. Il existe comme espèce juridique distincte, munie d'organes spéciaux, d'une procédure spéciale. Le droit coopératif lui-même fait son apparition; on trouve dans les XII Tables un droit domestique et un droit contractuel.

Toutefois, si le droit pénal a perdu de sa prépondérance primitive, sa part reste grande. Sur les 115 fragments de cette loi que Voigt est parvenu à reconstituer, il n'y en a que 66 qui puissent être attribués au droit restitutif; 49 ont un caractère pénal accentué (²). Par conséquent, le droit pénal n'est pas loin de représenter la moitié de ce code tel qu'il nous est parvenu, et pourtant, ce qui nous en reste ne peut nous donner qu'une idée très incomplète de l'importance qu'avait le droit répressif au moment où il fut rédigé. Car ce sont les parties qui étaient consacrées à ce droit qui ont dû se perdre le plus facilement. C'est aux jurisconsultes de l'époque classique que nous devons presque exclusivement les fragments qui nous ont été conservés; or, ils s'intéressaient beaucoup plus aux problèmes du droit civil qu'aux questions du droit criminel. Celui-ci ne se prête guère aux belles controverses qui ont été de tout temps la passion des

---

(¹) Cf. Walter, op. cit., §§ 1 et 2; Voigt, Die XII Tafeln, I, p. 43.

(²) Dix (lois somptuaires) ne mentionnent pas expressément de sanction ; mais le caractère pénal n'en est pas douteux.

juristes. Cette indifférence générale dont il était l'objet a dû avoir pour effet de faire sombrer dans l'oubli une bonne partie de l'ancien droit pénal de Rome. D'ailleurs, même le texte authentique et complet de la loi des XII Tables ne le contenait certainement pas tout entier. Car elle ne parlait ni des crimes religieux, ni des crimes domestiques, qui étaient jugés les uns et les autres par des tribunaux particuliers, ni des attentats contre les mœurs. Il faut enfin tenir compte de la paresse que le droit pénal met, pour ainsi dire, à se codifier. Comme il est gravé dans toutes les consciences, on n'éprouve pas le besoin de l'écrire pour le faire connaître. Pour toutes ces raisons, on a le droit de présumer que, même au IVᵉ siècle de Rome, le droit pénal représentait encore la majeure partie des règles juridiques.

Cette prépondérance est encore beaucoup plus certaine et beaucoup plus accusée si on le compare, non pas à tout le droit restitutif, mais seulement à la partie de ce droit qui correspond à la solidarité organique. En effet, à ce moment, il n'y a guère que le droit domestique dont l'organisation soit déjà assez avancée; la procédure, pour être gênante, n'est ni variée ni complexe; le droit contractuel commence seulement à naître. « Le petit nombre des contrats que reconnaît l'ancien droit, dit Voigt, contraste de la manière la plus frappante avec la multitude des obligations qui naissent du délit (¹). » Quant au droit public, outre qu'il est encore assez simple, il a en grande partie un caractère pénal parce qu'il a gardé un caractère religieux.

A partir de cette époque, le droit répressif n'a fait que perdre de son importance relative. D'une part, à supposer même qu'il n'ait pas régressé sur un grand nombre de points, que bien des actes qui, à l'origine, étaient regardés comme criminels, n'aient pas cessé peu à peu d'être réprimés, — et le contraire est certain pour ce qui concerne les délits religieux, — du moins, il ne s'est pas sensiblement accru; nous savons que, dès l'époque des

(¹) *XII Tafeln*, II, p. 448.

XII Tables, les principaux types criminologiques du droit romain
sont constitués. Au contraire, le droit contractuel, la procédure,
le droit public n'ont fait que prendre de plus en plus d'extension.
A mesure qu'on avance, on voit les rares et maigres formules
que la loi des XII Tables comprenait sur ces différents points se
développer et se multiplier jusqu'à devenir les systèmes volumineux de l'époque classique. Le droit domestique lui-même se
complique et se diversifie à mesure qu'au droit civil primitif
vient peu à peu s'ajouter le droit prétorien.

L'histoire des sociétés chrétiennes nous offre un autre exemple
du même phénomène. Déjà Sumner-Maine avait conjecturé
qu'en comparant entre elles les différentes lois barbares on
trouverait la place du droit pénal d'autant plus grande qu'elles
sont plus anciennes [1]. Les faits confirment cette présomption.
  La loi salique se rapporte à une société moins développée que
n'était la Rome du ivᵉ siècle. Car si, comme cette dernière, elle
a déjà franchi le type social auquel s'est arrêté le peuple juif,
elle en est pourtant moins complètement dégagée. Les traces en
sont beaucoup plus apparentes; nous le montrerons plus loin.
Aussi le droit pénal y avait-il une importance beaucoup plus
grande. Sur les 293 articles dont est composé le texte de la loi
salique, tel qu'il est édité par Waitz [2], il n'y en a guère que 25
(soit environ 0 0/0) qui n'aient pas de caractère répressif; ce sont
ceux qui sont relatifs à la constitution de la famille franque [3].
Le contrat n'est pas encore affranchi du droit pénal, car le refus
d'exécuter au jour fixé l'engagement contracté donne lieu à une
amende. Encore la loi salique ne contient-elle qu'une partie du
droit pénal des Francs, puisqu'elle concerne uniquement les
crimes et les délits pour lesquels la composition est permise. Or,

[1] *Ancien Droit*, p. 347.
[2] *Das alte Recht der Salischen Franken*. Kiel, 1846.
[3] Tit. XLIV, XLV, XLVI, LIX, LX, LXII.

il y en avait certainement qui ne pouvaient pas être rachetés.
Que l'on songe que la *Lex* ne contient pas un mot ni sur les
crimes contre l'État, ni sur les crimes militaires, ni sur ceux
contre la religion, et la prépondérance du droit répressif appa-
raîtra plus considérable encore (¹).

Elle est déjà moindre dans la loi des Burgundes, qui est plus
récente. Sur 311 articles, nous en avons compté 98, c'est-à-dire
près d'un tiers, qui ne présentent aucun caractère pénal. Mais
l'accroissement porte uniquement sur le droit domestique, qui
s'est compliqué, tant pour ce qui concerne le droit des choses que
pour ce qui regarde celui des personnes. Le droit contractuel
n'est pas beaucoup plus développé que dans la loi salique.

Enfin la loi des Wisigoths, dont la date est encore plus récente
et qui se rapporte à un peuple encore plus cultivé, témoigne
d'un nouveau progrès dans le même sens. Quoique le droit
pénal y prédomine encore, le droit restitutif y a une importance
presque égale. On y trouve en effet tout un code de procédure
(liv. I et II), un droit matrimonial et un droit domestique déjà très
développés (liv. III, tit. 1 et VI; liv. IV). Enfin, pour la première
fois, tout un livre, le cinquième, est consacré aux transactions.

L'absence de codification ne nous permet pas d'observer avec la
même précision ce double développement dans toute la suite de
notre histoire; mais il est incontestable qu'il s'est poursuivi dans
la même direction. Dès cette époque, en effet, le catalogue
juridique des crimes et des délits est déjà très complet. Au
contraire, le droit domestique, le droit contractuel, la procédure,
le droit public se sont développés sans interruption, et c'est ainsi
que finalement le rapport entre les deux parties du droit que
nous comparons s'est trouvé renversé.

Le droit répressif et le droit coopératif varient donc exactement comme le faisait prévoir la théorie qui se trouve ainsi

_____

(¹) Cf. Thonissen, *Procédure de la loi salique*, p. 241.

confirmée. Il est vrai qu'on a parfois attribué à une autre cause
cette prédominance du droit pénal dans les sociétés inférieures;
on l'a expliquée « par la violence habituelle dans les sociétés qui
commencent à écrire leurs lois. Le législateur, dit-on, a divisé son
œuvre en proportion de la fréquence de certains accidents de la
vie barbare (¹). » M. Sumner-Maine, qui rapporte cette explication, ne la trouve pas complète; en réalité, elle n'est pas seule-
lement incomplète, elle est fausse. D'abord, elle fait du droit une
création artificielle du législateur, puisqu'il aurait été institué pour
contredire les mœurs publiques et réagir contre elles. Or, une telle
conception n'est plus aujourd'hui soutenable. Le droit exprime
les mœurs, et, s'il réagit contre elles, c'est avec la force qu'il leur
a empruntée. Là où les actes de violence sont fréquents, ils sont
tolérés; leur délictuosité est en raison inverse de leur fréquence.
Ainsi, chez les peuples inférieurs, les crimes contre les personnes
sont plus ordinaires que dans nos sociétés civilisées; aussi sont-ils
au dernier degré de l'échelle pénale. On peut presque dire que
les attentats sont d'autant plus sévèrement punis qu'ils sont plus
rares. De plus, ce qui fait l'état pléthorique du droit pénal
primitif, ce n'est pas que nos crimes d'aujourd'hui y sont l'objet
de dispositions plus étendues, mais c'est qu'il existe une criminalité luxuriante propre à ces sociétés, et dont leur prétendue
violence ne saurait rendre compte : délits contre la foi religieuse,
contre le rite, contre le cérémonial, contre les traditions de
toute sorte, etc. La vraie raison de ce développement des règles
répressives, c'est donc qu'à ce moment de l'évolution la conscience collective est étendue et forte, alors que le travail n'est
pas encore divisé.

Ces principes posés, la conclusion va s'en dégager toute seule.

(¹) *Ancien Droit*, p. 318.

CHAPITRE V

—

PRÉPONDÉRANCE PROGRESSIVE DE LA SOLIDARITÉ ORGANIQUE ET SES CONSÉQUENCES

———

I

Il suffit en effet de jeter un coup d'œil sur nos codes pour y constater la place très réduite que le droit répressif occupe par rapport au droit coopératif. Qu'est-ce que le premier à côté de ce vaste système formé par le droit domestique, le droit contractuel, le droit commercial, etc.? L'ensemble des relations soumises à une réglementation pénale ne représente donc que la plus petite fraction de la vie générale, et, par conséquent, les liens qui nous attachent à la société et qui dérivent de la communauté des croyances et des sentiments sont beaucoup moins nombreux que ceux qui résultent de la division du travail.

Il est vrai, comme nous en avons déjà fait la remarque, que la conscience commune et la solidarité qu'elle produit ne sont pas exprimées tout entières par le droit pénal; la première crée d'autres liens que ceux dont il réprime la rupture. Il y a des états moins forts ou plus vagues de la conscience collective qui font sentir leur action par l'intermédiaire des mœurs, de l'opinion publique, sans qu'aucune sanction légale y soit attachée, et qui, pourtant, contribuent à assurer la cohésion de la société. Mais le droit coopératif n'exprime pas davantage tous les liens qu'engendre la division du travail; car il ne nous donne également de toute cette partie de la vie sociale qu'une représentation schématique. Dans une multitude de cas, les rapports de mutuelle dépendance qui unissent les fonctions divisées ne sont réglés que par des usages, et ces règles non écrites dépassent certainement en nombre celles qui servent de prolongement au droit répressif, car elles doivent être aussi diverses que les fonctions sociales elles-mêmes. Le rapport entre les unes et les autres est donc le même que celui des deux droits qu'elles complètent, et, par conséquent, on peut en faire abstraction sans que le résultat du calcul soit modifié.

Cependant, si nous n'avions constaté ce rapport que dans nos sociétés actuelles et au moment précis de leur histoire où nous sommes arrivés, on pourrait se demander s'il n'est pas dû à des causes temporaires et peut-être pathologiques. Mais nous venons de voir que, plus un type social est rapproché du nôtre, plus le droit coopératif devient prédominant; au contraire, le droit pénal occupe d'autant plus de place qu'on s'éloigne de notre organisation actuelle. C'est donc que ce phénomène est lié, non à quelque cause accidentelle et plus ou moins morbide, mais à la structure de nos sociétés dans ce qu'elle a de plus essentiel, puisqu'il se développe d'autant plus qu'elle se détermine davantage. Ainsi la loi que nous avons établie dans notre précédent chapitre nous est doublement utile. Outre qu'elle a confirmé les principes sur lesquels repose notre conclusion, elle nous permet d'établir la généralité de cette dernière.

Mais de cette seule comparaison nous ne pouvons pas encore déduire quelle est la part de la solidarité organique dans la cohésion générale de la société. En effet, ce qui fait que l'individu est plus ou moins étroitement fixé à son groupe, ce n'est pas seulement la multiplicité plus ou moins grande des points d'attache, mais aussi l'intensité variable des forces qui l'y tiennent attaché. Il pourrait donc se faire que les liens qui résultent de la division du travail, tout en étant plus nombreux, fussent plus faibles que les autres, et que l'énergie supérieure de ceux-ci

compensât leur infériorité numérique. Mais c'est le contraire
qui est la vérité.

En effet, ce qui mesure la force relative de deux liens sociaux,
c'est l'inégale facilité avec laquelle ils se brisent. Le moins
résistant est évidemment celui qui se rompt sous la moindre
pression. Or, c'est dans les sociétés inférieures, où la solidarité
par ressemblances est seule ou presque seule, que ces ruptures
sont le plus fréquentes et le plus aisées. « Au début, dit M. Spencer, quoique ce soit pour l'homme une nécessité de s'unir à un
groupe, il n'est pas obligé de rester uni à ce même groupe. Les
Kalmoucks et les Mongols abandonnent leur chef quand ils
trouvent son autorité oppressive, et passent à d'autres. Les Abi-
pones quittent leur chef sans lui en demander la permission et
sans qu'il en marque son déplaisir, et ils vont avec leur famille
partout où il leur plaît (1). » Dans l'Afrique du Sud, les Balondas
passent sans cesse d'une partie du pays à l'autre. Mac Culloch a
remarqué les mêmes faits chez les Koukis. Chez les Germains,
tout homme qui aimait la guerre pouvait se faire soldat sous un
chef de son choix. « Rien n'était plus ordinaire et ne semblait
plus légitime. Un homme se levait au milieu d'une assemblée;
il annonçait qu'il allait faire une expédition en tel lieu, contre
tel ennemi; ceux qui avaient confiance en lui et qui désiraient
du butin l'acclamaient pour chef et le suivaient... Le lien social
était trop faible pour retenir les hommes malgré eux contre les
tentations de la vie errante et du gain (2). » Waitz dit d'une
manière générale des sociétés inférieures que, même là où un
pouvoir directeur est constitué, chaque individu conserve assez
d'indépendance pour se séparer en un instant de son chef, « et
se soulever contre lui, s'il est assez puissant pour cela, sans
qu'un tel acte passe pour criminel » (3). Alors même que le gouvernement est despotique, dit le même auteur, chacun a toujours

(1) *Sociologie*, III, p. 381.
(2) Fustel de Coulanges, *Histoire des Institutions politiques de l'ancienne
France*, 1re part., p. 352.
(3) *Anthropologie* etc., 1re part., p. 359-360.

la liberté de faire sécession avec sa famille. La règle d'après laquelle le Romain, fait prisonnier par les ennemis, cessait de faire partie de la cité, ne s'expliquerait-elle pas aussi par la facilité avec laquelle le lien social pouvait alors se rompre?

Il en est tout autrement à mesure que le travail se divise. Les différentes parties de l'agrégat, parce qu'elles remplissent des fonctions différentes, ne peuvent pas être facilement séparées. « Si, dit M. Spencer, on séparait du Middlesex ses alentours, toutes ses opérations s'arrêteraient au bout de quelques jours, faute de matériaux. Séparez le district où l'on travaille le coton d'avec Liverpool et les autres centres, et son industrie s'arrêtera, puis sa population périra. Séparez les populations houillères des populations voisines qui fondent les métaux ou fabriquent les draps d'habillement à la machine, et aussitôt celles-ci mourront socialement, puis elles mourront individuellement. Sans doute, quand une société civilisée subit une division telle qu'une de ses parties demeure privée d'une agence centrale exerçant l'autorité, elle ne tarde pas à en faire une autre; mais elle court grand risque de dissolution, et, avant que la réorganisation reconstitue une autorité suffisante, elle est exposée à rester pendant long-temps dans un état de désordre et de faiblesse ([1]). » C'est pour cette raison que les annexions violentes, si fréquentes autrefois, deviennent de plus en plus des opérations délicates et d'un succès incertain. C'est qu'aujourd'hui, arracher une province à un pays, c'est retrancher un ou plusieurs organes d'un organisme. La vie de la région annexée est profondément troublée, séparée qu'elle est des organes essentiels dont elle dépendait; or, de telles mutilations et de tels troubles déterminent nécessairement des douleurs durables dont le souvenir ne s'efface pas. Même pour l'individu isolé, ce n'est pas chose aisée de changer de nationalité, malgré la similitude plus grande des différentes civilisations ([2]).

([1]) *Sociol.*, II, p. 51.
([2]) On verra de même, dans le chapitre VII, que le lien qui rattache l'individu à sa famille est d'autant plus fort, plus difficile à briser, que le travail domestique est plus divisé.

L'expérience inverse ne serait pas moins démonstrative. Plus la solidarité est faible, c'est-à-dire plus la trame sociale est relâchée, plus aussi il doit être facile aux éléments étrangers d'être incorporés dans les sociétés. Or, chez les peuples inférieurs, la naturalisation est l'opération la plus simple du monde. Chez les Indiens de l'Amérique du Nord, tout membre du clan a le droit d'y introduire de nouveaux membres par voie d'adoption. « Les captifs pris à la guerre ou sont mis à mort, ou sont adoptés dans le clan. Les femmes et les enfants faits prisonniers sont régulièrement l'objet de la clémence. L'adoption ne confère pas seulement les droits de la gentilité (droits du clan), mais encore la nationalité de la tribu [1]. » On sait avec quelle facilité Rome, à l'origine, accorda le droit de cité aux gens sans asile et aux peuples qu'elle conquit [2]. C'est d'ailleurs par des incorporations de ce genre que se sont accrues les sociétés primitives. Pour qu'elles fussent aussi pénétrables, il fallait qu'elles n'eussent pas de leur unité et de leur personnalité un sentiment très fort [3]. Le phénomène contraire s'observe là où les fonctions sont spécialisées. L'étranger, sans doute, peut bien s'introduire provisoirement dans la société, mais l'opération par laquelle il est assimilé, à savoir la naturalisation, devient longue et complexe. Elle n'est plus possible sans un assentiment du groupe, solennellement manifesté et subordonné à des conditions spéciales [4].

On s'étonnera peut-être qu'un lien qui attache l'individu à la communauté au point de l'y absorber puisse se rompre ou se nouer avec cette facilité. Mais ce qui fait la rigidité d'un lien social n'est pas ce qui en fait la force de résistance. De ce que

[1] Morgan, *Ancient Society*, p. 80.
[2] Denys d'Halicar., I, 0. — Cf. Accarias, *Précis de droit romain*, I, §51.
[3] Ce fait n'est pas du tout inconciliable avec cet autre que, dans ces sociétés, l'étranger est un objet de répulsion. Il inspire ces sentiments tant qu'il reste étranger. Ce que nous disons, c'est qu'il perd facilement cette qualité d'étranger pour être nationalisé.
[4] On verra de même, dans le chapitre VII, que les intrusions d'étrangers dans la société familiale sont d'autant plus faciles que le travail domestique est moins divisé.

les parties de l'agrégat, quand elles sont unies, ne se meuvent qu'ensemble, il ne suit pas qu'elles soient obligées ou de rester unies, ou de périr. Tout au contraire, comme elles n'ont pas besoin les unes des autres, comme chacun porte en soi tout ce qui fait la vie sociale, il peut aller la transporter ailleurs, d'autant plus aisément que ces sécessions se font généralement par bandes; car l'individu est alors constitué de telle sorte qu'il ne peut se mouvoir qu'en groupe, même pour se séparer de son groupe. De son côté, la société exige bien de chacun de ses membres, tant qu'ils en font partie, l'uniformité des croyances et des pratiques; mais, comme elle peut perdre un certain nombre de ses sujets sans que l'économie de sa vie intérieure en soit troublée, parce que le travail social y est peu divisé, elle ne s'oppose pas fortement à ces diminutions. De même, là où la solidarité ne dérive que des ressemblances, quiconque ne s'écarte pas trop du type collectif est sans résistance incorporé dans l'agrégat. Il n'y a pas de raisons pour le repousser, et même, s'il y a des places vides, il y a des raisons pour l'attirer. Mais, là où la société forme un système de parties différenciées et qui se complètent mutuellement, des éléments nouveaux ne peuvent se greffer sur les anciens sans troubler ce concert, sans altérer ces rapports, et, par suite, l'organisme résiste à des intrusions qui ne peuvent pas se produire sans perturbations.

II

Non seulement, d'une manière générale, la solidarité mécanique lie moins fortement les hommes que la solidarité organique, mais encore, à mesure qu'on avance dans l'évolution sociale, elle va de plus en plus en se relâchant.

En effet, la force des liens sociaux qui ont cette origine varie en fonction des trois conditions suivantes :

1° Le rapport entre le volume de la conscience commune et

celui de la conscience individuelle. Ils ont d'autant plus d'énergie que la première recouvre plus complètement la seconde;

2° L'intensité moyenne des états de la conscience collective. Le rapport des volumes supposé égal, elle a d'autant plus d'action sur l'individu qu'elle a plus de vitalité. Si, au contraire, elle n'est faite que d'impulsions faibles, elle ne l'entraine que faiblement dans le sens collectif. Il aura donc d'autant plus de facilité pour suivre son sens propre et la solidarité sera moins forte;

3° La détermination plus ou moins grande de ces mêmes états. En effet, plus les croyances et les pratiques sont définies, moins elles laissent de place aux divergences individuelles. Ce sont des moules uniformes dans lesquels nous coulons tous uniformément nos idées et nos actions; le *consensus* est donc aussi parfait que possible; toutes les consciences vibrent à l'unisson. Inversement, plus les règles de la conduite et celles de la pensée sont générales et indéterminées, plus la réflexion individuelle doit intervenir pour les appliquer aux cas particuliers. Or, celle-ci ne peut s'éveiller sans que les dissidences éclatent; car, comme elle varie d'un homme à l'autre en qualité et en quantité, tout ce qu'elle produit a le même caractère. Les tendances centrifuges vont donc en se multipliant aux dépens de la cohésion sociale et de l'harmonie des mouvements.

D'autre part, les états forts et définis de la conscience commune sont les racines du droit pénal. Or, nous allons voir que le nombre de ces dernières est moindre aujourd'hui qu'autrefois, et qu'il diminue progressivement à mesure que les sociétés se rapprochent de notre type actuel. C'est donc que l'intensité moyenne et le degré moyen de détermination des états collectifs ont eux-mêmes diminué. De ce fait, il est vrai, nous ne pouvons pas conclure que l'étendue totale de la conscience commune se soit rétrécie; car il peut se faire que la région à laquelle correspond le droit pénal se soit contractée et que le reste, au contraire, se soit dilaté. Il peut y avoir moins d'états forts et définis, et en revanche un plus grand nombre d'autres. Mais cet accroissement, s'il est réel, est tout au plus l'équivalent de celui qui s'est produit dans la conscience individuelle; car celle-ci s'est pour le moins agrandie dans les mêmes proportions. S'il y a plus de choses communes à tous, il y en a aussi beaucoup plus qui sont personnelles à chacun. Il y a même tout lieu de croire que les dernières ont augmenté plus que les autres, car les dissemblances entre les hommes sont devenues plus prononcées à mesure qu'ils se sont cultivés. Nous venons de voir que les activités spéciales se sont plus développées que la conscience commune; il est donc pour le moins probable que, dans chaque conscience particulière, la sphère personnelle s'est beaucoup plus agrandie que l'autre. En tout cas, le rapport entre elles est tout au plus resté le même; par conséquent, de ce point de vue, la solidarité mécanique n'a rien gagné, si tant est qu'elle n'ait rien perdu. Si donc, d'un autre côté, nous établissons que la conscience collective est devenue plus faible et plus vague, nous pourrons être assurés qu'il y a un affaiblissement de cette solidarité, puisque des trois conditions dont dépend sa puissance d'action deux au moins perdent de leur intensité, la troisième restant sans changement.

Pour faire cette démonstration, il ne nous servirait à rien de comparer le nombre des règles à sanction répressive dans les différents types sociaux, car il ne varie pas exactement comme celui des sentiments qu'elles représentent. Un même sentiment peut en effet être froissé de plusieurs manières différentes et donner ainsi naissance à plusieurs règles sans se diversifier pour cela. Parce qu'il y a maintenant plus de manières d'acquérir la propriété, il y a aussi plus de manières de voler; mais le sentiment du respect de la propriété d'autrui ne s'est pas multiplié pour autant. Parce que la personnalité individuelle s'est développée et comprend plus d'éléments, il y a plus d'attentats possibles contre elle; mais le sentiment qu'ils offensent est toujours le même. Il nous faut donc, non pas nombrer les règles, mais les grouper en classes et en sous-classes, suivant qu'elles se rapportent au même sentiment ou à des sentiments différents, ou à des variétés différentes d'un même sentiment. Nous constituerons ainsi les types criminologiques et leurs variétés essentielles dont le nombre est nécessairement égal à celui des états forts et définis de la conscience commune. Plus ceux-ci sont nombreux, plus aussi il doit y avoir d'espèces criminelles, et, par conséquent, les variations des unes reflètent exactement celles des autres. Pour fixer les idées, nous avons réuni dans le tableau suivant les principaux de ces types et les principales de ces variétés qui ont été reconnus dans les différentes sortes de sociétés. Il est bien évident qu'une telle classification ne saurait être ni très complète, ni parfaitement rigoureuse; cependant, pour la conclusion que nous voulons en tirer, elle est d'une très suffisante exactitude. En effet, elle comprend certainement tous les types criminologiques actuels; nous risquons seulement d'avoir omis quelques-uns de ceux qui ont disparu. Mais comme nous voulons justement démontrer que le nombre en a diminué, ces omissions ne seraient qu'un argument de plus à l'appui de notre proposition.

Règles prohibant des actes contraires à des sentiments collectifs

I

AYANT DES OBJETS GÉNÉRAUX

Sentiments religieux.
- Positifs (Imposant la pratique de la religion).
- Négatifs (1)..
  - — Relatifs aux croyances touchant le divin.
  - — au culte.
  - — aux organes du culte
    - Sanctuaires.
    - Prêtres.

(1) Les sentiments que nous appelons positifs sont ceux qui imposent des actes positifs, comme la pratique de la foi; les sentiments négatifs n'imposent que l'abstention. Il n'y a donc entre eux que des différences de degrés. Elles sont pourtant importantes, car elles marquent deux moments de leur développement.

Sentiments nationaux. { Positifs (Obligations civiques positives).
Négatifs (Trahison, guerre civile, etc.).

Sentiments domestiques.... { Positifs...... { Paternels et filiaux.
Conjugaux.
De parenté en général.
Négatifs. — Les mêmes.

Sentiments relatifs aux rapports sexuels.. { Unions prohibées...... { Inceste.
Sodomie.
Mésalliances.
Prostitution.
Pudeur publique.
Pudeur des mineurs.

Sentiments relatifs au travail. { Mendicité.
Vagabondage.
Ivresse (¹).
Réglementation pénale du travail.

Sentiments traditionnels divers... { Relatifs à certains usages professionnels.
— à la sépulture.
— à la nourriture.
— au costume.
— au cérémonial.
— à des usages de toutes sortes.

Sentiments relatifs à l'organe de la conscience commune. { En tant qu'ils sont offensés directement.......... { Lèse-majesté.
Complots contre le pouvoir légitime.
Outrages, violences contre l'autorité,
— Rébellion.

Indirectement (²)... { Empiètements des particuliers sur les fonctions publiques, — Usurpations, — Faux publics.
Forfaitures des fonctionnaires et diverses fautes professionnelles.
Fraudes au détriment de l'État.
Désobéissances de toutes sortes (contraventions administratives).

(¹) Il est probable que d'autres mobiles interviennent dans notre réprobation de l'ivresse, notamment le dégoût qu'inspire l'état de dégradation où se trouve naturellement l'homme ivre.

(²) Nous rangeons sous cette rubrique les actes qui doivent leur caractère criminel au pouvoir de réaction propre à l'organe de la conscience commune, du moins en partie. Une séparation exacte entre ces deux sous-classes est d'ailleurs bien difficile à faire.

II

AYANT DES OBJETS INDIVIDUELS

Sentiments Meurtres, blessures, — Suicide.
relatifs
à la Liberté individuelle. Physique.
personne Morale (Pression dans l'exercice des
de droits civiques).
l'individu... L'honneur......... Injures, calomnies.
Faux témoignages.

Aux choses Vols, — Escroquerie, abus de confiance.
de Fraudes diverses.
l'individu.

Sentiments relatifs à une Faux-monnayage, — Banqueroute.
généralité d'individus, Incendie.
soit dans leurs person- Brigandage, — Pillage.
nes, soit dans leurs biens. Santé publique.

III

Il suffit de jeter un coup d'œil sur ce tableau pour reconnaitre qu'un grand nombre de types criminologiques se sont progressivement dissous.

Aujourd'hui, la réglementation de la vie domestique presque tout entière a perdu tout caractère pénal. Il n'en faut excepter que la prohibition de l'adultère et celle de la bigamie. Encore l'adultère occupe-t-il dans la liste de nos crimes une place tout à fait exceptionnelle, puisque le mari a le droit d'exempter de la peine la femme condamnée. Quant aux devoirs des autres membres de la famille, ils n'ont plus de sanction répressive. Il n'en était pas de même autrefois. Le décalogue fait de la piété filiale une obligation sociale. Aussi le fait de frapper ses parents (1) ou de les maudire (2), ou de désobéir au père (3), était-il puni de mort.

(1) *Exode*, XXI, 17. — Cf. *Deutér.*, XXVII, 16.
(2) *Exode*, XXI, 15.
(3) *Exode*, XXI, 18-21.

Dans la cité athénienne qui, tout en appartenant au même type que la cité romaine, en représente cependant une variété plus primitive, la législation sur ce point avait le même caractère. Les manquements aux devoirs de famille donnaient ouverture à une plainte spéciale, la γραφὴ κακώσεως. « Ceux qui maltraitaient ou insultaient leurs parents ou leurs ascendants, qui ne leur fournissaient pas les moyens d'existence dont ils avaient besoin, qui ne leur procuraient pas des funérailles en rapport avec la dignité de leurs familles... pouvaient être poursuivis par la γραφὴ κακώσεως (1). » Les devoirs des parents envers l'orphelin ou l'orpheline étaient sanctionnés par des actions du même genre. Cependant, les peines sensiblement moindres qui frappaient ces délits témoignent que les sentiments correspondants n'avaient pas à Athènes la même force ou la même détermination qu'en Judée (2).

A Rome, enfin, une régression nouvelle et encore plus accusée se manifeste. Les seules obligations de famille que consacre la loi pénale sont celles qui lient le client au patron et réciproquement (3). Quant aux autres fautes domestiques, elles ne sont plus punies que disciplinairement par le père de famille. Sans doute, l'autorité dont il dispose lui permet de les réprimer sévèrement; mais, quand il use ainsi de son pouvoir, ce n'est pas comme fonctionnaire public, comme magistrat chargé de faire respecter dans sa maison la loi générale de l'État, c'est comme particulier qu'il agit (4). Ces sortes d'infractions tendent donc à devenir des affaires purement privées dont la société se désintéresse. C'est ainsi que peu à peu les sentiments domesti-

---

(1) Thonissen, *Droit pénal de la République athénienne*, p. 288.

(2) La peine n'était pas déterminée, mais semble avoir consisté dans la dégradation. (V. Thonissen, *op. cit.*, p. 291.)

(3) *Patronus, si clienti fraudem fecerit, sacer esto*, dit la loi des XII Tables. — A l'origine de la cité, le droit pénal était moins étranger à la vie domestique. Une *lex regia*, que la tradition fait remonter à Romulus, maudissait l'enfant qui avait exercé des sévices contre ses parents. (Festus, p. 230, s. v. *Plorare*.)

(4) V. Voigt, *XII Tafeln*, II, 273.

ques sont sortis de la partie centrale de la conscience commune ([1]).

Telle a été l'évolution des sentiments relatifs aux rapports des sexes. Dans le Pentateuque, les attentats contre les mœurs occupent une place considérable. Une multitude d'actes sont traités comme des crimes que notre législation ne réprime plus : la corruption de la fiancée (Deutéronome, XXII, 23-27), l'union avec une esclave (Lévitique, XIX, 20-22), la fraude de la jeune fille déflorée qui se présente comme vierge au mariage (Deutéronome, XXII, 13-21), la sodomie (Lévitique, XVIII, 22), la bestialité (Exode, XXII, 19). la prostitution (Lévitique, XIX, 20), et plus spécialement la prostitution des filles de prêtres (*Ibid.*, XXI, 19); l'inceste, et le Lévitique (ch. XVII) ne compte pas moins de dix-sept cas d'inceste. Tous ces crimes sont de plus frappés de peines très sévères : pour la plupart, c'est la mort. Ils sont déjà moins nombreux dans le droit athénien, qui ne réprime plus que la pédérastie salariée, le proxénétisme, le commerce avec une citoyenne honnête en dehors du mariage, enfin l'inceste, quoique nous soyons mal renseignés sur les caractères constitutifs de l'acte incestueux. Les peines étaient aussi généralement moins élevées. Dans la cité romaine, la situation est à peu près la même, quoique toute cette partie de la législation y soit plus indéterminée: on dirait qu'elle perd de son relief. «La pédérastie, dans la cité primitive, dit Rein, sans être prévue par la loi, était punie par le peuple, les censeurs ou le père de famille, de mort, d'amende ou d'infamie ([2]).» Il en était à peu près de même du

---

([1]) On s'étonnera peut-être que l'on puisse parler d'une régression des sentiments domestiques à Rome, le lieu d'élection de la famille patriarcale. Nous ne pouvons que constater les faits; ce qui les explique, c'est que la formation de la famille patriarcale a eu pour effet de retirer de la vie publique une foule d'éléments, de constituer une sphère d'action privée, une sorte de for intérieur. Une source de variations s'es, ainsi ouverte qui n'existait pas jusque-là. Du jour où la vie de famille s'est soustraite à l'action sociale pour se renfermer dans la maison, elle a varié de maison en maison, et les sentiments domestiques ont perdu de leur uniformité et de leur détermination.

([2]) *Criminalrecht der Roemer*, p. 865.

stuprum ou commerce illégitime avec une matrone. Le père avait le droit de punir sa fille; le peuple punissait d'une amende ou d'exil le même crime sur la plainte des édiles (¹). Il semble bien que la répression de ces délits soit en partie déjà chose domestique et privée. Enfin, aujourd'hui, ces sentiments n'ont plus d'écho dans le droit pénal que dans deux cas : quand ils sont offensés publiquement ou dans la personne d'un mineur, incapable de se défendre (²).

La classe des règles pénales que nous avons désignées sous la rubrique *traditions diverses* représente en réalité une multitude de types criminologiques distincts, correspondant à des sentiments collectifs différents. Or, ils ont tous, ou presque tous, progressivement disparu. Dans les sociétés simples, où la tradition est toute-puissante et où presque tout est en commun, les usages les plus puérils deviennent par la force de l'habitude des devoirs impératifs. Au Tonkin, il y a une foule de manquements aux convenances qui sont plus sévèrement réprimés que de graves attentats contre la société (³). En Chine, on punit le médecin qui n'a pas régulièrement rédigé son ordonnance (⁴). Le Pentateuque est rempli de prescriptions du même genre. Sans parler d'un très grand nombre de pratiques semi-religieuses dont l'origine est évidemment historique et dont toute la force vient de la tradition, l'alimentation (⁵), le costume (⁶), mille détails de la vie économique y sont soumis à une réglementation très étendue (⁷). Il en était encore de même jusqu'à un certain point

---

(¹) *Criminalrecht der Roemer*, p. 809.

(²) Nous ne rangeons sous cette rubrique ni le rapt, ni le viol, où il entre d'autres éléments. Ce sont des actes de violence plus que d'impudeur.

(³) Post, *Bausteine*, I, p. 226.

(⁴) Post, *Ibid.* — Il en était de même dans l'ancienne Égypte. (V. Thonissen, *Études sur l'histoire du droit criminel des peuples anciens*, I, 149.)

(⁵) *Deutér.*, XIV, 3 et suiv.

(⁶) *Ibid.*, XXII, 5, 11, 12, et XIV, 1.

(⁷) « Tu ne planteras point ta vigne de diverses sortes de plants. » (*Ibid.*, XXII, 9.) — Tu ne laboureras pas avec un âne et un bœuf accouplés. » (*Ibid.*, 10.)

dans les cités grecques. «L'État, dit M. Fustel de Coulanges, exerçait sa tyrannie jusque dans les plus petites choses. A Locres, la loi défendait aux hommes de boire du vin pur. Il était ordinaire que le costume fût fixé invariablement par les lois de chaque cité; la législation de Sparte réglait la coiffure des femmes, et celle d'Athènes leur interdisait d'emporter en voyage plus de trois robes. A Rhodes, la loi défendait de se raser la barbe; à Byzance, elle punissait d'une amende celui qui possédait chez soi un rasoir; à Sparte, au contraire, elle exigeait qu'on se rasât la moustache (1). » Mais le nombre de ces délits est déjà bien moindre; à Rome, on n'en cite guère en dehors de quelques prescriptions somptuaires relatives aux femmes. De nos jours, il serait, croyons-nous, malaisé d'en découvrir dans notre droit.

Mais la perte de beaucoup la plus importante qu'ait faite le droit pénal est celle qui est due à la disparition totale ou presque totale des crimes religieux. Voilà donc tout un monde de sentiments qui a cessé de compter parmi les états forts et définis de la conscience commune. Sans doute, quand on se contente de comparer notre législation sur cette matière avec celle des types sociaux inférieurs pris en bloc, cette régression paraît tellement marquée qu'on se prend à douter qu'elle soit normale et durable. Mais, quand on suit de près le développement des faits, on constate que cette élimination a été régulièrement progressive. On la voit devenir de plus en plus complète à mesure qu'on s'élève d'un type social à l'autre, et, par conséquent, il est impossible qu'elle soit due à un accident provisoire et fortuit.

On ne saurait énumérer tous les crimes religieux que le Pentateuque distingue et réprime. Le Juif devait obéir à tous les commandements de la Loi sous la peine du retranchement. «Celui qui aura violé la Loi la main levée, sera exterminé du

(1) *Cité antique*, p. 206.

milieu de mon peuple ([1]). » A ce titre, il n'était pas seulement
tenu de rien faire qui fût défendu, mais encore de faire tout ce
qui était ordonné, de se faire circoncire soi et les siens, de
célébrer le sabbat, les fêtes, etc. Nous n'avons pas à rappeler
combien ces prescriptions sont nombreuses et de quelles peines
terribles elles sont sanctionnées.

A Athènes, la place de la criminalité religieuse était encore
très grande ; il y avait une accusation spéciale, la γραφὴ ἀσεβείας, destinée à poursuivre les attentats contre la religion nationale. La sphère en était certainement très étendue. «Suivant
toutes les apparences, le droit attique n'avait pas défini nettement
les crimes et les délits qui devaient être qualifiés d'ἀσίβεια, de
telle sorte qu'une large place était laissée à l'appréciation du
juge ([2]). » Cependant, la liste en était certainement moins longue
que dans le droit hébraïque. De plus, ce sont tous ou presque
tous des délits d'action, non d'abstention. Les principaux que l'on
cite sont en effet les suivants : la négation des croyances relatives
aux dieux, à leur existence, à leur rôle dans les affaires
humaines ; la profanation des fêtes, des sacrifices, des jeux, des
temples et des autels ; la violation du droit d'asile, les manquements aux devoirs envers les morts, l'omission ou l'altération
des pratiques rituelles par le prêtre, le fait d'initier le vulgaire
au secret des mystères, de déraciner les oliviers sacrés, la
fréquentation des temples par les personnes auxquelles l'accès en
est interdit ([3]). Le crime consistait donc, non à ne pas célébrer
le culte, mais à le troubler par des actes positifs ou par des
paroles ([4]). Enfin, il n'est pas prouvé que l'introduction de
divinités nouvelles eût régulièrement besoin d'être autorisée et

([1]) *Nombres*, XV, 30.
([2]) Meier et Schömann, *Der attische Process,* 2ᵉ édit. Berlin, 1883, p. 367.
([3]) Nous reproduisons cette liste d'après Meier et Schömann, *op. cit.*, p. 368.
— Cf. Thonissen, *op. cit.*, ch. II.
([4]) M. Fustel de Coulanges dit, il est vrai, que d'après un texte de Pollux
(VIII, 40), la célébration des fêtes était obligatoire. Mais le texte cité parle
d'une profanation positive et non d'une abstention.

fût traitée d'impiété, quoique l'élasticité naturelle de cette accusation eût permis parfois de l'intenter dans ce cas[1]. Il est évident d'ailleurs que la conscience religieuse devait être moins intolérante dans la patrie des sophistes et de Socrate que dans une société théocratique comme était le peuple juif. Pour que la philosophie ait pu y naître et s'y développer, il a fallu que les croyances traditionnelles ne fussent pas assez fortes pour en empêcher l'éclosion.

A Rome, elles pèsent d'un poids moins lourd encore sur les consciences individuelles. M. Fustel de Coulanges a justement insisté sur le caractère religieux de la société romaine; mais, comparé aux peuples antérieurs, l'état romain était beaucoup moins pénétré de religiosité[2]. Les fonctions politiques, séparées très tôt des fonctions religieuses, se les subordonnèrent. « Grâce à cette prépondérance du principe politique et au caractère politique de la religion romaine, l'État ne prêtait à la religion son appui qu'autant que les attentats dirigés contre elle le menaçaient indirectement. Les croyances religieuses d'États étrangers ou d'étrangers vivant dans l'empire romain étaient tolérées, si elles se renfermaient dans leurs limites et ne touchaient pas de trop près à l'État[3]. » Mais l'État intervenait si des citoyens se tournaient vers des divinités étrangères et, par là, nuisaient à la religion nationale. Toutefois, « ce point était traité moins comme une question de droit que comme un intérêt de haute administration, et l'on intervint contre ces actes, suivant l'exigence des circonstances, par des édits d'avertissement et de prohibition ou par des châtiments allant jusqu'à la mort[4]. » Les procès religieux n'ont certainement pas eu autant d'importance dans la justice criminelle de Rome que dans celle d'Athènes. Nous n'y

---

[1] Meier et Schömann, *op. cit.*, 369. — Cf. *Dictionnaire des Antiquités*, art. *Asebeia.*

[2] M. Fustel reconnaît lui-même que ce caractère était beaucoup plus marqué dans la cité athénienne. (*La Cité*, ch. XVIII, dernières lignes.)

[3] Rein, *op. cit.*, p. 887-88.

[4] Walter, *op. cit.*, § 801.

trouvons aucune institution juridique qui rappelle la γραφὴ ἀσεβείας.

Non seulement les crimes contre la religion sont plus nettement déterminés et sont moins nombreux, mais beaucoup d'entre eux ont baissé d'un ou de plusieurs degrés. Les Romains, en effet, ne les mettaient pas tous sur le même pied, mais distinguaient les *scelera expiabilia* des *scelera inexpiabilia*. Les premiers ne nécessitaient qu'une expiation qui consistait dans un sacrifice offert aux dieux [1]. Sans doute, ce sacrifice était une peine en ce sens que l'État en pouvait exiger l'accomplissement, parce que la tache dont s'était souillé le coupable contaminait la société et risquait d'attirer sur elle la colère des dieux. Cependant, c'est une peine d'un tout autre caractère que la mort, la confiscation, l'exil, etc. Or, ces fautes si aisément rémissibles étaient de celles que le droit athénien réprimait avec la plus grande sévérité. C'étaient en effet :

1° La profanation de tout *locus sacer;*

2° La profanation de tout *locus religiosus;*

3° Le divorce en cas de mariage *per confarreationem;*

4° La vente d'un fils issu d'un tel mariage;

5° L'exposition d'un mort aux rayons du soleil;

6° L'accomplissement sans mauvaise intention de l'un quelconque des *scelera inexpiabilia.*

A Athènes, la profanation des temples, le moindre trouble apporté aux cérémonies religieuses, parfois même la moindre infraction au rituel [2] étaient punis du dernier supplice.

A Rome, il n'y avait de véritables peines que contre les attentats qui étaient à la fois très graves et intentionnels. Les seuls *scelera inexpiabilia* étaient en effet les suivants :

1° Tout manquement intentionnel au devoir des fonctionnaires de prendre les auspices ou d'accomplir les *sacra*, ou bien encore leur profanation;

[1] V. Marquardt, *Roemische Staatsverfassung*, 2e éd., t. III, p. 185.
[2] V. des faits à l'appui dans Thonissen, *op. cit.*, p. 187.

2° Le fait pour un magistrat d'accomplir une *legis actio* un jour néfaste, et cela intentionnellement;

3° La profanation intentionnelle des *feriæ* par des actes interdits en pareil cas;

3° L'inceste commis par une vestale ou avec une vestale ([1]).

On a souvent reproché au christianisme son intolérance. Cependant il réalisait à ce point de vue un progrès considérable sur les religions antérieures. La conscience religieuse des sociétés chrétiennes, même à l'époque où la foi est à son maximum, ne détermine de réaction pénale que quand on s'insurge contre elle par quelque action d'éclat, quand on la nie et qu'on l'attaque en face. Séparée de la vie temporelle beaucoup plus complètement qu'elle n'était même à Rome, elle ne peut plus s'imposer avec la même autorité et doit se renfermer davantage dans une attitude défensive. Elle ne réclame plus de répression pour des infractions de détail comme celles que nous rappelions tout à l'heure, mais seulement quand elle est menacée dans quelqu'un de ses principes fondamentaux; et le nombre n'en est pas très grand, car la foi, en se spiritualisant, en devenant plus générale et plus abstraite, s'est du même coup simplifiée. Le sacrilège, dont le blasphème n'est qu'une variété, l'hérésie sous ses différentes formes sont désormais les seuls crimes religieux ([2]). La liste continue donc à diminuer, témoignant ainsi que les sentiments forts et définis deviennent eux-mêmes moins nombreux. Com-

---

([1]) D'après Voigt, *XII Tafeln*, I, p. 450-455. — Cf. Marquardt, *Roemische Alterthümer*, VI, 218. — Nous laissons de côté un ou deux *scelera* qui avaient un caractère laïque en même temps que religieux, et nous ne comptons comme tels que ceux qui sont des offenses directes contre les choses divines.

([2]) Du Boys, *op. cit.*, VI, p. 62 et suiv. — Encore faut-il remarquer que la sévérité contre les crimes religieux a été très tardive. Au IXe siècle, le sacrilège est encore racheté moyennant une composition de 30 livres d'argent. (Du Boys, V, 231.) C'est une ordonnance de 1226 qui, pour la première fois, sanctionne la peine de mort contre les hérétiques. On peut donc croire que le renforcement des peines contre ces crimes est un phénomène anormal, dû à des circonstances exceptionnelles et que n'impliquait pas le développement normal du christianisme.

ment, d'ailleurs, pourrait-il en être autrement? Tout le monde reconnait que la religion chrétienne est la plus idéaliste qui ait jamais existé. C'est donc qu'elle est faite d'articles de foi très larges et très généraux beaucoup plus que de croyances particulières et de pratiques déterminées. Voilà comment il se fait que l'éveil de la libre pensée au sein du christianisme a été relativement précoce. Dès l'origine, des écoles différentes se fondent et même des sectes opposées. A peine les sociétés chrétiennes commencent-elles à s'organiser au moyen âge qu'apparait la scolastique, premier effort méthodique de la libre réflexion, première source de dissidences. Les droits de la discussion sont reconnus en principe. Il n'est pas nécessaire de démontrer que le mouvement n'a fait depuis que s'accentuer. C'est ainsi que la criminalité religieuse a fini par sortir complètement ou presque complètement du droit pénal.

IV

Voilà donc nombre de variétés criminologiques qui ont progressivement disparu et sans compensation; car il ne s'en est pas constitué qui fussent absolument nouvelles. Si nous prohibons la mendicité, Athènes punissait l'oisiveté [1]. Il n'est pas de société où les attentats dirigés contre les sentiments nationaux ou contre les institutions nationales aient jamais été tolérés; la répression semble même en avoir été plus sévère autrefois, et, par conséquent, il y a lieu de croire que les sentiments correspondants se sont affaiblis. Le crime de lèse-majesté, si fertile jadis en applications, tend de plus en plus à disparaître.

Cependant, on a dit parfois que les crimes contre la personne individuelle n'étaient pas reconnus chez les peuples inférieurs;

---

[1] Thonissen, op. cit., 363.

que même le vol et le meurtre y étaient honorés. M. Lombroso
a essayé récemment de reprendre cette thèse. Il a soutenu « que
le crime, chez le sauvage, n'est pas une exception, mais la règle
générale... qu'il n'y est considéré par personne comme un
crime [1]. » Mais, à l'appui de cette affirmation, il ne cite que
quelques faits rares et équivoques qu'il interprète sans critique.
C'est ainsi qu'il en est réduit à identifier le vol avec la pratique
du communisme ou avec le brigandage international [2]. Or, de
ce que la propriété est indivise entre tous les membres du
groupe, il ne suit pas du tout que le droit au vol soit reconnu;
il ne peut même y avoir vol que dans la mesure où il y a propriété [3]. De même, de ce qu'une société ne trouve pas révoltant
le pillage aux dépens des nations voisines, on ne peut pas conclure qu'elle tolère les mêmes pratiques dans ses relations intérieures et ne protège pas ses nationaux les uns contre les autres.
Or, c'est l'impunité du brigandage interne qu'il faudrait établir.
Il y a, il est vrai, un texte de Diodore et un autre d'Aulu-
Gelle [4] qui pourraient faire croire qu'une telle licence a
existé dans l'ancienne Égypte. Mais ces textes sont contredits
par tout ce que nous savons sur la civilisation égyptienne :
« Comment admettre, dit très justement M. Thonissen, la tolérance du vol dans un pays où... les lois prononçaient la
peine de mort contre celui qui vivait de gains illicites; où la
simple altération d'un poids ou d'une mesure était punie de
la perte des deux mains [5]? » On peut chercher par voie de

---

(1) *L'Homme criminel*, tr. fr., p. 36.
(2) « Même chez les peuples civilisés, dit M. Lombroso à l'appui de son
dire, la propriété privée fut longue à s'établir. » P. 36, *in fine*.
(3) Voilà ce qu'il ne faut pas oublier pour juger de certaines idées des peuples primitifs sur le vol. Là où le communisme est récent, le lien entre la
chose et la personne est encore faible, c'est-à-dire que le droit de l'individu
sur sa chose n'est pas aussi fort qu'aujourd'hui, ni, par suite, les attentats
contre ce droit aussi graves. Ce n'est pas que le vol soit toléré pour autant; il
n'existe pas dans la mesure où la propriété privée n'existe pas.
(4) Diodore, I, 59; Aulu-Gelle, *Noctes Atticæ*, XI, 18.
(5) Thonissen, *Études*, etc., I, 168.

conjectures(¹) à reconstituer les faits que ces écrivains nous ont inexactement rapportés, mais l'inexactitude de leur récit n'est pas douteuse.

Quant aux homicides dont parle M. Lombroso, ils sont toujours accomplis dans des circonstances exceptionnelles. Ce sont tantôt des faits de guerre, tantôt des sacrifices religieux ou le résultat du pouvoir absolu qu'exerce soit un despote barbare sur ses sujets, soit un père sur ses enfants. Or, ce qu'il faudrait démontrer, c'est l'absence de toute règle qui, en principe, proscrive le meurtre; parmi ces exemples particulièrement extraordinaires, il n'en est pas un qui comporte une telle conclusion. Le fait que, dans des conditions spéciales, il est dérogé à cette règle, ne prouve pas qu'elle n'existe pas. Est-ce que, d'ailleurs, de pareilles exceptions ne se rencontrent pas même dans nos sociétés contemporaines? Est-ce que le général qui envoie un régiment à une mort certaine pour sauver le reste de l'armée agit autrement que le prêtre qui immole une victime pour apaiser le dieu national? Est-ce qu'on ne tue pas à la guerre? Est-ce que le mari qui met à mort la femme adultère ne jouit pas, dans certains cas, d'une impunité relative, quand elle n'est pas absolue? La sympathie dont meurtriers et voleurs sont parfois l'objet n'est pas plus démonstrative. Les individus peuvent admirer le courage de l'homme sans que l'acte soit toléré en principe.

Au reste, la conception qui sert de base à cette doctrine est contradictoire dans les termes. Elle suppose, en effet, que les peuples primitifs sont destitués de toute moralité. Or, du moment que des hommes forment une société, si rudimentaire qu'elle soit, il y a nécessairement des règles qui président à leurs relations et, par conséquent, une morale qui, pour ne pas ressembler à la nôtre, n'en existe pas moins. D'autre part, s'il est une règle commune à toutes ces morales, c'est certainement celle qui pro-

---

(¹) Les conjectures sont faciles. (V. Thonissen et Tarde, *Criminalité*, p. 40.)

hibe les attentats contre la personne; car des hommes qui se ressemblent ne peuvent vivre ensemble sans que chacun éprouve pour ses semblables une sympathie qui s'oppose à tout acte de nature à les faire souffrir (1).

Tout ce qu'il y a de vrai dans cette théorie, c'est d'abord que les lois protectrices de la personne laissaient autrefois en dehors de leur action une partie de la population, à savoir les enfants et les esclaves. Ensuite, il est légitime de croire que cette protection est assurée maintenant avec un soin plus jaloux, et par conséquent que les sentiments collectifs qui y correspondent sont devenus plus forts. Mais il n'y a dans ces deux faits rien qui infirme notre conclusion. Si tous les individus qui, à un titre quelconque, font partie de la société, sont aujourd'hui également protégés, cet adoucissement des mœurs est dû, non à l'apparition d'une règle pénale vraiment nouvelle, mais à l'extension d'une règle ancienne. Dès le principe, il était défendu d'attenter à la vie des membres du groupe; mais cette qualité était refusée aux enfants et aux esclaves. Maintenant que nous ne faisons plus ce distinctions, des actes sont devenus punissables qui n'étaient pas criminels. Mais c'est simplement parce qu'il y a plus de personnes dans la société, et non parce qu'il y a plus de sentiments collectifs. Ce n'est pas eux qui se sont multipliés, mais l'objet auquel ils se rapportent. Si pourtant il y a lieu d'admettre que le respect de la société pour l'individu est devenu plus fort, il ne s'ensuit pas que la région centrale de la conscience commune se soit étendue. Il n'y est pas entré d'éléments nouveaux, puisque de tout temps ce sentiment a existé et de tout temps a eu assez d'énergie pour ne pas tolérer qu'on le froissât. Le seul chan-

---

(1) Cette proposition ne contredit pas cette autre, souvent énoncée au cours de ce travail, que, à ce moment de l'évolution, la personnalité individuelle n'existe pas. Celle qui fait alors défaut, c'est la personnalité psychique et surtout la personnalité psychique supérieure. Mais les individus ont toujours une vie organique distincte, et cela suffit pour donner naissance à cette sympathie, quoiqu'elle devienne plus forte quand la personnalité est plus développée.

gement qui se soit produit, c'est qu'un élément ancien est devenu plus intense. Mais ce simple renforcement ne saurait compenser les pertes multiples et graves que nous avons constatées.

Ainsi, dans l'ensemble, la conscience commune compte de moins en moins de sentiments forts et déterminés; c'est donc que l'intensité moyenne et le degré moyen de détermination des états collectifs vont toujours en diminuant, comme nous l'avions annoncé. Même l'accroissement très restreint que nous venons d'observer ne fait que confirmer ce résultat. Il est, en effet, très remarquable que les seuls sentiments collectifs qui soient devenus plus intenses sont ceux qui ont pour objet, non des choses sociales, mais l'individu. Pour qu'il en soit ainsi, il faut que la personnalité individuelle soit devenue un élément beaucoup plus important de la vie de la société; et, pour qu'elle ait pu acquérir cette importance, il ne suffit pas que la conscience personnelle de chacun se soit accrue en valeur absolue, mais encore qu'elle se soit accrue plus que la conscience commune. Il faut qu'elle se soit émancipée du joug de cette dernière et, par conséquent, que celle-ci ait perdu de l'empire et de l'action déterminante qu'elle exerçait dans le principe. En effet, si le rapport entre ces deux termes était resté le même, si l'une et l'autre s'étaient développées en volume et en vitalité dans les mêmes proportions, les sentiments collectifs qui se rapportent à l'individu seraient, eux aussi, restés les mêmes; surtout ils ne seraient pas les seuls à avoir grandi. Car ils dépendent uniquement de la valeur sociale du facteur individuel, et celle-ci, à son tour, est déterminée, non par le développement absolu de ce facteur, mais par l'étendue relative de la part qui lui revient dans l'ensemble des phénomènes sociaux.

V

On pourrait vérifier encore cette proposition en procédant
d'après une méthode que nous ne ferons qu'indiquer brièvement.

Nous ne possédons pas actuellement de notion scientifique de
ce que c'est que la religion; pour l'obtenir, en effet, il faudrait
avoir traité le problème par cette même méthode comparative
que nous avons appliquée à la question du crime, et c'est une
tentative qui n'a pas encore été faite. On a dit souvent que la
religion était, à chaque moment de l'histoire, l'ensemble des
croyances et des sentiments de toute sorte relatifs aux rapports
de l'homme avec un être ou des êtres dont il regarde la nature
comme supérieure à la sienne. Mais une telle définition est mani-
festement inadéquate. En effet, il y a une multitude de règles,
soit de conduite, soit de pensée, qui sont certainement religieuses et qui pourtant s'appliquent à des rapports d'une tout autre
sorte. La religion défend au Juif de manger de certaines viandes,
lui ordonne de s'habiller d'une manière déterminée; elle impose
telle ou telle opinion sur la nature de l'homme et des choses, sur
les origines du monde; elle règle bien souvent les relations
juridiques, morales, économiques. Sa sphère d'action s'étend
donc bien au delà du commerce de l'homme avec le divin. On
assure d'ailleurs qu'il existe au moins une religion sans Dieu (¹);
il suffirait que ce seul fait fût bien établi pour qu'on n'eût plus le
droit de définir la religion en fonction de l'idée de Dieu. Enfin,
si l'autorité extraordinaire que le croyant prête à la divinité peut
rendre compte du prestige particulier de tout ce qui est religieux,
il reste à expliquer comment les hommes ont été conduits à attribuer une telle autorité à un être qui, de l'aveu de tout le monde,
est, dans bien des cas, sinon toujours, un produit de leur imagi-

(¹) Le Bouddhisme. (V. article sur le Bouddhisme dans l'*Encyclopédie des
sciences religieuses*.)

nation. Rien ne vient de rien; il faut donc que cette force qu'il
a lui vienne de quelque part, et, par conséquent, cette formule
ne nous fait pas connaître l'essence du phénomène.

Mais, cet élément écarté, le seul caractère, semble-t-il, que
présentent également toutes les idées comme tous les sentiments
religieux, c'est qu'ils sont communs à un certain nombre d'individus vivant ensemble, et qu'en outre ils ont une intensité
moyenne assez élevée. C'est en effet un fait constant que,
quand une conviction un peu forte est partagée par une même
communauté d'hommes, elle prend inévitablement un caractère
religieux; elle inspire aux consciences le même respect révérentiel que les croyances proprement religieuses. Il est donc infiniment probable — ce bref exposé ne saurait sans doute constituer
une démonstration rigoureuse — que la religion correspond à
une région également très centrale de la conscience commune.
Il resterait, il est vrai, à circonscrire cette région, à la distinguer de celle qui correspond au droit pénal et avec laquelle
d'ailleurs elle se confond souvent en totalité ou en partie. Ce
sont des questions à étudier, mais dont la solution n'intéresse
pas directement la conjecture très vraisemblable que nous venons
de faire.

Or, s'il est une vérité que l'histoire a mise hors de doute,
c'est que la religion embrasse une portion de plus en plus petite
de la vie sociale. A l'origine, elle s'étend à tout; tout ce qui est
social est religieux; les deux mots sont synonymes. Puis, peu à
peu, les fonctions politiques, économiques, scientifiques s'affranchissent de la fonction religieuse, se constituent à part et prennent un caractère temporel de plus en plus accusé. Dieu, si l'on
peut s'exprimer ainsi, qui était d'abord présent à toutes les relations humaines, s'en retire progressivement; il abandonne le
monde aux hommes et à leurs disputes. Du moins, s'il continue
à le dominer, c'est de haut et de loin, et l'action qu'il exerce,
devenant plus générale et plus indéterminée, laisse plus de
place au libre jeu des forces humaines. L'individu se sent donc,

il est réellement moins *agi*; il devient davantage une source
d'activité spontanée. En un mot, non seulement le domaine de
la religion ne s'accroît pas en même temps que celui de la vie
temporelle et dans la même mesure, mais il va de plus en plus
en se rétrécissant. Cette régression n'a pas commencé à tel ou tel
moment de l'histoire; mais on peut en suivre les phases depuis
les origines de l'évolution sociale. Elle est donc liée aux conditions fondamentales du développement des sociétés, et elle
témoigne ainsi qu'il y a un nombre toujours moindre de
croyances et de sentiments collectifs qui sont et assez collectifs
et assez forts pour prendre un caractère religieux. C'est dire que
l'intensité moyenne de la conscience commune va elle-même en
s'affaiblissant.

Cette démonstration a sur la précédente un avantage: elle
permet d'établir que la même loi de régression s'applique à
l'élément représentatif de la conscience commune, tout comme
à l'élément passionnel. A travers le droit pénal, nous ne pouvons atteindre que des phénomènes de sensibilité, tandis que la
religion comprend, outre des sentiments, des idées et des doctrines.

La diminution du nombre des proverbes, des adages, des dictons, etc., à mesure que les sociétés se développent, est une
autre preuve que les représentations collectives vont, elles aussi,
en s'indéterminant.

Chez les peuples primitifs, en effet, les formules de ce genre
sont très nombreuses. « La plupart des races de l'ouest de
l'Afrique, dit Ellis, possèdent une abondante collection de proverbes; il y en a un au moins pour chaque circonstance de la
vie, particularité qui leur est commune avec la plupart des peuples qui ont fait peu de progrès dans la civilisation (¹). » Les
sociétés plus avancées ne sont un peu fécondes à ce point de vue
que pendant les premiers temps de leur existence. Plus tard, non

---

(¹) *The Ewe-Speaking Peoples of the Slave Coast.* Londres, 1890, p. 258.

seulement il ne se produit pas de nouveaux proverbes, mais les anciens s'oblitèrent peu à peu, perdent leur acception propre pour finir même par n'être plus entendus du tout. Ce qui montre bien que c'est surtout dans les sociétés inférieures qu'ils trouvent leur terrain de prédilection, c'est qu'aujourd'hui ils ne parviennent à se maintenir que dans les classes les moins élevées (¹). Or, un proverbe est l'expression condensée d'une idée ou d'un sentiment collectifs, relatifs à une catégorie déterminée d'objets. Il est même impossible qu'il y ait des croyances ou des sentiments de cette nature sans qu'ils se fixent sous cette forme. Comme toute pensée tend vers une expression qui lui soit adéquate, si elle est commune à un certain nombre d'individus, elle finit nécessairement par se renfermer dans une formule qui leur est également commune. Toute fonction qui dure se fait un organe à son image. C'est donc à tort que, pour expliquer la décadence des proverbes, on a invoqué notre goût réaliste et notre humeur scientifique. Nous n'apportons pas dans le langage de la conversation un tel souci de la précision ni un tel dédain des images; tout au contraire, nous trouvons beaucoup de saveur aux vieux proverbes qui nous sont conservés. D'ailleurs, l'image n'est pas un élément inhérent du proverbe; c'est un des moyens, mais non pas le seul, par lequel se condense la pensée collective. Seulement, ces formules brèves finissent par devenir trop étroites pour contenir la diversité des sentiments individuels. Leur unité n'est plus en rapport avec les divergences qui se sont produites. Aussi ne parviennent-elles à se maintenir qu'en prenant une signification plus générale, pour disparaître peu à peu. L'organe s'atrophie parce que la fonction ne s'exerce plus, c'est-à-dire parce qu'il y a moins de représentations collectives assez définies pour s'enfermer dans une forme déterminée.

(1) Wilhelm Borchardt, *Die Sprichwörtlichen Redensarten*. Leipzig, 1888, XII. — Cf. v. Wyss, *Die Sprichwörter bei den Roemischen Komikern*. Zurich, 1889.

Ainsi tout concourt à prouver que l'évolution de la conscience
commune se fait dans le sens que nous avons indiqué. Très vraisemblablement, elle progresse moins que les consciences individuelles; en tout cas, elle devient plus faible et plus vague dans
son ensemble. Le type collectif perd de son relief; les formes en
sont plus abstraites et plus indécises. Sans doute, si cette décadence était, comme on est souvent porté à le croire, un produit
original de notre civilisation la plus récente et un événement
unique dans l'histoire des sociétés, on pourrait se demander si
elle sera durable; mais, en réalité, elle se poursuit d'une manière
ininterrompue depuis les temps les plus lointains. C'est ce que
nous nous sommes attaché à démontrer. L'individualisme, la libre
pensée ne datent ni de nos jours, ni de 1789, ni de la réforme,
ni de la scolastique, ni de la chute du polythéisme gréco-latin
ou des théocraties orientales. C'est un phénomène qui ne commence nulle part, mais qui se développe sans s'arrêter tout le
long de l'histoire. Assurément, ce développement n'est pas recti-
ligne. Les sociétés nouvelles qui remplacent les types sociaux
éteints ne commencent jamais leur carrière au point précis où
ceux-ci ont cessé la leur. Comment serait-ce possible? Ce que
l'enfant continue, ce n'est pas la vieillesse ou l'âge mûr de ses
parents, mais leur propre enfance. Si donc on veut se rendre
compte du chemin parcouru, il faut ne considérer les sociétés
successives qu'à la même époque de leur vie. Il faut, par exemple, comparer les sociétés chrétiennes du moyen âge avec la
Rome primitive, celle-ci avec la cité grecque des origines, etc.
On constate alors que ce progrès, ou, si l'on veut, cette régression s'est accomplie, pour ainsi dire, sans solution de continuité.
Il y a donc là une loi inéluctable contre laquelle il serait
absurde de s'insurger.

Ce n'est pas à dire, d'ailleurs, que la conscience commune
soit menacée de disparaître totalement. Seulement, elle consiste
de plus en plus en des manières de penser et de sentir très géné-

rales et très indéterminées, qui laissent la place libre à une multitude croissante de dissidences indiv'duelles. Il y a bien un endroit où elle s'est affermie et précisée, c'est celui par où elle regarde l'individu. A mesure que toutes les autres croyances et toutes les autres pratiques prennent un caractère de moins en moins religieux, l'individu devient l'objet d'une sorte de religion. Nous avons pour la dignité de la personne un culte qui, comme tout culte fort, a déjà ses superstitions. C'est donc bien, si l'on veut, une foi commune : mais d'abord, elle n'est possible que par la ruine des autres et, par conséquent, ne saurait produire les mêmes effets que cette multitude de croyances éteintes. Il n'y a pas compensation. De plus, si elle est commune en tant qu'elle est partagée par la communauté, elle est individuelle par son objet. Si elle tourne toutes les volontés vers une même fin, cette fin n'est pas sociale. Elle a donc une situation tout à fait exceptionnelle dans la conscience collective. C'est bien de la société qu'elle tire tout ce qu'elle a de force, mais ce n'est pas à la société qu'elle nous attache : c'est à nous-mêmes. Par conséquent, elle ne constitue pas un lien social véritable. C'est pourquoi on a pu justement reprocher aux théoriciens qui ont fait de ce sentiment la base exclusive de leur doctrine morale, de dissoudre la société. Nous pouvons donc conclure en disant que tous les liens sociaux qui résultent de la similitude se détendent progressivement.

A elle seule, cette loi suffit déjà à montrer toute la grandeur du rôle de la division du travail. En effet, puisque la solidarité mécanique va en s'affaiblissant, il faut ou que la vie proprement sociale diminue, ou qu'une autre solidarité vienne peu à peu se substituer à celle qui s'en va. Il faut choisir. En vain on soutient que la conscience collective s'étend et se fortifie en même temps que celle des indi'idus. Nous venons de prouver que ces deux termes varient en sens inverse l'un de l'autre. Cependant, le progrès social ne consiste pas en une dissolution continue ; tout au contraire, plus on s'avance, plus les sociétés ont un profond sentiment d'elles-mêmes et de leur unité. Il faut donc bien qu'il y ait quelque autre lien social qui produise ce résultat ; or, il ne peut pas y en avoir d'autre que celui qui dérive de la division du travail.

Si, de plus, on se rappelle que, même là où elle est le plus résistante, la solidarité mécanique ne lie pas les hommes avec la même force que la division du travail, que d'ailleurs elle laisse en dehors de son action la majeure partie des phénomènes sociaux actuels, il deviendra plus évident encore que la solidarité sociale tend à devenir exclusivement organique. C'est la division du travail qui, de plus en plus, remplit le rôle que remplissait autrefois la conscience commune ; c'est principalement elle qui fait tenir ensemble les agrégats sociaux des types supérieurs.

Voilà une fonction de la division du travail autrement importante que celle que lui reconnaissent d'ordinaire les économistes.

CHAPITRE VI

—

PRÉPONDÉRANCE PROGRESSIVE DE LA SOLIDARITÉ ORGANIQUE
ET SES CONSÉQUENCES *(Suite)*.

——

I

C'est donc une loi de l'histoire que la solidarité mécanique, qui d'abord est seule ou à peu près, perde progressivement du terrain, et que la solidarité organique devienne peu à peu prépondérante. Mais, quand la manière dont les hommes sont solidaires se modifie, la structure des sociétés ne peut pas ne pas changer. La forme d'un corps se transforme nécessairement quand les affinités moléculaires ne sont plus les mêmes. Par conséquent, si la proposition précédente est exacte, il doit y avoir deux types sociaux qui correspondent à ces deux sortes de solidarité.

Si l'on essaie de constituer par la pensée le type idéal d'une société dont la cohésion résulterait exclusivement des ressemblances, on devra la concevoir comme une masse absolument homogène dont les parties ne se distingueraient pas les unes des autres et, par conséquent, ne seraient pas arrangées entre elles, qui, en un mot, serait dépourvue et de toute forme définie et de toute organisation. Ce serait le vrai protoplasme social, le germe d'où seraient sortis tous les types sociaux. Nous proposons d'appeler *Horde* l'agrégat ainsi caractérisé.

Il est vrai que l'on n'a pas encore, d'une manière tout à fait authentique, observé de sociétés qui répondissent de tous points à ce signalement. Cependant, ce qui fait qu'on a le droit d'en postuler l'existence, c'est que les sociétés inférieures, celles par conséquent qui sont le plus rapprochées de ce stade primitif, sont formées par une simple répétition d'agrégats de ce genre. On trouve un modèle presque parfaitement pur de cette organisation sociale chez les Indiens de l'Amérique du Nord. Chaque tribu iroquoise, par exemple, est formée d'un certain nombre de sociétés partielles (la plus volumineuse en comprend huit) qui présentent tous les caractères que nous venons d'indiquer. Les adultes des deux sexes y sont les égaux les uns des autres. Les sachems et les chefs qui sont à la tête de chacun de ces groupes, et dont le conseil administre les affaires communes de la tribu, ne jouissent d'aucune supériorité. La parenté elle-même n'est pas organisée; car on ne peut donner ce nom à la distribution de la masse par couches de génération. A l'époque tardive où l'on observa ces peuples, il y avait bien quelques obligations spéciales qui unissaient l'enfant à ses parents maternels; mais ses relations se réduisaient encore à peu de chose et ne se distinguaient pas sensiblement de celles qu'il soutenait avec les autres membres de la société. En principe, tous les individus du même âge étaient parents les uns des autres au même degré [1]. Dans d'autres cas, nous nous rapprochons même davantage de la horde; MM. Fison et Howit décrivent des tribus australiennes qui ne comprennent que deux de ces divisions [2].

Nous donnons le nom de *Clan* à la Horde qui a cessé d'être indépendante pour devenir l'élément d'un groupe plus étendu, et celui de *sociétés segmentaires à base de clans* aux peuples qui sont constitués par une association de clans. Nous disons de ces sociétés qu'elles sont segmentaires, pour indiquer qu'elles sont formées par la répétition d'agrégats semblables entre eux, analo-

---

[1] Morgan, *Ancient Society*. p. 62-122.
[2] *Kamilaroi and Kurnai.* — Cet état a d'ailleurs été celui par lequel ont passé à l'origine les sociétés d'Indiens de l'Amérique. (V. Morgan, *op. cit.*)

gues aux anneaux de l'annelé; et de cet agrégat élémentaire qu'il est un clan, parce que ce mot en exprime bien la nature mixte, à la fois familiale et politique. C'est une famille, en ce sens que tous les membres qui le composent se considèrent comme parents les uns des autres, et qu'en fait ils sont pour la plupart consanguins. Les affinités qu'engendre la communauté du sang sont principalement celles qui les tiennent unis. De plus, ils soutiennent les uns avec les autres des relations que l'on peut qualifier de domestiques, puisqu'on les retrouve ailleurs dans des sociétés dont le caractère familial n'est pas contesté : je veux parler de la vindicte collective, de la responsabilité collective et, dès que la propriété individuelle commence à faire son apparition, de l'hérédité mutuelle. Mais, d'un autre côté, ce n'est pas une famille au sens propre du mot; car, pour en faire partie, il n'est pas nécessaire d'avoir avec les autres membres du clan des rapports de consanguinité définis. Il suffit de présenter un critère externe qui consiste généralement dans le fait de porter un même nom. Quoique ce signe soit censé dénoter une commune origine, un pareil état civil constitue en réalité une preuve très peu démonstrative et très facile à imiter. Aussi le clan compte-t-il beaucoup d'étrangers, et c'est ce qui lui permet d'atteindre des dimensions que n'a jamais une famille proprement dite : il comprend très souvent plusieurs milliers de personnes. D'ailleurs, c'est l'unité politique fondamentale; les chefs de clans sont les seules autorités sociales (1).

On pourrait donc aussi qualifier cette organisation de politico-familiale. Non seulement le clan a pour base la consanguinité,

(1) Si, à l'état de pureté, nous le croyons du moins, le clan forme une famille indivise, confuse, plus tard des familles particulières, distinctes les unes des autres, apparaissent sur le fond primitivement homogène. Mais cette apparition n'altère pas les traits essentiels de l'organisation sociale que nous décrivons; c'est pourquoi il n'y a pas lieu de s'y arrêter. Le clan reste l'unité politique, et, comme ces familles sont semblables et égales entre elles, la société reste formée de segments similaires et homogènes, quoique au sein des segments primitifs commencent à se dessiner des segmentations nouvelles, mais du même genre.

mais les différents clans d'un même peuple se considèrent très
souvent comme parents les uns des autres. Chez les Iroquois,
ils se traitent, suivant les cas, de frères ou de cousins (¹). Chez
les Juifs, qui appartiennent, nous le verrons, au même type
social, l'ancêtre de chacun des clans qui composent la tribu
est censé descendre du fondateur de cette dernière, qui est
lui-même regardé comme un des fils du père de la race.
Mais cette dénomination a sur la précédente l'inconvénient
de ne pas mettre en relief ce qui fait la structure propre de
ces sociétés.

Mais, de quelque manière qu'on la dénomme, cette organisation, tout comme celle de la horde, dont elle n'est qu'un prolongement, ne comporte évidemment pas d'autre solidarité que
celle qui dérive des similitudes, puisque la société est formée
de segments similaires et que ceux-ci, à leur tour, ne renferment
que des éléments homogènes. Sans doute, chaque clan a une
physionomie propre, et par conséquent se distingue des autres ;
mais aussi la solidarité est d'autant plus faible qu'ils sont plus
hétérogènes, et inversement. Pour que l'organisation segmentaire soit possible, il faut à la fois que les segments se ressemblent, sans quoi ils ne seraient pas unis, et qu'ils diffèrent, sans
quoi ils se perdraient les uns dans les autres et s'effaceraient.
Suivant les sociétés, ces deux nécessités contraires sont satisfaites dans des proportions différentes ; mais le type social reste
le même.

Cette fois, nous sommes sortis du domaine de la préhistoire
et des conjectures. Non seulement ce type social n'a rien d'hypo-
thétique, mais il est presque le plus répandu parmi les sociétés
inférieures ; et on sait qu'elles sont les plus nombreuses. Nous
avons déjà vu qu'il était général en Amérique et en Australie.
Post le signale comme très fréquent chez les nègres de l'Afrique (²) ; les Juifs s'y sont attardés, et les Kabyles ne l'ont pas

---

(¹) Morgan, op. cit., p. 90.
(²) Afrikanische Jurisprudenz, I.

dépassé ([1]). Aussi Waitz, voulant caractériser d'une manière générale la structure de ces peuples, qu'il appelle des *Naturvoelker*, en donne-t-il la peinture suivante où l'on retrouvera les lignes générales de l'organisation que nous venons de décrire :

« En règle générale, les familles vivent les unes à côté des autres dans une grande indépendance et se développent peu à peu de manière à former de petites sociétés *(lisez des clans)* ([2]) qui n'ont pas de constitution définie tant que des luttes intérieures ou un danger extérieur, à savoir la guerre, n'amène pas un ou plusieurs hommes à se dégager de la masse de la société et à se mettre à sa tête. Leur influence, qui repose uniquement sur des titres personnels, ne s'étend et ne dure que dans les limites marquées par la confiance ou la patience des autres. Tout adulte reste en face d'un tel chef dans un état de parfaite indépendance... C'est pourquoi nous voyons de tels peuples, sans autre organisation interne, ne tenir ensemble que par l'effet des circonstances extérieures et par suite de l'habitude de la vie commune ([3]). »

La disposition des clans à l'intérieur de la société et par suite la configuration de celle-ci peuvent, il est vrai, varier. Tantôt ils sont simplement juxtaposés de manière à former comme une série linéaire: c'est le cas dans beaucoup de tribus indiennes de l'Amérique du Nord ([4]). Tantôt — et c'est la marque d'une organisation plus élevée — chacun d'eux est emboîté dans un groupe plus vaste qui, formé par la réunion de plusieurs clans, a une vie propre et un nom spécial; chacun de ces groupes, à son tour, peut être emboîté avec plusieurs autres dans un autre

---

([1]) V. Hanoteau et Letourneux, *La Kabylie et les coutumes kabyles*, II, et Masqueray, *Formation des cités chez les populations sédentaires de l'Algérie*. Paris, 1886, ch. V.

([2]) C'est par erreur que Waitz présente le clan comme dérivé de la famille. C'est le contraire qui est la vérité. D'ailleurs, si cette description est importante à cause de la compétence de l'auteur, elle manque un peu de précision.

([3]) *Anthropologie*, I, p. 359.

([4]) V. Morgan, *op. cit.*, p. 153 et suiv.

agrégat encore plus étendu, et c'est de cette série d'emboîtements successifs que résulte l'unité de la société totale. Ainsi, chez les Kabyles, l'unité politique est le clan, fixé sous forme de village *(djemmaa* ou *thaddart);* plusieurs *djemmaa* forment une tribu *(arch'),* et plusieurs tribus forment la confédération *(thak'ebilt),* la plus haute société politique que connaissent les Kabyles. De même chez les Juifs, le clan, c'est ce que les traducteurs appellent assez improprement la *famille,* vaste société qui renfermait des milliers de personnes, descendues, d'après la tradition, d'un même ancêtre (¹). Un certain nombre de *familles* composait la tribu, et la réunion des douze tribus formait l'ensemble de la société juive. D'autre part, l'emboîtement de ces segments les uns dans les autres est plus ou moins hermétique, ce qui fait que la cohésion de ces sociétés varie depuis un état presque absolument chaotique jusqu'à la parfaite unité morale que présente le peuple juif. Mais ces différences laissent intacts les traits constitutifs que nous avons indiqués.

Ces sociétés sont si bien le lieu d'élection de la solidarité mécanique que c'est d'elle que dérivent leurs principaux caractères physiologiques.

Nous savons que la religion y pénètre toute la vie sociale, mais c'est parce que la vie sociale y est faite presque exclusivement de croyances et de pratiques communes qui tirent d'une adhésion unanime une intensité toute particulière. Remontant par la seule analyse des textes classiques jusqu'à une époque tout à fait analogue à celle dont nous parlons, M. Fustel de Coulanges a découvert que l'organisation primitive des sociétés était de nature familiale, et que, d'autre part, la constitution de la famille primitive avait la religion pour base. Seulement, il a pris la cause pour l'effet. Après avoir posé l'idée religieuse, sans

---

(¹) Ainsi la tribu de Ruben, qui comprenait en tout quatre *familles,* comptait, d'après les *Nombres* (XXVI, 7), plus de quarante-trois mille adultes au-dessus de vingt ans. (Cf. *Nombres,* ch. III, 15 et suiv.; *Josué,* VII, 14. — V. Munck, *Palestine,* p. 116, 125, 101.)

la faire dériver de rien, il en a déduit les arrangements sociaux qu'il observait (¹), alors qu'au contraire ce sont ces derniers qui expliquent la puissance et la nature de l'idée religieuse. Parce que toutes ces masses sociales étaient formées d'éléments homogènes, c'est-à-dire parce que le type collectif y était très développé et les types individuels rudimentaires, il était inévitable que toute la vie psychique de la société prît un caractère religieux.

C'est aussi de là que vient le communisme, que l'on a si souvent signalé chez ces peuples. Le communisme, en effet, est le produit nécessaire de cette cohésion spéciale qui absorbe l'individu dans le groupe, la partie dans le tout. La propriété n'est en définitive que l'extension de la personne sur les choses. Là donc où la personnalité collective est la seule qui existe, la propriété elle-même ne peut manquer d'être collective. Elle ne pourra devenir individuelle que quand l'individu, se dégageant de la masse, sera devenu lui aussi un être personnel et distinct, non pas seulement en tant qu'organisme, mais en tant que facteur de la vie sociale (²).

(¹) « Nous avons fait l'histoire d'une croyance. Elle s'établit : la société humaine se constitue. Elle se modifie : la société traverse une série de révolutions. Elle disparaît : la société change de face. » (*Cité antique*, fin.)

(²) M. Spencer a déjà dit que l'évolution sociale, comme d'ailleurs l'évolution universelle, débutait par un stade de plus ou moins parfaite homogénéité. Mais cette proposition, telle qu'il l'entend, ne ressemble en rien à celle que nous venons de développer. Pour M. Spencer, en effet, une société qui serait parfaitement homogène ne serait pas vraiment une société; car l'homogène est instable par nature et la société est essentiellement un tout cohérent. Le rôle social de l'homogénéité est tout secondaire; elle peut frayer la voie à une coopération ultérieure (*Soc.*, III, p. 368), mais elle n'est pas une source spécifique de vie sociale. A certains moments, M. Spencer semble ne voir dans les sociétés que nous venons de décrire qu'une juxtaposition éphémère d'individus indépendants, le zéro de la vie sociale (*Ibid.*, p. 390). Nous venons de voir, au contraire, qu'elles ont une vie collective très forte, quoique *sui generis*, qui se manifeste non par des échanges et des contrats, mais par une grande abondance de croyances et de pratiques communes. Ces agrégats sont cohérents, non seulement quoique homogènes, mais dans la mesure où ils sont homogènes. Non seulement la communauté n'y est pas trop faible, mais on peut dire qu'elle existe seule. De plus, elles ont un type défini qui dérive de leur homogénéité. On ne peut donc les traiter comme des quantités négligeables.

Ce type peut même se modifier sans que la nature de la solidarité sociale change pour cela. En effet, les peuples primitifs ne présentent pas tous cette absence de centralisation que nous venons d'observer; il en est au contraire qui sont soumis à un pouvoir absolu. La division du travail y a donc fait son apparition. Cependant, le lien qui dans ce cas unit l'individu au chef est identique à celui qui de nos jours rattache la chose à la personne. Les relations du despote barbare avec ses sujets, comme celles du maître avec ses esclaves, du père de famille romain avec ses descendants, ne se distinguent pas de celles du propriétaire avec l'objet qu'il possède. Elles n'ont rien de cette réciprocité que produit la division du travail. On a dit avec raison qu'elles sont unilatérales (¹). La solidarité qu'elles expriment reste donc mécanique; toute la différence, c'est qu'elle relie l'individu, non plus directement au groupe, mais à celui qui en est l'image. Mais l'unité du tout est, comme auparavant, exclusive de l'individualité des parties.

Si cette première division du travail, quelque importante qu'elle soit par ailleurs, n'a pas pour effet d'assouplir la solidarité sociale, comme on pourrait s'y attendre, c'est à cause des conditions particulières dans lesquelles elle s'effectue. C'est en effet une loi générale que l'organe éminent de toute société participe à la nature de l'être collectif qu'il représente. Là donc où la société a ce caractère religieux, et pour ainsi dire surhumain, dont nous avons montré la source dans la constitution de la conscience commune, il se transmet nécessairement au chef qui la dirige et qui se trouve ainsi élevé bien au-dessus du reste des hommes. Là où les individus sont de simples dépendances du type collectif, ils deviennent tout naturellement des dépendances de l'autorité centrale qui l'incarne. De même encore, le droit de propriété que la communauté exerçait sur les choses d'une manière indivise, passe intégralement à la personnalité supé-

(¹) V. Tarde, *Lois de l'imitation*, p. 402-412.

rieure qui se trouve ainsi constituée. Les services proprement professionnels que rend cette dernière sont donc pour peu de chose dans la puissance extraordinaire dont elle est investie. Ce n'est pas, comme on l'a dit, parce que ces sortes de sociétés ont plus besoin de direction que les autres que le pouvoir directeur y a tant d'autorité; mais cette force est tout entière une émanation de la conscience commune, et, si elle est grande, c'est parce que la conscience commune elle-même est très développée. Supposez qu'elle soit plus faible ou seulement qu'elle embrasse une moindre partie de la vie sociale, la nécessité d'une fonction régulatrice suprême ne sera pas moindre; cependant, le reste de la société ne sera plus vis-à-vis de celui qui en sera chargé dans le même état d'infériorité. Voilà pourquoi la solidarité est encore mécanique tant que la division du travail n'est pas plus développée. C'est même dans ces conditions qu'elle atteint son *maximum* d'énergie: car l'action de la conscience commune est plus forte quand elle s'exerce, non plus d'une manière diffuse, mais par l'intermédiaire d'un organe défini.

Il y a donc une structure sociale de nature déterminée, à laquelle correspond la solidarité mécanique. Ce qui la caractérise, c'est qu'elle est un système de segments homogènes et semblables entre eux.

II

Tout autre est la structure des sociétés où la solidarité organique est prépondérante.

Elles sont constituées, non par une répétition de segments similaires et homogènes, mais par un système d'organes différents dont chacun a un rôle spécial, et qui sont formés eux-mêmes de parties différenciées. En même temps que les éléments sociaux ne sont pas de même nature, ils ne sont pas disposés de la même manière. Ils ne sont ni juxtaposés linéairement comme les anneaux d'un annelé, ni emboîtés les uns dans les autres, mais coordonnés et subordonnés les uns aux autres autour d'un même organe central qui exerce sur le reste de l'organisme une action modératrice. Cet organe lui-même n'a plus le même caractère que dans le cas précédent; car, si les autres dépendent de lui, il en dépend à son tour. Sans doute, il a bien encore une situation particulière et, si l'on veut, privilégiée; mais elle est due à la nature du rôle qu'il remplit et non à quelque cause étrangère à ses fonctions, à quelque force qui lui est communiquée du dehors. Aussi n'a-t-il plus rien que de temporel et d'humain; entre lui et les autres organes il n'y a plus que des différences de degrés. C'est ainsi que chez l'animal la prééminence du système nerveux sur les autres systèmes se réduit au droit, si l'on peut parler ainsi, de recevoir une nourriture plus choisie et de prendre sa part avant les autres; mais il a besoin d'eux, comme ils ont besoin de lui.

Ce type social repose sur des principes tellement différents du précédent qu'il ne peut se développer que dans la mesure où celui-ci s'est effacé. En effet, les individus y sont groupés, non plus d'après leurs rapports de descendance, mais d'après la nature particulière de l'activité sociale à laquelle ils se consacrent. Leur milieu naturel et nécessaire n'est plus le milieu natal, mais le milieu professionnel. Ce n'est plus la consanguinité réelle ou fictive qui marque la place de chacun, mais la fonction qu'il remplit. Sans doute, quand cette organisation nouvelle commence à apparaître, elle essaie d'utiliser celle qui existe et de se l'assimiler. La manière dont les fonctions se divisent se calque alors, aussi fidèlement que possible, sur la façon dont la société est déjà divisée. Les segments, ou du moins des groupes de segments unis par des affinités spéciales, deviennent des organes. C'est ainsi que les clans dont l'ensemble forme la tribu des Lévites s'approprient chez le peuple juif les fonctions sacerdotales. D'une manière générale, les classes et les castes n'ont vraisemblablement ni une autre origine ni une autre

nature : elles proviennent du mélange de l'organisation professionnelle naissante avec l'organisation familiale préexistante.
Mais cet arrangement mixte ne peut pas durer longtemps, car
entre les deux termes qu'il entreprend de concilier il y a un
antagonisme qui finit nécessairement par éclater. Il n'y a qu'une
division du travail très rudimentaire qui puisse s'adapter à ces
moules rigides, définis, et qui ne sont pas faits pour elle. Elle
ne peut s'accroître qu'affranchie de ces cadres qui l'enserrent.
Dès qu'elle a dépassé un certain degré de développement, il n'y
a plus de rapport ni entre le nombre immuable des segments
et celui toujours croissant des fonctions qui se spécialisent, ni
entre les propriétés héréditairement fixées des premiers et les
aptitudes nouvelles que les secondes réclament (¹). Il faut donc
que la matière sociale entre dans des combinaisons entièrement
nouvelles pour s'organiser sur de tout autres bases. Or, l'ancienne structure, tant qu'elle persiste, s'y oppose ; c'est pourquoi
il est nécessaire qu'elle disparaisse.

L'histoire de ces deux types montre, en effet, que l'un n'a
progressé qu'à mesure que l'autre régressait.

Chez les Iroquois, la constitution sociale à base de clans est à
l'état de pureté, et il en est de même des Juifs, tels que nous les
montre le Pentateuque, sauf la légère altération que nous venons
de signaler. Aussi le type organisé n'existe-t-il ni chez les uns
ni chez les autres, quoiqu'on puisse peut-être en apercevoir les
premiers germes dans la société juive.

Il n'en est plus de même chez les Francs de la loi salique ; il
se présente cette fois avec ses caractères propres, dégagés de
toute compromission. Nous trouvons en effet chez ce peuple,
outre une autorité centrale régulière et stable, tout un appareil
de fonctions administratives, judiciaires ; et, d'autre part, l'existence d'un droit contractuel, encore, il est vrai, très peu développé, témoigne que les fonctions économiques elles-mêmes

---

(¹) On en verra les raisons plus bas, liv. II, ch. IV.

commencent à se diviser et à s'organiser. Aussi la constitution
politico-familiale est-elle sérieusement ébranlée. Sans doute, la
dernière molécule sociale, à savoir le village, est bien encore
un clan transformé. Ce qui le prouve, c'est qu'il y a entre les
habitants d'un même village des relations qui sont évidemment
de nature domestique et qui, en tout cas, sont caractéristiques du
clan. Tous les membres du village ont les uns sur les autres un
droit d'hérédité en l'absence de parents proprement dits (¹). Un
texte que l'on trouve dans les *Capita extravagantia legis salicæ*
(art. 9), nous apprend de même qu'en cas de meurtre commis
dans le village, les voisins étaient collectivement solidaires.
D'autre part, le village est un système beaucoup plus herméti-
quement clos au dehors et ramassé sur lui-même que ne le
serait une simple circonscription territoriale; car nul ne peut
s'y établir sans le consentement unanime, exprès ou tacite, de
tous les habitants (²). Mais, sous cette forme, le clan a perdu
quelques-uns de ses caractères essentiels; non seulement tout
souvenir d'une commune origine a disparu, mais il a dépouillé
presque complètement toute importance politique. L'unité politique, c'est la *centaine*. « La population, dit Waitz, habite dans
les villages, mais elle se répartit, elle et son domaine, d'après les
centaines qui, pour toutes les affaires de la guerre et de la paix,
forment l'unité qui sert de fondement à toutes les relations (³). »

A Rome, ce double mouvement de progression et de régression se poursuit. Le clan romain, c'est la *gens*, et il est bien
certain que la *gens* était la base de l'ancienne constitution
romaine. Mais, dès la fondation de la République, elle a presque
complètement cessé d'être une institution publique. Ce n'est
plus ni une unité territoriale définie, comme le village des
Francs, ni une unité politique. On ne la retrouve ni dans la

(¹) V. Glasson, *Le Droit de succession dans les lois barbares*, p. 19. — Le
fait est, il est vrai, contesté par M. Fustel de Coulanges, quelque formel que
paraisse le texte sur lequel M. Glasson s'appuie.
(²) V. le titre *De Migrantibus* de la loi salique.
(³) *Deutsche Verfassungsgeschichte*, 2ᵉ édit., II, p. 317.

configuration du territoire, ni dans la structure des assemblées
du peuple. Les *comitia curiata*, où elle jouait un rôle social (¹),
sont remplacés ou par les *comitia centuriata*, ou par les *comitia
tributa*, qui étaient organisés d'après de tout autres principes. Ce
n'est plus qu'une association privée qui se maintient par la force
de l'habitude, mais qui est destinée à disparaître, parce qu'elle
ne correspond plus à rien dans la vie des Romains. Mais aussi,
dès l'époque de la loi des XII Tables, la division du travail était
beaucoup plus avancée à Rome que chez les peuples précédents,
et la structure organisée plus développée: on y trouve déjà
d'importantes corporations de fonctionnaires (sénateurs, cheva-
liers, collège de pontifes, etc.), des corps de métier (²), en même
temps que la notion de l'état laïque se dégage.

Ainsi se trouve justifiée la hiérarchie que nous avons établie
d'après d'autres critères, moins méthodiques, entre les types
sociaux que nous avons précédemment comparés. Si nous avons
pu dire que les Juifs du Pentateuque appartenaient à un type
social moins élevé que les Francs de la loi salique, et que ceux-ci,
à leur tour, étaient au-dessous des Romains des XII Tables,
c'est qu'en règle générale, plus l'organisation segmentaire à base
de clans est apparente et forte chez un peuple, plus aussi il est
d'espèce inférieure; il ne peut en effet s'élever plus haut
qu'après avoir franchi ce premier stade. C'est pour la même
raison que la cité athénienne, tout en appartenant au même
type que la cité romaine, en est cependant une forme plus primitive : c'est que l'organisation politico-familiale y a disparu
beaucoup moins vite. Elle y a persisté presque jusqu'à la veille
de la décadence (³).

(¹) Dans ces comices, le vote se faisait par curie, c'est-à-dire par groupe de
gentes. Un texte semble même dire qu'à l'intérieur de chaque curie on votait
par *gentes*. (Gell., XV, 27, 4.)

(²) V. Marquardt, *Privat Leben der Roemer*, II, p. 4. Les premiers collèges
d'artisans furent fondés par Numa.

(³) Jusqu'à Clisthène; or, deux siècles après Athènes perdait son indépendance. De plus, même après Clisthène, le clan athénien. le γένος, tout en ayant

Mais il s'en faut que le type organisé subsiste seul, à l'état de
pureté, une fois que le clan a disparu. L'organisation à base de
clans n'est en effet qu'une espèce d'un genre plus étendu : l'organisation segmentaire. La distribution de la société en compartiments similaires correspond à des nécessités qui persistent,
même dans les conditions nouvelles où s'établit la vie sociale,
mais qui produisent leurs effets sous une autre forme. La masse
de la population ne se divise plus d'après les rapports de consanguinité, réels ou fictifs, mais d'après la division du territoire.
Les segments ne sont plus des agrégats familiaux, mais des
circonscriptions territoriales.

C'est d'ailleurs par une évolution lente que s'est fait le passage
d'un état à l'autre. Quand le souvenir de la commune origine
s'est éteint, que les relations domestiques qui en dérivent, mais
lui survivent souvent comme nous avons vu, ont elles-mêmes
disparu, le clan n'a plus conscience de soi que comme d'un
groupe d'individus qui occupent une même portion du territoire.
Il devient le village proprement dit. C'est ainsi que tous les
peuples qui ont dépassé la phase du clan sont formés de districts
territoriaux (marches, communes, etc.) qui, comme la *gens*
romaine venait s'engager dans la curie, s'emboîtent dans d'autres districts de même nature, mais plus vastes, appelés ici
centaine, là cercle ou arrondissement, et qui, à leur tour, sont
souvent enveloppés par d'autres encore plus étendus (comté,
province, départements) dont la réunion forme la société (¹).
L'emboîtement peut d'ailleurs être plus ou moins hermétique;
de même les liens qui unissent entre eux les districts les plus

perdu tout caractère politique, conserva une organisation assez forte. (Cf. Gilbert, *op. cit.*, I, p. 142 et 200.)

(¹) Nous ne voulons pas dire que ces districts territoriaux ne soient qu'une
reproduction des anciens arrangements familiaux; ce nouveau mode de groupement résulte au contraire, au moins en partie, de causes nouvelles qui
troublent l'ancien. La principale de ces causes est la formation des villes, qui
deviennent le centre de concentration de la population. (V. plus bas liv. II,
ch. II, § 1.) Mais quelles que soient les origines de cet arrangement, il est
segmentaire.

généraux peuvent être ou très étroits, comme dans les pays centralisés de l'Europe actuelle, ou plus lâches, comme dans les
simples confédérations. Mais le principe de la structure est le
même, et c'est pourquoi la solidarité mécanique persiste jusque
dans les sociétés les plus élevées.

Seulement, de même qu'elle n'y est plus prépondérante,
l'arrangement par segments n'est plus, comme précédemment,
l'ossature unique, ni même l'ossature essentielle de la société.
D'abord, les divisions territoriales ont nécessairement quelque
chose d'artificiel. Les liens qui résultent de la cohabitation n'ont
pas dans le cœur de l'homme une source aussi profonde que
ceux qui viennent de la consanguinité. Aussi ont-ils une bien
moindre force de résistance. Quand on est né dans un clan, on
n'en peut pas plus changer, pour ainsi dire, que de parents. Les
mêmes raisons ne s'opposent pas à ce qu'on change de ville ou
de province. Sans doute, la distribution géographique coïncide
généralement et en gros avec une certaine distribution morale
de la population. Chaque province, par exemple, chaque division territoriale a des mœurs et des coutumes spéciales, une vie
qui lui est propre. Elle exerce ainsi sur les individus qui sont
pénétrés de son esprit une attraction qui tend à les maintenir en
place et, au contraire, à repousser les autres. Mais, au sein d'un
même pays, ces différences ne sauraient être ni très nombreuses,
ni très tranchées. Les segments sont donc plus ouverts les uns
aux autres. Et en effet, dès le moyen âge, « après la formation
des villes, les artisans étrangers circulent aussi facilement et
aussi loin que les marchandises (¹). » L'organisation segmentaire
a perdu de son relief.

Elle le perd de plus en plus à mesure que les sociétés se développent. C'est, en effet, une loi générale que les agrégats partiels,
qui font partie d'un agrégat plus vaste, voient leur individualité
devenir de moins en moins distincte. En même temps que

(¹) Schmoller, *La Division du travail étudiée au point de vue historique*,
in *Rev. d'écon. pol.*, 1890, p. 145.

l'organisation familiale, les religions locales ont disparu sans
retour; seulement il subsiste des coutumes locales. Peu à peu,
elles se fondent les unes dans les autres et s'unifient, en
même temps que les dialectes, que les patois viennent se
résoudre en une seule et même langue nationale, que l'administration régionale perd de son autonomie. On a vu dans ce
fait une simple conséquence de la loi d'imitation (¹). Il semble
cependant que ce soit plutôt un nivellement analogue à celui
qui se produit entre des masses liquides qui sont mises en
communication. Les cloisons qui séparent les diverses alvéoles
de la vie sociale, étant moins épaisses, sont plus souvent traversées; leur perméabilité augmente encore parce qu'on les
traverse davantage. Par suite, elles perdent de leur consistance,
s'affaissent progressivement et, dans la même mesure, les milieux
se confondent. Or, les diversités locales ne peuvent se maintenir
qu'autant que la diversité des milieux subsiste. Les divisions
territoriales sont donc de moins en moins fondées dans la nature
des choses, et par conséquent perdent de leur signification. On
peut presque dire qu'un peuple est d'autant plus avancé qu'elles
y ont un caractère plus superficiel.

D'autre part, en même temps que l'organisation segmentaire
s'efface ainsi d'elle-même, l'organisation professionnelle la
recouvre de plus en plus complètement de sa trame. Dans le
principe, il est vrai, elle ne s'établit que dans les limites des
segments les plus simples sans s'étendre au delà. Chaque ville,
avec ses environs immédiats, forme un groupe à l'intérieur
duquel le travail est divisé, mais qui s'efforce de se suffire à soi-
même. «La ville, dit M. Schmoller, devient autant que possible
le centre ecclésiastique, politique et militaire des villages envi-
ronnants. Elle aspire à développer toutes les industries pour
approvisionner la campagne, comme elle cherche à concentrer
sur son territoire le commerce et les transports (²).» En même

(¹) V. Tarde, *Lois de l'imitation*, passim.
(²) *Op. cit.*, p. 114.

temps, à l'intérieur de la ville, les habitants sont groupés d'après leur profession ; chaque corps de métier est comme une ville qui vit de sa vie propre (¹). Cet état est celui où les cités de l'antiquité sont restées jusqu'à une époque relativement tardive, et d'où sont parties les sociétés chrétiennes. Mais celles-ci ont franchi cette étape de très bonne heure. Dès le xivᵉ siècle, la division inter-régionale du travail se développe : « Chaque ville avait à l'origine autant de drapiers qu'il lui en fallait. Mais les fabricants de draps gris de Bâle succombent, déjà avant 1362, sous la concurrence des Alsaciens; à Strasbourg, Francfort et Leipzig, la filature de laine est ruinée vers 1500... Le caractère d'universalité industrielle des villes d'autrefois se trouvait irréparablement anéanti. »

Depuis, le mouvement n'a fait que s'étendre. « Dans la capitale se concentrent, aujourd'hui plus qu'autrefois, les forces actives du gouvernement central, les arts, la littérature, les grandes opérations de crédit; dans les grands ports se concentrent plus qu'auparavant toutes les exportations et importations. Des centaines de petites places de commerce, trafiquant en blés et en bétail, prospèrent et grandissent. Tandis que, autrefois, chaque ville avait des remparts et des fossés, maintenant quelques grandes forteresses se chargent de protéger tout le pays. De même que la capitale, les chefs-lieux de province croissent par la concentration de l'administration provinciale, par les établissements provinciaux, les collections et les écoles. Les aliénés ou les malades d'une certaine catégorie, qui étaient autrefois dispersés, sont recueillis, pour toute la province et tout un département, en un seul endroit. Les différentes villes tendent toujours plus vers certaines spécialités, de sorte que nous les distinguons aujourd'hui en villes d'universités, de fonctionnaires, de fabriques, de commerce, d'eaux, de rentiers. En certains points ou

(¹) « Le corps de métier était lui-même une commune au petit pied. » (Levasseur, *Les Classes ouvrières en France jusqu'à la Révolution*, I, p. 195.)

en certaines contrées se concentrent les grandes industries : construction de machines, filatures, manufactures de tissage, tanneries, hauts-fourneaux, industrie sucrière travaillant pour tout le pays. On y a établi des écoles spéciales, la population ouvrière s'y adapte, la construction des machines s'y concentre, tandis que les communications et l'organisation du crédit s'accommodent aux circonstances particulières (¹). »

Sans doute, dans une certaine mesure, cette organisation professionnelle s'efforce de s'adapter à celle qui existait avant elle, comme elle avait fait primitivement pour l'organisation familiale; c'est ce qui ressort de la description même qui précède. C'est d'ailleurs un fait très général que les institutions nouvelles se coulent tout d'abord dans le moule des institutions anciennes. Les circonscriptions territoriales tendent donc à se spécialiser sous la forme de tissus, d'organes ou d'appareils différents, tout comme les clans jadis. Mais, tout comme ces derniers, elles sont en réalité incapables de tenir ce rôle. En effet, une ville renferme toujours ou des organes ou des parties d'organes différents; et inversement, il n'est guère d'organes qui soient compris tout entiers dans les limites d'un district déterminé, quelle qu'en soit l'étendue. Il les déborde presque toujours. De même, quoique assez souvent les organes les plus étroitement solidaires tendent à se rapprocher, cependant, en général, leur proximité matérielle ne reflète que très inexactement l'intimité plus ou moins grande de leurs rapports. Certains sont très distants qui dépendent directement les uns des autres; d'autres sont très voisins dont les relations ne sont que médiates et lointaines. Le mode de groupement des hommes qui résulte de la division du travail est donc très différent de celui qui exprime la répartition de la population dans l'espace. Le milieu professionnel ne coïncide pas plus avec le milieu territorial qu'avec le milieu familial. Ce sont des cadres nouveaux qui se substituent aux autres; aussi la

(¹) Schmoller, *La Division du travail étudiée au point de vue historique*, p. 115-148.

substitution n'est-elle possible que dans la mesure où ces derniers sont effacés.

Si donc ce type social ne s'observe nulle part à l'état de pureté absolue, de même que nulle part la solidarité organique ne se rencontre seule, du moins il se dégage de plus en plus de tout alliage, de même qu'elle devient de plus en plus prépondérante. Cette prédominance est d'autant plus rapide et d'autant plus complète qu'au moment même où cette structure s'affirme davantage, l'autre devient plus indistincte. Le segment si défini que formait le clan est remplacé par la circonscription territoriale. A l'origine du moins, celle-ci correspondait, quoique d'une manière vague et seulement approchée, à la division réelle et morale de la population ; mais elle perd peu à peu ce caractère pour n'être plus qu'une combinaison arbitraire et de convention. Or, à mesure que ces barrières s'abaissent, elles sont recouvertes par des systèmes d'organes de plus en plus développés. Si donc l'évolution sociale reste soumise à l'action des mêmes causes déterminantes, — et on verra plus loin que cette hypothèse est la seule concevable, — il est permis de prévoir que ce double mouvement continuera dans le même sens, et qu'un jour viendra où toute notre organisation sociale et politique aura une base exclusivement ou presque exclusivement professionnelle.

Du reste, les recherches qui vont suivre établiront (¹) que cette organisation professionnelle n'est même pas aujourd'hui tout ce qu'elle doit être ; que des causes anormales l'ont empêchée d'atteindre le degré de développement dès à présent réclamé par notre état social. On peut juger par là de l'importance qu'elle doit prendre dans l'avenir.

(¹) V. plus bas, même livre, ch. VII, § 2, et liv. III, ch. I.

III

La même loi préside au développement biologique.

On sait aujourd'hui que les animaux inférieurs sont formés de segments similaires, disposés soit en masses irrégulières, soit en séries linéaires ; même, au plus bas degré de l'échelle, ces éléments ne sont pas seulement semblables entre eux, ils sont encore de composition homogène. On leur donne généralement le nom de *colonies*. Mais cette expression, qui d'ailleurs n'est pas sans équivoque, ne signifie pas que ces associations ne sont point des organismes individuels ; car « toute colonie dont les membres sont en continuité de tissus est en réalité un individu » ([1]). En effet, ce qui caractérise l'individualité d'un agrégat quelconque, c'est l'existence d'opérations effectuées en commun par toutes les parties. Or, entre les membres de la colonie, il y a mise en commun des matériaux nutritifs et impossibilité de se mouvoir autrement que par des mouvements d'ensemble, tant que la colonie n'est pas dissoute. Il y a plus : l'œuf, issu de l'un des segments associés, reproduit, non ce segment, mais la colonie entière dont il faisait partie ; « entre les colonies de polypes et les animaux les plus élevés, il n'y a, à ce point de vue, aucune différence ([2]). » Ce qui rend d'ailleurs toute séparation radicale impossible, c'est qu'il n'y a point d'organismes, si centralisés qu'ils soient, qui ne présentent à des degrés divers la constitution coloniale. On en trouve des traces jusque chez les vertébrés, dans la composition de leur squelette, de leur appareil uro-génital, etc. ; surtout leur développement embryonnaire donne la preuve certaine qu'ils ne sont autre chose que des colonies modifiées ([3]).

([1]) Perrier, *Le Transformisme*, p. 150.
([2]) Perrier, *Colonies animales*, p. 778.
([3]) *Ibid.*, liv. IV, ch. V, VI et VII.

Il y a donc dans le monde animal une individualité « qui se produit en dehors de toute combinaison d'organes »[1]. Or, elle est identique à celle des sociétés que nous avons appelées segmentaires. Non seulement le plan de structure est évidemment le même, mais la solidarité est de même nature. En effet, comme les parties qui composent une colonie animale sont accolées mécaniquement les unes aux autres, elles ne peuvent agir qu'ensemble, tant du moins qu'elles restent unies. L'activité y est collective. Dans une société de polypes, comme tous les estomacs communiquent ensemble, un individu ne peut manger sans que les autres mangent; c'est, dit M. Perrier, le communisme dans toute l'acception du mot[2]. Un membre de la colonie, surtout quand elle est flottante, ne peut pas se contracter sans entraîner dans son mouvement les polypes auxquels il est uni, et le mouvement se communique de proche en proche[3]. Dans un ver, chaque anneau dépend des autres d'une manière rigide, et cela quoiqu'il puisse s'en détacher sans danger.

Mais de même que le type segmentaire s'efface à mesure qu'on s'avance dans l'évolution sociale, le type colonial disparaît à mesure qu'on s'élève dans l'échelle des organismes. Déjà entamé chez les annelés quoique encore très apparent, il devient presque imperceptible chez les mollusques, et enfin l'analyse seule du savant parvient à en découvrir les vestiges chez les vertébrés. Nous n'avons pas à montrer les analogies qu'il y a entre le type qui remplace le précédent et celui des sociétés organiques. Dans un cas comme dans l'autre, la structure dérive de la division du travail ainsi que la solidarité. Chaque partie de l'animal, devenue un organe, a sa sphère d'action propre, où elle se meut avec indépendance sans s'imposer aux autres; et cependant, à un autre point de vue, elles dépendent beaucoup plus étroitement les unes des autres que dans une colonie,

[1] Perrier, Colonies animales, p. 770.
[2] Transformisme, p. 167.
[3] Colon. anim., p. 771.

puisqu'elles ne peuvent pas se séparer sans périr. Enfin, dans l'évolution organique, tout comme dans l'évolution sociale, la division du travail commence par utiliser les cadres de l'organisation segmentaire, mais pour s'en affranchir ensuite et se développer d'une manière autonome. Si, en effet, l'organe n'est parfois qu'un segment transformé, c'est cependant l'exception (¹).

En résumé, nous avions distingué deux sortes de solidarité; nous venons de reconnaître qu'il existe deux types sociaux qui y correspondent. De même que les premières se développent en raison inverse l'une de l'autre, des deux types sociaux correspondants l'un régresse régulièrement à mesure que l'autre progresse, et ce dernier est celui qui se définit par la division du travail social. Outre qu'il confirme ceux qui précèdent, ce résultat achève donc de nous montrer toute l'importance de la division du travail. De même que c'est elle qui, pour la plus grande part, rend cohérentes les sociétés au sein desquelles nous vivons, c'est elle aussi qui détermine les traits constitutifs de leur structure, et tout fait prévoir que dans l'avenir son rôle, à ce point de vue, ne fera que grandir.

I V

La loi que nous avons établie dans les deux derniers chapitres a pu, par un trait, mais par un trait seulement, rappeler celle qui domine la sociologie de M. Spencer. Comme lui, nous avons dit que la place de l'individu dans la société, de nulle qu'elle était à l'origine, allait en grandissant avec la civilisation. Mais ce fait incontestable s'est présenté à nous sous un tout autre aspect qu'au philosophe anglais, si bien que finalement nos conclusions s'opposent aux siennes plus qu'elles ne les répètent.

(¹) V. Colon. anim., p. 763 et suiv.

Tout d'abord, suivant lui, cette absorption de l'individu dans le groupe serait le résultat d'une contrainte, et d'une organisation artificielle nécessitée par l'état de guerre où vivent d'une manière chronique les sociétés inférieures. En effet, c'est surtout à la guerre que l'union est nécessaire au succès. Un groupe ne peut se défendre contre un autre groupe ou se l'assujettir qu'à condition d'agir avec ensemble. Il faut donc que toutes les forces individuelles soient concentrées d'une manière permanente en un faisceau indissoluble. Or, le seul moyen de produire cette concentration de tous les instants est d'instituer une autorité très forte à laquelle les particuliers soient absolument soumis. Il faut que, « comme la volonté du soldat se trouve suspendue au point qu'il devient en tout l'exécuteur de la volonté de son officier, de même la volonté des citoyens se trouve diminuée par celle du gouvernement (¹). » C'est donc un despotisme organisé qui annihilerait les individus, et comme cette organisation est essentiellement militaire, c'est par le militarisme que M. Spencer définit ces sortes de sociétés.

Nous avons vu, au contraire, que cet effacement de l'individu a pour lieu d'origine un type social que caractérise une absence complète de toute centralisation. C'est un produit de cet état d'homogénéité qui distingue les sociétés primitives. Si l'individu n'est pas distinct du groupe, c'est que la conscience individuelle n'est presque pas distincte de la conscience collective. M. Spencer et d'autres sociologues avec lui semblent avoir interprété ces faits lointains avec des idées toutes modernes. Le sentiment si prononcé qu'aujourd'hui chacun de nous a de son individualité leur a fait croire que les droits personnels ne pouvaient être à ce point restreints que par une organisation coercitive. Nous y tenons tant qu'il leur a semblé que l'homme ne pouvait en avoir fait l'abandon de son plein gré. En fait, si dans les sociétés inférieures une si petite place est faite à la personnalité indivi-

_____
(¹) Sociol., II, p. 153.

duelle, ce n'est pas que celle-ci ait été comprimée ou refoulée
artificiellement, c'est tout simplement qu'à ce moment de l'histoire *elle n'existait pas.*

D'ailleurs, M. Spencer reconnaît lui-même que, parmi ces
sociétés, beaucoup ont une constitution si peu militaire et autoritaire qu'il les qualifie lui-même de démocratiques [1]; seulement, il veut y voir un premier prélude de ces sociétés de
l'avenir qu'il appelle industrielles. Mais pour cela, il lui faut
méconnaître ce fait que dans ces sociétés, tout comme dans
celles qui sont soumises à un gouvernement despotique, l'individu n'a pas de sphère d'action qui lui soit propre, comme le
prouve l'institution générale du communisme; que les traditions, les préjugés, les usages collectifs de toute sorte ne pèsent
pas sur lui d'un poids moins lourd que ne ferait une autorité
constituée. Aussi ne peut-on les traiter de démocratiques qu'en
détournant le mot de son sens ordinaire. D'autre part, il aboutit
à cette étrange conclusion que l'évolution sociale s'est essayée
dès le premier pas à produire les types les plus parfaits, puisque
« nulle force gouvernementale n'existe d'abord que celle de la
volonté commune exprimée par la horde assemblée » [2]. Le
mouvement de l'histoire serait-il donc circulaire et le progrès ne
consisterait-il que dans un retour en arrière?

D'une manière générale, il est aisé de comprendre que les
individus ne peuvent être soumis qu'à un despotisme collectif;
car les membres d'une société ne peuvent être dominés que par
une force qui leur soit supérieure, et il n'en est qu'une qui ait
cette qualité: c'est celle du groupe. Une personnalité quelconque,
si puissante qu'elle soit, ne pourrait rien à elle seule contre une
société tout entière; celle-ci ne peut donc être asservie malgré
soi. C'est pourquoi, comme nous l'avons vu, la force des gou-
vernements autoritaires ne leur vient pas d'eux-mêmes, mais
dérive de la constitution même de la société. Si d'ailleurs l'état

[1] *Sociol.*, II, p. 154-155.
[2] *Ibid.*, III, p. 426-427.

naturel des peuplades primitives était une sorte d'individualisme précoce, on ne voit pas comment elles auraient pu si facilement s'assujettir à l'autorité despotique d'un chef, partout où cela a été nécessaire. Les idées, les mœurs, les institutions mêmes auraient dû s'opposer à une transformation aussi radicale. Au contraire, tout s'explique une fois qu'on s'est bien rendu compte de la nature de ces sociétés; car alors ce changement n'est plus aussi profond qu'il en a l'air. Les individus, au lieu de se subordonner au groupe, se sont subordonnés à celui qui le représentait, et comme l'autorité collective, quand elle était diffuse, était absolue, celle du chef, qui n'est qu'une organisation de la précédente, prit naturellement le même caractère.

Bien loin qu'on puisse faire dater de l'institution d'un pouvoir despotique l'effacement de l'individu, il faut au contraire y voir le premier pas qui ait été fait dans la voie de l'individualisme. Les chefs sont en effet les premières personnalités individuelles qui se soient dégagées de la masse sociale. Leur situation exceptionnelle, les mettant hors de pair, leur crée une physionomie distincte et leur confère par suite une individualité. Dominant la société, ils ne sont plus astreints à en suivre tous les mouvements. Sans doute, c'est du groupe qu'ils tirent leur force; mais une fois que celle-ci est organisée, elle devient autonome et les rend capables d'une activité personnelle. Une source d'initiative se trouve donc ouverte, qui n'existait pas jusque-là. Il y a désormais quelqu'un qui peut produire du nouveau et même, dans une certaine mesure, déroger aux usages collectifs. L'équilibre est rompu (1).

Si nous avons insisté sur ce point, c'est pour établir deux propositions importantes.

En premier lieu, toutes les fois qu'on se trouve en présence

---

(1) On trouve ici une confirmation de la proposition énoncée déjà plus haut, p. 89, et qui fait de la force gouvernementale une émanation de la vie inhérente à la conscience collective.

d'un appareil gouvernemental doué d'une grande autorité, il faut aller en chercher la raison, non dans la situation particulière des gouvernants, mais dans la nature des sociétés qu'ils gouvernent. Il faut observer quelles sont les croyances communes, les sentiments communs qui, en s'incarnant dans une personne ou dans une famille, lui ont communiqué une telle puissance. Quant à la supériorité personnelle du chef, elle ne joue dans ce *processus* qu'un rôle secondaire; elle explique pourquoi la force collective s'est concentrée dans telles mains plutôt que dans telles autres, non son intensité. Du moment que cette force, au lieu de rester diffuse, est obligée de se déléguer, ce ne peut être qu'au profit d'individus qui ont déjà témoigné par ailleurs de quelque supériorité; mais si celle-ci marque le sens dans lequel se dirige le courant; elle ne le crée pas. Si le père de famille, à Rome, jouit d'un pouvoir absolu, ce n'est pas parce qu'il est le plus ancien, ou le plus sage, ou le plus expérimenté, mais c'est que, par suite des circonstances où s'est trouvée la famille romaine, il a incarné le vieux communisme familial. Le despotisme, du moins quand il n'est pas un phénomène pathologique et de décadence, n'est autre chose qu'un communisme transformé.

En second lieu, on voit par ce qui précède combien est fausse la théorie qui veut que l'égoïsme soit le point de départ de l'humanité, et que l'altruisme, au contraire, soit une conquête récente.

Ce qui fait l'autorité de cette hypothèse auprès de certains esprits, c'est qu'elle paraît être une conséquence logique des principes du darwinisme. Au nom du dogme de la concurrence vitale et de la sélection naturelle, on nous dépeint sous les plus tristes couleurs cette humanité primitive dont la faim et la soif, mal satisfaites d'ailleurs, auraient été les seules passions; ces temps sombres où les hommes n'auraient eu d'autre souci et d'autre occupation que de se disputer les uns aux autres leur misérable nourriture. Pour réagir contre les rêveries rétrospectives de la philosophie du xviiie siècle, et aussi contre certaines doctrines religieuses, pour démontrer avec plus d'éclat que le paradis perdu n'est pas derrière nous et que notre passé n'a rien que nous devions regretter, on croit devoir l'assombrir et le rabaisser systématiquement. Rien n'est moins scientifique que ce parti pris en sens contraire. Si les hypothèses de Darwin sont utilisables en morale, c'est encore avec plus de réserve et de mesure que dans les autres sciences. Elles font en effet abstraction de l'élément essentiel de la vie morale, à savoir de l'influence modératrice que la société exerce sur ses membres et qui tempère et neutralise l'action brutale de la lutte pour la vie et de la sélection. Partout où il y a des sociétés, il y a de l'altruisme parce qu'il y a de la solidarité.

Aussi le trouvons-nous dès le début de l'humanité et même sous une forme vraiment intempérante ; car ces privations que le sauvage s'impose pour obéir à la tradition religieuse, l'abnégation avec laquelle il sacrifie sa vie dès que la société en réclame le sacrifice, le penchant irrésistible qui entraîne la veuve de l'Inde à suivre son mari dans la mort, le Gaulois à ne pas survivre à son chef de clan, le vieux Celte à débarrasser ses compagnons d'une bouche inutile par une fin volontaire, tout cela n'est-ce pas de l'altruisme? On traitera ces pratiques de superstitions? Qu'importe, pourvu qu'elles témoignent d'une aptitude à se donner? Et d'ailleurs, où commencent et où finissent les superstitions? On serait bien embarrassé de répondre et de donner du fait une définition scientifique. N'est-ce pas aussi une superstition que l'attachement que nous éprouvons pour les lieux où nous avons vécu, pour les personnes avec lesquelles nous avons eu des relations durables? Et pourtant cette puissance de s'attacher n'est-elle pas l'indice d'une saine constitution morale? A parler rigoureusement, toute la vie de la sensibilité n'est faite que de superstitions, puisqu'elle précède et domine le jugement plus qu'elle n'en dépend.

Scientifiquement, une conduite est égoïste dans la mesure où elle est déterminée par des sentiments et des représentations qui nous sont exclusivement personnels. Si donc nous nous rappelons à quel point, dans les sociétés inférieures, la conscience de l'individu est envahie par la conscience collective, nous serons même tenté de croire qu'elle est tout entière autre chose que soi, qu'elle est tout altruisme, comme dit Condillac. Cette conclusion pourtant serait exagérée, car il y a une sphère de la vie psychique qui, quelque développé que soit le type collectif, varie d'un homme à l'autre et appartient en propre à chacun : c'est celle qui est formée des représentations, des sentiments et des tendances qui se rapportent à l'organisme et aux états de l'organisme ; c'est le monde des sensations internes et externes et des mouvements qui y sont directement liés. Cette première base de toute individualité est inaliénable et ne dépend pas de l'état social. Il ne faut donc pas dire que l'altruisme est né de l'égoïsme ; une pareille dérivation ne serait possible que par une création *ex nihilo*. Mais, à parler rigoureusement, ces deux ressorts de la conduite se sont trouvés présents dès le début dans toutes les consciences humaines, car il ne peut pas y en avoir qui ne reflètent à la fois et des choses qui se rapportent à l'individu tout seul, et des choses qui ne lui sont pas personnelles.

Tout ce qu'on peut dire, c'est que, chez le sauvage, cette partie inférieure de nous-même représente une fraction plus considérable de l'être total, parce que celui-ci a une moindre étendue, les sphères supérieures de la vie psychique y étant moins développées ; elle a donc plus d'importance relative et, par suite, plus d'empire sur la volonté. Mais d'un autre côté, pour tout ce qui dépasse ce cercle des nécessités physiques, la conscience primitive, suivant une forte expression de M. Espinas, est tout entière hors de soi. Tout au contraire, chez le civilisé, l'égoïsme s'introduit jusqu'au sein des représentations supérieures : chacun de nous a ses opinions, ses croyances, ses aspirations propres, et y tient. Il vient même se mêler à l'altruisme, car il arrive que nous avons une manière à nous d'être altruiste qui tient à notre caractère personnel, à la tournure de notre esprit, et dont nous refusons de nous écarter. Sans doute, il n'en faut pas conclure que la part de l'égoïsme est devenue plus grande dans l'ensemble de la vie ; car il faut tenir compte de ce fait que la conscience tout entière s'est étendue. Il n'en est pas moins vrai que l'individualisme s'est développé en valeur absolue en pénétrant dans des régions qui, à l'origine, lui étaient fermées.

Mais cet individualisme, fruit du développement historique, n'est pas davantage celui qu'a décrit M. Spencer. Les sociétés qu'il appelle industrielles ne ressemblent pas plus aux sociétés organisées que les sociétés militaires aux sociétés segmentaires à base familiale. C'est ce que nous verrons dans le prochain chapitre.

CHAPITRE VII

—

SOLIDARITÉ ORGANIQUE ET SOLIDARITÉ CONTRACTUELLE

———

I

Il est vrai que, dans les sociétés industrielles de M. Spencer, tout comme dans les sociétés organisées, l'harmonie sociale dérive essentiellement de la division du travail (¹). Ce qui la caractérise, c'est qu'elle consiste dans une coopération qui se produit automatiquement, par cela seul que chacun poursuit ses intérêts propres. Il suffit que chaque individu se consacre à une fonction spéciale pour se trouver par la force des choses solidaire des autres. N'est-ce pas le signe distinctif des sociétés organisées?

Mais si M. Spencer a justement signalé quelle était, dans les sociétés supérieures, la cause principale de la solidarité sociale, il s'est mépris sur la manière dont cette cause produit son effet, et, par suite, sur la nature de ce dernier.

En effet, pour lui, la solidarité industrielle, comme il l'appelle, présente les deux caractères suivants.

Comme elle est spontanée, il n'est besoin d'aucun appareil coercitif ni pour la produire ni pour la maintenir. La société n'a donc pas à intervenir pour assurer un concours qui s'établit tout seul. «Chaque homme peut s'entretenir par son travail, échanger

(¹) *Sociol.*, III, p. 332 et suiv.

ses produits contre ceux d'autrui, prêter son assistance et recevoir un paiement, entrer dans telle ou telle association pour mener une entreprise, petite ou grande, sans obéir à la direction de la société dans son ensemble (¹). » La sphère de l'action sociale irait donc de plus en plus en se rétrécissant, car elle n'aurait plus d'autre objet que d'empêcher les individus d'empiéter les uns sur les autres et de se nuire réciproquement, c'est-à-dire qu'elle ne serait plus que négativement régulatrice..

Dans ces conditions, le seul lien qui reste entre les hommes, c'est l'échange absolument libre. « Toutes les affaires industrielles... se font par voie d'échange libre. Ce rapport devient prédominant dans la société à mesure que l'activité individuelle devient prédominante (²). » Or, la forme normale de l'échange est le contrat; c'est pourquoi, « à mesure qu'avec le déclin du militarisme et l'ascendant de l'industrialisme la puissance comme la portée de l'autorité diminuent et que l'action libre augmente, la relation du contrat devient générale; enfin, dans le type industriel pleinement développé, cette relation devient universelle (³). »

Par là, M. Spencer ne veut pas dire que la société repose jamais sur un contrat implicite ou formel. L'hypothèse d'un contrat social est au contraire inconciliable avec le principe de la division du travail; plus on fait grande la part de ce dernier, plus complètement on doit renoncer au postulat de Rousseau. Car, pour qu'un tel contrat soit possible, il faut qu'à un moment donné toutes les volontés individuelles s'entendent sur les bases communes de l'organisation sociale et, par conséquent, que chaque conscience particulière se pose le problème politique dans toute sa généralité. Mais pour cela, il faut que chaque individu sorte de sa sphère spéciale, que tous jouent également le même rôle, celui d'hommes d'État et de constituants. Représen-

(¹) *Sociol.*, III, p. 808.
(²) *Ibid.*, II, p. 160.
(³) *Ibid.*, III, p. 813.

tez-vous l'instant où la société se contracte : si l'adhésion est
unanime, le contenu de toutes les consciences est identique.
Donc, dans la mesure où la solidarité sociale provient d'une
telle cause, elle n'a aucun rapport avec la division du travail.

Surtout rien ne ressemble moins à cette solidarité spontanée
et automatique qui, suivant M. Spencer, distingue les sociétés
industrielles ; car il voit, au contraire, dans cette poursuite
consciente des fins sociales, la caractéristique des sociétés militaires (¹). Un tel contrat suppose que tous les individus peuvent
se représenter les conditions générales de la vie collective afin
de faire un choix en connaissance de cause. Or, M. Spencer sait
bien qu'une telle représentation dépasse la science dans son état
actuel, et par conséquent la conscience. Il est tellement convaincu
de la vanité de la réflexion quand elle s'applique à de telles
matières, qu'il veut les soustraire même à celle du législateur,
bien loin de les soumettre à l'opinion commune. Il estime que
la vie sociale, comme toute vie en général, ne peut s'organiser
naturellement que par une adaptation inconsciente et spontanée,
sous la pression immédiate des besoins et non d'après un plan
médité de l'intelligence réfléchie. Il ne songe donc pas que les
sociétés supérieures puissent se construire d'après un programme
solennellement débattu.

Aussi bien la conception du contrat social est-elle aujourd'hui
bien difficile à défendre, car elle est sans rapport avec les faits.
L'observateur ne la rencontre pour ainsi dire pas sur son
chemin. Non seulement il n'y a pas de sociétés qui aient une telle
origine, mais il n'en est pas dont la structure présente la moindre trace d'une organisation contractuelle. Ce n'est donc ni un
fait acquis à l'histoire, ni une tendance qui se dégage du développement historique. Aussi, pour rajeunir cette doctrine et lui
redonner quelque crédit, a-t-il fallu qualifier de contrat l'adhésion que chaque individu, une fois adulte, donne à la société où

(¹) *Sociol.*, III, p. 332 et suiv. — V. aussi *L'Individu contre l'État,* passim.

il est né, par cela seul qu'il continue à y vivre. Mais alors il faut appeler contractuelle toute démarche de l'homme qui n'est pas déterminée par la contrainte (¹). A ce compte, il n'y a pas de société, ni dans le présent ni dans le passé, qui ne soit ou qui n'ait été contractuelle; car il n'en est pas qui puisse subsister par le seul effet de la compression. Nous en avons dit plus haut la raison. Si l'on a cru parfois que la contrainte avait été plus grande autrefois qu'aujourd'hui, c'est en vertu de cette illusion qui fait attribuer à un régime coercitif la petite place faite à la liberté individuelle dans les sociétés inférieures. En réalité, la vie sociale, partout où elle est normale, est spontanée; et si elle est anormale, elle ne peut pas durer. C'est spontanément que l'individu abdique; et même il n'est pas juste de parler d'abdication là où il n'y a rien à abdiquer. Si donc on donne au mot cette acception large et quelque peu abusive, il n'y a aucune distinction à faire entre les différents types sociaux; et si l'on entend seulement par là le lien juridique très défini que désigne cette expression, on peut assurer qu'aucun lien de ce genre n'a jamais existé entre les individus et la société.

Mais si les sociétés supérieures ne reposent pas sur un contrat fondamental qui porte sur les principes généraux de la vie politique, elles auraient ou tendraient à avoir pour base unique, suivant M. Spencer, le vaste système des contrats particuliers qui lient entre eux les individus. Ceux-ci ne dépendraient du groupe que dans la mesure où ils dépendraient les uns des autres, et ils ne dépendraient les uns des autres que dans la mesure marquée par les conventions privées et librement conclues. La solidarité sociale ne serait donc autre chose que l'accord spontané des intérêts individuels, accord dont les contrats sont l'expression naturelle. Le type des relations sociales serait la relation économique, débarrassée de toute

___

(¹) C'est ce que fait M. Fouillée, qui oppose contrat à compression. (V. *Science sociale*, p. 8.)

réglementation et telle qu'elle résulte de l'initiative entièrement libre des parties. En un mot, la société ne serait que la mise en rapport d'individus échangeant les produits de leur travail, et sans qu'aucune action proprement sociale vienne régler cet échange.

Est-ce bien le caractère des sociétés dont l'unité est produite par la division du travail? S'il en était ainsi, on pourrait avec raison douter de leur stabilité. Car, si l'intérêt rapproche les hommes, ce n'est jamais que pour quelques instants; il ne peut créer entre eux qu'un lien extérieur. Dans le fait de l'échange, les divers agents restent en dehors les uns des autres et, l'opération terminée, chacun se retrouve et se reprend tout entier. Les consciences ne sont que superficiellement en contact; ni elles ne se pénètrent, ni elles n'adhèrent fortement les unes aux autres. Si même on regarde au fond des choses, on verra que toute harmonie d'intérêts recèle un conflit latent ou simplement ajourné. Car, là où l'intérêt règne seul, comme rien ne vient refréner les égoïsmes en présence, chaque moi se trouve vis-à-vis de l'autre sur le pied de guerre et toute trêve à cet éternel antagonisme ne saurait être de longue durée. L'intérêt est en effet ce qu'il y a de moins constant au monde. Aujourd'hui, il m'est utile de m'unir à vous; demain, la même raison fera de moi votre ennemi. Une telle cause ne peut donc donner naissance qu'à des rapprochements passagers et à des associations d'un jour. On voit combien il est nécessaire d'examiner si telle est effectivement la nature de la solidarité organique.

Nulle part, de l'aveu de M. Spencer, la société industrielle n'existe à l'état de pureté : c'est un type partiellement idéal qui se dégage de plus en plus de l'évolution, mais qui n'a pas encore été complètement réalisé. Par conséquent, pour avoir le droit de lui attribuer les caractères que nous venons de dire, il faudrait établir méthodiquement que les sociétés les présentent d'une manière d'autant plus complète qu'elles sont plus élevées, abstraction faite des cas de régression.

On affirme en premier lieu que la sphère de l'activité sociale diminue de plus en plus au profit de celle de l'individu. Mais, pour pouvoir démontrer cette proposition par une expérience véritable, il ne suffit pas, comme fait M. Spencer, de citer quelques cas où l'individu s'est effectivement émancipé de l'influence collective; ces exemples, si nombreux qu'ils puissent être, ne peuvent servir que d'illustrations et sont par eux-mêmes dénués de toute force démonstrative. Car il est très possible que, sur un point, l'action sociale ait régressé, mais que, sur d'autres, elle se soit étendue et que, finalement, on prenne une transformation pour une disparition. La seule manière de faire la preuve objectivement est, non de citer quelques faits au hasard de la suggestion, mais de suivre dans son histoire, depuis ses origines jusqu'aux temps les plus récents, l'appareil par lequel s'exerce essentiellement l'action sociale, et de voir si, avec le temps, il a augmenté ou diminué de volume. Nous savons que c'est le droit. Les obligations que la société impose à ses membres, pour peu qu'elles aient d'importance et de durée, prennent une forme juridique; par conséquent, les dimensions relatives de cet appareil permettent de mesurer avec exactitude l'étendue relative de l'action sociale.

Or il est trop évident que, bien loin de diminuer, il va de plus en plus en s'accroissant et en se compliquant. Plus un code est primitif, plus le volume en est petit; il est au contraire d'autant plus considérable qu'il est plus récent. Sur ce point, le doute n'est pas possible. Sans doute, il n'en résulte pas que la sphère de l'activité individuelle devienne plus petite. Il ne faut pas oublier en effet que s'il y a plus de vie réglementée, il y a aussi plus de vie en général. C'est pourtant une preuve suffisante que la discipline sociale ne va pas en se relâchant. Une des formes qu'elle affecte tend, il est vrai, à régresser — nous l'avons nous-même établi; — mais d'autres, beaucoup plus riches et beaucoup plus complexes, se développent à la place. Si le droit répressif perd du terrain, le droit restitutif, qui n'existait pas du tout à l'origine, ne fait que s'accroître. Si l'intervention sociale n'a plus pour effet d'imposer à tout le monde certaines pratiques uniformes, elle consiste davantage à définir et à régler les rapports spéciaux des différentes fonctions sociales, et elle n'est pas moindre parce qu'elle est autre.

M. Spencer répondra qu'il n'a pas affirmé la diminution de toute espèce de contrôle, mais seulement du contrôle positif. Admettons cette distinction. Qu'il soit positif ou négatif, ce contrôle n'en est pas moins social, et la question principale est de savoir s'il s'est étendu ou contracté. Que ce soit pour ordonner ou pour défendre, pour dire *fais ceci* ou *ne fais pas cela*, si la société intervient davantage, on n'a pas le droit de dire que la spontanéité individuelle suffit de plus en plus à tout. Si les règles qui déterminent la conduite se multiplient, qu'elles soient impératives ou prohibitives, il n'est pas vrai qu'elle ressortisse de plus en plus complètement à l'initiative privée.

Mais cette distinction même est-elle fondée? Par contrôle positif, M. Spencer entend celui qui contraint à l'action, tandis que le contrôle négatif contraint seulement à l'abstention. « Un » homme a une terre; je la cultive pour lui en totalité ou en » partie, ou bien je lui impose en tout ou partie le mode de cul- » ture qu'il suivra : voilà un contrôle positif. Au contraire, je » ne lui apporte ni aide ni conseils pour sa culture, je l'empêche » simplement de toucher à la récolte du voisin, de passer par la » terre du voisin ou d'y déposer ses déblais : voilà le contrôle » négatif. La différence est assez tranchée entre se charger de » poursuivre à la place d'un citoyen tel but qu'il appartient ou » se mêler des moyens que ce citoyen emploie pour le poursui- » vre, et, d'autre part, l'empêcher de gêner un autre citoyen qui » poursuit le but de son choix (¹). » Si tel est le sens des termes, il s'en faut que le contrôle positif soit en train de disparaître.

Nous savons, en effet, que le droit restitutif ne fait que gran-

(¹) *Essais de morale*, p. 101, note.

dir; or, dans la grande majorité des cas, ou il marque au citoyen le but qu'il doit poursuivre, ou il se mêle des moyens que ce citoyen emploie pour atteindre le but ʋ ꞏn choix. Il résout à propos de chaque relation juridique les deux questions suivantes : 1° dans quelles conditions et sous quelle forme existe-t-elle normalement? 2° quelles sont les obligations qu'elle engendre? La détermination de la forme et des conditions est essentiellement positive, puisqu'elle astreint l'individu à suivre une certaine procédure pour arriver à son but. Quant aux obligations, si elles se ramenaient en principe à la défense de ne pas troubler autrui dans l'exercice de ses fonctions, la thèse de M. Spencer serait vraie, au moins en partie. Mais elles consistent le plus souvent en des prestations de services de nature positive.

Mais entrons dans le détail.

II

Il est très vrai que les relations contractuelles qui étaient rares à l'origine ou complètement absentes, se multiplient à mesure que le travail social se divise. Mais ce que M. Spencer semble n'avoir pas aperçu, c'est que les relations non contractuelles se développent en même temps.

Examinons d'abord cette partie du droit que l'on qualifie improprement de privé et qui, en réalité, règle les rapports des fonctions sociales diffuses ou, autrement dit, la vie viscérale de l'organisme social.

En premier lieu, nous savons que le droit domestique, de simple qu'il était d'abord, est devenu de plus en plus complexe, c'est-à-dire que les espèces différentes de relations juridiques auxquelles donne naissance la vie de famille sont beaucoup plus nombreuses qu'autrefois. Or d'une part, les obligations qui en résultent sont de nature éminemment positive; c'est une réci-

procité de droits et de devoirs. De l'autre, elles ne sont pas
contractuelles, du moins sous leur forme typique. Les conditions
dont elles dépendent se rattachent à notre statut personnel, qui
dépend lui-même de notre naissance, de nos rapports de consanguinité, par conséquent de faits qui sont soustraits à notre
volonté.

Cependant, le mariage et l'adoption sont des sources de
relations domestiques et ce sont des contrats. Mais il se trouve
justement que, plus on se rapproche des types sociaux les plus
élevés, plus aussi ces deux opérations juridiques perdent leur
caractère proprement contractuel.

Non seulement dans les sociétés inférieures, mais à Rome
même, jusqu'à la fin de l'empire, le mariage reste une affaire
entièrement privée. C'est généralement une vente, réelle chez
les peuples primitifs, fictive plus tard, mais qui est valable par
le seul consentement des parties dûment attesté. Ni formes
solennelles d'aucune sorte, ni intervention d'une autorité quelconque n'étaient alors nécessaires. C'est seulement avec le
christianisme que le mariage affecta un autre caractère. De
bonne heure les chrétiens prirent l'habitude de faire bénir leur
union par un prêtre. Une loi de l'empereur Léon le Philosophe
convertit cet usage en loi pour l'Orient; le concile de Trente en
fit autant pour l'Occident. Désormais le mariage ne se contracte
plus librement, mais par l'intermédiaire d'une puissance publique,
à savoir l'Église, et le rôle de celle-ci n'est pas seulement celui
d'un témoin, mais c'est elle et elle seule qui crée le lien juridique
que la volonté des particuliers suffisait jusqu'alors à établir. On
sait comment, dans la suite, l'autorité civile fut substituée dans
cette fonction à l'autorité religieuse, et comment, en même
temps, la part de l'intervention sociale et des formalités nécessaires fut étendue (¹).

L'histoire du contrat d'adoption est plus démonstrative encore.

_____

(¹) Bien entendu, il en est de même pour la dissolution du lien conjugal.

Nous avons déjà vu avec quelle facilité et sur quelle large échelle se pratiquait l'adoption dans les clans indiens de l'Amérique du Nord. Elle pouvait donner naissance à toutes les formes de la parenté. Si l'adopté était du même âge que l'adoptant, ils devenaient frères et sœurs; si le premier était une femme déjà mère, elle devenait la mère de celui qui l'adoptait.

Chez les Arabes, avant Mahomet, l'adoption servait souvent à fonder de véritables familles [1]. Il arrivait fréquemment à plusieurs personnes de s'adopter mutuellement; elles devenaient alors frères ou sœurs les unes des autres, et la parenté qui les unissait était aussi forte que s'ils étaient descendus d'une commune origine. On trouve le même genre d'adoption chez les Slaves. Très souvent des membres de familles différentes se prennent pour frères et sœurs et forment ce qu'on appelle une confraternité *(probatinstvo)*. Ces sociétés se contractent librement et sans formalité : l'entente suffit à les fonder. Cependant le lien qui unit ces frères électifs est plus fort même que celui qui dérive de la fraternité naturelle [2].

Chez les Germains, l'adoption fut probablement aussi facile et fréquente. Des cérémonies très simples suffisaient à la constituer [3]. Mais dans l'Inde, en Grèce, à Rome, elle était déjà subordonnée à des conditions déterminées. Il fallait que l'adoptant eût un certain âge, qu'il ne fût pas parent de l'adopté à un degré qui ne lui eût pas permis d'en être le père naturel; enfin, ce changement de famille devenait une opération juridique très complexe, qui nécessitait l'intervention du magistrat. En même temps, le nombre de ceux qui avaient la jouissance du droit d'adoption devenait plus restreint. Seuls, le père de famille ou le célibataire *sui juris* pouvaient adopter et le premier ne le pouvait que s'il n'avait pas d'enfants légitimes.

Dans notre droit actuel, les conditions restrictives se sont

---

[1] Smith, *Marriage and Kinship in early Arabia.* Cambridge, 1885, p. 135.
[2] Krauss, *Sitte und Brauch der Südslaven*, ch. XXIX.
[3] Viollet, *Précis de l'histoire du droit français*, p. 402.

encore multipliées. Il faut que l'adopté soit majeur, que l'adoptant ait plus de cinquante ans, qu'il ait traité l'adopté comme son propre enfant pendant longtemps. Encore faut-il ajouter que, même ainsi limitée, elle est devenue un événement très rare. Avant la rédaction de notre Code, elle était même presque complètement tombée en désuétude et, aujourd'hui encore, certains pays comme la Hollande et le Bas-Canada ne l'admettent pas du tout.

En même temps qu'elle devenait plus rare, l'adoption perdait de son efficacité. Dans le principe, la parenté adoptive était de tous points semblable à la parenté naturelle. A Rome, la ressemblance était encore très grande; cependant il n'y avait plus parfaite identité (¹). Au XVIᵉ siècle, elle ne donnait plus droit à la succession *ab intestat* du père adoptif (²). Notre Code a rétabli ce droit; mais la parenté à laquelle donne lieu l'adoption ne s'étend pas au delà de l'adoptant et de l'adopté.

On voit combien est insuffisante l'explication traditionnelle qui attribue cet usage de l'adoption chez les sociétés anciennes au besoin d'assurer la perpétuité du culte des ancêtres. Les peuples qui l'ont pratiquée de la manière la plus large et la plus libre, comme les Indiens de l'Amérique, les Arabes, les Slaves, ne connaissaient pas ce culte et, au contraire, c'est à Rome, à Athènes, c'est-à-dire dans les pays où la religion domestique était à son apogée, que ce droit est pour la première fois soumis à un contrôle et à des restrictions. Si donc il a pu servir à satisfaire ces besoins, ce n'est pas pour les satisfaire qu'il s'est établi; et inversement, s'il tend à disparaître, ce n'est pas que nous tenions moins à assurer la perpétuité de notre nom et de notre race. C'est dans la structure des sociétés actuelles et dans la place qu'y occupe la famille qu'il faut aller chercher la cause déterminante de ce changement.

Une autre preuve de cette vérité, c'est qu'il est devenu encore

---

(¹) Accarias, *Précis de droit romain*, I, p. 240 et suiv.
(²) Viollet, *op. cit.*, p. 400.

plus impossible de sortir d'une famille par un acte d'autorité privée que d'y entrer. De même que le lien de parenté ne résulte pas d'un engagement contractuel, il ne peut pas être rompu comme un engagement de ce genre. Chez les Iroquois, on voit parfois une partie du clan en sortir pour aller grossir le clan voisin (1). Chez les Slaves, un membre de la Zadruga qui est fatigué de la vie commune peut se séparer du reste de la famille et devenir pour elle juridiquement un étranger, de même qu'il peut être exclu par elle (2). Chez les Germains, une cérémonie peu compliquée permettait à tout Franc qui en avait le désir de se dégager complètement de toutes les obligations de la parenté (3). A Rome, le fils ne pouvait pas sortir de sa famille par sa seule volonté, et à ce signe nous reconnaissons un type social plus élevé. Mais ce lien que le fils ne pouvait pas rompre pouvait être brisé par le père; c'est dans cette opération que consistait l'émancipation. Aujourd'hui, ni le père ni le fils ne peuvent modifier l'état naturel des relations domestiques : elles restent telles que la naissance les détermine.

En résumé, en même temps que les obligations domestiques deviennent plus nombreuses, elles prennent, comme on dit, un caractère public. Non seulement, en principe, elles n'ont pas une origine contractuelle, mais le rôle qu'y joue le contrat va toujours en diminuant; au contraire, le contrôle social sur la manière dont elles se nouent, se dénouent, se modifient, ne fait qu'augmenter. La raison en est dans l'effacement progressif de l'organisation segmentaire. La famille, en effet, est pendant longtemps un véritable segment social. A l'origine, elle se confond avec le clan; si, plus tard, elle s'en distingue, c'est comme la partie du tout; elle est le produit d'une segmentation secondaire du clan, identique à celle qui a donné naissance au clan lui-même, et, quand ce dernier a disparu, elle se maintient

(1) Morgan, *Ancient Society*, p. 81.
(2) Krauss, *op. cit.*, p. 113 et suiv.
(3) Loi salique, tit. LX.

encore en cette même qualité. Or, tout ce qui est segment tend
de plus en plus à être résorbé dans la masse sociale. C'est pourquoi la famille est obligée de se transformer. Au lieu de rester
une société autonome au sein de la grande, elle est attirée toujours davantage dans le système des organes sociaux. Elle devient
elle-même un de ces organes, chargé de fonctions spéciales et,
par suite, tout ce qui se passe en elle est susceptible d'avoir des
répercussions générales. C'est ce qui fait que les organes régulateurs de la société sont nécessités à intervenir pour exercer sur
la manière dont la famille fonctionne une action modératrice
ou même, dans certains cas, positivement excitatrice (¹).

Mais ce n'est pas seulement en dehors des relations contractuelles, c'est sur le jeu de ces relations elles-mêmes que se fait
sentir l'action sociale. Car tout n'est pas contractuel dans le
contrat. Les seuls engagements qui méritent ce nom sont
ceux qui ont été voulus par les individus et qui n'ont pas
d'autre origine que cette libre volonté. Inversement, toute obligation qui n'a pas été mutuellement consentie n'a rien de contractuel. Or, partout où le contrat existe, il est soumis à une
réglementation qui est l'œuvre de la société et non celle des
particuliers, et qui devient toujours plus volumineuse et plus
compliquée.

Il est vrai que les contractants peuvent s'entendre pour déroger sur certains points aux dispositions de la loi. Mais d'abord
leurs droits à cet égard ne sont pas illimités. Par exemple, la

---

(¹) Par exemple dans les cas de tutelle, d'interdiction, où l'autorité publique
intervient parfois d'office. Le progrès de cette action régulatrice ne contredit
pas la régression, constatée plus haut, des sentiments collectifs qui concernent la famille; au contraire, le premier phénomène suppose l'autre, car, pour
que ces sentiments eussent diminué ou se fussent affaiblis, il a fallu que la
famille eût cessé de se confondre avec la société et se fût constitué une sphère
d'action personnelle, soustraite à la conscience commune. Or, cette transformation était nécessaire pour qu'elle pût devenir ensuite un organe de la
société, car un organe, c'est une partie individualisée de la société.

convention des parties ne peut faire qu'un contrat soit valide qui ne satisfait pas aux conditions de validité exigées par la loi. Sans doute, dans la grande majorité des cas, le contrat n'est plus maintenant astreint à des formes déterminées; encore ne faut-il pas oublier qu'il y a toujours dans nos codes des contrats solennels. Mais si la loi, en général, n'a plus les exigences formalistes d'autrefois, elle assujettit le contrat à des conditions d'un autre genre. Elle refuse toute force obligatoire aux engagements contractés par un incapable, ou sans objet, ou dont la cause est illicite, ou faits par une personne qui ne peut pas vendre, ou portant sur une chose qui ne peut être vendue. Parmi les obligations qu'elle fait découler des divers contrats, il en est qui ne peuvent être changées par aucune stipulation. C'est ainsi que le vendeur ne peut manquer à l'obligation de garantir l'acheteur contre toute éviction qui résulte d'un fait qui lui est personne (art. 1628), ni à celle de restituer le prix en cas d'éviction, quelle qu'en soit l'origine, pourvu que l'acheteur n'ait pas connu le danger (art. 1629), ni à celle d'expliquer clairement ce à quoi il s'engage (art. 1602). De même, dans une certaine mesure tout au moins, il ne peut être dispensé de la garantie des vices cachés (art. 1641 et 1643), surtout s'il les a connus. S'il s'agit d'immeubles, c'est l'acheteur qui a le devoir de ne pas profiter de la situation pour imposer un prix trop sensiblement au-dessous de la valeur réelle de la chose (art. 1674), etc. D'autre part, tout ce qui concerne la preuve, la nature des actions auxquelles donne droit le contrat, les délais dans lesquels elles doivent être intentées, est absolument soustrait aux transactions individuelles.

Dans d'autres cas, l'action sociale ne se manifeste pas seulement par le refus de reconnaître un contrat formé en violation de la loi, mais par une intervention positive. Ainsi le juge peut, quels que soient les termes de la convention, accorder dans certaines circonstances un délai au débiteur (art. 1184, 1244, 1655, 1900), ou bien obliger l'emprunteur à restituer au prêteur sa

chose avant le terme convenu, si ce dernier en a un pressant
besoin (art. 1189). Mais ce qui montre mieux encore que les
contrats donnent naissance à des obligations qui n'ont pas été
contractées, c'est qu'ils « obligent non seulement à ce qui y est
exprimé, mais encore à toutes les suites que l'équité, l'usage ou
la loi donnent à l'obligation d'après sa nature » (art. 1135). En
vertu de ce principe, on doit suppléer dans le contrat « les clauses
qui y sont d'usage, quoiqu'elles n'y soient pas exprimées »
(art. 1160).

Mais alors même que l'action sociale ne s'exprime pas sous
cette forme expresse, elle ne cesse pas d'être réelle. En effet, cette
possibilité de déroger à la loi, qui semble réduire le droit contractuel au rôle de substitut éventuel des contrats proprement
dits, est, dans la très grande généralité des cas, purement théorique. Pour s'en convaincre, il suffit de se représenter en quoi
il consiste.

Sans doute, quand les hommes s'unissent par le contrat, c'est
que, par suite de la division du travail, ou simple ou complexe,
ils ont besoin les uns des autres. Mais, pour qu'ils coopèrent
harmoniquement, il ne suffit ni qu'ils entrent en rapport, ni
même qu'ils sentent l'état de mutuelle dépendance où ils se
trouvent. Il faut encore que les conditions de cette coopération
soient fixées pour toute la durée de leurs relations. Il faut que
les devoirs et les droits de chacun soient définis, non seulement
en vue de la situation telle qu'elle se présente au moment où
se noue le contrat, mais en prévision des circonstances qui
peuvent se produire et la modifier. Autrement, ce serait à chaque
instant des conflits et des tiraillements nouveaux. Il ne faut pas
oublier en effet que, si la division du travail rend les intérêts
solidaires, elle ne les confond pas : elle les laisse distincts et
rivaux. De même qu'à l'intérieur de l'organisme individuel
chaque organe est en antagonisme avec les autres, tout en coopé-
rant avec eux, chacun des contractants, tout en ayant besoin de
l'autre, cherche à obtenir aux moindres frais ce dont il a besoin,

c'est-à-dire à acquérir le plus de droits possible en échange des moindres obligations possible.

Il est donc nécessaire que le partage des uns et des autres soit prédéterminé, et cependant il ne peut se faire d'après un plan préconçu. Il n'y a rien dans la nature des choses de quoi l'on puisse déduire que les obligations de l'un ou de l'autre doivent aller jusqu'à telle limite plutôt qu'à telle autre. Mais toute détermination de ce genre ne peut résulter que d'un compromis; c'est un moyen terme entre la rivalité des intérêts en présence et leur solidarité. C'est une position d'équilibre qui ne peut se trouver qu'après des tâtonnements plus ou moins laborieux. Or, il est bien évident que nous ne pouvons ni recommencer ces tâtonnements, ni restaurer à nouveaux frais cet équilibre toutes les fois que nous nous engageons dans quelque relation contractuelle. Tout nous manque pour cela. Ce n'est pas au moment où les difficultés surgissent qu'il faut les résoudre, et cependant nous ne pouvons ni prévoir la variété des circonstances possibles à travers lesquelles se déroulera notre contrat, ni fixer par avance à l'aide d'un simple calcul mental quels seront, dans chaque cas, les droits et les devoirs de chacun, sauf dans les matières dont nous avons une pratique toute particulière. D'ailleurs, les conditions matérielles de la vie s'opposent à ce que de telles opérations puissent être répétées. Car, à chaque instant et souvent à l'improviste, nous nous trouvons contracter de ces liens, soit que nous achetions, soit que nous vendions, soit que nous voyagions, soit que nous louions des services, soit que nous descendions dans une hôtellerie, etc. La plupart de nos relations avec autrui sont de nature contractuelle. Si donc il fallait à chaque fois instituer à nouveau les luttes, les pourparlers nécessaires pour bien établir toutes les conditions de l'accord dans le présent et dans l'avenir, nous serions immobilisés. Pour toutes ces raisons, si nous n'étions liés que par les termes de nos contrats, tels qu'ils ont été débattus, il n'en résulterait qu'une solidarité précaire.

Mais le droit contractuel est là qui détermine les conséquences juridiques de nos actes que nous n'avons pas déterminées. Il exprime les conditions normales de l'équilibre, telles qu'elles se sont dégagées d'elles-mêmes et peu à peu de la moyenne des cas. Résumé d'expériences nombreuses et variées, ce que nous ne pouvons prévoir individuellement y est prévu, ce que nous ne pouvons régler y est réglementé et cette réglementation s'impose à nous, quoiqu'elle ne soit pas notre œuvre, mais celle de la société et de la tradition. Elle nous astreint à des obligations que nous n'avons pas contractées, au sens exact du mot, puisque nous ne les avons pas délibérées, ni même parfois connues par avance. Sans doute, l'acte initial est toujours contractuel; mais il a des suites, même immédiates, qui débordent plus ou moins les cadres du contrat. Nous coopérons parce que nous l'avons voulu, mais notre coopération volontaire nous crée des devoirs que nous n'avons pas voulus.

De ce point de vue, le droit des contrats apparaît sous un tout autre aspect. Ce n'est plus simplement un complément utile des conventions particulières, c'en est la norme fondamentale. S'imposant à nous avec l'autorité de l'expérience traditionnelle, il constitue la base de nos rapports contractuels. Nous ne pouvons nous en écarter que partiellement et accidentellement. La loi nous confère des droits et nous assujettit à des devoirs comme dérivant de tel acte de notre volonté. Nous pouvons, dans certains cas, faire l'abandon des uns ou nous faire décharger des autres. Les uns et les autres n'en sont pas moins le type normal des droits et des devoirs que comporte la circonstance, et il faut un acte exprès pour le modifier. Aussi les modifications sont-elles relativement rares; en principe, c'est la règle qui s'applique; les innovations sont exceptionnelles. Le droit des contrats exerce donc sur nous une action régulatrice de la plus haute importance, puisqu'il prédétermine ce que nous devons faire et ce que nous pouvons exiger. C'est une loi qui peut être changée par la seule entente des parties; mais, tant qu'elle n'est pas abrogée ou

remplacée, elle garde toute son autorité et, d'autre part, nous ne pouvons faire acte de législateur que d'une manière très intermittente. Il n'y a donc qu'une différence de degré entre la loi qui règle les obligations qu'engendre le contrat et celles qui fixent les autres devoirs des citoyens.

Enfin, en dehors de cette pression organisée et définie qu'exerce le droit, il en est une qui vient des mœurs. Dans la manière dont nous concluons nos contrats et dont nous les exécutons, nous sommes tenus de nous conformer à des règles qui, pour n'être sanctionnées ni directement ni indirectement par aucun code, n'en sont pas moins impératives. Il y a des obligations professionnelles, purement morales et qui sont pourtant très strictes. Elles sont surtout apparentes dans les professions dites libérales, et, si elles sont peut-être moins nombreuses chez les autres, il y a lieu de se demander, comme nous le verrons, si ce n'est pas l'effet d'un état morbide. Or, si cette action est plus diffuse que la précédente, elle est tout aussi sociale ; d'autre part, elle est nécessairement d'autant plus étendue que les relations contractuelles sont plus développées, car elle se diversifie comme les contrats.

En résumé donc, le contrat ne se suffit pas à soi-même, mais il n'est possible que grâce à une réglementation du contrat qui est d'origine sociale. Il l'implique, d'abord parce qu'il a beaucoup moins pour fonction de créer des règles nouvelles que de diversifier dans les cas particuliers les règles générales préétablies ; ensuite parce qu'il n'a et ne peut avoir le pouvoir de lier que dans de certaines conditions qu'il est nécessaire de définir. Si, en principe, la société lui prête une force obligatoire, c'est qu'en général l'accord des volontés particulières suffit à assurer, sous les réserves précédentes, le concours harmonieux des fonctions sociales diffuses. Mais s'il va contre son but, s'il est de nature à troubler le jeu régulier des organes, si, comme on dit, il n'est pas juste, il est nécessaire que, étant dépourvu de toute valeur sociale, il soit aussi destitué de toute autorité. Le rôle de la

société ne saurait donc en aucun cas se réduire à faire exécuter
passivement les contrats; il est aussi de déterminer à quelles
conditions ils sont exécutoires et, s'il y a lieu, de les restituer
sous leur forme normale. L'entente des parties ne peut rendre
juste une clause qui par elle-même ne l'est pas, et il y a des
règles de justice dont la justice sociale doit prévenir la violation,
même si elle a été consentie par les intéressés.

Une réglementation est ainsi nécessaire dont l'étendue ne peut
être limitée par avance. Le contrat, dit M. Spencer, a pour objet
d'assurer au travailleur l'équivalent de la dépense que lui a
causée son travail (¹). Si tel est vraiment le rôle du contrat, il
ne pourra jamais le remplir qu'à condition d'être réglementé
bien plus minutieusement qu'il n'est aujourd'hui; car ce serait
un vrai miracle s'il suffisait à produire sûrement cette équiva-
lence. En fait, c'est tantôt le gain qui dépasse la dépense, tantôt
la dépense qui dépasse le gain; et la disproportion est souvent
éclatante. Mais, répond toute une école, si les gains sont trop
bas, la fonction sera délaissée pour d'autres; s'ils sont trop élevés,
elle sera recherchée et la concurrence diminuera les profits. On
oublie que toute une partie de la population ne peut pas quitter
ainsi sa fonction, parce qu'aucune autre ne lui est accessible.
Ceux mêmes qui ont davantage la liberté de leurs mouvements
ne peuvent pas la reprendre en un instant; de pareilles révolutions sont toujours longues à s'accomplir. En attendant, des
contrats injustes, insociaux par définition, ont été exécutés avec
le concours de la société, et, quand l'équilibre a été rétabli sur
un point, il n'y a pas de raison pour qu'il ne se rompe pas sur
un autre.

Il n'est pas besoin de démontrer que cette intervention, sous
ses différentes formes, est de nature éminemment positive, puisqu'elle a pour effet de déterminer la manière dont nous devons
coopérer. Ce n'est pas elle, il est vrai, qui donne le branle aux

_____

(¹) *Bases de la morale évolutionniste*, p. 124 et suiv.

fonctions qui concourent; mais, une fois que le concours est commencé, elle le règle. Dès que nous avons fait un premier acte de coopération, nous sommes engagés et l'action régulatrice de la société s'exerce sur nous. Si M. Spencer l'a qualifiée de négative, c'est que, pour lui, le contrat consiste uniquement dans l'échange. Mais, même à ce point de vue, l'expression qu'il emploie n'est pas exacte. Sans doute quand, après avoir pris livraison d'un objet ou profité d'un service, je refuse d'en fournir l'équivalent convenu, je prends à autrui ce qui lui appartient et on peut dire que la société, en m'obligeant à tenir ma promesse, ne fait que prévenir une lésion, une agression indirecte. Mais, si j'ai simplement promis un service sans en avoir, au préalable, reçu la rémunération, je n'en suis pas moins tenu de remplir mon engagement; cependant, dans ce cas, je ne m'enrichis pas au détriment d'autrui : je refuse seulement de lui être utile. De plus, l'échange, nous l'avons vu, n'est pas tout le contrat; mais il y a aussi la bonne harmonie des fonctions qui concourent. Celles-ci ne sont pas seulement en contact pendant le court instant où les choses passent d'une main dans l'autre; mais des rapports plus étendus en résultent nécessairement au cours desquels il importe que leur solidarité ne soit pas troublée.

Même les comparaisons biologiques sur lesquelles M. Spencer appuie volontiers sa théorie du contrat libre en sont bien plutôt la réfutation. Il compare, comme nous avons fait, les fonctions économiques à la vie viscérale de l'organisme individuel, et fait remarquer que cette dernière ne dépend pas directement du système cérébro-spinal, mais d'un appareil spécial dont les principales branches sont le grand sympathique et le pneumo-gastrique. Mais, si de cette comparaison il est permis d'induire avec quelque vraisemblance que les fonctions économiques ne sont pas de nature à être placées sous l'influence immédiate du cerveau social, il ne s'ensuit pas qu'elles puissent être affranchies de toute influence régulatrice; car, si le grand sympathique est, dans une certaine mesure, indépendant du cerveau, il domine

les mouvements des viscères tout comme le cerveau fait pour
ceux des muscles. Si donc il y a dans la société un appareil du
même genre, il doit avoir sur les organes qui lui sont soumis
une action analogue.

Ce qui y correspond, suivant M. Spencer, c'est cet échange
d'informations qui se fait sans cesse d'une place à l'autre sur
l'état de l'offre et de la demande et qui, par suite, arrête ou
stimule la production (1). Mais il n'y a rien là qui ressemble à
une action régulatrice. Transmettre une nouvelle n'est pas com-
mander des mouvements. Cette fonction est bien celle des nerfs
afférents, mais n'a rien de commun avec celle des ganglions
nerveux : or, ce sont ces derniers qui exercent la domination
dont nous venons de parler. Interposés sur le trajet des sensations, c'est exclusivement par leur intermédiaire que celles-ci
peuvent se réfléchir en mouvements. Très vraisemblablement, si
l'étude en était plus avancée, on verrait que leur rôle, qu'ils
soient centraux ou non, est d'assurer le concours harmonieux
des fonctions qu'ils gouvernent, lequel serait à tout instant
désorganisé s'il devait varier à chaque variation des impressions
excitatrices. Le grand sympathique social doit donc comprendre,
outre un système de voies de transmission, des organes vraiment
régulateurs qui, chargés de combiner les actes intestinaux
comme le ganglion cérébral combine les actes externes, aient le
pouvoir ou d'arrêter les excitations, ou de les amplifier, ou de
les modérer suivant les besoins.

Cette comparaison induit même à penser que l'action régulatrice à laquelle est actuellement soumise la vie économique n'est
pas ce qu'elle devrait être normalement. Sans doute elle n'est
pas nulle, nous venons de le montrer. Mais, ou bien elle est
diffuse, ou bien elle émane directement de l'État. On trouvera
difficilement dans nos sociétés contemporaines des centres régulateurs analogues aux ganglions du grand sympathique. Assuré-

(1) *Essais de morale*, p. 187.

ment, si ce doute n'avait d'autre base que ce manque de symé-
trie entre l'individu et la société, il ne mériterait pas d'arrêter
l'attention. Mais il ne faut pas oublier que, jusqu'à des temps
très récents, ces organes intermédiaires existaient : c'étaient les
corps de métiers. Nous n'avons pas à en discuter ici les avantages ni les inconvénients. D'ailleurs, de pareilles discussions
sont difficilement objectives, car nous ne pouvons guère trancher
ces questions d'utilité pratique que d'après nos sentiments personnels. Mais par cela seul qu'une institution a été nécessaire
pendant des siècles à des sociétés, il paraît peu vraisemblable que
celles-ci se soient brusquement trouvées en état de s'en passer.
Sans doute, elles ont changé ; mais il est légitime de présumer
a priori que les changements par lesquels elles ont passé récla-
maient moins une destruction radicale de cette organisation
qu'une transformation. En tout cas, il y a trop peu de temps
qu'elles vivent dans ces conditions pour qu'on puisse décider si
cet état est normal et définitif ou simplement accidentel et morbide. Même les malaises qui se font sentir depuis cette époque
dans cette sphère de la vie sociale ne semblent pas préjuger une
réponse favorable. Nous trouverons dans la suite de ce travail
d'autres faits qui confirment cette présomption ([1]).

III

Il y a enfin le droit administratif. Nous appelons ainsi l'ensemble des règles qui déterminent d'abord les fonctions de
l'organe central et leurs rapports, ensuite celles des organes qui
sont immédiatement subordonnés au précédent, leurs relations les
unes avec les autres, avec les premiers et avec les fonctions diffuses de la société. Si nous continuons à emprunter à la biologie

---

([1]) V. liv. III, ch. I.

un langage qui, pour être métaphorique, n'en est pas moins commode, nous dirons qu'elles réglementent la façon dont fonctionne le système cérébro-spinal de l'organisme social. C'est ce système que dans la langue courante on désigne sous le nom d'État.

Que l'action sociale qui s'exprime sous cette forme soit de nature positive, c'est ce qui n'est pas contesté. En effet, elle a pour objet de fixer de quelle manière doivent coopérer ces fonctions spéciales. Même, à certains égards, elle impose la coopération; car ces divers organes ne peuvent être entretenus qu'au moyen de contributions qui sont exigées impérativement de chaque citoyen. Mais, suivant M. Spencer, cet appareil régulateur irait en régressant à mesure que le type industriel se dégage du type militaire, et finalement les fonctions de l'État seraient destinées à se réduire à la seule administration de la justice.

Seulement, les raisons alléguées à l'appui de cette proposition sont d'une remarquable indigence; c'est à peu près uniquement d'une courte comparaison entre l'Angleterre et la France, et entre l'Angleterre d'autrefois et celle d'aujourd'hui que M. Spencer croit pouvoir induire cette loi générale du développement historique (¹). Cependant, les conditions de la preuve ne sont pas autres en sociologie et dans les autres sciences. Prouver une hypothèse, ce n'est pas montrer qu'elle rend assez bien compte de quelques faits rappelés à propos: c'est constituer des expériences méthodiques. C'est faire voir que les phénomènes entre lesquels on établit une relation ou concordent universellement, ou bien ne subsistent pas l'un sans l'autre, ou varient dans le même sens et dans le même rapport. Mais quelques exemples exposés sans ordre ne constituent pas une démonstration.

Mais de plus, ces faits pris en eux-mêmes ne démontrent rien en l'espèce; car tout ce qu'ils prouvent c'est que la place de

(¹) *Sociol.*, III, p. 822-831.

l'individu devient plus grande et le pouvoir gouvernemental *moins absolu*. Mais il n'y a aucune contradiction à ce que la sphère de l'action individuelle grandisse en même temps que celle de l'État, à ce que les fonctions qui ne sont pas immédiatement placées sous la dépendance de l'appareil régulateur central se développent en même temps que ce dernier. D'autre part, un pouvoir peut être à la fois absolu et très simple. Rien n'est moins complexe que le gouvernement despotique d'un chef barbare; les fonctions qu'il remplit sont rudimentaires et peu nombreuses. C'est que l'organe directeur de la vie sociale peut avoir absorbé en lui toute cette dernière, pour ainsi dire, sans être pour cela très développé, si la vie sociale elle-même n'est pas très développée. Il a seulement sur le reste de la société une suprématie exceptionnelle parce que rien n'est en état de le contenir ni de le neutraliser. Mais il peut très bien se faire qu'il prenne plus de volume en même temps que d'autres organes se forment qui lui font contrepoids. Il suffit pour cela que le volume total de l'organisme ait lui-même augmenté. Sans doute, l'action qu'il exerce dans ces conditions n'est plus de même nature; mais les points sur lesquels elle s'exerce se sont multipliés et, si elle est moins violente, elle ne laisse pas de s'imposer tout aussi formellement. Les faits de désobéissance aux ordres de l'autorité ne sont plus traités comme des sacrilèges, ni par conséquent réprimés avec le même luxe de sévérité; mais ils ne sont pas davantage tolérés, et ces ordres sont plus nombreux et portent sur des espèces plus différentes. Or, la question qui se pose est de savoir, non si la puissance coercitive dont dispose cet appareil régulateur est plus ou moins intense, mais si cet appareil lui-même est devenu plus ou moins volumineux.

Une fois le problème ainsi formulé, la solution ne saurait être douteuse. L'histoire montre en effet que, d'une manière régulière, le droit administratif est d'autant plus développé que les sociétés appartiennent à un type plus élevé; au contraire, plus nous remontons vers les origines, plus il est rudimentaire.

L'État dont M. Spencer fait un idéal est en réalité la forme
primitive de l'État. En effet, les seules fonctions qui lui appartiennent normalement, d'après le philosophe anglais, sont celles
de la justice et celles de la guerre, dans la mesure du moins où
la guerre est nécessaire. Or, dans les sociétés inférieures, il n'a
effectivement pas d'autre rôle. Sans doute, ces fonctions n'y sont
pas entendues comme elles le sont actuellement; elles ne sont pas
autres pour cela. Toute cette intervention tyrannique qu'y
signale M. Spencer n'est qu'une des manières par lesquelles
s'exerce le pouvoir judiciaire. En réprimant les attentats contre
la religion, contre l'étiquette, contre les traditions de toute sorte,
l'État remplit le même office que nos juges d'aujourd'hui, quand
ils protègent la vie ou la propriété des individus. Au contraire,
ses attributions deviennent de plus en plus nombreuses et variées
à mesure qu'on se rapproche des types sociaux supérieurs.
L'organe même de la justice, qui est très simple dans le principe, va de plus en plus en se différenciant; des tribunaux
différents se forment, des magistratures distinctes se constituent,
le rôle respectif des uns et des autres se détermine ainsi que leurs
rapports. Une multitude de fonctions qui étaient diffuses se concentrent. Le soin de veiller à l'éducation de la jeunesse, de
protéger la santé générale, de présider au fonctionnement de
l'assistance publique, d'administrer les voies de transport et de
communication rentre peu à peu dans la sphère d'action de
l'organe central. Par suite, celui-ci se développe et, en même
temps, il étend progressivement sur toute la surface du territoire un réseau de plus en plus serré et complexe de ramifications qui se substituent aux organes locaux préexistants ou se
les assimilent. Des services de statistique le tiennent au courant
de tout ce qui se passe dans les profondeurs de l'organisme.
L'appareil des relations internationales, je veux dire la diplo-
matie, prend lui-même des proportions toujours plus considérables. A mesure que se forment les institutions qui, comme les
grands établissements de crédit, ont par leurs dimensions et par

la multiplicité des fonctions qui en sont solidaires un intérêt général, l'État exerce sur elles une influence modératrice. Enfin, même l'appareil militaire, dont M. Spencer affirme la régression, semble au contraire se développer et se centraliser d'une manière ininterrompue.

Cette évolution ressort avec tant d'évidence des enseignements de l'histoire qu'il ne nous paraît pas nécessaire d'entrer dans plus de détails pour la démontrer. Que l'on compare les tribus destituées de toute autorité centrale aux tribus centralisées, celles-ci à la cité, la cité aux sociétés féodales, les sociétés féodales aux sociétés actuelles, et l'on suivra pas à pas les principales étapes du développement dont nous venons de retracer la marche générale. Il est donc contraire à toute méthode de regarder les dimensions actuelles de l'organe gouvernemental comme un fait morbide, dû à un concours de circonstances accidentelles. Tout nous oblige à y voir un phénomène normal, qui tient à la structure même des sociétés supérieures, puisqu'il progresse d'une manière régulièrement continue à mesure que les sociétés se rapprochent de ce type.

On peut d'ailleurs montrer, au moins en gros, comment il résulte des progrès mêmes de la division du travail et de la transformation qui a pour effet de faire passer les sociétés du type segmentaire au type organisé.

Tant que chaque segment a sa vie qui lui est particulière, il forme une petite société dans la grande et a par conséquent en propre ses organes régulateurs tout comme celle-ci. Mais leur vitalité est nécessairement proportionnelle à l'intensité de cette vie locale; ils ne peuvent donc pas manquer de s'affaiblir quand elle s'affaiblit elle-même. Or, nous savons que cet affaiblissement se produit avec l'effacement progressif de l'organisation segmentaire. L'organe central, trouvant devant lui moins de résistance puisque les forces qui le contenaient ont perdu de leur énergie, se développe et attire à lui ces fonctions, semblables à celles qu'il exerce, mais qui ne peuvent plus être

retenues par ceux qui les détenaient jusque-là. Ces organes
locaux, au lieu de garder leur individualité et de rester diffus,
viennent donc se fondre dans l'appareil central qui, par suite,
grossit, et cela d'autant plus que la société est plus vaste et la
fusion plus complète; c'est dire qu'il est d'autant plus volumineux que les sociétés sont d'une espèce plus élevée.

Ce phénomène se produit avec une nécessité mécanique, et
d'ailleurs il est utile, car il correspond au nouvel état des
choses. Dans la mesure où la société cesse d'être formée par une
répétition de segments similaires, l'appareil régulateur doit lui-
même cesser d'être formé par une répétition d'organes segmentaires autonomes. Toutefois, nous ne voulons pas dire que normalement l'État absorbe en lui tous les organes régulateurs de
la société quels qu'ils soient, mais seulement ceux qui sont de
même nature que les siens, c'est-à-dire qui président à la vie
générale. Quant à ceux qui régissent des fonctions spéciales,
comme les fonctions économiques, ils sont en dehors de sa sphère
d'attraction. Il peut bien se produire entre eux une coalescence
du même genre, mais non entre eux et lui; ou du moins s'ils
sont soumis à l'action des centres supérieurs, ils en restent
distincts. Chez les vertébrés, le système cérébro-spinal est très
développé, il a une influence sur le grand sympathique, mais il
laisse à ce dernier une large autonomie.

En second lieu, tant que la société est faite de segments, ce
qui se produit dans l'un d'eux a d'autant moins de chances de
faire écho dans les autres que l'organisation segmentaire est plus
forte. Le système alvéolaire se prête naturellement à la localisation des événements sociaux et de leurs suites. C'est ainsi que,
dans une colonie de polypes, un des individus peut être malade
sans que les autres s'en ressentent. Il n'en est plus de même
quand la société est formée par un système d'organes. Par suite
de leur mutuelle dépendance, ce qui atteint l'un en atteint
d'autres, et ainsi tout changement un peu grave prend un
intérêt général.

Cette généralisation est encore facilitée par deux autres circonstances. Plus le travail se divise, moins chaque organe social comprend de parties distinctes. A mesure que la grande industrie se substitue à la petite, le nombre des entreprises différentes diminue; chacune a plus d'importance relative parce qu'elle représente une plus grande fraction du tout; ce qui s'y produit a donc des contre-coups sociaux beaucoup plus étendus. La fermeture d'un petit atelier ne cause que des troubles très limités, qui cessent d'être sentis au delà d'un petit cercle; la faillite d'une grande société industrielle est au contraire une perturbation publique. D'autre part, comme les progrès de la division du travail déterminent une plus grande concentration de la masse sociale, il y a entre les différentes parties d'un même tissu, d'un même organe ou d'un même appareil, un contact plus intime qui rend plus faciles les phénomènes de contagion. Le mouvement qui naît sur un point se communique rapidement aux autres; il n'y a qu'à voir avec quelle vitesse, par exemple, une grève se généralise aujourd'hui dans un même corps de métier. Or, un trouble d'une certaine généralité ne peut se produire sans retentir dans les centres supérieurs. Ceux-ci, étant affectés douloureusement, sont nécessités à intervenir et cette intervention est d'autant plus fréquente que le type social est plus élevé. Mais il faut pour cela qu'ils soient organisés en conséquence; il faut qu'ils étendent dans tous les sens leurs ramifications, de manière à être en relations avec les différentes régions de l'organisme, de manière aussi à tenir sous une dépendance plus immédiate certains organes dont le jeu pourrait avoir à l'occasion des répercussions exceptionnellement graves. En un mot, leurs fonctions devenant plus nombreuses et plus complexes, il est nécessaire que l'organe qui leur sert de substrat se développe, ainsi que le corps de règles juridiques qui les déterminent.

Au reproche qu'on lui a souvent fait de contredire sa propre doctrine, en admettant que le développement des centres supérieurs se fait en sens inverse dans les sociétés et dans les organismes, M. Spencer répond que ces variations différentes de l'organe tiennent à des variations correspondantes de la fonction. Suivant lui, le rôle du système cérébro-spinal serait essentiellement de régler les rapports de l'individu avec le dehors, de combiner les mouvements soit pour saisir la proie, soit pour échapper à l'ennemi (¹). Appareil d'attaque et de défense, il est naturellement très volumineux chez les organismes les plus élevés, où ces relations extérieures sont elles-mêmes très développées. Il en est ainsi des sociétés militaires, qui vivent en état d'hostilité chronique avec leurs voisines. Au contraire, chez les peuples industriels, la guerre est l'exception; les intérêts sociaux sont principalement d'ordre intérieur; l'appareil régulateur externe, n'ayant plus la même raison d'être, régresse donc nécessairement.

Mais cette explication repose sur une double erreur.

D'abord tout organisme, qu'il ait ou non des instincts déprédateurs, vit dans un milieu avec lequel il a des relations d'autant plus nombreuses qu'il est plus complexe. Si donc les rapports d'hostilité diminuent à mesure que les sociétés deviennent plus pacifiques, ils sont remplacés par d'autres. Les peuples industriels ont un commerce mutuel autrement développé que celui que les peuplades inférieures entretiennent les unes avec les autres, si belliqueuses qu'elles soient. Nous parlons, non du commerce qui s'établit directement d'individus à individus, mais de celui qui unit les corps sociaux entre eux. Chaque société a des intérêts généraux à défendre contre les autres, sinon par la voie des armes, du moins au moyen de négociations, de coalitions, de traités, etc.

De plus, il n'est pas vrai que le cerveau ne fasse que présider aux relations externes. Non seulement il semble bien qu'il peut parfois modifier l'état des organes par des voies tout internes, mais, alors même que c'est du dehors qu'il agit, c'est sur le dedans qu'il exerce son action. En effet, même les viscères les plus intestinaux ne peuvent fonctionner qu'à l'aide de matériaux qui viennent du dehors et, comme il dispose souverainement de ces derniers, il a par là sur tout l'organisme une influence de tous les instants. L'estomac, dit-on, n'entre pas en jeu sur son ordre; mais la présence des aliments suffit à exciter les mouvements péristaltiques. Seulement, si les aliments sont présents, c'est que le cerveau l'a voulu, et ils y sont dans la quantité qu'il a fixée et de la qualité qu'il a choisie. Ce n'est pas lui qui commande les battements du cœur, mais il peut, par un traitement approprié, les retarder ou les accélérer. Il n'y a guère de tissus qui ne subissent quelqu'une des disciplines qu'il impose, et l'empire qu'il exerce ainsi est d'autant plus étendu et d'autant plus profond que l'animal est d'un type plus élevé. C'est qu'en effet son véritable rôle est de présider, non pas aux relations avec le dehors, mais à l'ensemble de la vie : cette fonction est donc d'autant plus complexe que la vie elle-même est plus riche et plus concentrée. Il en est de même des sociétés. Ce qui fait que l'organe gouvernemental est plus ou moins considérable, ce n'est pas que les peuples sont plus ou moins pacifiques; mais il croît à mesure que, par suite des progrès de la division du travail, les sociétés comprennent plus d'organes différents plus intimement solidaires les uns des autres.

IV

Les propositions suivantes résument cette première partie de notre travail.

La vie sociale dérive d'une double source : la similitude des consciences et la division du travail social. L'individu est socialisé dans le premier cas, parce que, n'ayant pas d'individualité propre, il se confond, ainsi que ses semblables, au sein d'un même type collectif; dans le second, parce que, tout en ayant une physionomie et une activité personnelles qui le distinguent des autres, il dépend d'eux dans la mesure même où il s'en distingue, et par conséquent de la société qui résulte de leur union.

La similitude des consciences donne naissance à des règles juridiques qui, sous la menace de mesures répressives, imposent à tout le monde des croyances et des pratiques uniformes; plus elle est prononcée, plus la vie sociale se confond complètement avec la vie religieuse, plus les institutions économiques sont voisines du communisme. La division du travail donne naissance à des règles juridiques qui déterminent la nature et les rapports des fonctions divisées, mais dont la violation n'entraîne que des mesures réparatrices sans caractère expiatoire.

Chacun de ces corps de règles juridiques est d'ailleurs accompagné d'un corps de règles purement morales. Là où le droit pénal est très volumineux, la morale commune est très étendue; c'est-à-dire qu'il y a une multitude de pratiques collectives placées sous la sauvegarde de l'opinion publique. Là où le droit restitutif est très développé, il y a pour chaque profession une morale professionnelle. A l'intérieur d'un même groupe de travailleurs, il existe une opinion, diffuse dans toute l'étendue de cet agrégat restreint, et qui, sans être munie de sanctions légales, se fait pourtant obéir. Il y a des mœurs et des coutumes communes à un même ordre de fonctionnaires et qu'aucun d'eux ne peut enfreindre sans encourir le blâme de la corporation (1). Toutefois, cette morale se distingue de la précédente par des différences analogues à celles qui séparent les deux espèces correspondantes de droits. Elle est en effet localisée dans une région limitée de la société; de plus, le caractère répressif des

____

(1) Ce blâme, d'ailleurs, comme toute peine morale, se traduit par des mouvements extérieurs (peines disciplinaires, renvoi d'employés, perte des relations, etc.).

sanctions qui y sont attachées est sensiblement moins accentué. Les fautes professionnelles déterminent un mouvement de réprobation beaucoup plus faible que les attentats contre la morale publique.

Cependant, les règles de la morale et du droit professionnels sont impératives comme les autres. Elles obligent l'individu à agir en vue de fins qui ne lui sont pas propres, à faire des concessions, à consentir des compromis, à tenir compte d'intérêts supérieurs aux siens. Par conséquent, même là où la société repose le plus complètement sur la division du travail, elle ne se résout pas en une poussière d'atomes juxtaposés, entre lesquels il ne peut s'établir que des contacts extérieurs et passagers. Mais les membres en sont unis par des liens qui s'étendent bien au delà des moments si courts où l'échange s'accomplit. Chacune des fonctions qu'ils exercent est, d'une manière constante, dépendante des autres et forme avec elles un système solidaire. Par suite, de la nature de la tâche choisie dérivent des devoirs permanents. Parce que nous remplissons telle fonction, domestique ou sociale, nous sommes pris dans un réseau d'obligations dont nous n'avons pas le droit de nous affranchir. Il est surtout un organe vis-à-vis duquel notre état de dépendance va toujours croissant : c'est l'État. Les points par lesquels nous sommes en contact avec lui se multiplient ainsi que les occasions où il a pour charge de nous rappeler au sentiment de la solidarité commune.

Ainsi, l'altruisme n'est pas destiné à devenir, comme le veut M. Spencer, une sorte d'ornement agréable de notre vie sociale; mais c'en sera toujours la base fondamentale. Comment en effet pourrions-nous jamais nous en passer? Les hommes ne peuvent vivre ensemble sans s'entendre et, par conséquent, sans se faire des sacrifices mutuels, sans se lier les uns aux autres d'une manière forte et durable. Toute société est une société morale. A certains égards, ce caractère est même plus prononcé dans les sociétés organisées. Parce que l'individu ne se suffit pas, c'est de la société qu'il reçoit tout ce qui lui est nécessaire, comme c'est pour elle qu'il travaille. C'est donc vers elle qu'est tournée son activité tout entière. Ainsi se forme un sentiment très fort de l'état de dépendance où il se trouve; il s'habitue à s'estimer à sa juste valeur, c'est-à-dire à ne se regarder que comme la partie d'un tout, l'organe d'un organisme. De tels sentiments sont de nature à inspirer non seulement ces sacrifices journaliers qui assurent le développement régulier de la vie sociale quotidienne, mais encore, à l'occasion, des actes de renoncement complet et d'abnégation sans partage. De son côté, la société apprend à regarder les membres qui la composent, non plus comme des choses sur lesquelles elle a des droits, mais comme des coopérateurs dont elle ne peut se passer et vis-à-vis desquels elle a des devoirs. C'est donc à tort qu'on oppose la société qui dérive de la communauté des croyances à celle qui a pour base la coopération, en n'accordant qu'à la première un caractère moral et en ne voyant dans la seconde qu'un groupement économique. En réalité, la coopération a, elle aussi, sa moralité intrinsèque. Il y a seulement lieu de croire, comme nous le verrons mieux dans la suite, que, dans nos sociétés actuelles, cette moralité n'a pas encore tout le développement qui leur serait dès maintenant nécessaire.

Mais elle n'est pas de même nature que l'autre. Celle-ci n'est forte que si l'individu ne l'est pas. Faite de règles qui sont pratiquées par tous indistinctement, elle reçoit de cette pratique universelle et uniforme une autorité qui en fait quelque chose de surhumain et qui la soustrait plus ou moins à la discussion. L'autre, au contraire, se développe à mesure que la personnalité individuelle se fortifie. Si réglementée que soit une fonction, elle laisse toujours une large place à l'initiative de chacun. Même beaucoup des obligations qui sont ainsi sanctionnées ont leur origine dans un choix de la volonté. C'est nous qui choisissons notre profession et même certaines de nos fonctions domestiques. Sans doute, une fois que notre résolution a cessé d'être intérieure et s'est traduite au dehors par des conséquences sociales, nous sommes liés : des devoirs s'imposent à nous que nous n'avons pas expressément voulus. C'est pourtant dans un acte volontaire qu'ils ont pris naissance. Enfin, parce que ces règles de conduite se rapportent, non aux conditions de la vie commune, mais aux différentes formes de l'activité professionnelle, elles ont par cela même un caractère plus temporel, pour ainsi dire, qui, tout en leur laissant leur force obligatoire, les rend plus accessibles à l'action des hommes.

Il y a donc deux grands courants de la vie sociale, auxquels correspondent deux types de structure non moins différents.

De ces courants, celui qui a son origine dans les similitudes sociales coule d'abord seul et sans rival. A ce moment, il se confond avec la vie même de la société; puis, peu à peu, il se canalise, se raréfie, tandis que le second va toujours en grossissant. De même, la structure segmentaire est de plus en plus recouverte par l'autre, mais sans jamais disparaître complètement.

Nous venons d'établir la réalité de ce rapport de variation inverse. On en trouvera les causes dans le livre suivant.

LIVRE II

LES CAUSES ET LES CONDITIONS

LIVRE II

Les Causes et les Conditions.

CHAPITRE I

LES PROGRÈS DE LA DIVISION DU TRAVAIL ET CEUX DU BONHEUR

A quelles causes sont dus les progrès de la division du travail ?
Sans doute, il ne saurait être question de trouver une formule
unique qui rende compte de toutes les modalités possibles de la
division du travail. Une telle formule n'existe pas. Chaque cas
particulier dépend de causes particulières qui ne peuvent être
déterminées que par un examen spécial. Le problème que nous
nous posons est moins vaste. Si l'on fait abstraction des formes
variées que prend la division du travail suivant les conditions de
temps et de lieu, il reste ce fait général qu'elle se développe
régulièrement à mesure qu'on avance dans l'histoire. Ce fait
dépend certainement de causes également constantes, que nous
allons rechercher.

Cette cause ne saurait consister dans une représentation anticipée des effets que produit la division du travail en contribuant
à maintenir l'équilibre des sociétés. C'est un contre-coup trop
lointain pour qu'il puisse être compris de tout le monde; la
plupart des esprits n'en ont aucune conscience. En tout cas, il

ne pouvait commencer à devenir sensible que quand la division
du travail était déjà très avancée.

D'après la théorie la plus répandue, elle n'aurait d'autre origine que le désir qu'a l'homme d'accroître sans cesse son bonheur.
On sait en effet que, plus le travail se divise, plus le rendement
en est élevé. Les ressources qu'il met à notre disposition sont
plus abondantes; elles sont aussi de meilleure qualité. La science
se fait mieux et plus vite; les œuvres d'art sont plus nombreuses
et plus raffinées; l'industrie produit plus et les produits en sont
plus parfaits. Or, l'homme a besoin de toutes ces choses; il
semble donc qu'il doive être d'autant plus heureux qu'il en
possède davantage, et, par conséquent, qu'il soit naturellement
incité à les rechercher.

Cela posé, on explique aisément la régularité avec laquelle
progresse la division du travail; il suffit, dit-on, qu'un concours
de circonstances, qu'il est facile d'imaginer, ait averti les hommes
de quelques-uns de ces avantages, pour qu'ils aient cherché à
l'étendre toujours plus loin, afin d'en tirer tout le profit possible.
Elle progresserait donc sous l'influence de causes exclusivement
individuelles et psychologiques. Pour en faire la théorie, il ne
serait pas nécessaire d'observer les sociétés et leur structure :
l'instinct le plus simple et le plus fondamental du cœur humain
suffirait à en rendre compte. C'est le besoin du bonheur qui
pousserait l'individu à se spécialiser de plus en plus. Sans doute,
comme toute spécialisation suppose la présence simultanée de
plusieurs individus et leur concours, elle n'est pas possible sans
une société. Mais, au lieu d'en être la cause déterminante, la
société serait seulement le moyen par lequel elle se réalise, la
matière nécessaire à l'organisation du travail divisé. Elle serait
même un effet du phénomène plutôt que sa cause. Ne répète-t-on
pas sans cesse que c'est le besoin de la coopération qui a donné
naissance aux sociétés? Celles-ci se seraient donc formées pour
que le travail pût se diviser, bien loin qu'il se fût divisé pour des
raisons sociales?

Cette explication est classique en économie politique. Elle paraît d'ailleurs si simple et si évidente qu'elle est admise inconsciemment par une foule de penseurs dont elle altère les conceptions. C'est pourquoi il est nécessaire de l'examiner tout d'abord.

I

Rien n'est moins démontré que le prétendu axiome sur lequel elle repose.

On ne peut assigner aucune borne rationnelle à la puissance productive du travail. Sans doute, elle dépend de l'état de la technique, des capitaux, etc. Mais ces obstacles ne sont jamais que provisoires, comme le prouve l'expérience, et chaque génération recule la limite à laquelle s'était arrêtée la génération précédente. Quand même elle devrait parvenir un jour à un maximum qu'elle ne pourrait plus dépasser — ce qui est une conjecture toute gratuite, — du moins il est certain que, dès à présent, elle a derrière elle un champ de développement immense. Si donc, comme on le suppose, le bonheur s'accroissait régulièrement avec elle, il faudrait aussi qu'il pût s'accroître indéfiniment ou que, tout au moins, les accroissements dont il est susceptible fussent proportionnés aux précédents. S'il augmentait à mesure que les excitants agréables deviennent plus nombreux et plus intenses, il serait tout naturel que l'homme cherchât à produire toujours davantage pour jouir encore davantage. Mais, en réalité, notre puissance de bonheur est très restreinte.

En effet, c'est une vérité généralement reconnue aujourd'hui que le plaisir n'accompagne ni les états de conscience qui sont trop intenses, ni ceux qui sont trop faibles. Il y a douleur quand l'activité fonctionnelle est insuffisante; mais une activité excessive produit les mêmes effets [1]. Certains physiologistes croient

_____
[1] Spencer, *Psychologie*, I, 283. — Wundt, *Psychologie physiologique*, I, ch. X, § 1.

même que la douleur est liée à une vibration nerveuse trop
intense ([1]). Le plaisir est donc situé entre ces deux extrêmes.
Cette proposition est d'ailleurs un corollaire de la loi de Weber
et de Fechner. Si la formule mathématique que ces expérimen-
tateurs en ont donnée est d'une exactitude contestable, il est un
point du moins qu'ils ont mis hors de doute : c'est que les variations d'intensité par lesquelles peut passer une sensation sont
comprises entre deux limites. Si l'excitant est trop faible, il n'est
pas senti; mais s'il dépasse un certain degré, les accroissements
qu'il reçoit produisent de moins en moins d'effet, jusqu'à ce
qu'ils cessent complètement d'être perçus. Or, cette loi est vraie
également de cette qualité de la sensation qu'on appelle le
plaisir. Elle a même été formulée pour le plaisir et pour la
douleur longtemps avant qu'elle ne le fût pour les autres éléments de la sensation. Bernouilli l'appliqua tout de suite aux
sentiments les plus complexes, et Laplace, l'interprétant dans le
même sens, lui donna la forme d'une relation entre la fortune
physique et la fortune morale ([2]). Le champ des variations que
peut parcourir l'intensité d'un même plaisir est donc limité.

Il y a plus. Si les états de conscience dont l'intensité est modérée sont généralement agréables, ils ne présentent pas tous des
conditions également favorables à la production du plaisir. Aux
environs de la limite inférieure, les changements par lesquels
passe l'activité agréable sont trop petits en valeur absolue pour
déterminer des sentiments de plaisir d'une grande énergie.
Inversement, quand elle est rapprochée du point d'indifférence,
c'est-à-dire de son maximum, les grandeurs dont elle s'accroît
ont une valeur relative trop faible. Un homme qui a un très
petit capital ne peut pas l'augmenter facilement dans des proportions qui suffisent à changer sensiblement sa condition. Voilà

([1]) Richet. Voir son article *Douleur* dans le *Dictionnaire encyclopédique
des sciences médicales*.

([2]) Laplace, *Théorie analytique des probabilités*. Paris, 1847, p. 187, 432.
— Fechner, *Psychophysik*, I, 236.

pourquoi les premières économies apportent avec elles si peu de joie : c'est qu'elles sont trop petites pour améliorer la situation. Les avantages insignifiants qu'elles procurent ne compensent pas les privations qu'elles ont coûté. De même, un homme dont la fortune est excessive ne trouve plus de plaisir qu'à des bénéfices exceptionnels, car il en mesure l'importance à ce qu'il possède déjà. Il en est tout autrement des fortunes moyennes. Ici, et la grandeur absolue et la grandeur relative des variations sont dans les meilleures conditions pour que le plaisir se produise, car elles sont facilement assez importantes, et pourtant il n'est pas nécessaire qu'elles soient extraordinaires pour être estimées à leur prix. Le point de repère qui sert à mesurer leur valeur n'est pas encore assez élevé pour qu'il en résulte une forte dépréciation. L'intensité d'un excitant agréable ne peut donc s'accroître *utilement* qu'entre des limites encore plus rapprochées que nous ne disions tout d'abord, car il ne produit tout son effet que dans l'intervalle qui correspond à la partie moyenne de l'activité agréable. En deçà et au delà, le plaisir existe encore, mais il n'est pas en rapport avec la cause qui le produit, tandis que, dans cette zone tempérée, les moindres oscillations sont goûtées et appréciées. Rien n'est perdu de l'énergie de l'excitation qui se convertit toute en plaisir (1).

Ce que nous venons de dire de l'intensité de chaque irritant pourrait se répéter de leur nombre. Ils cessent d'être agréables quand ils sont trop ou trop peu nombreux, comme quand ils dépassent ou n'atteignent pas un certain degré de vivacité. Ce n'est pas sans raison que l'expérience humaine voit dans l'*aurea mediocritas* la condition du bonheur.

Si donc la division du travail n'avait réellement progressé que pour accroître notre bonheur, il y a longtemps qu'elle serait arrivée à sa limite extrême, ainsi que la civilisation qui en résulte, et que l'une et l'autre se seraient arrêtées. Car, pour

(1) Cf. Wundt, *loc. cit.*

mettre l'homme en état de mener cette existence modeste qui est la plus favorable au plaisir, il n'était pas nécessaire d'accumuler indéfiniment des excitants de toute sorte. Un développement modéré eût suffi pour assurer aux individus toute la somme de jouissances dont ils sont capables. L'humanité serait rapidement parvenue à un état stationnaire d'où elle ne serait plus sortie. C'est ce qui est arrivé aux animaux : la plupart ne changent plus depuis des siècles, parce qu'ils sont arrivés à cet état d'équilibre.

D'autres considérations conduisent à la même conclusion.

On ne peut pas dire d'une manière absolue que tout état agréable est utile, que le plaisir et l'utilité varient toujours dans le même sens et le même rapport. Cependant, un organisme qui, en principe, se plairait à des choses qui lui nuisent, ne pourrait évidemment pas se maintenir. On peut donc accepter comme une vérité très générale que le plaisir n'est pas lié aux états nuisibles, c'est-à-dire qu'en gros le bonheur coïncide avec l'état de santé. Seuls, les êtres atteints de quelque perversion physiologique ou psychologique trouvent de la jouissance dans des états maladifs. Or, la santé consiste dans une activité moyenne. Elle implique en effet un développement harmonique de toutes les fonctions, et les fonctions ne peuvent se développer harmoniquement qu'à condition de se modérer les unes les autres, c'est-à-dire de se contenir mutuellement en deçà de certaines limites, au delà desquelles la maladie commence et le plaisir cesse. Quant à un accroissement simultané de toutes les facultés, il n'est possible pour un être donné que dans une mesure très restreinte qui est marquée par l'état congénital de l'individu.

On comprend de cette manière ce qui limite le bonheur humain; c'est la constitution même de l'homme, pris à chaque moment de l'histoire. Étant donnés son tempérament, le degré de développement physique et moral auquel il est parvenu, il y a un *maximum* de bonheur comme un maximum d'activité qu'il ne

peut pas dépasser. La proposition n'est guère contestée tant qu'il
ne s'agit que de l'organisme : tout le monde reconnaît que les
besoins du corps sont limités et que, par suite, le plaisir physique ne peut pas s'accroître indéfiniment. Mais on a dit que les
fonctions spirituelles faisaient exception. « Point de douleur pour
châtier et réprimer... les élans les plus énergiques du dévoue-
ment et de la charité, la recherche passionnée et enthousiaste du
vrai et du beau. On satisfait sa faim avec une quantité déterminée de nourriture; on ne satisfait pas sa raison avec une
quantité déterminée de savoir (¹). »

C'est oublier que la conscience, comme l'organisme, est un
système de fonctions qui se font équilibre et que, de plus, elle
est liée à un substrat organique de l'état duquel elle dépend. On
dit que s'il y a un degré de clarté que les yeux ne peuvent pas
supporter, il n'y a jamais trop de clarté pour la raison. Cependant, trop de science ne peut être acquise que par un développement exagéré des centres nerveux supérieurs, qui lui-même
ne peut se produire sans être accompagné de troubles douloureux. Il y a donc une limite *maxima* qui ne peut être dépassée
impunément, et, comme elle varie avec le cerveau moyen, elle
était particulièrement basse au début de l'humanité; par conséquent, elle eût été vite atteinte. De plus, l'entendement n'est
qu'une de nos facultés. Elle ne peut donc s'accroître au delà
d'un certain point qu'au détriment des facultés pratiques, en
ébranlant les sentiments, les croyances, les habitudes dont nous
vivons, et une telle rupture d'équilibre ne peut aller sans
malaise. Les sectateurs de la religion la plus grossière trouvent
dans la cosmogonie et la philosophie rudimentaires qui leur sont
enseignées un plaisir que nous leur enlèverions sans compensation possible si nous parvenions à les pénétrer brusquement de
nos doctrines scientifiques, quelque incontestable qu'en soit la
supériorité. A chaque moment de l'histoire et dans la conscience

(¹) Rabier, *Leçons de philosophie*, I, 170.

de chaque individu, il y a pour les idées claires, les opinions réfléchies, en un mot pour la science, une place déterminée au delà de laquelle elle ne peut pas s'étendre normalement.

Il en est de même de la moralité. Chaque peuple a sa morale, qui est déterminée par les conditions dans lesquelles il vit. On ne peut donc lui en inculquer une autre, si élevée qu'elle soit, sans le désorganiser, et de tels troubles ne peuvent pas ne pas être douloureusement ressentis par les particuliers. Mais la morale de chaque société, prise en elle-même, ne comporte-t-elle pas un développement indéfini des vertus qu'elle recommande? Nullement. Agir moralement, c'est faire son devoir, et tout devoir est défini. Il est limité par les autres devoirs; on ne peut se donner trop complètement à autrui sans s'abandonner soi-même; on ne peut développer à l'excès sa personnalité sans tomber dans l'égoïsme. D'autre part, l'ensemble de nos devoirs est lui-même limité par les autres exigences de notre nature. S'il est nécessaire que certaines formes de la conduite soient soumises à cette réglementation impérative qui est caractéristique de la moralité, il en est d'autres, au contraire, qui y sont naturellement réfractaires et qui pourtant sont essentielles. La morale ne peut régenter outre mesure les fonctions industrielles, commerciales, etc., sans les paralyser, et cependant elles sont vitales; ainsi, considérer la richesse comme immorale n'est pas une erreur moins funeste que de voir dans la richesse le bien par excellence. Il peut donc y avoir des excès de morale, dont la morale d'ailleurs est la première à souffrir; car, comme elle a pour objet immédiat de régler notre vie temporelle, elle ne peut nous en détourner sans tarir elle-même la matière à laquelle elle s'applique.

Il est vrai que l'activité esthético-morale, parce qu'elle n'est n'est pas réglée, paraît affranchie de tout frein et de toute limitation. Mais, en réalité, elle est étroitement circonscrite par l'activité proprement morale; car elle ne peut dépasser une certaine mesure qu'au détriment de la moralité. Si nous dépensons trop de nos forces pour le superflu, il n'en reste plus assez pour le nécessaire. Quand on fait trop grande la place de l'imagination en morale, les tâches obligatoires sont nécessairement négligées. Toute discipline même paraît intolérable quand on a trop pris l'habitude d'agir sans autres règles que celles qu'on se fait à soi-même. Trop d'idéalisme et d'élévation morale font souvent que l'homme n'a plus de goût à remplir ses devoirs quotidiens.

On en peut dire autant de toute activité esthétique d'une manière générale; elle n'est saine que si elle est modérée. Le besoin de jouer, d'agir sans but et pour le plaisir d'agir, ne peut être développé au delà d'un certain point sans qu'on se déprenne de la vie sérieuse. Une trop grande sensibilité artistique est un phénomène maladif qui ne peut pas se généraliser sans danger pour la société. La limite au delà de laquelle l'excès commence est d'ailleurs variable, suivant les peuples ou les milieux sociaux; elle commence d'autant plus tôt que la société est moins avancée ou le milieu moins cultivé. Le laboureur, s'il est en harmonie avec ses conditions d'existence, est et doit être fermé à des plaisirs esthétiques qui sont normaux chez le lettré, et il en est de même du sauvage par rapport au civilisé.

S'il en est ainsi du luxe de l'esprit, à plus forte raison en est-il de même du luxe matériel. Il y a donc une intensité normale de tous nos besoins, intellectuels, moraux, aussi bien que physiques, qui ne peut être outrepassée. A chaque moment de l'histoire, notre soif de science, d'art, de bien-être est définie comme nos appétits, et tout ce qui va au delà de cette mesure nous laisse indifférents ou nous fait souffrir. Voilà ce qu'on oublie trop quand on compare le bonheur de nos pères avec le nôtre. On raisonne comme si tous nos plaisirs avaient pu être leurs; alors, en songeant à tous ces raffinements de la civilisation dont nous jouissons et qu'ils ne connaissaient pas, on se sent enclin à plaindre leur sort. On oublie qu'ils n'étaient pas aptes à les goûter. Si donc ils se sont tant tourmentés pour accroître la

puissance productive du travail, ce n'était pas pour conquérir
des biens qui étaient pour eux sans valeur. Pour les apprécier,
il leur eût fallu d'abord contracter des goûts et des habitudes
qu'ils n'avaient pas, c'est-à-dire changer leur nature.

C'est en effet ce qu'ils ont fait, comme le montre l'histoire
des transformations par lesquelles a passé l'humanité. Pour
que le besoin d'un plus grand bonheur pût rendre compte du
développement de la division du travail, il faudrait donc qu'il
fût aussi la cause des changements qui se sont progressivement
accomplis dans la nature humaine, que les hommes se fussent
transformés afin de devenir plus heureux.

Mais, à supposer même que ces transformations aient eu finalement un tel résultat, il est impossible qu'elles se soient produites dans ce but, et, par conséquent, elles dépendent d'une
autre cause.

En effet, un changement d'existence, qu'il soit brusque ou
préparé, constitue toujours une crise douloureuse, car il fait
violence à des instincts acquis qui résistent. Tout le passé nous
retient en arrière, alors même que les plus belles perspectives
nous attirent en avant. C'est une opération toujours laborieuse
que de déraciner d   les que le temps a fixées et organisées en nous. Il est p   e que la vie sédentaire offre plus de
chances de bonheur que la vie nomade; mais quand, depuis des
siècles, on n'en a pas mené d'autre que cette dernière, on ne
s'en défait pas aisément. Aussi, pour peu que de telles transformations soient profondes, une vie individuelle ne suffit pas à les
accomplir. Ce n'est pas assez d'une génération pour dé re
l'œuvre des générations, pour mettre un homme nouveau à la
place de l'ancien. Dans l'état actuel de nos sociétés, le travail
n'est pas seulement utile, il est nécessaire; tout le monde le
sent bien, et voilà longtemps déjà que cette nécessité est ressentie. Cependant, ils sont encore relativement rares ceux qui
trouvent leur plaisir dans un travail régulier et persistant. Pour
la plupart des hommes, c'est encore une servitude insupportable:

l'oisiveté des temps primitifs n'a pas perdu pour eux ses anciens attraits. Ces métamorphoses coûtent donc beaucoup pendant très longtemps sans rien rapporter. Les générations qui les inaugurent n'en recueillent pas les fruits, s'il y en a, parce qu'ils viennent trop tardivement. Elles n'en ont que la peine. Par conséquent, ce n'est pas l'attente d'un plus grand bonheur qui les entraîne dans de telles entreprises.

Mais, en fait, est-il vrai que le bonheur de l'individu s'accroisse à mesure que l'homme progresse? Rien n'est plus douteux.

II

Assurément, il y a bien des plaisirs auxquels nous sommes ouverts aujourd'hui et que des natures plus simples ne connaissent pas. Mais, en revanche, nous sommes exposés à bien des souffrances qui leur sont épargnées, et il n'est pas sûr du tout que la balance se solde à notre profit. La pensée est sans doute une source de joies, et qui peuvent être très vives; mais, en même temps, que de joies elle trouble! Pour un problème résolu, que de questions soulevées qui restent sans réponse! Pour un doute éclairci, que de mystères aperçus qui nous déconcertent! De même, si le sauvage ne connaît pas les plaisirs que procure une vie très active, en retour, il est inaccessible à l'ennui, ce tourment des esprits cultivés; il laisse doucement couler sa vie sans éprouver perpétuellement le besoin d'en remplir les trop courts instants de faits nombreux et pressés. N'oublions pas d'ailleurs que le travail n'est encore pour la plupart des hommes qu'une peine et qu'un fardeau.

On objectera que, chez les peuples civilisés, la vie est plus variée et que la variété est nécessaire au plaisir. Mais, en même temps qu'une mobilité plus grande, la civilisation apporte avec elle plus d'uniformité; car c'est elle qui a imposé à l'homme le travail monotone et continu. Le sauvage va d'une occupation à l'autre, suivant les circonstances et les besoins qui le poussent ; l'homme civilisé se donne tout entier à une tâche, toujours la même, et qui offre d'autant moins de variété qu'elle est plus restreinte. L'organisation implique nécessairement une absolue régularité dans les habitudes, car un changement ne peut pas avoir lieu dans la manière dont fonctionne un organe sans que, par contre-coup, tout l'organisme en soit affecté. Par ce côté, notre vie offre à l'imprévu une moindre part, en même temps que, par son instabilité plus grande, elle enlève à la jouissance une partie de la sécurité dont elle a besoin.

Il est vrai que notre système nerveux, devenu plus délicat, est accessible à de faibles excitations qui ne touchaient pas celui de nos pères, parce qu'il était trop grossier. Mais aussi, bien des irritants qui étaient agréables sont devenus trop forts pour nous et, par conséquent, douloureux. Si nous sommes sensibles à plus de plaisirs, nous le sommes aussi à plus de douleurs. D'autre part, s'il est vrai que, toutes choses égales, la souffrance produit dans l'organisme un retentissement plus profond que la joie (¹), qu'un excitant désagréable nous affecte plus douloureusement qu'un excitant agréable de même intensité ne nous cause de plaisir, cette plus grande sensibilité pourrait bien être plus contraire que favorable au bonheur. En fait, les systèmes nerveux très affinés vivent dans la douleur et finissent même par s'y attacher. N'est-il pas très remarquable que le culte fondamental des religions les plus civilisées soit celui de la souffrance humaine ? Sans doute, pour que la vie puisse se maintenir, il faut, aujourd'hui comme autrefois, que, dans la moyenne des cas, les plaisirs l'emportent sur les douleurs. Mais il n'est pas certain que cet excédent soit devenu plus considérable.

Enfin et surtout, il n'est pas prouvé que cet excédent donne jamais la mesure du bonheur. Sans doute, en ces questions obscures et encore mal étudiées, on ne peut rien affirmer avec

_____

(¹) V. Hartmann, *Philosophie de l'Inconscient*, II.

certitude; cependant il parait bien que le bonheur est autre chose qu'une somme de plaisirs. C'est un état général et constant qui accompagne le jeu régulier de toutes nos fonctions organiques et psychiques. Ainsi, les activités continues, comme celles de la respiration et de la circulation, ne procurent pas de jouissances positives; pourtant c'est d'elles surtout que dépendent notre bonne humeur et notre entrain. Tout plaisir est une sorte de crise : il nait, dure un moment et meurt; la vie, au contraire, est continue. Ce qui en fait le charme fondamental doit être continu comme elle. Le plaisir est local : c'est une affection limitée à un point de l'organisme ou de la conscience; la vie ne réside ni ici ni là, mais elle est partout. Notre attachement pour elle doit donc tenir à quelque cause également générale. En un mot, ce qu'exprime le bonheur, c'est, non l'état momentané de telle fonction particulière, mais la santé de la vie physique et morale dans son ensemble. Comme le plaisir accompagne l'exercice normal des fonctions intermittentes, il est bien un élément du bonheur, et d'autant plus important que ces fonctions ont plus de place dans la vie. Mais il n'est pas le bonheur; il n'en peut même faire varier le niveau que dans des proportions restreintes. Car il tient à des causes éphémères; le bonheur a des dispositions permanentes. Pour que des accidents locaux puissent affecter profondément cette base fondamentale de notre sensibilité, il faut qu'ils se répètent avec une fréquence et une suite exceptionnelles. Le plus souvent, au contraire, c'est le plaisir qui dépend du bonheur : suivant que nous sommes heureux ou malheureux, tout nous rit ou nous attriste. On a eu bien raison de dire que nous portons notre bonheur avec nous-mêmes.

Mais, s'il en est ainsi, il n'y a plus à se demander si le bonheur s'accroit avec la civilisation. Il est l'indice de l'état de santé. Or, la santé d'une espèce n'est pas plus complète parce que cette espèce est d'un type supérieur. Un mammifère sain ne se porte pas mieux qu'un protozoaire également sain. Il en doit donc être de même du bonheur. Il ne devient pas plus grand parce que l'activité devient plus riche, mais il est le même partout où elle est saine. L'être le plus simple et l'être le plus complexe goûtent un même bonheur, s'ils réalisent également leur nature. Le sauvage normal peut être tout aussi heureux que le civilisé normal.

Aussi les sauvages sont-ils tout aussi contents de leur sort que nous pouvons l'être du nôtre. Ce parfait contentement est même un des traits distinctifs de leur caractère. Ils ne désirent rien de plus que ce qu'ils ont et n'ont aucune envie de changer de condition. « L'habitant du Nord, dit Waitz, ne recherche pas le Sud pour améliorer sa position, et l'habitant d'un pays chaud et malsain n'aspire pas davantage à le quitter pour un climat plus favorable. Malgré les nombreuses maladies et les maux de toute sorte auxquels est exposé l'habitant de Darfour, il aime sa patrie, et non seulement il ne peut pas émigrer, mais il lui tarde de rentrer s'il se trouve à l'étranger... En règle générale, quelle que soit la misère matérielle dans laquelle vit un peuple, il ne laisse pas de tenir son pays pour le meilleur du monde, son genre de vie pour le plus fécond en plaisirs qu'il y ait, et il se regarde lui-même comme le premier de tous les peuples. Cette conviction paraît régner généralement chez les peuples de nègres (¹). » Aussi, dans les pays qui, comme tant de contrées de l'Amérique, ont été exploités par les Européens, les indigènes croient fermement que les blancs n'ont quitté leur patrie que pour venir chercher le bonheur en Amérique. On cite bien l'exemple de quelques jeunes sauvages qu'une inquiétude maladive poussa hors de chez eux à la recherche du bonheur; mais ce sont des exceptions très rares.

Il est vrai que des observateurs nous ont parfois dépeint la vie des sociétés inférieures sous un tout autre aspect. Mais c'est qu'ils ont pris leurs propres impressions pour celles des indigènes. Or,

(¹) Waitz, Anthropologie, I, 346.

une existence qui nous paraît intolérable peut être douce pour
des hommes d'une autre constitution physique et morale. Par
exemple, quand, dès l'enfance, on est habitué à exposer sa vie
à chaque instant et, par conséquent, à ne la compter pour rien,
qu'est-ce que la mort? Pour nous apitoyer sur le sort des peuples
primitifs, il ne suffit donc pas d'établir que l'hygiène y est mal
observée, que la police y est mal faite. L'individu seul est compétent pour apprécier son bonheur : il est heureux, s'il se sent
heureux. Or, « de l'habitant de la Terre de Feu jusqu'au Hot-
tentot, l'homme, à l'état naturel, vit satisfait de lui-même et de
son sort (1). » Combien ce contentement est plus rare en Europe!
Ces faits expliquent qu'un homme d'expérience ait pu dire :
« Il y a des situations où l'homme qui pense se sent inférieur à
celui que la nature seule a élevé, où il se demande si ses convictions les plus solides valent mieux que les préjugés étroits, mais
doux au cœur (2). »

Mais voici une preuve plus objective.

Le seul fait expérimental qui démontre que la vie est généralement bonne, c'est que la très grande généralité des hommes la
préfère à la mort. Pour qu'il en soit ainsi, il faut que, dans la
moyenne des existences, le bonheur l'emporte sur le malheur.
Si le rapport était renversé, on ne comprendrait ni d'où pourrait
provenir l'attachement des hommes pour la vie, ni surtout
comment il aurait pu se maintenir, froissé à chaque instant par
les faits. Il est vrai que les pessimistes expliquent la persistance
de ce phénomène par les illusions de l'espérance. Suivant eux,
si, malgré les déceptions de l'expérience, nous tenons encore à
la vie, c'est que nous espérons à tort que l'avenir rachètera le
passé. Mais, en admettant même que l'espérance suffise à expliquer l'amour de la vie, elle ne s'explique pas elle-même. Elle
n'est pas miraculeusement tombée du ciel dans nos cœurs; mais

(1) Waitz, loc. cit., 347.
(2) Cowper Rose, Four years in Southern Africa, 1820, p. 173.

elle a dû, comme tous les sentiments, se former sous l'action des faits. Si donc les hommes ont appris à espérer, si, sous le coup du malheur, ils ont pris l'habitude de tourner leurs regards vers l'avenir et d'en attendre des compensations à leurs souffrances actuelles, c'est qu'ils se sont aperçus que ces compensations étaient fréquentes, que l'organisme humain était à la fois trop souple et trop résistant pour être aisément abattu, que les moments où le malheur l'emportait étaient exceptionnels et que, généralement, la balance finissait par se rétablir. Par conséquent, quelle que soit la part de l'espérance dans la genèse de l'instinct de conservation, celui-ci est un témoignage probant de la bonté relative de la vie. Pour la même raison, là où il perd soit de son énergie, soit de sa généralité, on peut être certain que la vie elle-même perd de ses attraits, que le mal augmente, soit que les causes de souffrance se multiplient, soit que la force de résistance des individus diminue. Si donc nous possédions un fait objectif et mesurable qui traduise les variations d'intensité par lesquelles passe ce sentiment suivant les sociétés, nous pourrions du même coup mesurer celles du malheur moyen dans ces mêmes milieux. Ce fait, c'est le nombre des suicides. De même que la rareté relative des morts volontaires est la meilleure preuve de la puissance et de l'universalité de cet instinct, le fait qu'ils s'accroissent démontre qu'il perd du terrain.

Or, le suicide n'apparaît guère qu'avec la civilisation. Il est très rare dans les sociétés inférieures, ou du moins le seul qu'on y observe parfois à l'état chronique présente des caractères très particuliers qui en font un type spécial dont la valeur symptomatique n'est pas la même. C'est un acte non de désespoir, mais d'abnégation. Si chez les anciens Danois, chez les Celtes, chez les Thraces, le vieillard arrivé à un âge avancé met fin à ses jours, c'est qu'il est de son devoir de débarrasser ses compagnons d'une bouche inutile; si la veuve de l'Inde ne survit pas à son mari, ni le Gaulois au chef de son clan, si le boudhiste se fait écraser sous les roues du char qui porte son idole, c'est que des prescriptions morales ou religieuses l'y obligent. Dans tous ces cas, l'homme se tue, non parce qu'il juge la vie mauvaise, mais parce que l'idéal auquel il est attaché exige ce sacrifice. Ces morts volontaires ne sont donc pas plus des suicides, au sens vulgaire du mot, que la mort du soldat ou du médecin qui s'expose sciemment pour faire son devoir.

Au contraire, le vrai suicide, le suicide triste, est à l'état endémique chez les peuples civilisés. Il se distribue même géographiquement comme la civilisation. Sur les cartes du suicide, on voit que toute la région centrale de l'Europe est occupée par une vaste tache sombre qui est comprise entre le 47° et le 57° degré de latitude et entre le 20° et le 40° degré de longitude. Cet espace est le lieu de prédilection du suicide; suivant l'expression de Morselli, c'est la zone suicidogène de l'Europe. C'est là aussi que se trouvent les pays où l'activité scientifique, artistique, économique est portée à son maximum : l'Allemagne et la France. Au contraire, l'Espagne, le Portugal, la Russie, les peuples slaves du Sud sont relativement indemnes. L'Italie, née d'hier, est encore quelque peu protégée, mais elle perd de son immunité à mesure qu'elle progresse. L'Angleterre seule fait exception; encore sommes-nous mal renseignés sur le degré exact de son aptitude au suicide. A l'intérieur de chaque pays, on constate le même rapport. Partout le suicide sévit plus fortement sur les villes que sur les campagnes. La civilisation se concentre dans les grandes villes; le suicide fait de même. On pourrait presque y voir une sorte de maladie contagieuse qui aurait pour foyers d'irradiation les capitales et les villes importantes et qui, de là, se répandrait sur le reste du pays. Enfin, dans toute l'Europe, la Norvège exceptée, le chiffre des suicides augmente régulièrement depuis un siècle [1]. D'après un calcul, il aurait triplé de 1821 à 1880 [2]. La marche de la civilisation

[1] V. les Tables de Morselli.
[2] Oettingen, *Moralstatistik*. Erlangen, 1882, p. 742.

ne peut pas être mesurée avec la même précision, mais on sait assez combien elle a été rapide pendant ce temps.

On pourrait multiplier les preuves. Les classes de la population fournissent au suicide un contingent proportionné à leur degré de civilisation. Partout, ce sont les professions libérales qui sont le plus frappées et l'agriculture qui est le plus épargnée. Il en est de même des sexes. La femme est moins mêlée que l'homme au mouvement civilisateur; elle y participe moins et en retire moins de profit; elle rappelle davantage certains traits des natures primitives (¹); aussi se tue-t-elle environ quatre fois moins que l'homme.

Mais, objectera-t-on, si la marche ascensionnelle des suicides indique que le malheur progresse sur certains points, ne pourrait-il pas se faire qu'en même temps le bonheur augmentât sur d'autres? Dans ce cas, cet accroissement de bénéfices suffirait peut-être à compenser les déficits subis ailleurs. C'est ainsi que, dans certaines sociétés, le nombre des pauvres augmente sans que la fortune publique diminue. Elle est seulement concentrée en un plus petit nombre de mains.

Mais cette hypothèse elle-même n'est guère plus favorable à notre civilisation. Car, à supposer que de telles compensations existassent, on n'en pourrait rien conclure sinon que le bonheur moyen est resté à peu près stationnaire. Ou bien, s'il avait augmenté, ce serait seulement de très petites quantités qui, étant sans rapport avec la grandeur de l'effort qu'a coûté le progrès, ne pourraient pas en rendre compte. Mais l'hypothèse même est sans fondement.

En effet, quand on dit d'une société qu'elle est plus ou moins heureuse qu'une autre, c'est du bonheur moyen qu'on entend parler, c'est-à-dire de celui dont jouit la moyenne des membres de cette société. Comme ils sont placés dans des conditions d'existence similaires en tant qu'ils sont soumis à l'action d'un

(¹) Tarde, *Criminalité comparée*, 18.

même milieu physique et social, il y a nécessairement une certaine manière d'être et, par conséquent, une certaine manière
d'être heureux qui leur est commune. Si du bonheur des individus on retire tout ce qui est dû à des causes individuelles ou
locales, pour ne retenir que le produit des causes générales et
communes, le résidu ainsi obtenu constitue précisément ce que
nous appelons le bonheur moyen. C'est donc une grandeur
abstraite, mais absolument une et qui ne peut pas varier dans
deux sens contraires à la fois. Elle peut ou croître, ou décroître,
mais il est impossible qu'elle croisse et qu'elle décroisse simultanément. Elle a la même unité et la même réalité que le type
moyen de la société, l'homme moyen de Quételet ; car elle
représente le bonheur dont est censé jouir cet être idéal. Par
conséquent, de même qu'il ne peut pas devenir au même
moment plus grand et plus petit, plus moral et plus immoral, il
ne peut pas davantage devenir en même temps plus heureux et
plus malheureux.

Or, les causes dont dépend le progrès du suicide chez les
peuples civilisés ont un caractère certain de généralité. En effet,
ils ne se produisent pas sur des points isolés, dans de certaines
parties de la société à l'exclusion des autres : on les observe
partout. Selon les régions, la marche ascendante est plus rapide
ou plus lente, mais elle est sans exception. L'agriculture est
moins éprouvée que l'industrie, mais le contingent qu'elle
fournit au suicide va toujours croissant. Nous sommes donc en
présence d'un phénomène qui est lié, non à telles ou telles circonstances locales et particulières, mais à un état général du
milieu social. Cet état est diversement réfracté par les milieux
spéciaux (provinces, professions, confessions religieuses, etc.) —
c'est pourquoi son action ne se fait pas sentir partout avec la
même intensité — mais il ne change pas pour cela de nature.

C'est dire que le bonheur dont le développement du suicide
atteste la régression est le bonheur moyen. Ce que prouve la
marée montante des morts volontaires, ce n'est pas seulement

18

qu'il y a un plus grand nombre d'individus trop malheureux
pour supporter la vie, — ce qui ne préjugerait rien pour les
autres qui sont pourtant la majorité, — mais c'est que le bonheur général de la société diminue. Par conséquent, puisque ce
bonheur ne peut pas augmenter et diminuer en même temps, il
est impossible qu'il augmente, de quelque manière que ce puisse
être, quand les suicides se multiplient; en d'autres termes, le
déficit croissant dont ils révèlent l'existence n'est compensé par
rien. Les causes dont ils dépendent n'épuisent qu'une partie de
leur énergie sous forme de suicides; l'influence qu'elles exercent
est bien plus étendue. Là où elles ne déterminent pas l'homme
à se tuer, en supprimant totalement le bonheur, du moins elles
réduisent dans des proportions variables l'excédent normal des
plaisirs sur les douleurs. Sans doute, il peut arriver par des
combinaisons de circonstances particulières que, dans certains
cas, leur action soit neutralisée de manière à rendre possible
même un accroissement de bonheur; mais ces variations accidentelles et privées sont sans effet sur le *bonheur social*. Quel
statisticien d'ailleurs hésiterait à voir dans les progrès de la
mortalité générale au sein d'une société déterminée un symptôme certain de l'affaiblissement de la santé publique?

Est-ce à dire qu'il faille imputer au progrès lui-même et à la
division du travail qui en est la condition ces tristes résultats?
Cette conclusion décourageante ne découle pas nécessairement
des faits qui précèdent. Il est au contraire très vraisemblable
que ces deux ordres de faits sont simplement concomitants.
Mais cette concomitance suffit à prouver que le progrès n'accroît
pas beaucoup notre bonheur, puisque celui-ci décroît, et dans
des proportions très graves, au moment même où la division du
travail se développe avec une énergie et une rapidité que l'on
n'avait jamais connues. S'il n'y a pas de raison d'admettre
qu'elle ait effectivement diminué notre capacité de jouissance, il
est plus impossible encore de croire qu'elle l'ait sensiblement
augmentée.

En définitive, tout ce que nous venons de dire n'est qu'une application particulière de cette vérité générale que le plaisir est, comme la douleur, chose essentiellement relative. Il n'y a pas un bonheur absolu, objectivement déterminable, dont les hommes se rapprochent à mesure qu'ils progressent; mais de même que, suivant le mot de Pascal, le bonheur de l'homme n'est pas celui de la femme, celui des sociétés inférieures ne saurait être le nôtre, et réciproquement. Cependant, l'un n'est pas plus grand que l'autre. Car on ne peut en mesurer l'intensité relative que par la force avec laquelle il nous attache à la vie, en général, et à notre genre de vie, en particulier. Or, les peuples les plus primitifs tiennent tout autant à l'existence et à leur existence que nous à la nôtre. Ils y renoncent même moins facilement (¹). Il n'y a donc aucun rapport entre les variations du bonheur et les progrès de la division du travail.

Cette proposition est fort importante. Il en résulte en effet que, pour expliquer les transformations par lesquelles ont passé les sociétés, il ne faut pas chercher quelle influence elles exercent sur le bonheur des hommes, puisque ce n'est pas cette influence qui les a déterminées. La science sociale doit renoncer résolument à ces comparaisons utilitaires dans lesquelles elle s'est trop souvent complu. D'ailleurs, de telles considérations sont nécessairement subjectives; car, toutes les fois qu'on compare des plaisirs ou des intérêts, comme tout critère objectif fait défaut, on ne peut pas ne pas jeter dans la balance ses idées et ses préférences propres et on donne pour une vérité scientifique ce qui n'est qu'un sentiment personnel. C'est un principe que Comte avait déjà très nettement formulé. « L'esprit essentiellement relatif, dit-il, dans lequel doivent être nécessairement conçues les notions quelconques de la politique positive, doit d'abord nous faire ici écarter comme aussi vaine qu'oiseuse la

_____

(¹) Hormis les cas où l'instinct de conservation est neutralisé par des sentiments religieux, patriotiques, etc., sans qu'il soit pour cela plus faible.

vague controverse métaphysique sur l'accroissement du bonheur
de l'homme aux divers âges de la civilisation... Puisque le bonheur de chacun exige une suffisante harmonie entre l'ensemble
du développement de ses différentes facultés et le système total
des circonstances quelconques qui dominent sa vie, et puisque,
d'une autre part, un tel équilibre tend toujours spontanément à
un certain degré, il ne saurait y avoir lieu à comparer positivement ni par aucun sentiment direct, ni par aucune voie rationnelle, quant au bonheur individuel, des situations sociales dont
l'entier rapprochement est absolument impossible (¹). »

Mais le désir de devenir plus heureux est le seul mobile individuel qui eût pu rendre compte du progrès; si on l'écarte, il
n'en reste pas d'autre. Pour quelle raison l'individu susciterait-il
de lui-même des changements qui lui coûtent toujours quelque
peine s'il n'en retire pas plus de bonheur? C'est donc en dehors
de lui, c'est-à-dire dans le milieu qui l'entoure, que se trouvent
les causes déterminantes de l'évolution sociale. Si les sociétés
changent et s'il change, c'est que ce milieu change. D'autre
part, comme le milieu physique est relativement constant, il ne
peut pas expliquer cette suite ininterrompue de changements.
Par conséquent, c'est dans le milieu social qu'il faut aller en
chercher les conditions originelles. Ce sont les variations qui s'y
produisent qui provoquent celles par lesquelles passent les
sociétés et les individus. Voilà une règle de méthode que nous
aurons l'occasion l'appliquer et de confirmer dans la suite.

III

On pourrait se demander cependant si certaines variations que
subit le plaisir, par le fait seul qu'il dure, n'ont pas pour effet
d'inciter spontanément l'homme à varier, et si, par conséquent,

(¹) *Cours de philosophie positive*, 2ᵉ édit., IV, 273.

les progrès de la division du travail ne peuvent pas s'expliquer de cette manière. Voici comment on pourrait concevoir cette explication.

Si le plaisir n'est pas le bonheur, c'en est pourtant un élément. Or il perd de son intensité en se répétant; si même il devient trop continu, il disparaît complètement. Le temps suffit à rompre l'équilibre qui tend à s'établir, et à créer de nouvelles conditions d'existence auxquelles l'homme ne peut s'adapter qu'en changeant. A mesure que nous prenons l'habitude d'un certain bonheur, il nous fuit, et nous sommes obligés de nous lancer dans de nouvelles entreprises pour le retrouver. Il nous faut ranimer ce plaisir qui s'éteint au moyen d'excitants plus énergiques, c'est-à-dire multiplier ou rendre plus intenses ceux dont nous disposons. Mais cela n'est possible que si le travail devient plus productif et, par conséquent, se divise davantage. Ainsi, chaque progrès réalisé dans l'art, dans la science, dans l'industrie, nous obligerait à des progrès nouveaux, uniquement pour ne pas perdre les fruits du précédent. On expliquerait donc encore le développement de la division du travail par un jeu de mobiles tout individuels et sans faire intervenir aucune cause sociale. Sans doute, dirait-on, si nous nous spécialisons, ce n'est pas pour acquérir des plaisirs nouveaux, mais c'est pour réparer, au fur et à mesure qu'elle se produit, l'influence corrosive que le temps exerce sur les plaisirs acquis.

Mais, si réelles que soient ces variations du plaisir, elles ne peuvent pas jouer le rôle qu'on leur attribue. En effet, elles se produisent partout où il y a du plaisir, c'est-à-dire partout où il y a des hommes. Il n'y a pas de société où cette loi psychologique ne s'applique; or, il y en a où la division du travail ne progresse pas. Nous avons vu en effet qu'un très grand nombre de peuples primitifs vivent dans un état stationnaire d'où ils ne songent même pas à sortir. Ils n'aspirent à rien de nouveau. Cependant leur bonheur est soumis à la loi commune. Il en est de même

dans les campagnes chez les peuples civilisés. La division du
travail n'y progresse que très lentement et le goût du changement n'y est que très faiblement ressenti. Enfin, au sein d'une
même société, la division du travail se développe plus ou moins
vite suivant les siècles; or, l'influence du temps sur les plaisirs
est toujours la même. Ce n'est donc pas elle qui détermine ce
développement.

On ne voit pas en effet comment elle pourrait avoir un tel
résultat. On ne peut rétablir l'équilibre que le temps détruit et
maintenir le bonheur à un niveau constant sans des efforts qui
sont d'autant plus pénibles qu'on se rapproche davantage de la
limite supérieure du plaisir; car, dans la région qui avoisine
le point *maximum,* les accroissements qu'il reçoit sont de plus
en plus inférieurs à ceux de l'excitation correspondante. Il
faut se donner plus de peine pour le même prix. Ce qu'on
gagne d'un côté, on le perd de l'autre et l'on n'évite une perte
qu'en faisant des dépenses nouvelles. Par conséquent, pour
que l'opération fût profitable, il faudrait tout au moins que
cette perte fût importante et le besoin de la réparer fortement
ressenti.

Or, en fait, il n'a qu'une très médiocre énergie, parce que la
simple répétition n'enlève rien d'essentiel au plaisir. Il ne faut
pas confondre en effet le charme de la variété avec celui de la
nouveauté. Le premier est la condition nécessaire du plaisir,
puisqu'une jouissance ininterrompue disparaît ou se change en
douleur. Mais le temps, à lui seul, ne supprime pas la variété; il
faut que la continuité s'y ajoute. Un état qui se répète souvent,
mais d'une manière discontinue, peut rester agréable; car, si la
continuité détruit le plaisir, c'est ou parce qu'elle le rend
inconscient, ou parce que le jeu de toute fonction exige une
dépense qui, prolongée sans interruption, épuise et devient douloureuse. Si donc l'acte, tout en étant habituel, ne revient qu'à
des intervalles assez espacés les uns des autres, il continuera à
être senti et la dépense faite pourra être réparée entre-temps.

Voilà pourquoi un adulte sain éprouve toujours le même plaisir à boire, à manger, à dormir, quoiqu'il dorme, boive et mange tous les jours. Il en est de même des besoins de l'esprit, qui sont, eux aussi, périodiques comme les fonctions psychiques auxquelles ils correspondent. Les plaisirs que nous procurent la musique, les beaux-arts, la science se maintiennent intégralement pourvu qu'ils alternent.

Si même la continuité peut ce que la répétition ne peut pas, elle ne nous inspire pas pour cela un besoin d'excitations nouvelles et imprévues. Car, si elle abolit totalement la conscience de l'état agréable, nous ne pouvons pas nous apercevoir que le plaisir qui y était attaché s'est en même temps évanoui; il est d'ailleurs remplacé par cette sensation générale de bien-être qui accompagne l'exercice régulier des fonctions normalement continues, et qui n'a pas un moindre prix. Nous ne regrettons donc rien. Qui de nous a jamais eu envie de sentir battre son cœur ou fonctionner ses poumons? Si, au contraire, il y a douleur, nous aspirons simplement à un état qui diffère de celui qui nous fatigue. Mais, pour faire cesser cette souffrance, il n'est pas nécessaire de nous ingénier. Un objet connu, qui d'ordinaire nous laisse froid, peut même dans ce cas nous causer un vif plaisir s'il fait contraste avec celui qui nous lasse. Il n'y a donc rien dans la manière dont le temps affecte l'élément fondamental du plaisir qui puisse nous provoquer à un progrès quelconque. Il est vrai qu'il en est autrement de la nouveauté, dont l'attrait n'est pas durable. Mais si elle donne plus de fraîcheur au plaisir, elle ne le constitue pas. C'en est seulement une qualité secondaire et accessoire, sans laquelle il peut très bien exister, quoiqu'il risque alors d'être moins savoureux. Quand donc elle s'efface, le vide qui en résulte n'est pas très sensible ni le besoin de le combler très intense.

Ce qui en diminue encore l'intensité, c'est qu'il est neutralisé par un sentiment contraire qui est beaucoup plus fort et plus fortement enraciné en nous : c'est le besoin de la stabilité dans nos jouissances et de la régularité dans nos plaisirs. En même temps que nous aimons à changer, nous nous attachons à ce que nous aimons et nous ne pouvons pas nous en séparer sans peine. Il est d'ailleurs nécessaire qu'il en soit ainsi pour que la vie puisse se maintenir; car, si elle n'est pas possible sans changement, si même elle est d'autant plus flexible qu'elle est plus complexe, cependant elle est avant tout un système de fonctions stables et régulières. Il y a, il est vrai, des individus chez qui le besoin du nouveau atteint une intensité exceptionnelle. Rien de ce qui existe ne les satisfait; ils ont soif de choses impossibles; ils voudraient mettre une autre réalité à la place de celle qui leur est imposée. Mais ces mécontents incorrigibles sont des malades, et le caractère pathologique de leur cas ne fait que confirmer ce que nous venons de dire.

Enfin, il ne faut pas perdre de vue que ce besoin est de sa nature très indéterminé. Il ne nous attache à rien de précis, puisque c'est un besoin de quelque chose qui n'est pas. Il n'est donc qu'à demi constitué; car un besoin complet comprend deux termes : une tension de la volonté et un objet certain. Comme l'objet n'est pas donné au dehors, il ne peut avoir d'autre réalité que celle que lui prête l'imagination. Ce *processus* est à demi représentatif. Il consiste plutôt dans des combinaisons d'images, dans une sorte de poésie intime que dans un mouvement effectif de la volonté. Il ne nous fait pas sortir de nous-même; ce n'est guère qu'une agitation interne qui cherche une voie vers le dehors, mais ne l'a pas encore trouvée. Nous rêvons de sensations nouvelles, mais c'est une aspiration indécise qui se disperse sans prendre corps. Par conséquent, là même où elle est le plus énergique, elle ne peut avoir la force de besoins fermes et définis qui, dirigeant toujours la volonté dans le même sens et par des voies toutes frayées, la stimulent d'autant plus impérieusement qu'ils ne laissent de place ni aux tâtonnements ni aux délibérations.

En un mot, on ne peut admettre que le progrès ne soit qu'un

effet de l'ennui (¹). Cette refonte périodique et même, à certains
égards, continue de la nature humaine, a été une œuvre laborieuse qui s'est poursuivie dans la souffrance. Il est impossible
que l'humanité se soit imposé tant de peine uniquement pour
pouvoir varier un peu ses plaisirs et leur garder leur fraîcheur
première.

(1) C'était la théorie de Georges Leroy ; nous ne la connaissons que par ce
qu'en dit Comte dans son *Cours de philos. posit.*, t. IV, p. 449.

CHAPITRE II

LES CAUSES

I

C'est donc dans certaines variations du milieu social qu'il faut aller chercher la cause qui explique les progrès de la division du travail. Les résultats du livre précédent nous permettent d'induire tout de suite en quoi elles consistent.

Nous avons vu en effet que la structure organisée et, par conséquent, la division du travail se développent régulièrement à mesure que la structure segmentaire s'efface. C'est donc que cet effacement est la cause de ce développement ou que le second est la cause du premier. Cette dernière hypothèse est inadmissible, car nous savons que l'arrangement segmentaire est pour la division du travail un obstacle insurmontable qui doit avoir disparu, au moins partiellement, pour qu'elle puisse apparaître. Elle ne peut être que dans la mesure où il a cessé d'être. Sans doute, une fois qu'elle existe, elle peut contribuer à en accélérer la régression; mais elle ne se montre qu'après qu'il a régressé. L'effet réagit sur la cause, mais ne perd pas pour cela la qualité d'effet; la réaction qu'il exerce est par conséquent secondaire. L'accroissement de la division du travail est donc dû à ce fait que les segments sociaux perdent de leur individualité, que les cloisons qui les séparent deviennent plus perméables, en un mot qu'il s'effectue entre eux une coalescence qui rend la matière sociale libre pour entrer dans des combinaisons nouvelles.

Mais la disparition de ce type ne peut avoir cette conséquence que pour une seule raison. C'est qu'il en résulte un rapprochement entre des individus qui étaient séparés ou, tout au moins, un rapprochement plus intime qu'il n'était; par suite, des mouvements s'échangent entre des parties de la masse sociale qui, jusque-là, ne s'affectaient mutuellement pas. Plus le système alvéolaire est développé, plus aussi les relations dans lesquelles chacun de nous est engagé se renferment dans les limites de l'alvéole à laquelle nous appartenons. Il y a comme des vides moraux entre les divers segments. Au contraire, ces vides se comblent à mesure que ce système se nivelle. La vie sociale, au lieu de se concentrer en une multitude de petits foyers distincts et semblables, se généralise. Les rapports sociaux — on dirait plus exactement intra-sociaux — deviennent par conséquent plus nombreux, puisque de tous côtés ils s'étendent au delà de leurs limites primitives. La division du travail progresse donc d'autant plus qu'il y a plus d'individus qui sont suffisamment en contact pour pouvoir agir et réagir les uns sur les autres. Si nous convenons d'appeler densité dynamique ou morale ce rapprochement et le commerce actif qui en résulte, nous pourrons dire que les progrès de la division du travail sont en raison directe de la densité morale ou dynamique de la société.

Mais ce rapprochement moral ne peut produire son effet que si la distance réelle entre les individus a elle-même diminué, de quelque manière que ce soit. La densité morale ne peut donc s'accroître sans que la densité matérielle s'accroisse en même temps, et celle-ci peut servir à mesurer celle-là. Il est d'ailleurs inutile de rechercher laquelle des deux a déterminé l'autre; il suffit de constater qu'elles sont inséparables.

La condensation progressive des sociétés au cours du développement historique se produit de trois manières principales :

1° Tandis que les sociétés inférieures se répandent sur des aires immenses relativement au nombre des individus qui les composent, chez les peuples plus avancés, la population va toujours en se concentrant. « Opposons, dit M. Spencer, la populosité des régions habitées par des tribus sauvages avec celle des régions d'une égale étendue en Europe; ou bien, opposons la densité de la population en Angleterre sous l'heptarchie avec la densité qu'elle présente aujourd'hui, et nous reconnaîtrons que la croissance produite par union de groupes s'accompagne aussi d'une croissance interstitielle (1). » Les changements qui se sont successivement effectués dans la vie industrielle des nations démontrent la généralité de cette transformation. L'industrie des nomades, chasseurs ou pasteurs, implique en effet l'absence de toute concentration, la dispersion sur une surface aussi grande que possible. L'agriculture, parce qu'elle nécessite une vie sédentaire, suppose déjà un certain resserrement des tissus sociaux, mais encore bien incomplet, puisque entre chaque famille il y a des étendues de terre interposées (2). Dans la cité, quoique la condensation y fût plus grande, cependant les maisons n'étaient pas contiguës, car la mitoyenneté n'était pas connue du droit romain (3). Elle est née sur notre sol et atteste que la trame sociale y est devenue moins lâche (4). D'autre part, depuis leurs origines, les sociétés européennes ont vu leur densité s'accroître d'une manière continue, malgré quelques cas de régression passagère (5).

(1) *Sociologie*, II, 31.
(2) « *Colunt diversi ac discreti*, dit Tacite des Germains, *suam quisque domum spatio circumdat*. » (*German.*, 16.)
(3) V. dans Accarias, *Précis*, I, 640, la liste des servitudes urbaines. Cf. Fustel. *La Cité ant.*, p. 65.
(4) En raisonnant ainsi, nous n'entendons pas dire que les progrès de la densité résultent des changements économiques. Les deux faits se conditionnent mutuellement, et cela suffit pour que la présence de l'un atteste celle de l'autre.
(5) V. Levasseur, *La Population française*, passim.

2° La formation des villes et leur développement est un autre symptôme, plus caractéristique encore, du même phénomène. L'accroissement de la densité moyenne peut être uniquement dû à l'augmentation matérielle de la natalité et, par conséquent, peut se concilier avec une concentration très faible, un maintien très marqué du type segmentaire. Mais les villes résultent toujours du besoin qui pousse les individus à se tenir d'une manière constante en contact aussi intime que possible les uns avec les autres; elles sont comme autant de points où la masse sociale se contracte plus fortement qu'ailleurs. Elles ne peuvent donc se multiplier et s'étendre que si la densité morale s'élève. Nous verrons du reste qu'elles se recrutent surtout par voie d'immigration, ce qui n'est possible que dans la mesure où la fusion des segments sociaux est avancée.

Tant que l'organisation sociale est essentiellement segmentaire, la ville n'existe pas. Il n'y en a pas dans les sociétés inférieures; on n'en rencontre ni chez les Iroquois, ni chez les anciens Germains (¹). Il en fut de même des populations primitives de l'Italie. « Les peuples d'Italie, dit Marquardt, habitaient primitivement non dans des villes, mais en communautés familiales ou villages (pagi), dans lesquels les fermes (vici, căzα) étaient disséminées (²). » Mais, au bout d'un temps assez court, la ville y fait son apparition. Athènes, Rome sont ou deviennent des villes, et la même transformation s'accomplit dans toute l'Italie. Dans nos sociétés chrétiennes, la ville se montre dès l'origine, car celles qu'avait laissées l'empire romain ne disparurent pas avec lui. Depuis, elles n'ont fait que s'accroître et se multiplier. La tendance des campagnes à affluer vers les villes, si générale dans le monde civilisé (³), n'est qu'une suite de ce mouvement; or,

(¹) V. Tacite, *Germ.*, 16. — Sohm : *Ueber die Enstehung der Staedte.*
(²) *Roemische Alterthümer*, IV, 3.
(³) V. sur ce point Dumont, *Dépopulation et Civilisation*, Paris, 1890, ch. VIII, et Oettingen, *Moralstatistik*, p. 273 et suiv.

elle ne date pas d'aujourd'hui : dès le xviiᵉ siècle, elle préoccupait les hommes d'État (¹).

Parce que les sociétés commencent généralement par une période agricole, on a parfois été tenté de regarder le développement des centres urbains comme un signe de vieillesse et de décadence (²). Mais il ne faut pas perdre de vue que cette phase agricole est d'autant plus courte que les sociétés sont d'un type plus élevé. Tandis qu'en Germanie, chez les Indiens de l'Amérique et chez tous les peuples primitifs, elle dure autant que ces peuples eux-mêmes, à Rome, à Athènes, elle cesse assez tôt, et, chez nous, on peut dire qu'elle n'a jamais existé sans mélange. Inversement, la vie urbaine commence plus tôt et, par conséquent, prend plus d'extension. L'accélération régulièrement plus rapide de ce développement démontre que, loin de constituer une sorte de phénomène pathologique, il dérive de la nature même des espèces sociales supérieures. A supposer donc que ce mouvement ait atteint aujourd'hui des proportions menaçantes pour nos sociétés, qui n'ont peut-être plus la souplesse suffisante pour s'y adapter, il ne laissera pas de se poursuivre soit par elles, soit après elles, et les types sociaux qui se formeront après les nôtres se distingueront vraisemblablement par une régression plus rapide et plus complète encore de la civilisation agricole.

3° Enfin, il y a le nombre et la rapidité des voies de communication et de transmission. En supprimant ou en diminuant les vides qui séparent les segments sociaux, elles accroissent la densité de la société. D'autre part, il n'est pas nécessaire de démontrer qu'elles sont d'autant plus nombreuses et plus perfectionnées que les sociétés sont d'un type plus élevé.

Puisque ce symbole visible et mesurable reflète les variations

(¹) V. Levasseur, *op. cit.*, p. 200.
(²) Il nous semble que c'est l'opinion de M. Tarde dans ses *Lois de l'imitation.*

de ce que nous avons appelé la densité morale (¹), nous pouvons le substituer à cette dernière dans la formule que nous avons proposée. Nous devons d'ailleurs répéter ici ce que nous disions plus haut. Si la société, en se condensant, détermine le développement de la division du travail, celui-ci, à son tour, accroît la condensation de la société. Mais il n'importe ; car la division du travail reste le fait dérivé, et, par conséquent, les progrès par lesquels elle passe sont dus aux progrès parallèles de la densité sociale, quelles que soient les causes de ces derniers. C'est tout ce que nous voulions établir.

Mais ce facteur n'est pas le seul.

Si la condensation de la société produit ce résultat, c'est qu'elle multiplie les relations intra-sociales. Mais celles-ci seront encore plus nombreuses si, en outre, le chiffre total des membres de la société devient plus considérable. Si elle comprend plus d'individus en même temps qu'ils sont plus intimement en contact, l'effet sera nécessairement renforcé. Le volume social a donc sur la division du travail la même influence que la densité.

En fait, les sociétés sont généralement d'autant plus volumineuses qu'elles sont plus avancées et, par conséquent, que le travail y est plus divisé. « Les sociétés comme les corps vivants, dit M. Spencer, commencent sous forme de germes, naissent de masses extrêmement ténues en comparaison de celles auxquelles elles finissent par arriver. De petites hordes errantes, telles que celles des races inférieures, sont sorties les plus grandes sociétés : c'est une conclusion qu'on ne saurait nier (²). » Ce que nous avons dit sur la constitution segmentaire rend cette vérité indiscutable. Nous savons en effet que les sociétés sont formées par

---

(¹) Toutefois, il y a des cas particuliers, exceptionnels, où la densité matérielle et la densité morale ne sont peut-être pas tout à fait en rapport. Voir plus bas, ch. III, note finale.

(²) *Sociol.*, II, 23.

un certain nombre de segments d'étendue inégale qui s'enveloppent mutuellement. Or, ces cadres ne sont pas des créations arti-
ficielles, surtout dans le principe ; et même quand ils sont devenus
conventionnels, ils imitent et reproduisent autant que possible
les formes de l'arrangement naturel qui avait précédé. Ce sont
autant de sociétés anciennes qui se maintiennent sous cette
forme. Les plus vastes d'entre ces subdivisions, celles qui comprennent les autres, correspondent au type social inférieur le
plus proche ; de même, parmi les segments dont elles sont à leur
tour composées, les plus étendus sont des vestiges du type qui
vient directement au-dessous du précédent, et ainsi de suite. On
retrouve chez les peuples les plus avancés des traces de l'organisation sociale la plus primitive (¹). C'est ainsi que la tribu est
formée par un agrégat de hordes ou de clans ; la nation (la nation
juive par exemple) et la cité par un agrégat de tribus ; la cité à
son tour avec les villages qui lui sont subordonnés entre comme
élément dans des sociétés plus composées, etc. Le volume social
ne peut donc manquer de s'accroître puisque chaque espèce est
constituée par une répétition de sociétés, de l'espèce immédiatement antérieure.

Cependant il y a des exceptions. La nation juive, avant la
conquête, était vraisemblablement plus volumineuse que la cité
romaine du ivᵉ siècle ; pourtant elle est d'une espèce inférieure.
La Chine, la Russie sont beaucoup plus populeuses que les
nations les plus civilisées de l'Europe. Chez ces mêmes peuples,
par conséquent, la division du travail n'est pas développée en
raison du volume social. C'est qu'en effet l'accroissement du
volume n'est pas nécessairement une marque de supériorité si la
densité ne s'accroît en même temps et dans le même rapport.
Car une société peut atteindre de très grandes dimensions parce
qu'elle comprend un très grand nombre de segments, quelle que
soit la nature de ces derniers ; si donc même les plus vastes

---

(¹) Le village, qui n'est originellement qu'un clan fixé.

d'entre eux ne reproduisent que des sociétés d'un type très inférieur, la structure segmentaire restera très prononcée et, par
suite, l'organisation sociale peu élevée. Un agrégat même
immense de clans est au-dessous de la plus petite société organisée, puisque celle-ci a déjà parcouru des stades de l'évolution
en deçà desquels il est resté. De même, si le chiffre des unités
sociales a de l'influence sur la division du travail, ce n'est pas
par soi-même et nécessairement, mais c'est que le nombre des
relations sociales augmente généralement avec celui des individus. Or, pour que ce résultat soit atteint, ce n'est pas assez que
la société compte beaucoup de sujets, mais il faut encore qu'ils
soient assez intimement en contact pour pouvoir agir et réagir
les uns sur les autres. Si, au contraire, ils sont séparés par des
milieux opaques, ils ne peuvent nouer de rapports que rarement
et malaisément et tout se passe comme s'ils étaient en petit
nombre. Le croit du volume social n'accélère donc pas toujours
les progrès de la division du travail, mais seulement quand la
masse se contracte en même temps et dans la même mesure. Par
suite, ce n'est, si l'on veut, qu'un facteur additionnel; mais,
quand il se joint au premier, il en amplifie les effets par une
action qui lui est propre et, par conséquent, demande à en être
distingué.

Nous pouvons donc formuler la proposition suivante : *La
division du travail varie en raison directe du volume et de la densité
des sociétés, et, si elle progresse d'une manière continue au cours du
développement social, c'est que les sociétés deviennent régulièrement
plus denses et très généralement plus volumineuses.*

En tout temps, il est vrai, on a bien compris qu'il y avait une
relation entre ces deux ordres de faits; car, pour que les fonctions se spécialisent davantage, il faut qu'il y ait plus de coopérateurs et qu'ils soient assez rapprochés pour pouvoir coopérer.
Mais, d'ordinaire, on ne voit guère dans cet état des sociétés
que le moyen par lequel la division du travail se développe, et
non la cause de ce développement. On fait dépendre ce dernier

d'aspirations individuelles vers le bien-être et le bonheur, qui peuvent se satisfaire d'autant mieux que les sociétés sont plus étendues et plus condensées. Tout autre est la loi que nous venons d'établir. Nous disons, non que la croissance et la condensation des sociétés *permettent*, mais qu'elles *nécessitent* une division plus grande du travail. Ce n'est pas un instrument par lequel celle-ci se réalise ; c'en est la cause déterminante (¹).

Mais comment peut-on se représenter la manière dont cette double cause produit son effet ?

II

Suivant M. Spencer, si l'accroissement du volume social a une influence sur les progrès de la division du travail, ce n'est pas qu'il les détermine ; il ne fait que les accélérer. C'est seulement une condition adjuvante du phénomène. Instable par nature, toute masse homogène devient forcément hétérogène, quelles qu'en soient les dimensions ; seulement, elle se différencie plus complètement et plus vite quand elle est plus étendue. En effet,

---

(¹) Sur ce point encore nous pouvons nous appuyer sur l'autorité de Comte. « Je dois seulement, dit-il, indiquer maintenant la condensation progressive de notre espèce comme un dernier élément général concourant à régler la vitesse effective du mouvement social. On peut donc d'abord aisément reconnaître que cette influence contribue beaucoup, surtout à l'origine, à déterminer dans l'ensemble du travail humain une division de plus en plus spéciale, nécessairement incompatible avec un petit nombre de coopérateurs. *En outre, par une propriété plus intime et moins connue, quoique encore plus capitale, une telle condensation stimule directement, d'une manière très puissante, au développement plus rapide de l'évolution sociale,* soit en poussant les individus à tenter de nouveaux efforts pour s'assurer par des moyens plus raffinés une existence qui, autrement, deviendrait plus difficile, soit aussi en obligeant la société à réagir avec une énergie plus opiniâtre et mieux concertée pour lutter plus opiniâtrément contre l'essor plus puissant des divergences particulières. A l'un et à l'autre titre on voit qu'il ne s'agit point ici de l'augmentation absolue du nombre des individus, mais surtout de leur concours plus intense sur un espace donné. » (*Cours*, IV, 455.)

comme cette hétérogénéité vient de ce que les différentes parties
de la masse sont exposées à l'action de forces différentes, elle
est d'autant plus grande qu'il y a plus de parties diversement
situées. C'est le cas pour les sociétés : « Quand une communauté,
devenant fort populeuse, se répand sur une grande étendue de
pays et s'y établit si bien que ses membres vivent et meu-
rent dans leurs districts respectifs, elle maintient ses diverses
sections dans des circonstances physiques différentes, et alors ces
sections ne peuvent plus rester semblables par leurs occupations.
Celles qui vivent dispersées continuent à chasser et à cultiver la
terre; celles qui s'étendent sur le bord de la mer s'adonnent à
des occupations maritimes; les habitants de quelque endroit
choisi, peut-être pour sa position centrale, comme lieu de réu-
nions périodiques, deviennent commerçants, et une ville se
fonde... Une différence dans le sol et dans le climat fait que les
habitants des campagnes, dans les diverses régions du pays, ont
des occupations spécialisées en partie et se distinguent en ce
qu'ils produisent des bœufs, ou des moutons, ou du blé (¹). » En
un mot, la variété des milieux dans lesquels sont placés les individus produit chez ces derniers des aptitudes différentes qui
déterminent leur spécialisation dans des sens divergents, et, si
cette spécialisation s'accroît avec les dimensions des sociétés,
c'est que ces différences externes s'accroissent en même temps.

Il n'est pas douteux que les conditions extérieures dans lesquelles vivent les individus ne les marquent de leur empreinte
et que, étant diverses, elles ne les différencient. Mais il s'agit de
savoir si cette diversité, qui sans doute n'est pas sans rapports
avec la division du travail, suffit à la constituer. Assurément, on
s'explique que, suivant les propriétés du sol et les conditions du
climat, les habitants produisent ici du blé, ailleurs des moutons
ou des bœufs. Mais les différences fonctionnelles ne se réduisent
pas toujours, comme dans ces exemples, à de simples nuances;

(¹) *Premiers principes*, 381.

elles sont parfois si tranchées que les individus entre lesquels
travail est divisé forment comme autant d'espèces distinctes
même opposées. On dirait qu'ils conspirent pour s'écarter
plus possible les uns des autres. Quelle ressemblance y a-t-
entre le cerveau qui pense et l'estomac qui digère? De mêm
qu'y a-t-il de commun entre le poète tout entier à son rêve,
savant tout entier à ses recherches, l'ouvrier qui passe sa vie
tourner des têtes d'épingles, le laboureur qui pousse sa charru
le marchand derrière son comptoir? Si grande que soit la varié
des conditions extérieures, elle ne présente nulle part des diff
rences qui soient en rapport avec des contrastes aussi forteme
accusés, et qui, par conséquent, puissent en rendre compt
Alors même que l'on compare, non plus des fonctions très élo
gnées l'une de l'autre, mais seulement des embranchemen
divers d'une même fonction, il est souvent tout à fait impossib
d'apercevoir à quelles dissemblances extérieures peut être du
leur séparation. Le travail scientifique va de plus en plus en s
divisant. Quelles sont les conditions climatériques, géologique
ou même sociales qui peuvent avoir donné naissance à ce
talents si différents du mathématicien, du chimiste, du natura
liste, du psychologue, etc.?

Mais, là même où les circonstances extérieures inclinent le
plus fortement les individus à se spécialiser dans un sens défini,
elles ne suffisent pas à déterminer cette spécialisation. Par sa
constitution, la femme est prédisposée à mener une vie différente
de l'homme; cependant, il y a des sociétés où les occupations
des sexes sont sensiblement les mêmes. Par son âge, par les relations de sang qu'il soutient avec ses enfants, le père est tout
indiqué pour exercer dans la famille ces fonctions directrices
dont l'ensemble constitue le pouvoir paternel. Cependant, dans
la famille maternelle, ce n'est pas à lui qu'est dévolue cette autorité. Il paraît tout naturel que les différents membres de la
famille aient des attributions, c'est-à-dire des fonctions différentes suivant leur degré de parenté; que le père et l'oncle, le

frère et le cousin n'aient ni les mêmes droits, ni les mêmes devoirs. Il y a cependant des types familiaux où tous les adultes jouent le même rôle et sont sur le même pied d'égalité, quels que soient leurs rapports de consanguinité. La situation inférieure qu'occupe le prisonnier de guerre au sein d'une tribu victorieuse semble le condamner — si du moins la vie lui est conservée — aux fonctions sociales les plus basses. Nous avons vu pourtant qu'il est souvent assimilé aux vainqueurs et devient leur égal.

C'est qu'en effet, si ces différences rendent possible la division du travail, elles ne la nécessitent pas. De ce qu'elles sont données, il ne suit pas forcément qu'elles soient utilisées. Elles sont peu de chose, en somme, à côté des ressemblances que les hommes continuent à présenter entre eux; ce n'est qu'un germe à peine distinct. Pour qu'il en résulte une spécialisation de l'activité, il faut qu'elles soient développées et organisées, et ce développement dépend évidemment d'autres causes que la variété des conditions extérieures. Mais, dit M. Spencer, il se fera de lui-même parce qu'il suit la ligne de la moindre résistance et que toutes les forces de la nature se portent invinciblement dans cette direction. Assurément, *si les hommes se spécialisent,* ce sera dans le sens marqué par ces différences naturelles, car c'est de cette manière qu'ils auront le moins de peine et le plus de profit. Mais pourquoi se spécialisent-ils? Qu'est-ce qui les détermine à pencher ainsi du côté par où ils se distinguent les uns des autres? M. Spencer explique assez bien de quelle manière se produira l'évolution, si elle a lieu; mais il ne nous dit pas quel est le ressort qui la produit. A vrai dire, pour lui, la question ne se pose même pas. Il admet en effet que le bonheur s'accroît avec la puissance productive du travail. Toutes les fois donc qu'un moyen nouveau est donné de diviser davantage le travail, il lui paraît impossible que nous ne nous en saisissions pas. Mais nous savons que les choses ne se passent pas ainsi. En réalité, ce moyen n'a de valeur pour nous que si nous en avons besoin, et comme l'homme primitif n'a aucun besoin de tous ces produits que l'homme civilisé a appris à désirer et qu'une organisation plus complexe du travail a précisément pour effet de lui fournir, nous ne pouvons comprendre d'où vient la spécialisation croissante des tâches que si nous savons comment ces besoins nouveaux se sont constitués.

III

Si le travail se divise davantage à mesure que les sociétés deviennent plus volumineuses et plus denses, ce n'est pas parce que les circonstances extérieures y sont plus variées, c'est que la lutte pour la vie y est plus ardente.

Darwin a très justement observé que la concurrence entre deux organismes est d'autant plus vive qu'ils sont plus analogues. Ayant les mêmes besoins et poursuivant les mêmes objets, ils se trouvent partout en rivalité. Tant qu'ils ont plus de ressources qu'il ne leur en faut, ils peuvent encore vivre côte à côte; mais si leur nombre vient à s'accroître dans de telles proportions que tous les appétits ne puissent plus être suffisamment satisfaits, la guerre éclate, et elle est d'autant plus violente que cette insuffisance est plus marquée, c'est-à-dire que le nombre des concurrents est plus élevé. Il en est tout autrement si les individus qui coexistent sont d'espèces ou de variétés différentes. Comme ils ne se nourrissent pas de la même manière et ne mènent pas le même genre de vie, ils ne se gênent pas mutuellement; ce qui fait prospérer les uns est sans valeur pour les autres. Les occasions de conflits diminuent donc avec les occasions de rencontre, et cela d'autant plus que ces espèces ou variétés sont plus distantes les unes des autres. « Ainsi, dit Darwin, dans une région peu étendue, ouverte à l'immigration et où, par conséquent, la lutte d'individu à individu doit être

très vive, on remarque toujours une très grande diversité dans
les espèces qui l'habitent. J'ai trouvé qu'une surface gazonnée
de trois pieds sur quatre, qui avait été exposée pendant de longues années aux mêmes conditions de vie, nourrissait vingt
espèces de plantes appartenant à dix-huit genres et à huit ordres,
ce qui montre combien ces plantes différaient les unes des
autres ([1]). » Tout le monde, d'ailleurs, a remarqué que, dans un
même champ, à côté des céréales, il peut pousser un très grand
nombre de mauvaises herbes. Les animaux, eux aussi, se tirent
d'autant plus facilement de la lutte qu'ils diffèrent davantage.
On trouve sur un chêne jusqu'à deux cents espèces d'insectes
qui n'ont les unes avec les autres que des relations de bon
voisinage. Les uns se nourrissent des fruits de l'arbre,
les autres des feuilles, d'autres de l'écorce et des racines.
« Il serait, dit Haeckel, absolument impossible qu'un pareil
nombre d'individus vécût sur cet arbre, si tous appartenaient
à la même espèce, si tous, par exemple, vivaient aux dépens
de l'écorce ou seulement des feuilles ([2]). » De même encore, à
l'intérieur de l'organisme, ce qui adoucit la concurrence entre
les différents tissus, c'est qu'ils se nourrissent de substances
différentes.

Les hommes subissent la même loi. Dans une même ville, les
professions différentes peuvent coexister sans être obligées de se
nuire réciproquement, car elles poursuivent des objets différents.
Le soldat recherche la gloire militaire, le prêtre l'autorité morale,
l'homme d'État le pouvoir, l'industriel la richesse, le savant la
renommée scientifique; chacun d'eux peut donc atteindre son
but sans empêcher les autres d'atteindre le leur. Il en est encore
ainsi même quand les fonctions sont moins éloignées les unes des
autres. Le médecin oculiste ne fait pas concurrence à celui qui
soigne les maladies mentales, ni le cordonnier au chapelier, ni
le maçon à l'ébéniste, ni le physicien au chimiste, etc. Comme

([1]) *Origine des espèces*, 131.
([2]) *Histoire de la Création naturelle*, 240

ils rendent des services différents, ils peuvent les rendre parallèlement.

Cependant, plus les fonctions se rapprochent, plus il y a entre
elles de points de contact, plus, par conséquent, elles sont exposées à se combattre. Comme, dans ce cas, elles satisfont par des
moyens différents des besoins semblables, il est inévitable qu'elles
cherchent plus ou moins à empiéter les unes sur les autres.
Jamais le magistrat ne concourt avec l'industriel; mais le bras-
seur et le vigneron, le drapier et le fabricant de soieries, le poète
et le musicien s'efforcent souvent de se supplanter mutuellement.
Quant à ceux qui s'acquittent exactement de la même fonction,
ils ne peuvent prospérer qu'au détriment les uns des autres. Si
donc on se représente les différentes fonctions sous la forme
d'un faisceau ramifié, issu d'une souche commune, la lutte est à
son *minimum* entre les points extrêmes, tandis qu'elle augmente
régulièrement à mesure qu'on se rapproche du centre. Il en est
ainsi non pas seulement à l'intérieur de chaque ville, mais dans
toute l'étendue de la société. Les professions similaires situées
sur les différents points du territoire se font une concurrence
d'autant plus vive qu'elles sont plus semblables, pourvu que la
difficulté des communications et des transports ne restreigne pas
le cercle de leur action.

Cela posé, il est aisé de comprendre que toute condensation
de la masse sociale, surtout si elle est accompagnée d'un accroissement de la population, détermine nécessairement des progrès
de la division du travail.

En effet, représentons-nous un centre industriel qui alimente
d'un produit spécial une certaine région du pays. Le développement qu'il est susceptible d'atteindre est doublement limité,
d'abord par l'étendue des besoins qu'il s'agit de satisfaire ou,
comme on dit, par l'étendue du marché, ensuite par la puissance
des moyens de production dont il dispose. Normalement, il ne
produit pas plus qu'il ne faut, encore bien moins produit-il plus
qu'il ne peut. Mais, s'il lui est impossible de dépasser la limite

qui est ainsi marquée, il s'efforce de l'atteindre; car il est dans la nature d'une force de développer toute son énergie tant que rien ne vient l'arrêter. Une fois parvenu à ce point, il est adapté à ses conditions d'existence; il se trouve dans une position d'équilibre qui ne peut changer si rien ne change.

Mais voici qu'une région, jusqu'alors indépendante de ce centre, y est reliée par une voie de communication qui supprime partiellement la distance. Du même coup, une des barrières qui arrêtaient son essor s'abaisse ou du moins recule; le marché s'étend, il y a maintenant plus de besoins à satisfaire. Sans doute, si toutes les entreprises particulières qu'il comprend avaient déjà réalisé le maximum de production qu'elles peuvent atteindre, comme elles ne sauraient s'étendre davantage, les choses resteraient en l'état. Seulement, une telle condition est tout idéale. En réalité, il y a toujours un nombre plus ou moins grand d'entreprises qui ne sont pas arrivées à leur limite et qui ont par conséquent de la vitesse pour aller plus loin. Comme un espace vide leur est ouvert, elles cherchent nécessairement à s'y répandre et à le remplir. Si elles y rencontrent des entreprises semblables et qui sont en état de leur résister, les secondes contiennent les premières, elles se limitent mutuellement et, par suite, leurs rapports mutuels ne sont pas changés. Il y a sans doute plus de concurrents; mais, comme ils se partagent un marché plus vaste, la part de chacun des deux camps reste la même. Mais s'il en est qui présentent quelque infériorité, elles devront nécessairement céder le terrain qu'elles occupaient jusque-là et où elles ne peuvent plus se maintenir dans les conditions nouvelles où la lutte s'engage. Elles n'ont plus alors d'autre alternative que de disparaître ou de se transformer, et cette transformation doit nécessairement aboutir à une spécialisation nouvelle. Car si, au lieu de créer immédiatement une spécialité de plus, les plus faibles préféraient adopter une autre profession, mais qui existait déjà, il leur faudrait entrer en concurrence avec ceux qui l'ont exercée jusqu'alors. La lutte ne serait donc plus close, mais seulement déplacée, et elle produirait sur un autre point ses conséquences. Finalement, il faudrait bien qu'il y eût quelque part ou une élimination, ou une nouvelle différenciation. Il n'est pas nécessaire d'ajouter que, si la société compte effectivement plus de membres en même temps qu'ils sont plus rapprochés les uns des autres, la lutte est encore plus ardente et la spécialisation qui en résulte plus rapide et plus complète.

En d'autres termes, dans la mesure où la constitution sociale est segmentaire, chaque segment a ses organes propres qui sont comme protégés et tenus à distance des organes semblables par les cloisons qui séparent les différents segments. Mais, à mesure que ces cloisons s'effacent; il est inévitable que les organes similaires s'atteignent, entrent en lutte et s'efforcent de se substituer les uns aux autres. Or, de quelque manière que se fasse cette substitution, il ne peut manquer d'en résulter quelque progrès dans la voie de la spécialisation. Car d'une part, l'organe segmentaire qui triomphe, si l'on peut ainsi parler, ne peut suffire à la tâche plus vaste qui lui incombe désormais que par une plus grande division du travail, et d'autre part, les vaincus ne peuvent se maintenir qu'en se consacrant à une partie seulement de la fonction totale qu'ils remplissaient jusqu'alors. Le petit patron devient contremaître, le petit marchand devient employé, etc. Cette part peut d'ailleurs être plus ou moins considérable suivant que l'infériorité est plus ou moins marquée. Il arrive même que la fonction primitive se dissocie simplement en deux fractions d'égale importance. Au lieu d'entrer ou de rester en concurrence, deux entreprises semblables retrouvent l'équilibre en se partageant leur tâche commune; au lieu de se subordonner l'une à l'autre, elles se coordonnent. Mais, dans tous les cas, il y a apparition de spécialités nouvelles.

Quoique les exemples qui précèdent soient surtout empruntés à la vie économique, cette explication s'applique à toutes les fonctions sociales indistinctement. Le travail scientifique, artistique, etc., ne se divise pas d'une autre manière ni pour d'autres raisons. C'est encore en vertu des mêmes causes que, comme nous l'avons vu, l'appareil régulateur central absorbe en lui les organes régulateurs locaux et les réduit au rôle d'auxiliaires spéciaux.

De tous ces changements résulte-t-il un accroissement du bonheur moyen? On ne voit pas à quelle cause il serait dû. L'intensité plus grande de la lutte implique de nouveaux et pénibles efforts qui ne sont pas de nature à rendre les hommes plus heureux. Tout se passe mécaniquement. Une rupture d'équilibre dans la masse sociale suscite des conflits qui ne peuvent être résolus que par une division du travail plus développée: tel est le moteur du progrès. Quant aux circonstances extérieures, aux combinaisons variées de l'hérédité, comme les déclivités du terrain déterminent la direction d'un courant, mais ne le créent pas, elles marquent le sens dans lequel se fait la spécialisation là où elle est nécessaire, mais ne la nécessitent pas. Les différences individuelles qu'elles produisent resteraient à l'état de virtualité si, pour faire face à des difficultés nouvelles, nous n'étions contraints de les mettre en saillie et de les développer.

La division du travail est donc un résultat de la lutte pour la vie; mais elle en est un dénouement adouci. Grâce à elle, en effet, les rivaux ne sont pas obligés de s'éliminer mutuellement, mais peuvent coexister les uns à côté des autres. Aussi, à mesure qu'elle se développe, elle fournit à un plus grand nombre d'individus qui, dans des sociétés plus homogènes, seraient condamnés à disparaître, les moyens de se maintenir et de survivre. Chez beaucoup de peuples inférieurs, tout organisme mal venu devait fatalement périr, car il n'était utilisable pour aucune fonction. Parfois, la loi, devançant et consacrant en quelque sorte les résultats de la sélection naturelle, condamnait à mort les nouveau-nés infirmes ou faibles, et Aristote lui-même [1]

(1) *Politique*, IV (VII), 16, 1335 b, 20 et suiv.

trouvait cet usage naturel. Il en est tout autrement dans les sociétés plus avancées. Un individu chétif peut trouver dans les cadres complexes de notre organisation sociale une place où il lui est possible de rendre des services. S'il n'est faible que de corps et si son cerveau est sain, il se consacrera aux travaux de cabinet, aux fonctions spéculatives. Si c'est son cerveau qui est débile, « il devra, sans doute, renoncer à affronter la grande concurrence intellectuelle; mais la société a dans les alvéoles secondaires de sa ruche des places assez petites qui l'empêchent d'être éliminé ([1]). » De même, chez les peuplades primitives, l'ennemi vaincu est mis à mort; là où les fonctions industrielles sont séparées des fonctions militaires, il subsiste à côté du vainqueur en qualité d'esclave.

Il y a bien quelques circonstances où des fonctions différentes entrent en concurrence. Ainsi, dans l'organisme individuel, à la suite d'un jeûne prolongé, le système nerveux se nourrit aux dépens des autres organes, et le même phénomène se produit si l'activité cérébrale prend un développement trop considérable. Il en est de même dans la société. En temps de famine ou de crise économique, les fonctions vitales sont obligées, pour se maintenir, de prendre leurs subsistances aux fonctions moins essentielles. Les industries de luxe périclitent, et les portions de la fortune publique qui servaient à les entretenir sont absorbées par les industries d'alimentation ou d'objets de première nécessité. Ou bien encore il peut arriver qu'un organisme parvienne à un degré d'activité anormal, disproportionné aux besoins, et que, pour subvenir aux dépenses causées par ce développement exagéré, il lui faille prendre sur la part qui revient aux autres. Par exemple, il y a des sociétés où il y a trop de fonctionnaires, ou trop de soldats, ou trop d'officiers, ou trop d'intermédiaires, ou trop de prêtres, etc.; les autres professions souffrent de cette hypertrophie. Mais tous ces cas sont pathologiques; ils sont dus

---

([1]) Bordier, *Vie des Sociétés*, 45.

à ce que la nutrition de l'organisme ne se fait pas régulièrement ou à ce que l'équilibre fonctionnel est rompu.

Mais une objection se présente à l'esprit.

Une industrie ne peut vivre que si elle répond à quelque besoin. Une fonction ne peut se spécialiser que si cette spécialisation correspond à quelque besoin de la société. Or, toute spécialisation nouvelle a pour résultat d'augmenter et d'améliorer la production. Si cet avantage n'est pas la raison d'être de la division du travail, c'en est la conséquence nécessaire. Par conséquent, un progrès ne peut s'établir d'une manière durable que si les individus ressentent réellement le besoin de produits plus abondants ou de meilleure qualité. Tant que l'industrie des transports n'était pas constituée, chacun se déplaçait avec les moyens dont il disposait et on était fait à cet état de choses. Pourtant, pour qu'elle ait pu devenir une spécialité, il a fallu que les hommes cessassent de se contenter de ce qui leur avait suffi jusqu'alors et devinssent plus exigeants. Mais d'où peuvent venir ces exigences nouvelles ?

Elles sont un effet de cette même cause qui détermine les progrès de la division du travail. Nous venons de voir en effet qu'ils sont dus à l'ardeur plus grande de la lutte. Or, une lutte plus violente ne va pas sans un plus grand déploiement de forces et, par conséquent, sans de plus grandes fatigues. Mais, pour que la vie se maintienne, il faut toujours que la réparation soit proportionnée à la dépense ; c'est pourquoi les aliments qui jusqu'alors suffisaient à restaurer l'équilibre organique sont désormais insuffisants. Il faut une nourriture plus abondante et plus choisie. C'est ainsi que le paysan, dont le travail est moins épuisant que celui de l'ouvrier des villes, se soutient tout aussi bien quoique avec une alimentation plus pauvre. Celui-ci ne peut se contenter d'une nourriture végétale, et encore, même dans ces conditions, a-t-il bien du mal à compenser le déficit qu'un travail intense et continu creuse chaque jour dans le budget de son organisme (¹).

D'autre part, c'est surtout le système nerveux central qui supporte tous ces frais (²); car il faut s'ingénier pour trouver des moyens de soutenir la lutte, pour créer des spécialités nouvelles, pour les acclimater, etc. D'une manière générale, plus le milieu est sujet au changement, plus la part de l'intelligence dans la vie devient grande; car elle seule peut retrouver les conditions nouvelles d'un équilibre qui se rompt sans cesse, et le restaurer. La vie cérébrale se développe donc en même temps que la concurrence devient plus vive, et dans la même mesure. On constate ces progrès parallèles non pas seulement chez l'élite, mais dans toutes les classes de la société. Sur ce point encore, il n'y a qu'à comparer l'ouvrier avec l'agriculteur; c'est un fait connu que le premier est beaucoup plus intelligent malgré le caractère machinal des tâches auxquelles il est souvent consacré. D'ailleurs, ce n'est pas sans raison que les maladies mentales marchent du même pas que la civilisation, ni qu'elles sévissent dans les villes de préférence aux campagnes, et dans les grandes villes plus que dans les petites (³). Or, un cerveau plus volumineux et plus délicat a d'autres exigences qu'un encéphale plus grossier. Des peines ou des privations que celui-ci ne sentait même pas ébranlent douloureusement celui-là. Pour la même raison, il faut des excitants moins simples pour affecter agréablement cet organe, une fois qu'il s'est affiné, et il en faut davantage, parce qu'il s'est en même temps développé. Enfin, plus que tous les autres, les besoins proprement intellectuels s'accroissent (⁴); des explications grossières ne peuvent plus satisfaire des esprits plus exercés. On réclame des clartés nouvelles

(¹) V. Bordier, op. cit., 166 et suiv.
(²) Féré, Dégénérescence et Criminalité, 88.
(³) V. art. Aliénation mentale, dans le Dictionnaire encyclopédique des Sciences médicales.
(⁴) Ce développement de la vie proprement intellectuelle ou scientifique a encore une autre cause que nous verrons au chapitre suivant.

et la science entretient ces aspirations en même temps qu'elle les satisfait.

Tous ces changements sont donc produits mécaniquement par des causes nécessaires. Si notre intelligence et notre sensibilité se développent et s'aiguisent, c'est que nous les exerçons davantage; et si nous les exerçons plus, c'est que nous y sommes contraints par la violence plus grande de la lutte que nous avons à soutenir. Voilà comment, sans l'avoir voulu, l'humanité se trouve apte à recevoir une culture plus intense et plus variée.

Cependant, si un autre facteur n'intervenait, cette simple prédisposition ne saurait susciter elle-même les moyens de se satisfaire; car elle ne constitue qu'une aptitude à jouir et, suivant la remarque de M. Bain, « de simples aptitudes à jouir ne provoquent pas nécessairement le désir. Nous pouvons être constitués de manière à prendre du plaisir à cultiver la musique, la peinture, la science, et cependant à ne pas le désirer, si on nous en a toujours empêchés (¹). » Même quand nous sommes poussés vers un objet par une impulsion héréditaire et très forte, nous ne pouvons le désirer qu'après être entrés en rapports avec lui. L'adolescent qui n'a jamais entendu parler des relations sexuelles ni des joies qu'elles procurent, peut bien éprouver un malaise vague et indéfinissable; il peut avoir la sensation que quelque chose lui manque, mais il ne sait pas quoi et, par conséquent, n'a pas de désirs sexuels proprement dits; aussi ces aspirations indéterminées peuvent-elles assez facilement dévier de leurs fins naturelles et de leur direction normale. Mais, au moment même où l'homme est en état de goûter ces jouissances nouvelles et les appelle même inconsciemment, il les trouve à sa portée, parce que la division du travail s'est en même temps développée et qu'elle les lui fournit. Sans qu'il y ait à cela la moindre harmonie préétablie, ces deux ordres de faits se rencontrent, tout simplement parce qu'ils sont des effets d'une même cause.

(¹) *Émotions et Volonté*, 419.

Voici comme on peut concevoir que se fait cette rencontre. L'attrait de la nouveauté suffirait déjà à pousser l'homme à expérimenter ces plaisirs. Il y est même d'autant plus naturellement porté que la richesse et la complexité plus grandes de ces excitants lui font trouver plus médiocres ceux dont il s'était jusqu'alors contenté. Il peut d'ailleurs s'y adapter mentalement avant d'en avoir fait l'essai; et comme en réalité ils correspondent aux changements qui se sont faits dans sa constitution, il pressent qu'il s'en trouvera bien. L'expérience vient ensuite confirmer ces pressentiments; les besoins qui sommeillaient s'éveillent, se déterminent, prennent conscience d'eux-mêmes et s'organisent. Ce n'est pas à dire toutefois que cet ajustement soit, dans tous les cas, aussi parfait; que chaque produit nouveau, dû à de nouveaux progrès de la division du travail, corresponde toujours à un besoin réel de notre nature. Il est au contraire vraisemblable qu'assez souvent les besoins se contractent seulement parce qu'on a pris l'habitude de l'objet auquel ils se rapportent. Cet objet n'était ni nécessaire ni utile; mais il s'est trouvé qu'on en a fait plusieurs fois l'expérience, et on s'y est si bien fait qu'on ne peut plus s'en passer. Les harmonies qui résultent de causes toutes mécaniques ne peuvent jamais être qu'imparfaites et approchées; mais elles sont suffisantes pour maintenir l'ordre en général. C'est ce qui arrive à la division du travail. Les progrès qu'elle fait sont, non pas dans tous les cas, mais généralement, en harmonie avec les changements qui se font chez l'homme, et c'est ce qui leur permet de durer.

Mais, encore une fois, nous ne sommes pas pour cela plus heureux. Sans doute, une fois que ces besoins sont excités, ils ne peuvent rester en souffrance sans qu'il y ait douleur. Mais notre bonheur n'est pas plus grand parce qu'ils sont excités. Le point de repère par rapport auquel nous mesurions l'intensité relative de nos plaisirs est déplacé; il en résulte un bouleversement de toute la graduation. Mais ce déclassement des plaisirs n'implique pas un accroissement. Parce que le milieu n'est plus le même, nous avons dû changer et ces changements en ont déterminé d'autres dans notre manière d'être heureux; mais qui dit changements ne dit pas nécessairement progrès. On voit combien la division du travail nous apparaît sous un autre aspect qu'aux économistes. Pour eux, elle consiste essentiellement à produire davantage. Pour nous, cette productivité plus grande est seulement une conséquence nécessaire, un contre-coup du phénomène. Si nous nous spécialisons, ce n'est pas pour produire plus, mais c'est pour pouvoir vivre dans les conditions nouvelles d'existence qui nous sont faites.

IV

Un corollaire de tout ce qui précède, c'est que la division du travail ne peut s'effectuer qu'entre les membres d'une société déjà constituée.

En effet, quand la concurrence oppose des individus isolés et étrangers les uns aux autres, elle ne peut que les séparer davantage. S'ils disposent librement de l'espace, ils se fuiront; s'ils ne peuvent sortir de limites déterminées, ils se différencieront, mais de manière à devenir encore plus indépendants les uns des autres. On ne peut citer aucun cas où des relations de pure hostilité se soient, sans l'intervention d'aucun autre facteur, transformées en relations sociales. Aussi, comme entre les individus d'une même espèce animale ou végétale il n'y a généralement aucun lien, la guerre qu'ils se font n'a-t-elle d'autre résultat que de les diversifier, de donner naissance à des variétés dissemblables et qui s'écartent toujours plus les unes des autres. C'est cette disjonction progressive que Darwin a appelée la loi de la divergence des caractères. Or, la division du travail unit en même temps qu'elle oppose; elle fait converger les activités qu'elle différencie; elle rapproche ceux qu'elle sépare. Puis-

que la concurrence ne peut pas avoir déterminé ce rapprochement, il faut bien qu'il ait préexisté; il faut que les individus
entre lesquels la lutte s'engage soient déjà solidaires et le
sentent, c'est-à-dire appartiennent à une même société. C'est
pourquoi là où ce sentiment de solidarité est trop faible pour
résister à l'influence dispersive de la concurrence, celle-ci engendre de tout autres effets que la division du travail. Dans les
pays où l'existence est trop difficile par suite de l'extrême densité de la population, les habitants, au lieu de se spécialiser, se
retirent définitivement ou provisoirement de la société; ils
émigrent dans d'autres contrées.

Il suffit, d'ailleurs, de se représenter ce qu'est la division du
travail pour comprendre qu'il n'en peut être autrement. Elle
consiste en effet dans le partage de fonctions jusque-là communes. Mais ce partage ne peut être exécuté d'après un plan
préconçu; on ne peut dire par avance où doit se trouver la ligne
de démarcation entre les tâches, une fois qu'elles seront séparées; car elle n'est pas marquée avec une telle évidence dans
la nature des choses, mais dépend au contraire d'une multitude
de circonstances. Il faut donc que la division se fasse d'elle-même
et progressivement. Par conséquent, pour que, dans ces conditions, une fonction puisse se partager en deux fractions exactement complémentaires, comme l'exige la nature de la division
du travail, il est indispensable que les deux parties qui se spécialisent soient, pendant tout le temps que dure cette dissociation, en communication constante; il n'y a pas d'autre moyen pour
que l'une reçoive tout le mouvement que l'autre abandonne et
qu'elles s'adaptent l'une à l'autre. Or, de même qu'une colonie
animale dont tous les membres sont en continuité de tissu
constitue un individu, tout agrégat d'individus, qui sont en
contact continu, forme une société. La division du travail ne
peut donc se produire qu'au sein d'une société préexistante.
Par là, nous n'entendons pas dire tout simplement que les individus doivent adhérer matériellement les uns aux autres; mais

il faut encore qu'il y ait entre eux des liens moraux. D'abord,
la continuité matérielle, à elle seule, donne naissance à des
liens de ce genre pourvu qu'elle soit durable; mais, de plus,
ils sont directement nécessaires. Si les rapports qui commencent à s'établir dans la période des tâtonnements n'étaient
soumis à aucune règle, si aucun pouvoir ne modérait le conflit
des intérêts individuels, ce serait un chaos d'où ne pourrait
sortir aucun ordre nouveau. On imagine, il est vrai, que tout
se passe alors en conventions privées et librement débattues;
il semble donc que toute action sociale soit absente. Mais on
oublie que les contrats ne sont possibles que là où il existe déjà
une réglementation juridique et, par conséquent, une société.

C'est donc à tort qu'on a vu parfois dans la division du travail
le fait fondamental de toute vie sociale. Le travail ne se partage
pas entre individus indépendants et déjà différenciés qui se
réunissent et s'associent pour mettre en commun leurs différentes aptitudes. Car ce serait un miracle que des différences,
ainsi nées au hasard des circonstances, pussent se raccorder
aussi exactement de manière à former un tout cohérent. Bien
loin qu'elles précèdent la vie collective, elles en dérivent. Elles
ne peuvent se produire qu'au sein d'une société et sous la
pression de sentiments et de besoins sociaux; c'est ce qui fait
qu'elles sont essentiellement harmoniques. Il y a donc une vie
sociale en dehors de toute division de travail, mais que celle-ci
suppose. C'est en effet ce que nous avons directement établi en
faisant voir qu'il y a des sociétés dont la cohésion est essentiellement due à la communauté des croyances et des sentiments,
et que c'est de ces sociétés que sont sorties celles dont la division
du travail assure l'unité. Les conclusions du livre précédent et
celles auxquelles nous venons d'arriver peuvent donc servir à se
contrôler et à se confirmer mutuellement. La division du travail
physiologique est elle-même soumise à cette loi : elle n'apparaît
jamais qu'au sein de masses polycellulaires qui sont déjà douées
d'une certaine cohésion.

Pour nombre de théoriciens, c'est une vérité par soi-même évidente que toute société consiste essentiellement dans une coopération. « Une société, au sens scientifique du mot, dit M. Spencer, n'existe que lorsqu'à la juxtaposition des individus s'ajoute la coopération (¹). » Nous venons de voir que ce prétendu axiome est le contre-pied de la vérité. Il est au contraire évident, comme le dit Auguste Comte, « que la coopération, bien loin d'avoir pu produire la société, en suppose nécessairement le préalable établissement spontané (²). » Ce qui rapproche les hommes, ce sont des causes mécaniques et des forces impulsives comme l'affinité du sang, l'attachement à un même sol, le culte des ancêtres, la communauté des habitudes, etc. C'est seulement quand le groupe s'est formé sur ces bases que la coopération s'y organise.

Encore, la seule qui soit possible dans le principe est-elle tellement intermittente et faible que la vie sociale, si elle n'avait pas d'autre source, serait elle-même sans force et sans continuité. A plus forte raison, la coopération complexe qui résulte de la division du travail est-elle un phénomène ultérieur et dérivé. Elle résulte de mouvements intestinaux qui se développent au sein de la masse, quand celle-ci est constituée. Il est vrai qu'une fois qu'elle est apparue, elle resserre les liens sociaux et fait de la société une individualité plus parfaite. Mais cette intégration en suppose une autre qu'elle remplace. Pour que les unités sociales puissent se différencier, il faut d'abord qu'elles se soient attirées et groupées en vertu des ressemblances qu'elles présentent. Ce procédé de formation s'observe, non pas seulement aux origines, mais à chaque stade de l'évolution. Nous savons en effet que les sociétés supérieures résultent de la réunion de sociétés inférieures du même type : il faut d'abord que ces dernières soient confondues au sein d'une seule et même conscience collective pour que le *processus* de différenciation p.... m-

(¹) *Sociologie*, III, 331.
(²) *Cours de Philos. posit.*, IV, 421.

mencer ou recommencer. C'est ainsi que les organismes plus complexes se forment par la répétition d'organismes plus simples, semblables entre eux, qui ne se différencient qu'une fois associés. En un mot, l'association et la coopération sont deux faits distincts, et si le second, quand il est développé, réagit sur le premier et le transforme, si les sociétés humaines deviennent de plus en plus des groupes de coopérateurs, la dualité des deux phénomènes ne s'évanouit pas pour cela.

Si cette vérité importante a été méconnue par les utilitaires, c'est une erreur qui tient à la manière dont ils conçoivent la genèse de la société. Ils supposent à l'origine des individus isolés et indépendants, qui, par suite, ne peuvent entrer en relations que pour coopérer; car ils n'ont pas d'autre raison pour franchir l'intervalle vide qui les sépare et pour s'associer. Mais cette théorie, si répandue, postule une véritable création *ex nihilo*.

Elle consiste en effet à déduire la société de l'individu; or, rien de ce que nous connaissons ne nous autorise à croire à la possibilité d'une pareille génération spontanée. De l'aveu de M. Spencer, pour que la société puisse se former dans cette hypothèse, il faut que les unités primitives « passent de l'état d'indépendance parfaite à celui de dépendance mutuelle » ('). Mais qu'est-ce qui peut les avoir déterminées à une si complète transformation? La perspective des avantages qu'offre la vie sociale? Mais ils sont compensés et au delà par la perte de l'indépendance; car, pour des êtres qui sont nés pour une vie libre et solitaire, un pareil sacrifice est le plus intolérable. Ajoutez à cela que, dans les premiers types sociaux, il est aussi absolu que possible, car nulle part l'individu n'est plus complètement absorbé dans le groupe. Comment l'homme, s'il était né individualiste, comme on le suppose, aurait-il pu se résigner à une existence qui froisse aussi violemment son penchant fonda-

mental? Combien l'utilité problématique de la coopération devait
lui paraître pâle à côté d'une telle déchéance! D'individualités
autonomes comme celles qu'on imagine il ne peut donc rien
sortir que d'individuel, et, par conséquent, la coopération elle-
même, qui est un fait social soumis à des règles sociales, n'en
peut pas naître. C'est ainsi que le psychologue qui commence à
s'enfermer dans son moi n'en peut plus sortir pour retrouver le
non-moi.

La vie collective n'est pas née de la vie individuelle, mais
c'est au contraire la seconde qui est née de la première. C'est à
cette condition seulement que l'on peut s'expliquer comment
l'individualité personnelle des unités sociales a pu se former et
grandir sans désagréger la société. En effet, comme dans ce cas
elle s'élabore au sein d'un milieu social préexistant, elle en porte
nécessairement la marque; elle se constitue de manière à ne pas
ruiner cet ordre collectif dont elle est solidaire; elle y reste
adaptée tout en s'en détachant. Elle n'a rien d'antisocial parce
qu'elle est un produit de la société. Ce n'est pas la personnalité
absolue de la monade, qui se suffit à soi-même et pourrait se
passer du reste du monde, mais celle d'un organe ou d'une partie
d'organe qui a sa fonction déterminée, mais ne peut, sans courir
des chances de mort, se séparer du reste de l'organisme. Dans
ces conditions, la coopération devient non seulement possible,
mais nécessaire. Les utilitaires renversent donc l'ordre naturel
des faits et rien n'est moins surprenant que cette interversion;
c'est une illustration particulière de cette vérité générale que ce
qui est premier dans la connaissance est dernier dans la réalité.
Précisément parce que la coopération est le fait le plus récent,
c'est elle qui frappe tout d'abord le regard. Si donc on s'en tient
aux apparences, comme fait le sens commun, il est inévitable
qu'on y voie le fait primaire de la vie morale et sociale.

Mais, si elle n'est pas toute la morale, il ne faut pas davantage
la mettre en dehors de la morale, comme font certains moralistes. Tout comme les utilitaires, ces idéalistes la font consister

exclusivement dans un système de rapports économiques, d'arrangements privés dont l'égoïsme est le seul ressort. En réalité, la vie morale circule à travers toutes les relations qui la constituent, puisqu'elle ne serait pas possible si des sentiments sociaux, et par conséquent moraux, ne présidaient à son élaboration.

On objectera la division internationale du travail; il semble évident que, dans ce cas du moins, les individus entre lesquels le travail se partage n'appartiennent pas à la même société. Mais il faut se rappeler qu'un groupe peut, tout en gardant son individualité, être enveloppé par un autre, plus vaste et qui en contient plusieurs du même genre. On peut affirmer qu'une fonction économique ou autre ne peut se diviser entre deux sociétés que si celles-ci participent à quelques égards à une même vie commune et, par conséquent, appartiennent à une même société. Supposez, en effet, que ces deux consciences collectives ne soient pas par quelque point fondues ensemble, on ne voit pas comment les deux agrégats pourraient avoir le contact continu qui est nécessaire ni, par suite, comment l'un d'eux pourrait abandonner au second l'une de ses fonctions. Pour qu'un peuple se laisse pénétrer par un autre, il faut qu'il ait cessé de s'enfermer dans un patriotisme exclusif et qu'il en ait appris un autre, plus compréhensif.

Au reste, on peut directement observer ce rapport des faits dans l'exemple le plus frappant de division internationale du travail que nous offre l'histoire. On peut dire, en effet, qu'elle ne s'est jamais vraiment produite qu'en Europe et de notre temps. Or, c'est à la fin du siècle dernier et au commencement de celui-ci qu'a commencé à se former une conscience commune des sociétés européennes. «Il y a, dit M. Sorel, un préjugé dont il importe de se défaire. C'est de se représenter l'Europe de l'ancien régime comme une société d'États régulièrement constituée, où chacun conformait sa conduite à des principes reconnus de tous, où le respect du droit établi gouvernait les transactions et

dictait les traités, où la bonne foi en dirigeait l'exécution, où le
sentiment de la solidarité des monarchies assurait avec le maintien de l'ordre public la durée des engagements contractés par
les princes... Une Europe où les droits de chacun résultent des
devoirs de tous était quelque chose de si étranger aux hommes
d'état de l'ancien régime qu'il fallut une guerre d'un quart de
siècle, la plus formidable qu'on eût encore vue, pour leur en
imposer la notion et leur en démontrer la nécessité. La tentative
que l'on fit au congrès de Vienne et dans les congrès qui suivirent
pour donner à l'Europe une organisation élémentaire fut un
progrès, et non un retour vers le passé (1). »

Si cependant, dans certains cas, des peuples qui ne tiennent
ensemble par aucun lien, qui même parfois se regardent comme
ennemis (2), échangent entre eux des produits d'une manière plus
ou moins régulière, il faut ne voir dans ces faits que de simples
rapports de *mutualisme* qui n'ont rien de commun avec la division du travail (3). Car, parce que deux organismes différents
se trouvent avoir des propriétés qui s'ajustent utilement, il ne
s'ensuit pas qu'il y ait entre eux un partage de fonctions (4).

(1) *L'Europe et la Révolution française*, I, 9 et 10.
(2) V. Kulischer, *Der Handel auf den primitiven Culturstufen* (Ztsch.
f. *Voelkerpsychologie*, X, 1877, p. 378), et Schrader, *Linguistisch-histo-
rische Forschungen zur Handelsgeschichte*, Iena, 1886.
(3) Il est vrai que le mutualisme se produit généralement entre individus
d'espèces différentes, mais le phénomène reste identique, alors même qu'il a
lieu entre individus de même espèce. (V. sur le mutualisme Espinas, *Sociétés
animales*, et Giraud, *Les Sociétés chez les animaux*.)
(4) Nous rappelons en terminant que nous avons seulement étudié dans ce
chapitre comment il se fait qu'en général la division du travail va de plus en
plus en progressant, et nous avons dit les causes déterminantes de ce progrès.
Mais il peut très bien se faire que dans une société en particulier une certaine
division du travail et, notamment, la division du travail économique, soit très
développée quoique le type segmentaire y soit encore assez fortement prononcé. Il semble bien que c'est le cas de l'Angleterre. La grande industrie,
le grand commerce paraissent y être aussi développés que sur le continent,
quoique le système alvéolaire y soit encore très marqué, comme le prouvent
et l'autonomie de la vie locale et l'autorité qui y conserve la tradition. (La valeur
symptomatique de ce dernier fait sera déterminée dans le chapitre suivant.)
C'est qu'en effet la division du travail étant un phénomène dérivé et secon

CHAPITRE III

—

LES FACTEURS SECONDAIRES

———

L'INDÉTERMINATION PROGRESSIVE DE LA CONSCIENCE COMMUNE
ET SES CAUSES

Nous avons vu dans la première partie de ce travail que la conscience collective devenait plus faible et plus vague, à mesure que la division du travail se développait. C'est même par suite de cette indétermination progressive que la division du travail devient la source principale de la solidarité. Puisque ces deux phénomènes sont à ce point liés, il n'est pas inutile de recher-

daire, comme nous venons de le voir, se passe à la surface de la vie sociale, et cela est surtout vrai de la division du travail économique. Elle est à fleur de peau. Or, dans tout organisme, les phénomènes superficiels, par leur situation même, sont bien plus accessibles à l'action des causes extérieures, alors même que les causes internes dont ils dépendent généralement ne sont pas modifiées. Il suffit ainsi qu'une circonstance quelconque excite chez un peuple un plus vif besoin de bien-être matériel pour que la division du travail économique se développe sans que la structure sociale change sensiblement. L'esprit d'imitation, le contact d'une civilisation plus raffinée peuvent produire ce résultat. C'est ainsi que l'entendement, étant la partie culminante et par conséquent la plus superficielle de la conscience, peut être assez facilement modifiée par des influences externes, comme l'éducation, sans que les assises de la vie psychique soient atteintes. On crée ainsi des intelligences très suffisantes pour assurer le succès, mais qui sont sans racines profondes. Aussi ce genre de talent ne se transmet-il pas par l'hérédité.

Cette comparaison montre qu'il ne faut pas juger de la place qui revient à une société sur l'échelle sociale d'après l'état de sa civilisation, surtout de sa civilisation économique; car celle-ci peut n'être qu'une imitation, une copie et recouvrir une structure sociale d'espèce inférieure. Le cas, il est vrai, est exceptionnel; il se présente pourtant.

C'est seulement dans ces rencontres que la densité matérielle de la société n'exprime pas exactement l'état de la densité morale. Le principe que nous avons posé est donc vrai d'une manière très générale, et cela suffit à notre démonstration.

cher les causes de cette régression. Sans doute, en faisant voir
avec quelle régularité elle se produit, nous avons directement
établi qu'elle dépend certainement de quelques conditions fondamentales de l'évolution sociale. Mais cette conclusion du livre
précédent serait plus incontestable encore si nous pouvions
trouver quelles sont ces conditions.

Cette question est d'ailleurs solidaire de celle que nous sommes en train de traiter. Nous venons de montrer que les progrès
de la division du travail sont dus à la pression plus forte exercée
par les unités sociales les unes sur les autres et qui les oblige à
se développer dans des sens de plus en plus divergents. Mais
cette pression est à chaque instant neutralisée par une pression
en sens contraire que la conscience commune exerce sur chaque
conscience particulière. Tandis que l'une nous pousse à nous
faire une personnalité distincte, l'autre au contraire nous fait
une loi de ressembler à tout le monde. Tandis que la première
nous incline à suivre la pente de notre nature personnelle, la
seconde nous retient et nous empêche de dévier du type collectif. En d'autres termes, pour que la division du travail puisse
naître et croître, il ne suffit pas qu'il y ait chez les individus des
germes d'aptitudes spéciales, ni qu'ils soient incités à varier
dans le sens de ces aptitudes; mais il faut encore que les variations individuelles soient possibles. Or, elles ne peuvent se produire quand elles sont en opposition avec quelque état fort et
défini de la conscience collective; car, plus un état est fort, et
plus il résiste à tout ce qui peut l'affaiblir; plus il est défini,
moins il laisse de place aux changements. On peut donc prévoir
que le progrès de la division du travail sera d'autant plus difficile et lent que la conscience commune aura plus de vitalité et
de précision. Inversement, il sera d'autant plus rapide que l'individu pourra plus facilement se mettre en harmonie avec son
milieu personnel. Mais, pour cela, il ne suffit pas que ce milieu
existe, il faut encore que chacun soit libre de s'y adapter, c'est-
à-dire soit capable de se mouvoir avec indépendance, alors

même que tout le groupe ne se meut pas en même temps et dans la même direction. Or nous savons que les mouvements propres des particuliers sont d'autant plus rares que la solidarité mécanique est plus développée.

Les exemples sont nombreux où l'on peut directement observer cette influence neutralisante de la conscience commune sur la division du travail. Tant que la loi et les mœurs font de l'inaliénabilité et de l'indivision de la propriété immobilière une stricte obligation, les conditions nécessaires à l'apparition de la division du travail ne sont pas nées. Chaque famille forme une masse compacte, et toutes se livrent à la même occupation, à l'exploitation du patrimoine héréditaire. Chez les Slaves, la *Zadruga* s'accroît souvent dans de telles proportions que la misère y est grande; cependant, comme l'esprit domestique est très fort, on continue généralement à vivre ensemble, au lieu d'aller entreprendre au dehors des professions spéciales comme celles de marin et de marchand. Dans d'autres sociétés, où la division du travail est plus avancée, chaque classe a des fonctions déterminées et toujours les mêmes qui sont soustraites à toute innovation. Ailleurs, il y a des catégories entières de professions dont l'accès est plus ou moins formellement interdit aux citoyens. En Grèce (¹), à Rome (²), l'industrie et le commerce étaient des carrières méprisées; chez les Kabyles, certains métiers comme ceux de boucher, de fabricant de chaussures, etc., sont flétris par l'opinion publique (³). La spécialisation ne peut donc pas se faire dans ces diverses directions. Enfin, même chez des peuples où la vie économique a déjà atteint un certain développement, comme chez nous au temps des anciennes corporations, les fonctions étaient réglementées de telle sorte que la division du travail ne

---

(¹) Büsschenschütz, *Besitz und Erwerb*.

(²) D'après Denys d'Halicarnasse (IX, 25), pendant les premiers temps de la République, aucun Romain ne pouvait se faire marchand ou artisan. — Cicéron parle encore de tout travail mercenaire comme d'un métier dégradant (*De Off.*, 1, 42).

(³) Hanoteau et Letourneux, *La Kabylie*, II, 21.

pouvait progresser. Là où tout le monde était obligé de fabriquer de la même manière, toute variation individuelle était impossible (¹).

Le même phénomène se produit dans la vie représentative des sociétés. La religion, cette forme éminente de la conscience commune, absorbe primitivement toutes les fonctions représentatives avec les fonctions pratiques. Les premières ne se dissocient des secondes que quand la philosophie apparait. Or, elle n'est possible que quand la religion a perdu un peu de son empire. Cette manière nouvelle de se représenter les choses heurte l'opinion collective qui résiste. On a dit parfois que c'est le libre examen qui fait régresser les croyances religieuses; mais il suppose à son tour une régression préalable de ces mêmes croyances. Il ne peut se produire que si la foi commune le permet.

Le même antagonisme éclate chaque fois qu'une science nouvelle se fonde. Le christianisme lui-même, quoiqu'il ait fait tout de suite à la réflexion individuelle une plus large place qu'aucune autre religion, n'a pas pu échapper à cette loi. Sans doute, l'opposition fut moins vive tant que les savants bornèrent leurs études au monde matériel, puisqu'il était abandonné en principe à la dispute des hommes. Encore, comme cet abandon ne fut jamais complet, comme le Dieu chrétien n'est pas entièrement étranger aux choses de cette terre, arriva-t-il nécessairement que, sur plus d'un point, les sciences naturelles elles-mêmes trouvèrent dans la foi un obstacle. Mais c'est surtout quand l'homme devint un objet de science que la résistance fut énergique. Le croyant, en effet, ne peut pas ne pas répugner à l'idée que l'homme soit étudié comme un être naturel, analogue aux autres, et les faits moraux comme des faits de nature; et l'on sait combien ces sentiments collectifs, sous les formes différentes qu'ils ont prises, ont gêné le développement de la psychologie et de la sociologie.

(¹) V. Levasseur, *Les Classes ouvrières en France jusqu'à la Révolution,* passim.

On n'a donc pas complètement expliqué les progrès de la division du travail quand on a démontré qu'ils sont nécessaires par suite des changements survenus dans le milieu social; mais ils dépendent encore de facteurs secondaires qui peuvent ou en faciliter, ou en gêner, ou en entraver complètement le cours. Il ne faut pas oublier en effet que la spécialisation n'est pas la seule solution possible à la lutte pour la vie : il y a aussi l'émigration, la colonisation, la résignation à une existence précaire et plus disputée, enfin l'élimination totale des plus faibles par voie de suicide ou autrement. Puisque le résultat est dans une certaine mesure contingent et que les combattants ne sont pas nécessairement poussés vers l'une de ces issues à l'exclusion des autres, ils se portent vers celle qui est le plus à leur portée. Sans doute, si rien n'empêche la division du travail de se développer, ils se spécialisent. Mais si les circonstances rendent impossible ou trop difficile ce dénouement, il faudra bien recourir à quelque autre.

Le premier de ces facteurs consiste dans une indépendance plus grande des individus par rapport au groupe, leur permettant de varier en liberté. La division du travail physiologique est soumise à la même condition. « Même rapprochés les uns des autres, dit M. Périer, les éléments anatomiques conservent respectivement toute leur individualité. Quel que soit leur nombre, aussi bien dans les organismes les plus élevés que dans les plus humbles, ils se nourrissent, s'accroissent et se reproduisent sans souci de leurs voisins. C'est en cela que consiste *la loi d'indépendance des éléments anatomiques,* devenue si féconde entre les mains des physiologistes. Cette indépendance doit être considérée comme la condition nécessaire au libre exercice d'une faculté plus générale des plastides, la variabilité sous l'action des circonstances extérieures ou même de certaines forces immanentes aux protoplasmes. Grâce à leur aptitude à varier et à leur indépendance réciproque, les éléments nés les uns des autres et primitivement tous semblables entre eux ont pu se modifier dans des sens différents, prendre des formes diverses, acquérir des fonctions et des propriétés nouvelles (¹). »

Contrairement à ce qui se passe dans les organismes, cette indépendance n'est pas dans les sociétés un fait primitif, puisqu'à l'origine l'individu est absorbé dans le groupe. Mais nous avons vu qu'elle apparaît ensuite et progresse régulièrement en même temps que la division du travail, par suite de la régression de la conscience collective. Il reste à chercher comment cette condition utile de la division du travail social se réalise à mesure qu'elle est nécessaire. Sans doute, c'est qu'elle dépend elle-même des causes qui ont déterminé les progrès de la spécialisation. Mais comment l'accroissement des sociétés en volume et en densité peut-il avoir ce résultat?

I

Dans une petite société, comme tout le monde est placé sensiblement dans les mêmes conditions d'existence, le milieu collectif est essentiellement concret. Il est fait des êtres de toute sorte qui remplissent l'horizon social. Les états de conscience qui le représentent ont donc le même caractère. D'abord, ils se rapportent à des objets précis, comme cet animal, cet arbre, cette plante, cette force naturelle, etc. Puis, comme tout le monde est situé de la même manière par rapport à ces choses, elles affectent de la même façon toutes les consciences. Toute la tribu, si elle n'est pas trop étendue, jouit ou souffre également des avantages ou des inconvénients du soleil ou de la pluie, du chaud ou du froid, de tel fleuve, de telle source, etc. Les impressions collectives qui résultent de la fusion de toutes ces impressions individuelles, sont donc déterminées dans leur forme aussi

_____

(¹) *Colonies animales*, 702.

bien que dans leurs objets et, par suite, la conscience commune
a un caractère défini. Mais elle change de nature à mesure que
les sociétés deviennent plus volumineuses. Parce que ces dernières se répandent sur une plus vaste surface, elle est elle-
même obligée de s'élever au-dessus de toutes les diversités
locales, de dominer davantage l'espace et, par conséquent, de
devenir plus abstraite. Car il n'y a guère que des choses générales qui puissent être communes à tous ces milieux divers. Ce
n'est plus tel animal, mais telle espèce; telle source, mais les
sources; telle forêt, mais la forêt *in abstracto*.

D'autre part, parce que les conditions de la vie ne sont plus
partout les mêmes, ces objets communs, quels qu'ils soient, ne
peuvent plus déterminer partout des sentiments aussi parfaitement identiques. Les résultantes collectives n'ont donc plus la
même netteté, et cela d'autant plus que les éléments composants
sont plus dissemblables. Plus il y a de différences entre les por-
traits individuels qui ont servi à faire un portrait composite,
plus celui-ci est indécis. Il est vrai que les consciences collectives locales peuvent garder leur individualité au sein de la
conscience collective générale et que, comme elles embrassent
de moindres horizons, elles restent plus facilement concrètes.
Mais nous savons qu'elles viennent peu à peu s'évanouir au sein
de la première, à mesure que s'effacent les segments sociaux
auxquels elles correspondent.

Le fait qui, peut-être, manifeste le mieux cette tendance croissante de la conscience commune, c'est la transcendance parallèle du plus essentiel de ses éléments, je veux parler de la notion
de la divinité. A l'origine, les dieux ne sont pas distincts de
l'univers; mais tous les êtres naturels qui sont susceptibles
d'avoir quelque influence sur la vie sociale, d'éveiller les craintes
ou les espérances collectives, sont divinisés. Ce caractère ne
leur est d'ailleurs pas communiqué du dehors, il leur est intrinsèque. Ils ne sont pas divins parce qu'un dieu habite en eux;
ils sont eux-mêmes les dieux. C'est à ce stade de l'évolution

religieuse que l'on a donné le nom de *naturisme*. Mais peu à peu les dieux se détachent des choses avec lesquelles ils se confondaient. Ils deviennent des *esprits* qui, s'ils résident ici ou là de préférence, existent cependant en dehors des formes concrètes sous lesquelles ils s'incarnent; c'est le règne de l'*animisme* (¹). Peu importe qu'ils soient multiples ou qu'ils aient été, comme chez les Juifs, ramenés à l'unité; dans un cas comme dans l'autre, le degré d'immanence est le même. S'ils sont en partie séparés des choses, ils sont toujours dans l'espace. Ils restent donc tout près de nous, constamment mêlés à notre vie. Le polythéisme gréco-latin, qui est une forme plus élevée et mieux organisée de l'animisme, marque un progrès nouveau dans le sens de la transcendance. La résidence des dieux devient plus nettement distincte de celles des hommes. Retirés sur les hauteurs mystérieuses de l'Olympe ou dans les profondeurs de la terre, ils n'interviennent plus personnellement dans les affaires humaines que d'une manière assez intermittente. Enfin, avec le christianisme, Dieu sort définitivement de l'espace; son royaume n'est plus de ce monde; la dissociation entre la nature et le divin est même si complète qu'elle dégénère en antagonisme. En même temps, la notion de la divinité devient plus générale et plus abstraite; car elle est formée non de sensations, comme dans le principe, mais d'idées. Le Dieu de l'humanité a nécessairement moins de compréhension que ceux de la cité ou du clan.

D'ailleurs, en même temps que la religion, les règles du droit s'universalisent, ainsi que celles de la morale. Liées d'abord à des circonstances locales, à des particularités ethniques, climatériques, etc., elles s'en affranchissent peu à peu et, du même coup, deviennent plus générales. Ce qui rend sensible cet accroissement de généralité, c'est le déclin ininterrompu du formalisme. Dans les sociétés inférieures, la forme même extérieure de la conduite est prédéterminée jusque dans ses détails. La

---

(¹) V. Réville, *Religions des peuples non civilisés*, I, 67 et suiv.; II, 230 et suiv.

façon dont l'homme doit se nourrir, se vêtir en chaque circonstance, les gestes qu'il doit faire, les formules qu'il doit prononcer sont fixées avec précision. Au contraire, plus on s'éloigne du point de départ, plus les prescriptions morales et juridiques perdent de leur netteté et de leur précision. Elles ne réglementent plus que les formes les plus générales de la conduite et les réglementent d'une manière très générale, disant ce qui doit être fait, non comment cela doit être fait. Or, tout ce qui est défini s'exprime sous une forme définie. Si les sentiments collectifs avaient la même détermination qu'autrefois, ils ne s'exprimeraient pas d'une manière moins déterminée. Si les détails concrets de l'action et de la pensée étaient aussi uniformes, ils seraient aussi obligatoires.

On a souvent remarqué que la civilisation avait une tendance à devenir plus rationnelle et plus logique; on voit maintenant quelle en est la cause. Cela seul est rationnel qui est universel. Ce qui déroute l'entendement, c'est le particulier et le concret. Nous ne pensons bien que le général. Par conséquent, plus la conscience commune est proche des choses particulières, plus elle en porte exactement l'empreinte, plus aussi elle est inintelligible. Voilà d'où vient l'effet que nous font les civilisations primitives. Ne pouvant les ramener à des principes logiques, nous sommes portés à n'y voir que des combinaisons bizarres et fortuites d'éléments hétérogènes. En réalité, elles n'ont rien d'artificiel; seulement, il faut en chercher les causes déterminantes dans des sensations et des mouvements de la sensibilité, non dans des concepts, et s'il en est ainsi, c'est que le milieu social pour lequel elles sont faites n'est pas suffisamment étendu. Au contraire, quand la civilisation se développe sur un champ d'action plus vaste, quand elle s'applique à plus de gens et de choses, les idées générales apparaissent nécessairement et y deviennent prédominantes. La notion d'homme, par exemple, remplace dans le droit, dans la morale, dans la religion celle du Romain, qui, plus concrète, est plus réfractaire à la science. C'est donc l'accroissement de volume des sociétés et leur condensation plus grande qui expliquent cette grande transformation.

Or, plus la conscience commune devient générale, plus elle
laisse de place aux variations individuelles. Quand Dieu est loin
des choses et des hommes, son action n'est plus de tous les
instants et ne s'étend plus à tout. Il n'y a plus de fixe que
des règles abstraites qui peuvent être librement appliquées de
manières très différentes. Encore n'ont-elles plus ni le même
ascendant ni la même force de résistance. En effet, si les pratiques et les formules, quand elles sont précises, déterminent la
pensée et les mouvements avec une nécessité analogue à celle
des réflexes, au contraire, ces principes généraux ne peuvent
passer dans les faits qu'avec le concours de l'intelligence. Or,
une fois que la réflexion est éveillée, il n'est pas facile de la
contenir. Quand elle a pris des forces, elle se développe spontanément au delà des limites qu'on lui avait assignées. On
commence par mettre quelques articles de foi au-dessus de la
discussion; puis la discussion s'étend jusqu'à eux. On veut s'en
rendre compte, on leur demande leurs raisons d'être, et, de
quelque manière qu'ils subissent cette épreuve, ils y laissent
une partie de leur force. Car des idées réfléchies n'ont jamais la
même puissance contraignante que des instincts; c'est ainsi que
des mouvements qui ont été délibérés n'ont pas l'instantanéité
des mouvements involontaires. Parce qu'elle devient plus rationnelle, la conscience collective devient donc moins impérative, et,
pour cette raison encore, elle gêne moins le libre développement
des variétés individuelles.

II

.Mais cette cause n'est pas celle qui contribue le plus à produire
ce résultat.

.Ce qui fait la force des états collectifs, ce n'est pas seulement
qu'ils sont communs à la génération présente, mais c'est surtout

qu'ils sont, pour la plupart, un legs des générations antérieures. La conscience commune ne se constitue en effet que très lentement et se modifie de même. Il faut du temps pour qu'une forme de conduite ou une croyance arrive à ce degré de généralité et de cristallisation; du temps aussi pour qu'elle le perde. Elle est donc presque tout entière un produit du passé. Or, ce qui vient du passé est généralement l'objet d'un respect tout particulier. Une pratique à laquelle tout le monde unanimement se conforme a sans doute un grand prestige; mais si elle est forte en outre de l'assentiment des ancêtres, on ose encore bien moins y déroger. L'autorité de la conscience collective est donc faite en grande partie de l'autorité de la tradition. Nous allons voir que celle-ci diminue nécessairement à mesure que le type segmentaire s'efface.

En effet, quand il est très prononcé, les segments forment autant de petites sociétés plus ou moins fermées les unes aux autres. Là où ils ont une base familiale, il est aussi difficile d'en changer que de changer de famille, et si, quand ils n'ont plus qu'une base territoriale, les barrières qui les séparent sont moins infranchissables, elles persistent cependant. Au moyen âge, il était encore difficile à un ouvrier de trouver du travail dans une autre ville que la sienne (¹); les douanes intérieures formaient d'ailleurs autour de chaque compartiment social une ceinture qui le protégeait contre les infiltrations d'éléments étrangers. Dans ces conditions, l'individu est retenu au sol où il est né et par les liens qui l'y attachent et parce qu'il est repoussé d'ailleurs; la rareté des voies de communication et de transmission est une preuve de cette occlusion de chaque segment. Par contre-coup, les causes qui maintiennent l'homme dans son milieu natal le fixent dans son milieu domestique. D'abord, à l'origine, les deux se confondent, et si plus tard ils se distinguent, on ne peut pas s'éloigner beaucoup du second

(¹) Levasseur, *op. cit.*, I, 239.

quand on ne peut pas dépasser le premier. La force d'attraction
qui résulte de la consanguinité exerce donc son action avec son
maximum d'intensité, puisque chacun reste toute sa vie placé
tout près de la source même de cette force. C'est en effet une
loi sans exception que, plus la structure sociale est de nature
segmentaire, plus les familles forment de grandes masses com-
pactes, indivises, ramassées sur elles-mêmes [1].

Au contraire, à mesure que les lignes de démarcation qui
séparent les différents segments s'effacent, il est inévitable que
cet équilibre se rompe. Comme les individus ne sont plus contenus dans leurs lieux d'origine et que ces espaces libres, qui
s'ouvrent devant eux, les attirent, ils ne peuvent manquer de
s'y répandre. Les enfants ne restent plus immuablement attachés
au pays de leurs parents, mais s'en vont tenter fortune dans
toutes les directions. Les populations se mélangent, et c'est ce
qui fait que leurs différences originelles achèvent de se perdre.
La statistique ne nous permet malheureusement pas de suivre
dans l'histoire la marche de ces migrations intérieures; mais il
est un fait qui suffit à établir leur importance croissante, c'est
la formation et le développement des villes. Les villes en effet
ne se forment pas par une sorte de croissance spontanée, mais
par immigration. Bien loin qu'elles doivent leur existence et
leurs progrès à l'excédent normal des naissances sur les décès,
elles présentent à ce point de vue un déficit général. C'est donc
du dehors qu'elles reçoivent les éléments dont elles s'accroissent journellement. Selon Dunant [2], le croit annuel de l'ensemble de la population des trente et une grandes villes d'Europe
emprunte 784,6 pour mille à l'immigration. En France, le recensement de 1881 accusait sur celui de 1876 une augmentation de
766,000 habitants; le département de la Seine et les quarante-

---

[1] Le lecteur voit de lui-même les faits qui vérifient cette loi dont nous ne
pouvons donner ici une démonstration expresse. Elle résulte de recherches
que nous avons faites sur la famille et que nous espérons publier prochai-
nement.

[2] Cité par Layet, *Hygiène des paysans*, dernier chapitre.

cinq villes ayant plus de 30,000 habitants « absorbaient sur le chiffre de l'accroissement quinquennal plus de 661,000 habitants, en laissant seulement 105,000 à répartir entre les villes moyennes, les petites villes et les campagnes (¹). » Ce n'est pas seulement vers les grandes villes que se portent ces grands mouvements migrateurs; ils rayonnent dans les régions avoisinantes. M. Bertillon a calculé que pendant l'année 1886, tandis que dans la moyenne de la France sur 100 habitants 11,25 seulement étaient nés en dehors du département, dans le département de la Seine il y en avait 34,67. Cette proportion des étrangers est d'autant plus élevée que les villes que compte le département sont plus populeuses. Elle est de 31,47 dans le Rhône, de 26,29 dans les Bouches-du-Rhône, de 26,41 dans la Seine-et-Oise (²), de 19,46 dans le Nord, de 17,62 dans la Gironde (³). Ce phénomène n'est pas particulier aux grandes villes; il se produit également, quoique avec une moindre intensité, dans les petites villes, dans les bourgs. « Toutes ces agglomérations augmentent constamment aux dépens des communes plus petites, de sorte que l'on voit à chaque recensement le nombre des villes de chaque catégorie s'augmenter de quelques unités (⁴). »

Or, la mobilité plus grande des unités sociales que supposent ces phénomènes de migration, détermine un affaiblissement de toutes les traditions.

En effet, ce qui fait surtout la force de la tradition, c'est le caractère des personnes qui la transmettent et l'inculquent, je veux dire les anciens. Ils en sont l'expression vivante; eux seuls ont été témoins de ce que faisaient les ancêtres. Ils sont l'unique intermédiaire entre le présent et le passé. D'autre part, ils jouissent auprès des générations qui ont été élevées sous leurs

---

(¹) Dumont, *Dépopulation et Civilisation*, 175.
(²) Ce chiffre élevé est un effet du voisinage de Paris.
(³) *Dictionnaire encyclop. des Sciences médic.*, art. *Migration*.
(⁴) Dumont, *op. cit.*, 178.

yeux et sous leur direction, d'un prestige que rien ne peut remplacer. L'enfant, en effet, a conscience de son infériorité vis-à-vis des personnes plus âgées qui l'entourent et il sent qu'il dépend d'elles. Le respect révérentiel qu'il a pour elles se communique naturellement à tout ce qui en vient, à tout ce qu'elles disent et à tout ce qu'elles font. C'est donc l'autorité de l'âge qui fait en grande partie celle de la tradition. Par conséquent, tout ce qui peut contribuer à prolonger cette influence au delà de l'enfance ne peut que fortifier les croyances et les pratiques traditionnelles. C'est ce qui arrive quand l'homme fait continue à vivre dans le milieu où il a été élevé; car il reste alors en rapports avec les personnes qui l'ont connu enfant, et soumis à leur action. Le sentiment qu'il a pour elles subsiste et, par conséquent, produit les mêmes effets, c'est-à-dire contient les velléités d'innovation. Pour qu'il se produise des nouveautés dans la vie sociale, il ne suffit pas que des générations nouvelles arrivent à la lumière; il faut encore qu'elles ne soient pas trop fortement entraînées à suivre les errements de leurs devancières. Plus l'influence de ces dernières est profonde — et elle est d'autant plus profonde qu'elle dure davantage — plus il y a d'obstacles aux changements. Auguste Comte avait raison de dire que si la vie humaine était décuplée, sans que la proportion respective des âges fût pour cela modifiée, il en résulterait « un ralentissement inévitable, quoique impossible à mesurer, de notre développement social (¹). »

Mais c'est l'inverse qui se produit si l'homme, au sortir de l'adolescence, est transplanté dans un nouveau milieu. Sans doute, il y trouve aussi des hommes plus âgés que lui; mais ce n'est pas ceux dont il a, pendant l'enfance, subi l'action. Le respect qu'il a pour eux est donc moindre et de nature plus conventionnelle, car il ne correspond à aucune réalité ni actuelle, ni passée. Il n'en dépend pas et n'en a jamais dépendu; il ne peut donc les

(¹) *Cours de phil. pos.*, IV, 451.

respecter que par analogie. C'est d'ailleurs un fait connu que le
culte de l'âge va en s'affaiblissant avec la civilisation. Si développé jadis, il se réduit aujourd'hui à quelques pratiques de
politesse, inspirées par une sorte de pitié. On plaint les vieillards
plus qu'on ne les craint. Les âges sont nivelés. Tous les hommes
qui sont arrivés à la maturité se traitent à peu près en égaux.
Par suite de ce nivellement, les mœurs des ancêtres perdent de
leur ascendant; car elles n'ont plus auprès de l'adulte de représentants autorisés. On est plus libre vis-à-vis d'elles parce qu'on
est plus libre vis-à-vis de ceux qui l'incarnent. La solidarité des
temps est moins sensible parce qu'elle n'a plus son expression
matérielle dans le contact continu des générations successives.
Sans doute, les effets de l'éducation première continuent à se
faire sentir, mais avec moins de force, parce qu'ils ne sont pas
entretenus.

Ce moment de la pleine jeunesse est d'ailleurs celui où les
hommes sont le plus impatients de tout frein et le plus avides de
changement. La vie qui circule en eux n'a pas encore eu le
temps de se figer, de prendre définitivement des formes déterminées, et elle est trop intense pour se laisser discipliner sans
résistance. Ce besoin se satisfera donc d'autant plus facilement
qu'il sera moins contenu du dehors, et il ne peut se satisfaire
qu'aux dépens de la tradition. Celle-ci est plus battue en brèche
au moment même où elle perd de ses forces. Une fois donné,
ce germe de faiblesse ne peut que se développer avec chaque
génération; car on transmet avec moins d'autorité des principes
dont on sent moins l'autorité.

Une expérience caractéristique démontre cette influence de
l'âge sur la force de la tradition.

Précisément parce que la population des grandes villes se
recrute surtout par immigration, elle se compose essentiellement
de gens qui, une fois adultes, ont quitté leurs foyers et se sont
soustraits à l'action des anciens. Aussi le nombre des vieillards
y est-il très faible, tandis qu'au contraire celui des hommes dans

la force de l'âge y est très élevé. M. Cheysson a démontré que
les courbes de la population à chaque groupe d'âge, pour Paris et
pour la province, ne se rencontrent qu'aux âges de 15 à 20 ans
et de 50 à 55 ans. Entre 20 et 50 la courbe parisienne est beaucoup plus élevée, au delà elle est plus basse [1]. En 1881 on
comptait à Paris 1,118 individus de 20 à 25 ans pour 874 dans le
reste du pays [2]. Pour le département de la Seine tout entier,
on trouve sur 1,000 habitants 731 de 15 à 60 ans et 76 seulement au delà de cet âge, tandis que la province a 618 des premiers et 106 des seconds. En Norwège, d'après Jacques Bertillon,
les rapports sont les suivants sur 1,000 habitants :

	Villes.	Campagnes.
De 15 à 30 ans................	278	239
De 30 à 45 —	205	183
De 45 à 60 —	110	120
De 60 et au-dessus............	59	87

Ainsi, c'est dans les grandes villes que l'influence modératrice
de l'âge est à son *minimum*; on constate en même temps que
nulle part les traditions n'ont moins d'empire sur les esprits. En
effet, les grandes villes sont les foyers incontestés du progrès;
c'est en elles qu'idées, modes, mœurs, besoins nouveaux s'éla-
borent pour se répandre ensuite sur le reste du pays. Quand la
société change, c'est généralement à leur suite et à leur imitation.
Les humeurs y sont tellement mobiles que tout ce qui vient du
passé y est un peu suspect; au contraire, les nouveautés, quelles
qu'elles soient, y jouissent d'un prestige presque égal à celui
dont jouissaient autrefois les coutumes des ancêtres. Les esprits
y sont naturellement orientés vers l'avenir. Aussi la vie s'y
transforme-t-elle avec une extraordinaire rapidité : croyances,
goûts, passions y sont dans une perpétuelle évolution. Nul terrain n'est plus favorable aux évolutions de toute sorte. C'est
que la vie collective ne peut avoir de continuité là où les diffé-

[1] *La Question de la population*, in *Annales d'Hygiène*, 1881.
[2] *Annales de la ville de Paris.*

rentes couches d'unités sociales, appelées à se remplacer les unes les autres, sont à ce point discontinues.

Observant que, pendant la jeunesse des sociétés et surtout au moment de leur maturité, le respect des traditions est beaucoup plus grand que pendant leur vieillesse, M. Tarde a cru pouvoir présenter le déclin du traditionnalisme comme une phase simplement transitoire, une crise passagère de toute évolution sociale. « L'homme, dit-il, n'échappe au joug de la coutume que pour y retomber, c'est-à-dire pour fixer et consolider en y retombant les conquêtes dues à son émancipation temporaire (¹). » Cette erreur tient, croyons-nous, à la méthode de comparaison suivie par l'auteur et dont nous avons, plusieurs fois déjà, signalé les inconvénients. Sans doute, si l'on rapproche la fin d'une société des commencements de celle qui lui succède, on constate un retour du traditionnalisme; seulement, cette phase, par laquelle débute tout type social, est toujours beaucoup moins violente qu'elle ne l'avait été chez le type immédiatement antérieur. Jamais, chez nous, les mœurs des ancêtres n'ont été l'objet du culte superstitieux qui leur était voué à Rome; jamais il n'y eut à Rome une institution analogue à la γραφὴ παρανόμων du droit athénien, s'opposant à toute innovation (²); même au temps d'Aristote, c'était encore en Grèce une question de savoir s'il était bon de changer les lois établies pour les améliorer, et le philosophe ne se prononce pour l'affirmative qu'avec la plus grande circonspection (³). Enfin, chez les Juifs, toute déviation de la règle traditionnelle était encore plus complètement impossible, puisque c'était une impiété. Or, pour juger de la marche des événements sociaux, il ne faut pas mettre bout à bout les sociétés qui se succèdent, mais ne les comparer qu'à la période correspondante de leur carrière. Si donc il est bien vrai que toute vie sociale tend à se fixer et à devenir coutumière, la forme qu'elle prend devient

---

(¹) *Lois de l'imitation*, 271.
(²) V. sur cette γραφὴ Meier et Schömann, *Der attische Process*.
(³) Arist., *Pol.*, II, 8, 1268 b, 26.

toujours moins résistante, plus accessible aux changements; en d'autres termes, l'autorité de la coutume diminue d'une manière continue. Il est d'ailleurs impossible qu'il en soit autrement, puisque cet affaiblissement dépend des conditions mêmes qui dominent le développement historique.

D'autre part, puisque les croyances et les pratiques communes tirent en grande partie leur force de la force de la tradition, il est évident qu'elles sont de moins en moins en état de gêner la libre expansion des variations individuelles.

III

Enfin, à mesure que la société s'étend et se concentre, elle enveloppe de moins près l'individu et, par conséquent, peut moins bien contenir les tendances divergentes qui se font jour.

Il suffit pour s'en assurer de comparer les grandes villes aux petites. Chez ces dernières, quiconque cherche à s'émanciper des usages reçus se heurte à des résistances qui sont parfois très vives. Toute tentative d'indépendance est un objet de scandale public, et la réprobation générale qui s'y attache est de nature à décourager les imitateurs. Au contraire, dans les grandes cités, l'individu est beaucoup plus affranchi du joug collectif; c'est un fait d'expérience qui ne peut être contesté. C'est que nous dépendons d'autant plus étroitement de l'opinion commune qu'elle surveille de plus près toutes nos démarches. Quand l'attention de tous est constamment fixée sur ce que fait chacun, le moindre écart est aperçu et aussitôt réprimé; inversement, chacun a d'autant plus de facilités pour suivre son sens propre qu'il est plus aisé d'échapper à ce contrôle. Or, comme dit un proverbe, on n'est nulle part aussi bien caché que dans une foule. Plus un groupe est étendu et dense, plus l'attention collective, dispersée sur une large surface, est incapable de suivre les mouvements de chaque individu; car elle ne devient pas plus forte alors qu'ils deviennent plus nombreux. Elle porte sur trop de points à la fois pour pouvoir se concentrer sur aucun. La surveillance se fait moins bien parce qu'il y a trop de gens et de choses à surveiller.

De plus, le grand ressort de l'attention, à savoir l'intérêt, fait plus ou moins complètement défaut. Nous ne désirons connaître les faits et gestes d'une personne que si son image réveille en nous des souvenirs et des émotions qui y sont liés, et ce désir est d'autant plus actif que les états de conscience ainsi réveillés sont plus nombreux et plus forts (¹). Si, au contraire, il s'agit de quelqu'un que nous n'apercevons que de loin en loin et en passant, ce qui le concerne, ne déterminant en nous aucun écho, nous laisse froids et par conséquent nous ne sommes incités ni à nous renseigner sur ce qui lui arrive, ni à observer ce qu'il fait. La curiosité collective est donc d'autant plus vive que les relations personnelles entre les individus sont plus continues et plus fréquentes; d'autre part, il est clair qu'elles sont d'autant plus rares et plus courtes que chaque individu est en rapports avec un plus grand nombre d'autres.

Voilà pourquoi la pression de l'opinion se fait sentir avec moins de force dans les grands centres. C'est que l'attention de chacun est distraite dans trop de directions différentes et que, de plus, on se connaît moins. Même les voisins et les membres d'une même famille sont moins souvent et moins régulièrement en contact, séparés qu'ils sont à chaque instant par la masse des affaires et des personnes intercurrentes. Sans doute, si la population est plus nombreuse qu'elle n'est dense, il peut arriver que la vie, dispersée sur une plus grande étendue, soit moindre sur chaque point. La grande ville se résout alors en un certain

---

(¹) Il est vrai que, dans une petite ville, l'étranger, l'inconnu n'est pas l'objet d'une moindre surveillance que l'habitant; mais c'est que l'image qui le représente est rendue très vive par un effet de contraste, parce qu'il est l'exception. Il n'en est pas de même dans une grande ville, où il est la règle, tout le monde, pour ainsi dire, étant inconnu.

nombre de petites villes, et par conséquent les observations précédentes ne s'appliquent pas exactement (¹). Mais partout où la
densité de l'agglomération est en rapport avec son volume,
les liens personnels sont rares et faibles; on perd plus facilement les autres de vue, même ceux qui vous entourent de
très près et, dans la même mesure, on s'en désintéresse.
Comme cette mutuelle indifférence a pour effet de relâcher la
surveillance collective, la sphère d'action libre de chaque individu s'étend en fait et, peu à peu, le fait devient un droit. Nous
savons en effet que la conscience commune ne garde sa force
qu'à la condition de ne pas tolérer les contradictions; or, par
suite de cette diminution du contrôle social, des actes se com-
mettent journellement qui la contredisent, sans que pourtant
elle réagisse. Si donc il en est qui se répètent avec assez de
fréquence et d'uniformité, ils finissent par énerver le sentiment
collectif qu'ils froissent. Une règle ne paraît plus aussi respec-
table, quand elle cesse d'être respectée et cela impunément; on
ne trouve plus la même évidence à un article de foi qu'on a trop
laissé contester. D'autre part, une fois que nous avons usé d'une
liberté, nous en contractons le besoin; elle nous devient aussi
nécessaire et nous paraît aussi sacrée que les autres. Nous jugeons
intolérable un contrôle dont nous avons perdu l'habitude. Un
droit acquis à une plus grande autonomie se fonde. C'est ainsi
que les empiétements que commet la personnalité individuelle,
quand elle est moins fortement contenue du dehors, finissent
par recevoir la consécration des mœurs.

Or, si ce fait est plus marqué dans les grandes villes, il ne
leur est pas spécial; il se produit aussi dans les autres, suivant
leur importance. Puisque donc l'effacement du type segmentaire
entraîne un développement toujours plus considérable des
centres urbains, voilà une première raison qui fait que ce phénomène doit aller en se généralisant. Mais de plus, à mesure que

---

(¹) Il y a là une question à étudier. Nous croyons avoir remarqué que dans
les villes populeuses, mais peu denses, l'opinion collective garde de sa force.

la densité morale de la société s'élève, elle devient elle-même semblable à une grande cité qui contiendrait dans ses murs le peuple tout entier.

En effet, comme la distance matérielle et morale entre les différentes régions tend à s'évanouir, elles sont les unes par rapport aux autres dans une situation toujours plus analogue à celle des différents quartiers d'une même ville. La cause qui, dans les grandes villes, détermine un affaiblissement de la conscience commune doit donc produire son effet dans toute l'étendue de la société. Tant que les divers segments, gardant leur individualité, restent fermés les uns aux autres, chacun d'eux limite étroitement l'horizon social des particuliers. Séparés du reste de la société par des barrières plus ou moins difficiles à franchir, rien ne nous détourne de la vie locale, et, par suite, toute notre action s'y concentre. Mais, à mesure que la fusion des segments devient plus complète, les perspectives s'étendent, et d'autant plus qu'au même moment la société elle-même devient généralement plus étendue. Dès lors, même l'habitant de la petite ville vit moins exclusivement de la vie du petit groupe qui l'entoure immédiatement. Il noue avec des localités éloignées des relations d'autant plus nombreuses que le mouvement de concentration est plus avancé. Ses voyages plus fréquents, les correspondances plus actives qu'il échange, les affaires qu'il suit au dehors, etc., détournent son regard de ce qui se passe autour de lui. Le centre de sa vie et de ses préoccupations ne se trouve plus si complètement au lieu qu'il habite. Il s'intéresse donc moins à ses voisins, parce qu'ils tiennent une moindre place dans son existence. D'ailleurs, la petite ville a moins de prise sur lui par cela même que sa vie déborde ce cadre exigu, que ses intérêts et ses affections s'étendent bien au delà. Pour toutes ces raisons, l'opinion publique locale pèse d'un poids moins lourd sur chacun de nous, et comme l'opinion générale de la société n'est pas en état de remplacer la précédente, ne pouvant surveiller de près la conduite de tous les citoyens, la surveillance collective se relâche irrémédiablement, la conscience commune perd de son autorité, la variabilité individuelle s'accroît. En un mot, pour que le contrôle social soit rigoureux et que la conscience commune se maintienne, il faut que la société soit divisée en compartiments assez petits et qui enveloppent complètement l'individu; au contraire, l'un et l'autre s'affaiblissent à mesure que ces divisions s'effacent (1).

Mais, dira-t-on, les crimes et les délits auxquels sont attachées des peines organisées ne laissent jamais indifférents les organes chargés de les réprimer. Que la ville soit grande ou petite, que la société soit dense ou non, les magistrats ne laissent pas impunis le criminel ni le délinquant. Il semblerait donc que l'affaiblissement spécial dont nous venons d'indiquer la cause dût se localiser dans cette partie de la conscience collective qui ne détermine que des réactions diffuses, sans pouvoir s'étendre au delà. Mais, en réalité, cette localisation est impossible, car ces deux régions sont si étroitement solidaires que l'une ne peut être atteinte sans que l'autre s'en ressente. Les actes que les mœurs sont seules à réprimer ne sont pas d'une autre nature que ceux que la loi châtie; ils sont seulement moins graves. Si donc il en est parmi eux qui perdent toute gravité, la graduation correspondante des autres est troublée du même coup; ils baissent d'un degré ou de plusieurs et paraissent moins révoltants. Quand on n'est plus du tout sensible aux petites fautes, on l'est moins aux grandes. Quand on n'attache plus une grande importance à la simple négligence des pratiques religieuses, on ne s'indigne plus autant contre les blasphèmes ou les sacrilèges. Quand on a pris l'habitude de tolérer complaisamment les unions libres, l'adultère scandalise moins. Quand les sentiments les plus faibles perdent de leur énergie, les sentiments plus forts,

---

(1) A cette cause fondamentale il faut ajouter l'influence contagieuse des grandes villes sur les petites, et des petites sur les campagnes. Mais cette influence n'est que secondaire, et, d'ailleurs, ne prend d'importance que dans la mesure où la densité sociale s'accroît.

mais qui sont de même espèce et ont les mêmes objets, ne peuvent garder intégralement la leur. C'est ainsi que, peu à peu, l'ébranlement se communique à la conscience commune tout entière.

IV

On s'explique maintenant comment il se fait que la solidarité mécanique soit liée à l'existence du type segmentaire, ainsi que nous l'avons établi dans le livre précédent. C'est que cette structure spéciale permet à la société d'enserrer de plus près l'individu — le tient plus fortement attaché à son milieu domestique et, par conséquent, aux traditions — enfin, en contribuant à borner l'horizon social, contribue aussi (¹) à le rendre concret et défini. C'est donc des causes toutes mécaniques qui font que la personnalité individuelle est absorbée dans la personnalité collective, et ce sont des causes de même nature qui font qu'elle s'en dégage. Sans doute, cette émancipation se trouve être utile ou, tout au moins, elle est utilisée. Elle rend possibles les progrès de la division du travail ; plus généralement, elle donne à l'organisme social plus de souplesse et d'élasticité. Mais ce n'est pas parce qu'elle est utile qu'elle se produit. Elle est parce qu'elle ne peut pas ne pas être. L'expérience des services qu'elle rend ne peut que la consolider une fois qu'elle existe.

On peut se demander cependant si, dans les sociétés organisées, l'organe ne joue pas le même rôle que le segment ; si l'esprit corporatif et professionnel ne risque pas de remplacer l'esprit de clocher et d'exercer sur les individus la même pression. Dans ce cas, ils ne gagneraient rien au changement. Le

---

(¹) Ce troisième effet ne résulte qu'en partie de la nature segmentaire ; la cause principale en est dans l'accroissement du volume social. Resterait à savoir pourquoi en général la densité s'accroît en même temps que le volume. C'est une question que nous posons.

doute est d'autant plus permis que l'esprit de caste a eu certainement cet effet, et que la caste est un organe social. On sait aussi combien l'organisation des corps de métiers a, pendant longtemps, gêné le développement des variations individuelles; nous en avons plus haut cité des exemples.

Il est certain que les sociétés organisées ne sont pas possibles sans un système développé de règles qui prédéterminent le fonctionnement de chaque organe. A mesure que le travail se divise, il se constitue une multitude de morales et de droits professionnels (¹). Mais cette réglementation n'en laisse pas moins agrandi le cercle d'action de l'individu.

En premier lieu, l'esprit professionnel ne peut avoir d'influence que sur la vie professionnelle. Au delà de cette sphère, l'individu jouit de la liberté plus grande dont nous venons de montrer l'origine. Il est vrai que la caste étend son action plus loin; mais elle n'est pas un organe proprement dit. C'est un segment transformé en organe (²); elle tient donc de la nature de l'un et de l'autre. En même temps qu'elle est chargée de fonctions spéciales, elle constitue une société distincte au sein de l'agrégat total. Elle est une société-organe analogue à ces individus-organes que l'on observe dans certains organismes (³). C'est ce qui fait qu'elle enveloppe l'individu d'une manière beaucoup plus exclusive que les corporations ordinaires.

Comme ces règles n'ont de racines que dans un petit nombre de consciences, mais laissent indifférente la société dans son ensemble, elles ont une moindre autorité par suite de cette moindre universalité. Elles offrent donc une moindre résistance aux changements. C'est pour cette raison qu'en général les fautes proprement professionnelles n'ont pas le même degré de gravité que les autres.

D'autre part, les mêmes causes qui, d'une manière générale,

(¹) V. plus haut, liv. I, ch. V, notamment p. 217 et suiv.
(²) V. plus haut, p. 108-100.
(³) V. Perier, *Colon. anim.*, 701.

diminuent la force de la tradition en rendant les générations nouvelles plus indépendantes des anciennes, produisent tout leur effet sur les coutumes professionnelles, qui deviennent de moins en moins réfractaires aux innovations.

Enfin, comme chaque organe social devient plus volumineux à mesure que les organes segmentaires fusionnent, et cela d'autant plus que, généralement, le volume total de la société s'accroît au même moment, les pratiques communes au groupe professionnel deviennent plus générales et plus abstraites, comme celles qui sont communes à toute la société. Elles laissent donc la place plus libre aux divergences particulières.

Ainsi, par sa nature même, cette réglementation gêne moins que l'autre l'essor des variétés individuelles, et, de plus, elle le gêne de moins en moins.

CHAPITRE IV

———

LES FACTEURS SECONDAIRES *(suite)*

———

L'HÉRÉDITÉ

Dans ce qui précède, nous avons raisonné comme si la division du travail ne dépendait que de causes sociales. Cependant elle est aussi liée à des conditions organico-psychiques. L'individu reçoit en naissant des goûts et des aptitudes qui le prédisposent à certaines fonctions plus qu'à d'autres, et ces prédispositions ont certainement une influence sur la manière dont les tâches se répartissent. D'après l'opinion la plus commune, il faudrait même voir dans cette diversité des natures la condition première de la division du travail, dont la principale raison d'être serait « de classer les individus suivant leurs capacités » (¹). Il est donc intéressant de déterminer quelle est au juste la part de ce facteur, d'autant plus qu'il constitue un nouvel obstacle à la variabilité individuelle et, par conséquent, aux progrès de la division du travail.

En effet, comme ces vocations natives nous sont transmises par nos ascendants, elles se réfèrent non pas aux conditions dans lesquelles l'individu se trouve actuellement placé, mais à celles où vivaient ses aïeux. Elles nous enchaînent donc à notre race, comme la conscience collective nous enchaînait à notre groupe, et entravent par suite la liberté de nos mouvements. Comme

———

(¹) Stuart Mill, *Économie politique.*

cette partie de nous-même est tournée tout entière vers le passé, et vers un passé qui ne nous est pas personnel, elle nous détourne de notre sphère d'intérêts propres et des changements qui s'y produisent. Plus elle est développée, plus elle nous immobilise. La race et l'individu sont deux forces contraires qui varient en raison inverse l'une de l'autre. En tant que nous ne faisons que reproduire et que continuer nos ancêtres, nous tendons à vivre comme ils ont vécu et nous sommes réfractaires à toute nouveauté. Un être qui recevrait de l'hérédité un legs trop important et trop lourd serait à peu près incapable de tout changement; c'est le cas des animaux qui ne peuvent progresser qu'avec une grande lenteur.

L'obstacle que le progrès rencontre de ce côté est même plus difficilement surmontable que celui qui vient de la communauté des croyances et des pratiques. Car celles-ci ne sont imposées à l'individu que du dehors et par une action morale, tandis que les tendances héréditaires sont congénitales et ont une base anatomique. Ainsi, plus grande est la part de l'hérédité dans la distribution des tâches, plus cette distribution est invariable, plus, par conséquent, les progrès de la division du travail sont difficiles alors même qu'ils seraient utiles. C'est ce qui arrive dans l'organisme. La fonction de chaque cellule est déterminée par sa naissance. « Dans un animal vivant, dit M. Spencer, le progrès de l'organisation implique non seulement que les unités composant chacune des parties différenciées conservent chacune sa position, mais aussi que leur descendance leur succède dans ces positions. Les cellules hépatiques qui, tout en remplissant leur fonction, grandissent et donnent naissance à de nouvelles cellules hépatiques, font place à celles-ci quand elles se dissolvent et disparaissent; les cellules qui en descendent ne se rendent pas aux reins, aux muscles, aux centres nerveux pour s'unir dans l'accomplissement de leurs fonctions (1). » Mais aussi

(1) Spencer, Sociol., III, 340.

les changements qui se produisent dans l'organisation du travail physiologique sont-ils très rares, très restreints et très lents.

Or, bien des faits tendent à démontrer que, à l'origine, l'hérédité avait sur la répartition des fonctions sociales une influence très considérable.

Sans doute, chez les peuples tout à fait primitifs, elle ne joue à ce point de vue aucun rôle. Les quelques fonctions qui commencent à se spécialiser sont électives; mais c'est qu'elles ne sont pas encore constituées. Le chef ou les chefs ne se distinguent guère de la foule qu'ils dirigent; leur pouvoir est aussi restreint qu'éphémère; tous les membres du groupe sont sur un pied d'égalité. Mais, aussitôt que la division du travail apparaît d'une manière caractérisée, elle se fixe sous une forme qui se transmet héréditairement; c'est ainsi que naissent les castes. L'Inde nous offre le plus parfait modèle de cette organisation du travail; mais on la retrouve ailleurs. Chez les Juifs, les seules fonctions qui fussent nettement séparées des autres, celles du sacerdoce, étaient strictement héréditaires. Il en était de même à Rome pour toutes les fonctions publiques, qui impliquaient les fonctions religieuses, et qui étaient le privilège des seuls patriciens. En Assyrie, en Perse, en Égypte, la société se divise de la même manière. Là où les castes tendent à disparaître, elles sont remplacées par les classes qui, pour être moins étroitement closes au dehors, n'en reposent pas moins sur le même principe.

Assurément, cette institution n'est pas une simple conséquence du fait des transmissions héréditaires. Bien des causes ont contribué à la susciter. Mais elle n'aurait pu ni se généraliser à ce point, ni persister pendant si longtemps, si, *en général,* elle n'avait eu pour effet de mettre chacun à la place qui lui convenait. Si le système des castes avait été contraire aux aspirations individuelles et à l'intérêt social, aucun artifice n'eût pu le maintenir. Si, dans la moyenne des cas, les individus n'étaient pas réellement nés pour la fonction que leur assignait la cou-

tume ou la loi, cette classification traditionnelle des citoyens eût
été vite bouleversée. La preuve, c'est que ce bouleversement se
produit en effet dès que cette discordance éclate. La rigidité des
cadres sociaux ne fait donc qu'exprimer la manière immuable
dont se distribuaient alors les aptitudes, et cette immutabilité elle-
même ne peut être due qu'à l'action des lois de l'hérédité. Sans
doute l'éducation, parce qu'elle se faisait tout entière dans le
sein de la famille et se prolongeait tard pour les raisons que
nous avons dites, en renforçait l'influence; mais elle n'eût pu à
elle seule produire de tels résultats. Car elle n'agit utilement et
efficacement que si elle s'exerce dans le sens même de l'hérédité. En un mot, cette dernière n'a pu devenir une institution
sociale que là où elle jouait effectivement un rôle social. En
fait, nous savons que les peuples anciens avaient un sentiment
très vif de ce qu'elle était. Nous n'en trouvons pas seulement la
trace dans les coutumes dont nous venons de parler et dans
d'autres similaires, mais il est directement exprimé dans plus
d'un monument littéraire (¹). Or, il est impossible qu'une
erreur aussi générale soit une simple illusion et ne corresponde
à rien dans la réalité. « Tous les peuples, dit M. Ribot, ont une
foi, au moins vague, à la transmission héréditaire. Il serait même
possible de soutenir que cette foi a été plus vive dans les temps
primitifs qu'aux époques civilisées. C'est de cette foi naturelle
qu'est née l'hérédité d'institution. Il est certain que des raisons
sociales, politiques, ou même des préjugés ont dû contribuer à
la développer et à l'affermir; mais il serait absurde de croire
qu'on l'a inventée (²). »

D'ailleurs, l'hérédité des professions était très souvent la
règle, alors même que la loi ne l'imposait pas. Ainsi la méde-
cine, chez les Grecs, fut d'abord cultivée par un petit nombre
de familles. « Les asclépiades ou prêtres d'Esculape se disaient
de la postérité de ce dieu... Hippocrate était le dix-septième

---

(¹) Ribot, *L'Hérédité*, 2ᵉ édit., p. 360.
(²) *Ibid.*, 345.

médecin de sa famille. L'art divinatoire, le don de prophétie, cette haute faveur des dieux, passaient chez les Grecs pour se transmettre le plus souvent de père en fils (¹). » En Grèce, dit Hermann, « l'hérédité de la fonction n'était prescrite par la loi que dans quelques états et pour certaines fonctions qui tenaient plus étroitement à la vie religieuse, comme, à Sparte, les cuisiniers et les joueurs de flûte; mais les mœurs en avaient fait aussi pour les professions des artisans un fait plus général qu'on ne croit ordinairement (²). » Maintenant encore, dans beaucoup de sociétés inférieures, les fonctions se distribuent d'après la race. Dans un grand nombre de tribus africaines, les forgerons descendent d'une autre race que le reste de la population. Il en était de même chez les Juifs au temps de Saül. « En Abyssinie, presque tous les artisans sont de race étrangère : le maçon est Juif, le tanneur et le tisserand sont Mahométans, l'armurier et l'orfèvre Grecs et Coptes. Aux Indes, bien des différences de castes qui indiquent des différences de métiers coïncident encore aujourd'hui avec celles de races. Dans tous les pays de population mixte, les descendants d'une même famille ont coutume de se vouer à certaines professions; c'est ainsi que, dans l'Allemagne orientale, les pêcheurs, pendant des siècles, étaient Slaves (³). » Ces faits donnent une grande vraisemblance à l'opinion de Lucas, d'après laquelle « l'hérédité des professions est le type primitif, la forme élémentaire de toutes les institutions fondées sur le principe de l'hérédité de la nature morale ».

Mais aussi on sait combien, dans ces sociétés, le progrès est lent et difficile. Pendant des siècles, le travail reste organisé de la même manière, sans qu'on songe à rien innover. « L'hérédité s'offre ici à nous avec ses caractères habituels : conservation,

(¹) Ribot, op. cit., p. 365. — Cf. Hermann, Griech. Antiq., IV, 353, not. 3.
(²) Ibid., 305, note 2, ch. I, 33. — Pour les faits, voir notamment: Platon, Eutyphr., 11 C; Alcibiade, 121 A; Rép., IV, 421 D; surtout Protag., 328 A; Plutarque, Apopht., Lacon, 208 B.
(³) Schmoller, La Division du travail, in Rev. d'écon. polit., 1880, p. 540.

stabilité (¹). » Par conséquent, pour que la division du travail ait pu se développer, il a fallu que les hommes parvinssent à secouer le joug de l'hérédité, que le progrès brisât les castes et les classes. La disparition progressive de ces dernières tend en effet à prouver la réalité de cette émancipation; car on ne voit pas comment, si l'hérédité n'avait rien perdu de ses droits sur l'individu, elle aurait pu s'affaiblir comme institution. Si la statistique s'étendait assez loin dans le passé et surtout si elle était mieux informée sur ce point, elle nous apprendrait très vraisemblablement que les cas de professions héréditaires deviennent toujours moins nombreux. Ce qui est certain, c'est que la foi à l'hérédité, si intense jadis, est aujourd'hui remplacée par une foi presque opposée. Nous tendons à croire que l'individu est en majeure partie le fils de ses œuvres et à méconnaitre même les liens qui le rattachent à sa race et l'en font dépendre; c'est du moins une opinion très répandue et dont se plaignent presque les psychologues de l'hérédité. C'est même un fait assez curieux que l'hérédité ne soit vraiment entrée dans la science qu'au moment où elle était presque complètement sortie de la croyance. Il n'y a pas là d'ailleurs de contradiction. Car ce qu'affirme au fond la conscience commune, ce n'est pas que l'hérédité n'existe pas, mais que le poids en est moins lourd, et la science, nous le verrons, n'a rien qui contredise ce sentiment.

Mais il importe d'établir le fait directement et surtout d'en faire voir les causes.

I

En premier lieu, l'hérédité perd de son empire au cours de l'évolution parce que, simultanément, des modes nouveaux d'activité se sont constitués qui ne relèvent pas de son influence.

(¹) Ribot, op. cit., p. 390.

Une première preuve de ce stationnement de l'hérédité, c'est l'état stationnaire des grandes races humaines. Depuis les temps les plus reculés, il ne s'en est pas formé de nouvelles; du moins si, avec M. de Quatrefages ([1]), on donne ce nom même aux différents types qui sont issus des trois ou quatre grands types fondamentaux, il faut ajouter que, plus ils s'éloignent de leurs points d'origine, moins ils présentent les traits constitutifs de la race. En effet, tout le monde est d'accord pour reconnaître que ce qui caractérise cette dernière, c'est l'existence de ressemblances héréditaires; aussi les anthropologistes prennent-ils pour base de leurs classifications des caractères physiques, parce qu'ils sont les plus héréditaires de tous. Or, plus les types anthropologiques sont circonscrits, plus il devient difficile de les définir en fonction de propriétés exclusivement organiques, parce que celles-ci ne sont plus ni assez nombreuses ni assez distinctives. Ce sont des ressemblances toutes morales, que l'on établit à l'aide de la linguistique, de l'archéologie, du droit comparé, qui deviennent prépondérantes; mais on n'a aucune raison d'admettre qu'elles soient héréditaires. Elles servent à distinguer des civilisations plutôt que des races. A mesure qu'on avance, les variétés humaines qui se forment deviennent donc moins héréditaires; elles sont de moins en moins des races. L'impuissance progressive de notre espèce à produire des races nouvelles fait même le plus vif contraste avec la fécondité contraire des espèces animales. Qu'est-ce que cela signifie, sinon que la culture humaine, à mesure qu'elle se développe, est de plus en plus réfractaire à ce genre de transmission? Ce que les hommes ont ajouté et ajoutent tous les jours à ce fond primitif qui s'est fixé depuis des siècles dans la structure des races initiales, échappe donc de plus en plus à l'action de l'hérédité. Mais s'il en est ainsi du courant général de la civilisation, à plus forte raison en est-il de même de chacun des affluents

(1) V. *L'Espèce humaine.*

particuliers qui le forment, c'est-à-dire de chaque activité
fonctionnelle et de ses produits.

Les faits qui suivent confirment cette induction.

C'est une vérité établie que le degré de simplicité des faits
psychiques donne la mesure de leur transmissibilité. En effet,
plus les états sont complexes, plus ils se décomposent facilement
parce que leur grande complexité les maintient dans un état
d'équilibre instable. Ils ressemblent à ces constructions savantes
dont l'architecture est si délicate qu'il suffit de peu de chose
pour en troubler gravement l'économie; à la moindre secousse,
l'édifice ébranlé s'écroule mettant à nu le terrain qu'il recou-
vrait. C'est ainsi que, dans les cas de paralysie générale, le moi
se dissout lentement jusqu'à ce qu'il ne reste plus, pour ainsi
dire, que la base organique sur laquelle il reposait. D'ordinaire,
c'est sous le choc de la maladie que se produisent ces faits de
désorganisation. Mais on conçoit que la transmission séminale
doit avoir des effets analogues. En effet, dans l'acte de la fécon-
dation, les caractères strictement individuels tendent à se neutraliser mutuellement; car, comme ceux qui sont spéciaux à
l'un des parents ne peuvent se transmettre qu'au détriment de
l'autre, il s'établit entre eux une sorte de lutte d'où il est impossible qu'ils sortent intacts. Mais plus un état de conscience
est complexe, plus il est personnel, plus il porte la marque des
circonstances particulières dans lesquelles nous avons vécu, de
notre sexe, de notre tempérament. Par les parties inférieures
et fondamentales de notre être nous nous ressemblons beaucoup
plus que par ces sommets; c'est par ces derniers au contraire
que nous nous distinguons les uns des autres. Si donc ils ne
disparaissent pas complètement dans la transmission héréditaire,
du moins ils ne peuvent survivre qu'effacés et affaiblis.

Or, les aptitudes sont d'autant plus complexes qu'elles sont
plus spéciales. C'est en effet une erreur de croire que notre
activité se simplifie à mesure que nos tâches se délimitent. Au
contraire, c'est quand elle se disperse sur une multitude d'objets

qu'elle est simple; car, comme elle néglige alors ce qu'ils ont de personnel et de distinct pour ne viser que ce qu'ils ont de commun, elle se réduit à quelques mouvements très généraux qui conviennent dans une foule de circonstances diverses. Mais, quand il s'agit de nous adapter à des objets particuliers et spéciaux de manière à tenir compte de toutes leurs nuances, nous ne pouvons y parvenir qu'en combinant un très grand nombre d'états de conscience, différenciés à l'image des choses mêmes auxquelles ils se rapportent. Une fois agencés et constitués, ces systèmes fonctionnent sans doute avec plus d'aisance et de rapidité; mais ils restent très complexes. Quel prodigieux assemblage d'idées, d'images, d'habitudes n'observe-t-on pas chez le proto qui compose une page d'imprimerie, chez le mathématicien qui combine une multitude de théorèmes épars et en fait jaillir un théorème nouveau, chez le médecin qui, à un signe imperceptible, reconnaît du coup une maladie et en prévoit en même temps la marche. Comparez la technique si élémentaire de l'ancien philosophe, du sage qui, par la seule force de la pensée, entreprend d'expliquer le monde, et celle du savant d'aujourd'hui qui n'arrive à résoudre un problème très particulier que par une combinaison très compliquée d'observations, d'expériences, grâce à des lectures d'ouvrages écrits dans toutes les langues, des correspondances, des discussions, etc., etc. C'est le dilettante qui conserve intacte sa simplicité primitive. La complexité de sa nature n'est qu'apparente. Comme il fait le métier de s'intéresser à tout, il semble qu'il ait une multitude de goûts et d'aptitudes divers. Pure illusion! Regardez au fond des choses, et vous verrez que tout se réduit à un petit nombre de facultés générales et simples, mais qui, n'ayant rien perdu de leur indétermination première, se déprennent avec aisance des objets auxquels elles s'attachent pour se reporter ensuite sur d'autres. Du dehors, on aperçoit une succession ininterrompue d'événements variés; mais c'est le même acteur qui joue tous les rôles sous des costumes un peu différents. Cette surface où brillent tant de couleurs savamment nuancées recouvre un fond d'une déplorable monotonie. Il a assoupli et affiné les puissances de son être, mais il n'a pas su les transformer et les refondre pour en tirer une œuvre nouvelle et définie; il n'a rien élevé de personnel et de durable sur le terrain que lui a légué la nature.

Par conséquent, plus les facultés sont spéciales, plus elles sont difficilement transmissibles; ou, si elles parviennent à passer d'une génération à l'autre, elles ne peuvent manquer de perdre de leur force et de leur précision. Elles sont moins irrésistibles et plus malléables; par suite de leur plus grande indétermination, elles peuvent plus facilement changer sous l'influence des circonstances de famille, de fortune, d'éducation, etc. En un mot, plus les formes de l'activité se spécialisent, plus elles échappent à l'action de l'hérédité.

On a cependant cité des cas où des aptitudes professionnelles paraissent être héréditaires. Des tableaux dressés par M. Galton il semble résulter qu'il y a eu parfois de véritables dynasties de savants, de poètes, de musiciens. M. de Candolle, de son côté, a établi que les fils de savants « se sont souvent occupés de science » [1]. Mais ces observations n'ont en l'espèce aucune valeur démonstrative. Nous ne songeons pas en effet à soutenir que la transmission d'aptitudes spéciales est radicalement impossible; nous voulons dire seulement qu'en général elle n'a pas lieu, parce qu'elle ne peut s'effectuer que par un miracle d'équilibre qui ne saurait se renouveler souvent. Il ne sert donc à rien de citer tels ou tels cas particuliers où elle s'est produite ou paraît s'être produite; mais il faudrait encore voir quelle part ils représentent dans l'ensemble des vocations scientifiques. C'est seulement alors que l'on pourrait juger s'ils démontrent vraiment que l'hérédité a une grande influence sur la façon dont se divisent les fonctions sociales.

[1] *Histoire des sciences et des savants*, 2e édit., p. 203.

Or, quoique cette comparaison ne puisse être faite méthodiquement, un fait, établi par M. de Candolle, tend à prouver combien est restreinte l'action de l'hérédité dans ces carrières. Sur
100 associés étrangers de l'Académie de Paris, dont M. de Candolle a pu refaire la généalogie, 14 descendent de ministres
protestants, 5 seulement de médecins, de chirurgiens, de pharmaciens. Sur 48 membres étrangers de la Société royale de
Londres en 1829, 8 sont fils de pasteurs, 4 seulement ont
pour pères des hommes de l'art. Pourtant, le nombre total de
ces derniers « dans les pays hors de France doit être bien supérieur à celui des ecclésiastiques protestants. En effet, parmi les
populations protestantes, considérées isolément, les médecins,
chirurgiens, pharmaciens et vétérinaires sont à peu près aussi
nombreux que les ecclésiastiques et, quand on ajoute ceux des
pays purement catholiques autres que la France, ils constituent
un total beaucoup plus considérable que celui des pasteurs et
ministres protestants. Les études que les hommes de l'art médi-
cal ont faites et les travaux auxquels ils doivent se livrer habi-
tuellement pour leur profession sont bien plus dans la sphère
des sciences que les études et les travaux d'un pasteur. Si le
succès dans les sciences était une affaire uniquement d'hérédité,
il y aurait bien plus de fils de médecins, pharmaciens, etc., sur
nos listes que de fils de pasteurs (1). »

Encore n'est-il pas du tout certain que ces vocations scientifiques des fils de savants soient réellement dues à l'hérédité.
Pour avoir le droit de les lui attribuer, il ne suffit pas de constater une similitude de goûts entre les parents et les enfants, il
faudrait encore que ces derniers eussent manifesté leurs aptitudes après avoir été élevés dès leur première enfance en dehors
de leur famille et dans un milieu étranger à toute culture scientifique. Or, en fait, tous les fils de savants sur lesquels a porté
l'observation ont été élevés dans leurs familles, où ils ont natu-

(1) Op. cit., p. 204.

rellement trouvé plus de secours intellectuels et d'encourage-
ments que leurs pères n'en avaient reçu. Il y a aussi les conseils
et l'exemple, le désir de ressembler à son père, d'utiliser ses
livres, ses collections, ses recherches, son laboratoire, qui sont
pour un esprit généreux et avisé des stimulants énergiques.
Enfin, dans les établissements où ils achèvent leurs études, les
fils de savants se trouvent en contact avec des esprits cultivés
ou propres à recevoir une haute culture, et l'action de ce milieu
nouveau ne fait que confirmer celle du premier. Sans doute,
dans les sociétés où c'est la règle que l'enfant suive la profession
du père, une telle régularité ne peut s'expliquer par un simple
concours de circonstances extérieures; car ce serait un miracle
qu'il se produisît dans chaque cas avec une aussi parfaite identité. Mais il n'en est pas de même de ces rencontres isolées et
presque exceptionnelles que l'on observe aujourd'hui.

Il est vrai que plusieurs des hommes scientifiques anglais
auxquels s'est adressé M. Galton [1] ont insisté sur un goût
spécial et inné qu'ils auraient ressenti dès leur enfance pour la
science qu'ils devaient cultiver plus tard. Mais, comme le fait
remarquer M. de Candolle, il est bien difficile de savoir si ces
goûts « viennent de naissance ou des impressions vives de la
jeunesse et des influences qui les provoquent et les dirigent.
D'ailleurs, ces goûts changent, et les seuls importants pour la
carrière sont ceux qui persistent. Dans ce cas, l'individu qui se
distingue dans une science ou qui continue de la cultiver avec
plaisir ne manque jamais de dire que c'est chez lui un goût
inné. Au contraire, ceux qui ont eu des goûts spéciaux dans
l'enfance et n'y ont plus pensé n'en parlent pas. Que l'on songe
à la multitude d'enfants qui chassent aux papillons ou font des
collections de coquilles, d'insectes, etc., qui ne deviennent pas
des naturalistes. Je connais aussi bon nombre d'exemples de
savants qui ont eu, étant jeunes, la passion de faire des vers ou

(1) English men of science, 1874, p. 111 et suiv.

des pièces de théâtre et qui, dans la suite, ont eu des occupations bien différentes (1). »·

Une autre observation du même auteur montre combien est grande l'action du milieu social sur la genèse de ces aptitudes. Si elles étaient dues à l'hérédité, elles seraient également héréditaires dans tous les pays; les savants issus de savants seraient dans la même proportion chez tous les peuples du même type. « Or, les faits se sont manifestés d'une tout autre manière. En Suisse, il y a eu depuis deux siècles plus de savants groupés par famille que de savants isolés. En France et en Italie, le nombre des savants qui sont uniques dans leur famille constitue au contraire l'immense majorité. Les lois physiologiques sont cependant les mêmes pour tous les hommes. Donc, l'éducation dans chaque famille, l'exemple et les conseils donnés doivent avoir exercé une influence plus marquée que l'hérédité sur la carrière spéciale des jeunes savants. Il est d'ailleurs aisé de comprendre pourquoi cette influence a été plus forte en Suisse que dans la plupart des pays. Les études s'y font jusqu'à l'âge de dix-huit ou vingt ans dans chaque ville et dans des conditions telles que les élèves vivent chez eux auprès de leurs pères. C'était surtout vrai dans le siècle dernier et dans la première moitié du siècle actuel, particulièrement à Genève et à Bâle, c'est-à-dire dans les deux villes qui ont fourni la plus forte proportion de savants unis entre eux par des liens de famille. Ailleurs, notamment en France et en Italie, il a toujours été ordinaire que les jeunes gens fussent élevés dans des collèges où ils demeurent et se trouvent par conséquent éloignés des influences de famille (2). »

Il n'y a donc aucune raison d'admettre « l'existence de vocations innées et impérieuses pour des objets spéciaux » (3); du moins, s'il y en a, elles ne sont pas la règle. Comme le remarque également M. Bain, « le fils d'un grand philologue n'hérite pas

(1) *Op. cit.*, p. 320.
(2) *Op. cit.*, p. 200.
(3) *Op. cit.*, p. 200.

d'un seul vocable; le fils d'un grand voyageur peut, à l'école, être surpassé en géographie par le fils d'un mineur (¹). » Ce n'est pas à dire que l'hérédité soit sans influence, mais ce qu'elle transmet, ce sont des facultés très générales et non une aptitude particulière pour telle ou telle science. Ce que l'enfant reçoit de ses parents, c'est quelque force d'attention, une certaine dose de persévérance, un jugement sain, de l'imagination, etc. Mais chacune de ces facultés peut convenir à une foule de spécialités différentes et y assurer le succès. Voici un enfant doué d'une assez vive imagination; il est de bonne heure en relations avec des artistes, il deviendra peintre ou poète; s'il vit dans un milieu industriel, il deviendra un ingénieur à l'esprit inventif; si le hasard le place dans le monde des affaires, il sera peut-être un jour un hardi financier. Bien entendu, il apportera partout avec lui sa nature propre, son besoin de créer et d'imaginer, sa passion du nouveau; mais les carrières où il pourra utiliser ses talents et satisfaire à son penchant sont très nombreuses. C'est d'ailleurs ce que M. de Candolle a établi par une observation directe. Il a relevé les qualités utiles dans les sciences que son père tenait de son grand-père; en voici la liste : volonté, esprit d'ordre, jugement sain, une certaine puissance d'attention, éloignement pour les abstractions métaphysiques, indépendance d'opinion. C'était assurément un bel héritage, mais avec lequel on aurait pu devenir également un administrateur, un homme d'État, un historien, un économiste, un grand industriel, un excellent médecin ou bien enfin un naturaliste, comme fut M. de Candolle. Il est donc évident que les circonstances eurent une large part dans le choix de sa carrière, et c'est en effet ce que son fils nous apprend (²). Seuls, l'esprit mathématique et le sentiment musical pourraient bien être assez souvent des dispositions de naissance, dues à un héritage direct des parents. Cette apparente anomalie ne surprendra pas, si l'on se rappelle que

(¹) *Émotions et Volonté*, 53.
(²) *Op. cit.*, p. 313.

ces deux talents se sont développés de très bonne heure dans l'histoire de l'humanité. La musique est le premier des arts et les mathématiques la première des sciences qu'aient cultivés les hommes; cette double faculté doit donc être plus générale et moins complexe qu'on ne le croit, et c'est ce qui en expliquerait la transmissibilité.

On en peut dire autant d'une autre vocation, celle du crime. Suivant la juste remarque de M. Tarde, les différentes variétés du crime et du délit sont des professions, quoique nuisibles; elles ont même parfois une technique complexe. L'escroc, le faux-monnayeur, le faussaire sont obligés de déployer plus de science et plus d'art dans leur métier que bien des travailleurs normaux. Or, on a soutenu que non seulement la perversion morale en général, mais encore les formes spécifiques de la criminalité étaient un produit de l'hérédité; on a même cru pouvoir porter à plus de 40 0/0 « la cote du criminel-né » (¹). Si cette proposition était prouvée, il en faudrait conclure que l'hérédité a parfois une grande influence sur la façon dont se répartissent les professions, même spéciales.

Pour la démontrer, on a essayé de deux méthodes différentes. On s'est souvent contenté de citer des cas de familles qui se sont vouées tout entières au mal, et cela pendant plusieurs générations. Mais, outre que de cette manière on ne peut pas déterminer la part relative de l'hérédité dans l'ensemble des vocations criminelles, de telles observations, si nombreuses qu'elles puissent être, ne constituent pas des expériences démonstratives. De ce que le fils d'un voleur devient voleur lui-même, il ne suit pas que son immoralité soit un héritage que lui a légué son père; pour interpréter ainsi les faits, il faudrait pouvoir isoler l'action de l'hérédité de celle des circonstances, de l'éducation, etc. Si l'enfant manifestait son aptitude au vol, après avoir été élevé dans une famille parfaitement saine, alors on pourrait

(¹) Lombroso, *L'Homme criminel*, 669.

à bon droit invoquer l'influence de l'hérédité; mais nous possédons bien peu d'observations de ce genre qui aient été faites
méthodiquement. On n'échappe pas à l'objection en faisant
remarquer que les familles qui sont ainsi entraînées au mal
sont parfois très nombreuses. Le nombre ne fait rien à l'affaire;
car le milieu domestique, qui est le même pour toute la famille
quelle qu'en soit l'étendue, suffit à expliquer cette criminalité
endémique.

La méthode suivie par M. Lombroso serait plus concluante
si elle donnait les résultats que s'en promet l'auteur. Au lieu
d'énumérer un certain nombre de cas particuliers, il constitue
anatomiquement et physiologiquement le type du criminel.
Comme les caractères anatomiques et physiologiques, et surtout
les premiers, sont congénitaux, c'est-à-dire déterminés par l'hérédité, il suffira d'établir la proportion des délinquants qui présentent le type ainsi défini, pour mesurer exactement l'influence de
l'hérédité sur cette activité spéciale.

On a vu que, suivant Lombroso, elle serait considérable. Mais
le chiffre cité n'exprime que la fréquence relative du type criminel en général. Tout ce qu'on en peut conclure par conséquent, c'est que la propension au mal en général est assez
souvent héréditaire; mais on n'en peut rien déduire relativement aux formes particulières du crime et du délit. On sait
d'ailleurs aujourd'hui que ce prétendu type criminel n'a en
réalité rien de spécifique. Bien des traits qui le constituent se
retrouvent ailleurs. Tout ce qu'on aperçoit, c'est qu'il ressemble
à celui des dégénérés, des neurasthéniques [1]. Or, si ce fait est
une preuve que, parmi les criminels, il y a beaucoup de neurasthéniques, il ne s'ensuit pas que la neurasthénie mène toujours et invinciblement au crime. Il y a au moins autant de
dégénérés qui sont honnêtes, quand ils ne sont pas des hommes
de talent ou de génie.

[1] V. Féré, *Dégénérescence et Criminalité.*

Si donc les aptitudes sont d'autant moins transmissibles qu'elles sont plus spéciales, la part de l'hérédité dans l'organisation du travail social est d'autant plus grande que celui-ci est moins divisé. Dans les sociétés inférieures, où les fonctions sont très générales, elles ne réclament que des aptitudes également générales qui peuvent plus facilement et plus intégralement passer d'une génération à l'autre. Chacun reçoit en naissant tout l'essentiel pour soutenir son personnage; ce qu'il doit acquérir par lui-même est peu de chose à côté de ce qu'il tient de l'hérédité. Au moyen âge, le noble, pour remplir son devoir, n'avait pas besoin de beaucoup de connaissances ni de pratiques bien compliquées, mais surtout de courage, et il le recevait avec le sang. Le lévite et le brahmane, pour s'acquitter de leur emploi, n'avaient pas besoin d'une science bien volumineuse, — nous pouvons en mesurer les dimensions d'après celles des livres qui la contenaient, — mais il leur fallait une supériorité native de l'intelligence qui les rendait accessibles à des idées et à des sentiments auxquels le vulgaire était fermé. Pour être un bon médecin au temps d'Esculape, il n'était pas nécessaire de recevoir une culture bien étendue : il suffisait d'avoir un goût naturel pour l'observation et pour les choses concrètes, et, comme ce goût est assez général pour être aisément transmissible, il était inévitable qu'il se perpétuât dans certaines familles et que, par suite, la profession médicale y fût héréditaire.

On s'explique très bien que, dans ces conditions, l'hérédité fût devenue une institution sociale. Sans doute, ce n'est pas ces causes toutes psychologiques qui ont pu susciter l'organisation des castes; mais, une fois que celle-ci fut née sous l'empire d'autres causes, elle dura parce qu'elle se trouva être parfaitement conforme et aux goûts des individus et aux intérêts de la société. Puisque l'aptitude professionnelle était une qualité de la race plutôt que de l'individu, il était tout naturel qu'il en fût de même de la fonction. Puisque les fonctions se distribuaient immuablement de la même manière, il ne pouvait y avoir que des avantages à ce que la loi consacrât le principe de cette distribution. Quand l'individu n'a que la moindre part dans la formation de son esprit et de son caractère, il ne saurait en avoir une plus grande dans le choix de sa carrière et, si plus de liberté lui était laissée, généralement il ne saurait qu'en faire. Si encore une même capacité générale pouvait servir dans des professions différentes! Mais, précisément parce que le travail est peu spécialisé, il n'existe qu'un petit nombre de fonctions séparées les unes des autres par des différences tranchées; par conséquent, on ne peut guère réussir que dans l'une d'elles. La marge laissée aux combinaisons individuelles est donc encore restreinte de ce côté. En définitive, il en est de l'hérédité des fonctions comme de celle des biens. Dans les sociétés inférieures, l'héritage transmis par les aïeux, et qui consiste le plus souvent en immeubles, représente la partie la plus importante de chaque famille particulière; l'individu, par suite du peu de vitalité qu'ont alors les fonctions économiques, ne peut pas ajouter grand'chose au fond héréditaire. Aussi n'est-ce pas lui qui possède, mais la famille, être collectif, composé non seulement de tous les membres de la génération actuelle, mais de toute la suite des générations. C'est pourquoi les biens patrimoniaux sont inaliénables; aucun des représentants éphémères de l'être domestique ne peut en disposer, car ils ne sont pas à lui. Ils sont à la famille, comme la fonction est à la caste. Alors même que le droit tempère ses prohibitions premières, une aliénation du patrimoine est encore considérée comme une forfaiture; elle est pour toutes les classes de la population ce qu'une mésalliance est pour l'aristocratie. C'est une trahison envers la race, une défection. Aussi, tout en la tolérant, la loi pendant longtemps y met-elle toute sorte d'obstacles; c'est de là que vient le droit de retrait.

Il n'en est pas de même dans les sociétés plus volumineuses où le travail est plus divisé. Comme les fonctions sont plus diver-

siflées, une même faculté peut servir dans des professions différentes. Le courage est aussi nécessaire au mineur, à l'aéronaute,
au médecin, à l'ingénieur qu'au soldat. Le goût de l'observation
peut également faire d'un homme un romancier, un auteur dra-
matique, un chimiste, un naturaliste, un sociologue. En un mot,
l'orientation de l'individu est prédéterminée d'une manière
moins nécessaire par l'hérédité.

Mais ce qui diminue surtout l'importance relative de cette
dernière, c'est que la part des acquêts individuels devient plus
considérable. Pour mettre en valeur le legs héréditaire, il faut y
ajouter beaucoup plus qu'autrefois. En effet, à mesure que les
fonctions se sont spécialisées davantage, des aptitudes simplement générales n'ont plus suffi. Il a fallu les soumettre à une
élaboration active, acquérir tout un monde d'idées, de mouvements, d'habitudes, les coordonner, les systématiser, refondre la
nature, lui donner une forme et une figure nouvelles. Que l'on
compare — et nous prenons des points de comparaison assez
rapprochés l'un de l'autre — l'honnête homme du XVIIᵉ siècle
avec son esprit ouvert et peu garni, et le savant moderne,
armé de toutes les pratiques, de toutes les connaissances nécessaires à la science qu'il cultive; le noble d'autrefois avec son
courage et sa fierté naturels, et l'officier d'aujourd'hui avec sa
technique laborieuse et compliquée, et l'on jugera de l'importance et de la variété des combinaisons qui se sont peu à peu
superposées au fonds primitif.

Mais, parce qu'elles sont très complexes, ces savantes combinaisons sont fragiles. Elle sont dans un état d'équilibre instable
qui ne saurait résister à une forte secousse. Si encore elles se
retrouvaient identiques chez les deux parents, elles pourraient
peut-être survivre à la crise de la génération. Mais une telle
identité est tout à fait exceptionnelle. D'abord, elles sont spéciales à chaque sexe; ensuite, à mesure que les sociétés s'étendent et se condensent, les croisements se font sur une plus large
surface en rapprochant des individus de tempéraments plus

différents. Toute cette superbe végétation d'états de conscience
meurt donc avec nous et nous n'en transmettons à nos descendants qu'un germe indéterminé. C'est à eux qu'il appartient de
le féconder à nouveau et, par conséquent, ils peuvent plus aisément, si c'est nécessaire, en modifier le développement. Ils ne
sont plus astreints aussi étroitement à répéter ce qu'ont fait
leurs pères. Sans doute, ce serait une erreur de croire que
chaque génération recommence à nouveaux frais et intégralement l'œuvre des siècles, ce qui rendrait tout progrès impossible. De ce que le passé ne se transmet plus avec le sang, il ne
s'ensuit pas qu'il s'anéantisse : il reste fixé dans les monuments,
dans les traditions de toute sorte, dans les habitudes que donne
l'éducation. Mais la tradition est un lien beaucoup moins fort
que l'hérédité ; elle prédétermine d'une manière sensiblement
moins rigoureuse et moins nette la pensée et la conduite. Nous
avons vu d'ailleurs comment elle-même devenait plus flexible à
mesure que les sociétés devenaient plus denses. Un champ plus
large se trouve donc ouvert aux variations individuelles, et il
s'élargit de plus en plus à mesure que le travail se divise
davantage.

En un mot, la civilisation ne peut se fixer dans l'organisme
que par les bases les plus générales sur lesquelles elle repose.
Plus elle s'élève au-dessus, plus, par conséquent, elle s'affranchit
du corps ; elle devient de moins en moins une chose organique,
de plus en plus une chose sociale. Mais alors ce n'est plus par
l'intermédiaire du corps qu'elle peut se perpétuer ; c'est-à-dire
que l'hérédité est de plus en plus incapable d'en assurer la
continuité. Elle perd donc de son empire, non qu'elle ait cessé
d'être une loi de notre nature, mais parce qu'il nous faut pour
vivre des armes qu'elle ne peut nous donner. Sans doute, de
rien nous ne pouvons rien tirer, et les matériaux premiers qu'elle
seule nous livre ont une importance capitale ; mais ceux qu'on
y ajoute en ont une qui n'est pas moindre. Le patrimoine héréditaire conserve une grande valeur, mais il ne représente plus

qu'une partie de plus en plus restreinte de la fortune individuelle. Dans ces conditions, on s'explique déjà que l'hérédité ait
disparu des institutions sociales et que le vulgaire, n'apercevant
plus le fond héréditaire sous les additions qui le recouvrent,
n'en sente plus autant l'importance.

II

Mais il y a plus. Il y a tout lieu de croire que le contingent
héréditaire diminue non seulement en valeur relative, mais en
valeur absolue. L'hérédité devient un facteur moindre du développement humain non seulement parce qu'il y a une multitude
toujours plus grande d'acquisitions nouvelles qu'elle ne peut pas
transmettre, mais encore parce que celles qu'elle transmet
gênent moins les variations individuelles. C'est une conjecture
que rendent très vraisemblable les faits qui suivent.

On peut mesurer l'importance du legs héréditaire pour une
espèce donnée d'après le nombre et la force des instincts. Or, il
est déjà très remarquable que la vie instinctive s'affaiblit à
mesure qu'on monte dans l'échelle animale. L'instinct, en effet,
est une manière d'agir définie, ajustée à une fin étroitement
déterminée. Il porte l'individu à des actes qui sont invariablement les mêmes et qui se reproduisent automatiquement quand
les conditions nécessaires sont données; il est figé dans sa forme.
Sans doute, on peut l'en faire dévier à la rigueur, mais outre
que de telles déviations, pour être stables, réclament un long
développement, elles n'ont d'autre effet que de substituer à un
instinct un autre instinct, à un mécanisme spécial un autre de
même nature. Au contraire, plus l'animal appartient à une espèce
élevée, plus l'instinct devient facultatif. « Ce n'est plus, dit
M. Perrier, l'aptitude inconsciente à former une combinaison
d'actes indéterminés, c'est l'aptitude à agir différemment suivant

les circonstances ([1]). » Dire que l'influence de l'hérédité est plus générale, plus vague, moins impérieuse, c'est dire qu'elle est moindre. Elle n'emprisonne plus l'activité de l'animal dans un réseau rigide, mais lui laisse un jeu plus libre. Comme le dit encore M. Perrier, « chez l'animal, en même temps que l'intelligence s'accroît, les conditions de l'hérédité sont profondément modifiées. »

Quand des animaux on passe à l'homme, cette régression est encore plus marquée. « L'homme fait tout ce que font les animaux et davantage ; seulement il le fait en sachant ce qu'il fait et pourquoi il le fait ; cette seule conscience de ses actes semble le délivrer de tous les instincts qui le pousseraient nécessairement à accomplir ces mêmes actes ([2]). » Il serait trop long d'énumérer tous les mouvements qui, instinctifs chez l'animal, ont cessé d'être héréditaires chez l'homme. Là même où l'instinct survit, il a moins de force, et la volonté peut plus facilement s'en rendre maîtresse.

Mais alors il n'y a aucune raison pour supposer que ce mouvement de recul qui se poursuit d'une manière ininterrompue des espèces animales inférieures aux espèces les plus élevées, et de celles-ci à l'homme, cesse brusquement à l'avènement de l'humanité. Est-ce que l'homme, du jour où il est entré dans l'histoire, était totalement affranchi de l'instinct? Mais nous en sentons encore le joug aujourd'hui. Est-ce que les causes qui ont déterminé cet affranchissement progressif dont nous venons de voir la continuité auraient soudainement perdu leur énergie? Mais il est évident qu'elles se confondent avec les causes mêmes qui déterminent le progrès général des espèces, et comme il ne s'arrête pas, elles ne peuvent davantage s'être arrêtées. Une telle hypothèse est contraire à toutes les analogies. Elle est même contraire à des faits bien établis. Il est en effet démontré

([1]) *Anatomie et Physiologie animales*, 201. Cf. la préface de l'*Intelligence des animaux*, de Romanes, p. XXIII.

([2]) Guyau, *Morale anglaise*, 1re édit., 330.

que l'intelligence et l'instinct varient toujours en sens inverse l'un de l'autre. Nous n'avons pas pour le moment à chercher d'où vient ce rapport; nous nous contentons d'en affirmer l'existence. Or, depuis les origines, l'intelligence de l'homme n'a pas cessé de se développer; l'instinct a donc dû suivre la marche inverse. Par conséquent, quoiqu'on ne puisse pas établir cette proposition par une observation positive des faits, on doit croire que l'hérédité a perdu du terrain au cours de l'évolution humaine.

Un autre fait corrobore le précédent. Non seulement l'évolution n'a pas fait surgir de races nouvelles depuis le commencement (l'histoire, mais encore les races anciennes vont toujours en re ssant. En effet, une race est formée par un certain nombre ce dividus qui présentent, par rapport à un même type héréditaire, une conformité suffisamment grande pour que les variations individuelles puissent être négligées. Or l'importance de ces dernières va toujours en augmentant. Les types individuels prennent toujours plus de relief au détriment du type générique dont les traits constitutifs, dispersés de tous côtés, confondus avec une multitude d'autres, indéfiniment diversifiés, ne peuvent plus être facilement rassemblés en un tout qui ait quelque unité. Cette dispersion et cet effacement ont commencé, d'ailleurs, même chez des peuples très peu avancés. Par suite de leur isolement, les Esquimaux semblent placés dans des conditions très favorables au maintien de la pureté de leur race. Cependant « les variations de la taille y dépassent les limites individuelles permises... Au passage d'Hotham, un Esquimau ressemblait exactement à un nègre; au goulet de Spafarret, à un Juif (Seeman). Le visage ovale, associé à un nez romain, n'est pas rare (King). Leur teint est tantôt très foncé et tantôt très clair (¹). » S'il en est ainsi dans des sociétés aussi restreintes, le même phénomène doit se reproduire beaucoup plus accusé

(¹) Topinard, *Anthropologie*, 458.

dans nos grandes sociétés contemporaines. Dans l'Europe centrale, on trouve côte à côte toutes les variétés possibles de crânes, toutes les formes possibles de visages. Il en est de même du teint. D'après les observations faites par Virchow sur dix millions d'enfants pris dans différentes classes de l'Allemagne, le type blond, qui est caractéristique de la race germanique, n'a été observé que de 43 à 33 fois pour 100 dans le Nord; de 32 à 25 fois dans le Centre et de 24 à 18 dans le Sud [1]. On s'explique que, dans ces conditions qui vont toujours en empirant, l'anthropologiste ne puisse guère constituer de types nettement définis.

Les récentes recherches de M. Galton confirment, en même temps qu'elles permettent de l'expliquer, cet affaiblissement de l'influence héréditaire [2].

D'après cet auteur, dont les observations et les calculs paraissent difficilement réfutables, les seuls caractères qui se transmettent régulièrement et intégralement par l'hérédité dans un groupe social donné sont ceux dont la réunion constitue le type moyen. Ainsi, un fils né de parents exceptionnellement grands n'aura pas leur taille, mais se rapprochera davantage de la médiocrité. Inversement, s'ils sont trop petits, il sera plus grand qu'eux. M. Galton a même pu mesurer, au moins d'une manière approchée, ce rapport de déviation. Si l'on convient d'appeler parent moyen un être composite qui représenterait la moyenne des deux parents réels (les caractères de la femme sont transposés de manière à pouvoir être comparés à ceux du père, additionnés et divisés ensemble), la déviation du fils, par rapport à cet étalon fixe, sera les deux tiers de celle du père [3].

M. Galton n'a pas seulement établi cette loi pour la taille,

[1] Wagner, *Die Kulturzüchtung des Menschen*, in *Kosmos*, 1880; 1 Heft, p. 27.

[2] *Natural Inheritance*. London, 1889.

[3] *Op. cit.*, 101.

mais aussi pour la couleur des yeux et les facultés artistiques. Il est vrai qu'il n'a fait porter ses observations que sur les déviations quantitatives et non sur les déviations qualitatives que les individus présentent par rapport au type moyen. Mais on ne voit pas pourquoi la loi s'appliquerait aux unes et non aux autres. Si la règle est que l'hérédité ne transmet bien les attributs constitutifs de ce type qu'au degré de développement avec lequel ils s'y trouvent, elle doit aussi ne bien transmettre que les attributs qui s'y trouvent. Ce qui est vrai des grandeurs anormales des caractères normaux doit être vrai, à plus forte raison, des caractères anormaux eux-mêmes. Ils doivent, en général, ne passer d'une génération à l'autre qu'affaiblis et tendre à disparaître.

Cette loi s'explique d'ailleurs sans peine. En effet, un enfant n'hérite pas seulement de ses parents, mais de tous ses ascendants; sans doute l'action des premiers est particulièrement forte parce qu'elle est immédiate, mais celle des générations antérieures est susceptible de s'accumuler quand elle s'exerce dans le même sens, et, grâce à cette accumulation qui compense les effets de l'éloignement, elle peut atteindre un degré d'énergie suffisant pour neutraliser ou atténuer la précédente. Or le type moyen *d'un groupe naturel* est celui qui correspond aux conditions de la vie moyenne, par conséquent aux plus ordinaires. Il exprime la manière dont les individus se sont adaptés à ce qu'on peut appeler le milieu moyen, tant physique que social, c'est-à-dire au milieu où vit le plus grand nombre. Ces conditions moyennes étaient les plus fréquentes dans le passé pour la même raison qui fait qu'elles sont les plus générales dans le présent; c'est donc celles où se trouvaient placés la majeure partie de nos ascendants. Il est vrai qu'avec le temps elles ont pu changer; mais elles ne se modifient généralement qu'avec lenteur. Le type moyen reste donc sensiblement le même pendant longtemps. Par suite, c'est lui qui se répète le plus souvent et de la manière la plus uniforme dans la série des générations antérieures, du moins dans celles qui sont assez proches pour faire sentir efficacement leur action. C'est grâce à cette constance qu'il acquiert une fixité qui en fait le centre de gravité de l'influence héréditaire. Les caractères qui le constituent sont ceux qui ont le plus de résistance, qui tendent à se transmettre avec le plus de force et de précision; ceux au contraire qui s'en écartent ne survivent que dans un état d'indétermination d'autant plus grande que l'écart est plus considérable. Voilà pourquoi les déviations qui se produisent ne sont jamais que passagères et ne parviennent même à se maintenir pour un temps que d'une manière très imparfaite.

Toutefois, cette explication même, d'ailleurs un peu différente de celle qu'a proposée M. Galton lui-même, permet de conjecturer que sa loi, pour être parfaitement exacte, aurait besoin d'être légèrement rectifiée. En effet, le type moyen de nos ascendants ne se confond avec celui de notre génération que dans la mesure où la vie moyenne n'a pas changé. Or, en fait, des variations se produisent d'une génération à l'autre qui entraînent des changements dans la constitution du type moyen. Si les faits recueillis par M. Galton semblent néanmoins confirmer sa loi telle qu'il l'a formulée, c'est qu'il ne l'a guère vérifiée que pour des caractères physiques qui sont relativement immuables, comme la taille ou la couleur des yeux. Mais si l'on observait d'après la même méthode d'autres propriétés, soit organiques, soit psychiques, il est certain qu'on s'apercevrait des effets de l'évolution. Par conséquent, à parler à la rigueur, les caractères dont le degré de transmissibilité est *maximum* ne sont pas ceux dont l'ensemble constitue le type moyen d'une génération donnée, mais ceux que l'on obtiendrait en prenant la moyenne entre les types moyens des générations successives. Sans cette rectification, d'ailleurs, on ne saurait s'expliquer comment la moyenne du groupe peut progresser; car si l'on prend à la lettre la proposition de M. Galton, les sociétés seraient toujours et invinciblement ramenées au même niveau puisque le type moyen de deux générations, même éloignées l'une de l'autre, serait identique.

Or, bien loin que cette identité soit la loi, on voit, au contraire, même des caractères physiques aussi simples que la taille moyenne ou la couleur moyenne des yeux changer peu à peu, quoique très lentement [1]. La vérité, c'est que, s'il se produit dans le milieu des changements qui durent, les modifications organiques et psychiques qui en résultent finissent par se fixer et s'intégrer dans le type moyen qui évolue. Les variations qui s'y produisent chemin faisant ne sauraient donc avoir le même degré de transmissibilité que les éléments qui s'y répètent constamment.

Le type moyen résulte de la superposition des types individuels et exprime ce qu'ils ont le plus en commun. Par conséquent, les traits dont il est formé sont d'autant plus définis qu'ils se répètent plus identiquement chez les différents membres du groupe; car, quand cette identité est complète, ils s'y retrouvent intégralement avec tous leurs caractères et jusque dans leurs nuances. Au contraire, quand ils varient d'un individu à l'autre, comme les points par où ils coïncident sont plus rares, ce qui en subsiste dans le type moyen se réduit à des linéaments d'autant plus généraux que les différences sont plus grandes. Or, nous savons que les dissemblances individuelles vont en se multipliant, c'est-à-dire que les éléments constitutifs du type moyen se diversifient davantage. Ce type lui-même doit donc comprendre moins de traits déterminés et cela d'autant plus que la société est plus différenciée. L'homme moyen prend une physionomie de moins en moins nette et accusée, un aspect plus schématique. C'est une abstraction de plus en plus difficile à fixer et à délimiter. D'autre part, plus les sociétés appartiennent à une espèce élevée, plus elles évoluent rapidement, puisque la tradition devient plus souple, comme nous l'avons établi. Le type moyen change donc d'une génération à l'autre. Par conséquent, le type doublement composé qui résulte de la superposition de tous ces types

[1] V. Arréat, *Récents travaux sur l'hérédité,* in *Rev. phil.,* avril 1890, p. 414.

moyens est encore plus abstrait que chacun d'eux et le devient toujours davantage. Puisque donc c'est l'hérédité de ce type qui constitue l'hérédité normale, on voit que, selon le mot de M. Perrier, les conditions de cette dernière se modifient profondément. Sans doute, cela ne veut pas dire qu'elle transmette moins de choses d'une manière absolue; car si les individus présentent plus de caractères dissemblables, ils présentent aussi plus de caractères. Mais ce qu'elle transmet consiste de plus en plus en des prédispositions indéterminées, en des façons générales de sentir et de penser qui peuvent se spécialiser de mille manières différentes. Ce n'est plus comme autrefois des mécanismes complets, exactement agencés en vue de fins spéciales, mais des tendances très vagues qui n'engagent pas définitivement l'avenir. L'héritage n'est pas devenu moins riche, mais il n'est plus tout entier en biens liquides. La plupart des valeurs dont il est composé ne sont pas encore réalisées, et tout depend de l'usage qui en sera fait.

Cette flexibilité plus grande des caractères héréditaires n'est pas due seulement à leur état d'indétermination, mais à l'ébranlement qu'ils ont reçu par suite des changements par lesquels ils ont passé. On sait en effet qu'un type est d'autant plus instable qu'il a déjà subi plus de déviations. « Parfois, dit M. de Quatrefages, les moindres causes transforment rapidement ces organismes devenus pour ainsi dire instables. Le bœuf suisse, transporté en Lombardie, devient un bœuf lombard en deux générations. Deux générations suffisent aussi pour que nos abeilles de Bourgogne, petites et brunes, deviennent dans la Bresse grosses et jaunes (¹). » Pour toutes ces raisons, l'hérédité laisse toujours plus de champ aux combinaisons nouvelles. Non seulement il y a un nombre croissant de choses sur lesquelles elle n'a pas prise, mais les propriétés dont elle assure la continuité deviennent plus plastiques. L'individu est donc moins

(¹) Art. *Races* in *Dictionnaire encyclopédique des sciences médicales,* t. LXXX, p. 372.

fortement enchaîné à son passé; il lui est plus facile de s'adapter aux circonstances nouvelles qui se produisent et les progrès de la division du travail deviennent ainsi plus aisés et plus rapides (¹).

(¹) Ce qu'il paraît y avoir de plus solide dans les théories de Weismann pourrait servir à confirmer ce qui précède. Sans doute il n'est pas prouvé que, comme le soutient ce savant, les variations individuelles soient radicalement intransmissibles par l'hérédité. Mais il semble bien avoir fortement établi que le type normalement transmissible est, non le type individuel, mais le type générique, qui a pour substrat organique, en quelque sorte, les éléments reproducteurs; et que ce type n'est pas aussi facilement atteint qu'on l'a parfois supposé par les variations individuelles. (V. Weismann, *Essais sur l'hérédité;* trad. franç., Paris, 1892, notamment le troisième Essai, — et Ball. *Hérédité et Exercice;* trad. franç., Paris, 1891.) Il en résulte que plus ce type est indéterminé et plastique, plus aussi le facteur individuel gagne de terrain.

A un autre point de vue encore, ces théories nous intéressent. Une des conclusions de notre travail auxquelles nous attachons le plus d'importance est cette idée que les phénomènes sociaux dérivent de causes sociales et non de causes psychologiques; que le type collectif n'est pas la simple généralisation d'un type individuel, mais qu'au contraire celui-ci est né de celui-là. Dans un autre ordre de faits, Weismann démontre de même que la race n'est pas un simple prolongement de l'individu; que le type spécifique, au point de vue physiologique et anatomique, n'est pas un type individuel qui s'est perpétué dans le temps, mais qu'il a son évolution propre, que le second s'est détaché du premier, loin d'en être la source. Sa doctrine est, comme la nôtre, à ce qu'il nous semble, une protestation contre les théories simplistes qui réduisent le composé au simple, le tout à la partie, la société ou la race · l'individu.

CHAPITRE V

CONSÉQUENCES DE CE QUI PRÉCÈDE

I

Ce qui précède nous permet de mieux comprendre la manière dont la division du travail fonctionne dans la société.

A ce point de vue, la division du travail social se distingue de la division du travail physiologique par un caractère essentiel. Dans l'organisme, chaque cellule a son rôle défini et ne peut en changer. Dans la société, les tâches n'ont jamais été réparties d'une manière aussi immuable. Là même où les cadres de l'organisation sont le plus rigides, l'individu peut se mouvoir à l'intérieur de celui où le sort l'a fixé, avec une certaine liberté. Dans la Rome primitive, le plébéien pouvait librement entreprendre toutes les fonctions qui n'étaient pas exclusivement réservées aux patriciens; dans l'Inde même, les carrières attribuées à chaque caste avaient une suffisante généralité (1) pour laisser la place à un certain choix. Dans tout pays, si l'ennemi s'est emparé de la capitale, c'est-à-dire du cerveau même de la nation, la vie sociale n'est pas suspendue pour cela, mais, au bout d'un temps relativement court, une autre ville se trouve en état de remplir cette fonction complexe à laquelle pourtant rien ne l'avait préparée.

A mesure que le travail se divise davantage, cette souplesse et

---

(1) *Lois de Manou*, I, 87-91.

cette liberté deviennent plus grandes. On voit le même individu s'élever des occupations les plus humbles aux plus importantes. Le principe d'après lequel tous les emplois sont également accessibles à tous les citoyens ne se serait pas généralisé à ce point s'il ne recevait des applications constantes. Ce qui est plus fréquent encore, c'est qu'un travailleur quitte sa carrière pour la carrière voisine. Alors que l'activité scientifique n'était pas spécialisée, le savant, embrassant à peu près toute la science, ne pouvait guère changer de fonction, car il lui eût fallu renoncer à la science elle-même. Aujourd'hui, il arrive souvent qu'il se consacre successivement à des sciences différentes, qu'il passe de la chimie à la biologie, de la physiologie à la psychologie, de la psychologie à la sociologie. Cette aptitude à prendre successivement des formes très diverses n'est nulle part aussi sensible que dans le monde économique. Comme rien n'est plus variable que les goûts et les besoins auxquels répondent ces fonctions, il faut que le commerce et l'industrie se tiennent dans un perpétuel état d'équilibre instable, afin de pouvoir se plier à tous les changements qui se produisent dans la demande. Tandis qu'autrefois l'immobilité était l'état presque naturel du capital, que la loi même empêchait qu'il se mobilisât trop aisément, aujourd'hui on peut à peine le suivre à travers toutes ses transformations, tant est grande la rapidité avec laquelle il s'engage dans une entreprise, s'en retire pour se reposer ailleurs où il ne se fixe que pour quelques instants. Aussi faut-il que les travailleurs se tiennent prêts à le suivre et, par conséquent, à servir dans des emplois différents.

La nature des causes dont dépend la division du travail social explique ce caractère. Si le rôle de chaque cellule est fixé d'une manière immuable, c'est qu'il lui est imposé par sa naissance : elle est emprisonnée dans un système d'habitudes héréditaires qui lui marquent sa voie et dont elle ne peut se défaire. Elle ne peut même les modifier sensiblement, parce qu'elles ont affecté trop profondément la substance dont elle est formée. Sa structure prédétermine sa vie. Nous venons de voir qu'il n'en est pas de même dans la société. L'individu n'est pas voué par ses origines à une carrière spéciale; sa constitution congénitale ne le prédestine pas nécessairement à un rôle unique en le rendant incapable de tout autre, mais il ne reçoit de l'hérédité que des prédispositions très générales, partant très souples, et qui peuvent prendre des formes différentes.

Il est vrai qu'il les détermine lui-même par l'usage qu'il en fait. Comme il lui faut engager ses facultés dans des fonctions particulières et les spécialiser, il est obligé de soumettre à une culture plus intensive celles qui sont plus immédiatement requises pour son emploi et laisser les autres s'atrophier en partie. C'est ainsi qu'il ne peut développer au delà d'un certain point son cerveau sans perdre une partie de sa force musculaire ou de sa puissance reproductrice; qu'il ne peut surexciter ses facultés d'analyse et de réflexion sans affaiblir l'énergie de sa volonté et la vivacité de ses sentiments, ni prendre l'habitude de l'observation sans perdre celle de la dialectique. De plus, par la force même des choses, celle de ses facultés qu'il intensifie au détriment des autres est nécessitée à prendre des formes définies, dont elle devient peu à peu prisonnière. Elle contracte l'habitude de certaines pratiques, d'un fonctionnement déterminé, qu'il devient d'autant plus difficile de changer qu'il dure depuis plus longtemps. Mais, comme cette spécialisation résulte d'efforts purement individuels, elle n'a ni la fixité, ni la rigidité que seule peut produire une longue hérédité. Ces pratiques sont plus souples parce qu'elles sont d'une plus récente origine. Comme c'est l'individu qui s'y est engagé, il peut s'en dégager, se reprendre pour en contracter de nouvelles. Il peut même réveiller des facultés engourdies par un sommeil prolongé, ranimer leur vitalité, les remettre au premier plan, quoique, à vrai dire, cette sorte de résurrection soit déjà plus difficile.

On est tenté, au premier abord, de voir dans ces faits des phénomènes de régression ou la preuve d'une certaine infériorité,

24

tout au moins l'état transitoire d'un être inachevé en voie de
formation. En effet, c'est surtout chez les animaux inférieurs que
les différentes parties de l'agrégat peuvent aussi facilement changer de fonction et se substituer les unes aux autres. Au contraire,
à mesure que l'organisation se perfectionne, il leur devient de
plus en plus impossible de sortir du rôle qui leur est assigné. On
est ainsi conduit à se demander si un jour ne viendra pas où la
société prendra une forme plus arrêtée, où chaque organe,
chaque individu aura une fonction définie et n'en changera plus.
C'était, à ce qu'il semble, la pensée de Comte (¹); c'est certainement celle de M. Spencer (²). L'induction pourtant est préci-
pitée; car ce phénomène de substitution n'est pas spécial aux
êtres très simples, mais on l'observe également aux degrés les
plus élevés de la hiérarchie, et notamment dans les organes
supérieurs des organismes supérieurs. Ainsi, « les troubles consé-
cutifs à l'ablation de certains domaines de l'écorce cérébrale
disparaissent très souvent après un laps de temps plus ou moins
long. Ce phénomène peut seulement être expliqué par la suppo-
sition suivante : d'autres éléments remplissent par suppléance la
fonction des éléments supprimés. Ce qui implique que les éléments suppléants sont exercés à de nouvelles fonctions... Un
élément qui, lors des rapports normaux de conduction, effectue
une sensation visuelle, devient, grâce à un changement de conditions, facteur d'une sensation tactile, d'une sensation musculaire
ou de l'innervation motrice. Bien plus, on est presque obligé de
supposer que, si le réseau central des filets nerveux a le pouvoir
de transmettre des ph. ..oménes de diverses natures à un seul et
même élément, cet élément sera en état de réunir dans son
intérieur une pluralité de fonctions différentes (³). » C'est
ainsi encore que les nerfs moteurs peuvent devenir centri-
pètes et que les nerfs sensibles se transforment en centri-

(¹) *Cours de phil. posit.*, VI, 505.
(²) *Sociol.*, II, 57.
³) Wundt, *Psychologie physiologique;* trad. franç., I, 234.

fuges ([1]). Enfin, si une nouvelle répartition de toutes ces
fonctions peut s'effectuer quand les conditions de transmission
sont modifiées, il y a lieu de présumer, d'après M. Wundt, que,
« même à l'état normal, il se présente des oscillations ou
variations qui dépendent du développement variable des individus ([2]). »

C'est qu'en effet une spécialisation rigide n'est pas nécessairement une marque de supériorité. Bien loin qu'elle soit bonne
en toutes circonstances, il y a souvent intérêt à ce que l'organe
ne soit pas figé dans son rôle. Sans doute, une fixité même très
grande est utile là où le milieu lui-même est fixe ; c'est le cas,
par exemple, des fonctions nutritives dans l'organisme individuel.
Elles ne sont pas sujettes à de grands changements pour un
même type organique ; par conséquent, il n'y a pas d'inconvénient, mais tout intérêt, à ce qu'elles prennent une forme définitivement arrêtée. Voilà pourquoi le polype, dont le tissu interne
et le tissu externe se remplacent l'un l'autre avec tant de facilité,
est moins bien armé pour la lutte que les animaux plus élevés
chez qui cette substitution est toujours incomplète et presque
impossible. Mais il en est tout autrement quand les circonstances
dont dépend l'organe changent souvent : alors il faut changer
soi-même ou périr. C'est ce qui arrive aux fonctions complexes et
qui nous adaptent à des milieux complexes. Ces derniers en effet,
à cause de leur complexité même, sont essentiellement instables :
il s'y produit sans cesse quelque rupture d'équilibre, quelque
nouveauté. Pour y rester adaptée, il faut donc que la fonction,
elle aussi, soit toujours prête à changer, à se plier aux situations
nouvelles. Or, de tous les milieux qui existent, il n'en est pas
de plus complexe que le milieu social ; il est donc tout naturel
que la spécialisation des fonctions sociales ne soit pas définitive
comme celle des fonctions biologiques, et puisque cette com-

([1]) Voir l'expérience de Kühne et de Paul Bert, rapportée par Wundt,
Ibid., 233.
([2]) *Ibid.*, I, 239.

plexité augmente à mesure que le travail se divise davantage, cette élasticité devient toujours plus grande. Sans doute, elle est toujours enfermée dans des limites déterminées, mais qui reculent de plus en plus.

En définitive, ce qu'atteste cette flexibilité relative et toujours croissante, c'est que la fonction devient de plus en plus indépendante de l'organe. En effet, rien n'immobilise une fonction comme d'être liée à une structure trop définie; car, de tous les arrangements, il n'en est pas de plus stable ni qui s'oppose davantage aux changements. Une structure, ce n'est pas seulement une certaine manière d'agir; c'est une manière d'être qui nécessite une certaine manière d'agir. Elle implique non seulement une certaine façon de vibrer, particulière aux molécules, mais un arrangement de ces dernières qui rend presque impossible tout autre mode de vibrations. Si donc la fonction prend plus de souplesse, c'est qu'elle soutient un rapport moins étroit avec la forme de l'organe; c'est que le lien entre ces deux termes devient plus lâche.

On observe en effet que ce relâchement se produit à mesure que les sociétés et leurs fonctions deviennent plus complexes. Dans les sociétés inférieures, où les tâches sont générales et simples, les différentes classes qui en sont chargées se distinguent les unes des autres par des caractères morphologiques; en d'autres termes, chaque organe se distingue des autres anatomiquement. Comme chaque caste, chaque couche de la population a sa manière de se nourrir, de se vêtir, etc., et ces différences de régime entraînent des différences physiques. « Les chefs fidjiens sont de grande taille, bien faits et fortement musclés; les gens de rang inférieur offrent le spectacle d'une maigreur qui provient d'un travail écrasant et d'une alimentation chétive. Aux îles Sandwich, les chefs sont grands et vigoureux et leur extérieur l'emporte tellement sur celui du bas peuple qu'on les dirait de race différente. Ellis, confirmant le récit de Cook, dit que les chefs tahïtiens sont, presque sans exception, aussi au-dessus du paysan par la force physique qu'ils le sont par le rang et les richesses. Erskine remarque une différence analogue chez les naturels des îles Tonga (¹). » Au contraire, dans les sociétés supérieures, ces contrastes disparaissent. Bien des faits tendent à prouver que les hommes voués aux différentes fonctions sociales se distinguent moins qu'autrefois les uns des autres par la forme de leur corps, par leurs traits ou leur tournure. On se pique même de n'avoir pas l'air de son métier. Si, suivant le vœu de M. Tarde, la statistique et l'anthropométrie s'appliquaient à déterminer avec plus de précision les caractères constitutifs des divers types professionnels, on constaterait vraisemblablement qu'ils diffèrent moins que par le passé, surtout si l'on tient compte de la différenciation plus grande des fonctions.

Un fait qui confirme cette présomption, c'est que l'usage des costumes professionnels tombe de plus en plus en désuétude. En effet, quoique les costumes aient assurément servi à rendre sensibles des différences fonctionnelles, on ne saurait voir dans ce rôle leur unique raison d'être, puisqu'ils disparaissent à mesure que les fonctions sociales se différencient davantage. Ils doivent donc correspondre à des dissemblances d'une autre nature. Si d'ailleurs, avant l'institution de cette pratique, les hommes des différentes classes n'avaient déjà présenté des différences somatiques apparentes, on ne voit pas comment ils auraient eu l'idée de se distinguer de cette manière. Ces marques extérieures d'origine conventionnelle ont dû n'être inventées qu'à l'imitation de marques extérieures d'origine naturelle. Le costume ne nous semble pas être autre chose que le type professionnel qui, pour se manifester même à travers les vêtements, les marque de son empreinte et les différencie à son image. C'en est comme le prolongement. C'est surtout évident pour ces distinctions qui jouent le même rôle que le costume et viennent certainement des mêmes causes, comme l'habitude de porter la barbe coupée

(¹) Spencer, *Sociol.*, III, 106.

de telle ou telle manière, ou de ne pas la porter du tout, ou
d'avoir les cheveux ras ou longs, etc. Ce sont des traits mêmes
du type professionnel qui, après s'être produits et constitués
spontanément, se reproduisent par voie d'imitation et artificiellement. La diversité des costumes symbolise donc avant tout des
différences morphologiques; par conséquent, s'ils disparaissent,
c'est que ces différences s'effacent. Si les membres des diverses
professions n'éprouvent plus le besoin de se distinguer les uns
des autres par des signes visibles, c'est que cette distinction ne
correspond plus à rien dans la réalité. Pourtant, les dissemblances
fonctionnelles ne font que devenir plus nombreuses et plus prononcées; c'est donc que les types morphologiques se nivellent.
Cela ne veut certainement pas dire que tous les cerveaux sont
indifféremment aptes à toutes les fonctions, mais que leur indifférence fonctionnelle, tout en restant limitée, devient plus grande.

Or, cet affranchissement de la fonction, loin d'être une marque d'infériorité, prouve seulement qu'elle devient plus complexe. Car s'il est plus difficile aux éléments constitutifs des tissus
de s'arranger de manière à l'incarner et, par conséquent, à la
retenir et à l'emprisonner, c'est parce qu'elle est faite d'agence-
ments trop savants et trop délicats. On peut même se demander
si, à partir d'un certain degré de complexité, elle ne leur échappe
pas définitivement, si elle ne finit pas par déborder tellement
l'organe qu'il est impossible à celui-ci de la résorber complètement. Qu'en fait elle soit indépendante de la forme du substrat,
c'est une vérité depuis longtemps établie par les naturalistes;
seulement, quand elle est générale et simple, elle ne peut pas
rester longtemps dans cet état de liberté, parce que l'organe se
l'assimile facilement et, du même coup, l'enchaîne. Mais il n'y a
pas de raison de supposer que cette puissance d'assimilation soit
indéfinie. Tout fait présumer au contraire que, à partir d'un
certain moment, la disproportion devient toujours plus grande
entre la simplicité des arrangements moléculaires et la complexité des arrangements fonctionnels. Le lien entre les seconds

et les premiers va donc en se détendant. Sans doute, il ne s'ensuit pas que la fonction puisse exister en dehors de tout organe ni même qu'il puisse jamais y avoir absence de tout rapport entre ces deux termes; seulement le rapport devient moins immédiat.

Le progrès aurait donc pour effet de détacher de plus en plus, sans l'en séparer toutefois, la fonction de l'organe, la vie de la matière, de la spiritualiser par conséquent, de la rendre plus souple, plus libre, en la rendant plus complexe. C'est parce que le spiritualisme a le sentiment que tel est le caractère des formes supérieures de l'existence qu'il s'est toujours refusé à voir dans la vie psychique une simple conséquence de la constitution moléculaire du cerveau. En fait, nous savons que l'indifférence fonctionnelle des différentes régions de l'encéphale, si elle n'est pas absolue, est pourtant grande. Aussi les fonctions cérébrales sont-elles les dernières à se prendre sous une forme immuable. Elles sont plus longtemps plastiques que les autres et gardent d'autant plus leur plasticité qu'elles sont plus complexes; c'est ainsi que leur évolution se prolonge beaucoup plus tard chez le savant que chez l'homme inculte. Si donc les fonctions sociales présentent ce même caractère d'une manière encore plus accusée, ce n'est pas par suite d'une exception sans précédent, mais c'est qu'elles correspondent à un stade encore plus élevé du développement de la nature.

II

En déterminant la cause principale des progrès de la division du travail, nous avons déterminé du même coup le facteur essentiel de ce qu'on appelle la civilisation.

Elle est elle-même une conséquence nécessaire des changements qui se produisent dans le volume et dans la densité des sociétés. Si la science, l'art, l'activité économique se développent, c'est par suite d'une nécessité qui s'impose aux hommes; c'est qu'il n'y a pas pour eux d'autre manière de vivre dans les conditions nouvelles où ils sont placés. Du moment que le nombre des individus entre lesquels des relations sociales sont établies est plus considérable, ils ne peuvent se maintenir que s'ils se spécialisent davantage, travaillent davantage, surexcitent leurs facultés; et de cette stimulation générale résulte inévitablement un plus haut degré de culture. De ce point de vue, la civilisation apparait donc, non comme un but qui meut les peuples par l'attrait qu'il exerce sur eux, non comme un bien, entrevu et désiré par avance, dont ils cherchent à s'assurer par tous les moyens la part la plus large possible, mais comme l'effet d'une cause, comme la résultante nécessaire d'un état donné. Ce n'est pas le pôle vers lequel s'oriente le développement historique et dont les hommes cherchent à se rapprocher pour être plus heureux ou meilleurs; car ni le bonheur, ni la moralité ne s'accroissent nécessairement avec l'intensité de la vie. Ils marchent parce qu'il faut marcher, et ce qui détermine la vitesse de cette marche, c'est la pression plus ou moins forte qu'ils exercent les uns sur les autres, suivant qu'ils sont plus ou moins nombreux.

Ce n'est pas à dire que la civilisation ne serve à rien; mais ce n'est pas les services qu'elle rend qui la font progresser. Elle se développe parce qu'elle ne peut pas ne pas se développer; une fois qu'il est effectué, ce développement se trouve être généralement utile ou, tout au moins, il est utilisé; il répond à des besoins qui se sont formés en même temps, parce qu'ils dépendent des mêmes causes. Mais c'est un ajustement après coup. Encore faut-il ajouter que les bienfaits qu'elle rend à ce titre ne sont pas un enrichissement positif, un accroissement de notre capital de bonheur, mais ne font que réparer les pertes qu'elle-même a causées. C'est parce que cette suractivité de la vie générale fatigue et affine notre système nerveux qu'il se trouve avoir besoin de réparations proportionnées à ses dépenses, c'est-à-dire de satisfactions plus variées et plus complexes. Par là, on voit mieux encore combien il est faux de faire de la civilisation la fonction de la division du travail; elle n'en est qu'un contre-coup. Elle ne peut en expliquer ni l'existence ni les progrès puisqu'elle n'a pas par elle-même de valeur intrinsèque et absolue, mais, au contraire, n'a de raison d'être que dans la mesure où la division du travail elle-même se trouve être nécessaire.

On ne s'étonnera pas de l'importance qui est ainsi attribuée au facteur numérique, si l'on remarque qu'il joue un rôle tout aussi capital dans l'histoire des organismes. En effet, ce qui définit l'être vivant, c'est la double propriété qu'il a de se nourrir et de se reproduire, et la reproduction n'est elle-même qu'une conséquence de la nutrition. Par conséquent, l'intensité de la vie organique est proportionnelle, toutes choses égales, à l'activité de la nutrition, c'est-à-dire au nombre des éléments que l'organisme est susceptible de s'incorporer. Aussi, ce qui a non seulement rendu possible, mais nécessité l'apparition d'organismes complexes, c'est que, dans de certaines conditions, les organismes plus simples restent groupés ensemble de manière à former des agrégats plus volumineux. Comme les parties constitutives de l'animal sont alors plus nombreuses, leurs rapports ne sont plus les mêmes, les conditions de la vie sociale sont changées, et ce sont ces changements à leur tour qui déterminent et la division du travail, et le polymorphisme, et la concentration des forces vitales et leur plus grande énergie. L'accroissement de la substance organique, voilà donc le fait qui domine tout le développement zoologique. Il n'est pas surprenant que le développement social soit soumis à la même loi.

D'ailleurs, sans recourir à ces raisons d'analogie, il est facile de s'expliquer le rôle fondamental de ce facteur. Toute vie sociale est constituée par un système de faits qui dérivent de rapports positifs et durables, établis entre une pluralité d'individus. Elle est donc d'autant plus intense que les réactions échangées entre les unités composantes sont elles-mêmes plus fréquentes et plus énergiques. Or, de quoi dépendent cette fréquence et cette énergie? De la nature des éléments en présence, de leur plus ou moins grande vitalité? Mais nous verrons dans ce chapitre même que les individus sont beaucoup plutôt un produit de la vie commune qu'ils ne la déterminent. Si de chacun d'eux on retire tout ce qui est dû à l'action de la société, le résidu que l'on obtient, outre qu'il se réduit à peu de chose, n'est pas susceptible de présenter une grande variété. Sans la diversité des conditions sociales dont ils dépendent, les différences qui les séparent seraient inexplicables; ce n'est donc pas dans les inégales aptitudes des hommes qu'il faut aller chercher la cause de l'inégal développement des sociétés. Sera-ce dans l'inégale durée de ces rapports? Mais le temps par lui-même ne produit rien; il est seulement nécessaire pour que les énergies latentes apparaissent au jour. Il ne reste donc d'autre facteur variable que le nombre des individus en rapports et leur proximité matérielle et morale, c'est-à-dire le volume et la densité de la société. Plus ils sont nombreux et plus ils exercent de près leur action les uns sur les autres, plus ils réagissent avec force et rapidité; plus, par conséquent, la vie sociale devient intense. Or, c'est cette intensification qui constitue la civilisation (1).

(1) Nous n'avons pas à rechercher ici si le fait qui détermine les progrès de la division du travail et de la civilisation, c'est-à-dire l'accroissement de la masse et de la densité sociales, s'explique lui-même mécaniquement; s'il est un produit nécessaire de causes efficientes, ou bien un moyen imaginé en vue d'un but désiré, d'un plus grand bien entrevu. Nous nous contentons de poser cette loi de la gravitation du monde social, sans remonter plus haut. Cependant il ne semble pas qu'une explication téléologique s'impose ici plus qu'ailleurs. Les cloisons qui séparent les différentes parties de la société s'effacent de plus en plus par la force des choses, par suite d'une sorte d'usure naturelle, dont l'effet peut d'ailleurs être renforcé par l'action de causes violentes. Les mouvements de la population deviennent ainsi plus nombreux et plus rapides, et des lignes de passage se creusent selon lesquelles ces mouvements s'effectuent : ce sont les voies de communication. Ils sont plus particulièrement actifs aux points où plusieurs de ces lignes se croisent : ce sont les villes. Ainsi s'accroît la densité sociale. Quant à l'accroissement de volume, il est dû à des causes de même genre. Les barrières qui séparent les peuples sont analogues à celles qui séparent les diverses alvéoles d'une même société et disparaissent de la même façon.

Mais, tout en étant un effet de causes nécessaires, la civilisation peut devenir une fin, un objet de désir, en un mot un idéal. En effet, il y a pour une société, à chaque moment de son histoire, une certaine intensité de la vie collective qui est normale, étant donnés le nombre et la distribution des unités sociales. Assurément, si tout se passe normalement, cet état se réalisera de soi-même; mais précisément on peut se proposer de faire en sorte que les choses se passent normalement. Si la santé est dans la nature, il en est de même de la maladie. La santé n'est même, dans les sociétés comme dans les organismes individuels, qu'un type idéal qui n'est nulle part réalisé tout entier. Chaque individu sain en a des traits plus ou moins nombreux; mais nul ne les réunit tous. C'est donc une fin digne d'être poursuivie que de chercher à rapprocher autant que possible la société de ce degré de perfection.

D'autre part, la voie à suivre pour atteindre ce but peut être raccourcie. Si, au lieu de laisser les causes engendrer leurs effets au hasard et suivant les énergies qui les poussent, la réflexion intervient pour en diriger le cours, elle peut épargner aux hommes b'en des essais douloureux. Le développement de l'individu ne reproduit celui de l'espèce que d'une manière abrégée; il ne repasse pas par toutes les phases qu'elle a traversées, mais il en est qu'il omet et d'autres qu'il parcourt plus vite parce que les expériences faites par la race lui permettent d'accélérer les siennes. Or, la réflexion peut produire des résultats analogues; car elle est également une utilisation de l'expérience antérieure en vue de faciliter l'expérience future. Par réflexion, d'ailleurs, il ne faut pas entendre exclusivement une connaissance scientifique du but et des moyens. La sociologie, dans son état actuel, n'est guère en état de nous guider efficacement dans la solution de ces problèmes pratiques. Mais, en dehors des représentations claires au milieu desquelles se meut le savant, il en est d'obscures auxquelles sont liées des tendances. Pour que le besoin stimule la volonté, il n'est pas nécessaire qu'il soit éclairé par la science. Des tâtonnements obscurs suffisent pour apprendre aux hommes qu'il leur manque quelque chose, pour éveiller des aspirations et faire en même temps sentir dans quel sens ils doivent tourner leurs efforts.

Ainsi, une conception mécaniste de la société n'exclut pas l'idéal, et c'est à tort qu'on lui reproche de réduire l'homme à n'être qu'un témoin inactif de sa propre histoire. Qu'est-ce en effet qu'un idéal, sinon une représentation anticipée d'un résultat désiré et dont la réalisation n'est possible que grâce à cette anticipation même? De ce que tout se fait d'après des lois, il ne suit pas que nous n'ayons rien à faire. On trouvera peut-être mesquin un tel objectif parce qu'il ne s'agit en somme que de nous faire vivre en état de santé. Mais c'est oublier que, pour l'homme cultivé, la santé consiste à satisfaire régulièrement les besoins les plus élevés tout aussi bien que les autres; car les premiers ne sont pas moins que les seconds enracinés dans sa nature. Il est vrai qu'un tel idéal est prochain, que les horizons qu'il nous ouvre n'ont rien d'illimité. En aucun cas il ne saurait consister à exalter sans mesure les forces de la société, mais seulement à les développer dans la limite marquée par l'état défini du milieu social. Tout excès est un mal comme toute insuffisance. Mais quel autre idéal peut-on se proposer? Chercher à réaliser une civilisation supérieure à celle que réclame la nature des conditions ambiantes, c'est vouloir déchaîner la maladie dans la société même dont on fait partie; car il n'est pas possible de surexciter l'activité collective au delà du degré déterminé par l'état de l'organisme social, sans en compromettre la santé. En fait, il y a à chaque époque un certain raffinement de civilisation dont le caractère maladif est attesté par l'inquiétude et le malaise qui l'accompagnent toujours. Or, la maladie n'a jamais rien de désirable.

Mais, si l'idéal est toujours défini, il n'est jamais définitif.

Puisque le progrès est une conséquence des changements qui se font dans le milieu social, il n'y a aucune raison de supposer qu'il doive jamais finir. Pour qu'il pût avoir un terme, il faudrait que, à un moment donné, le milieu devint stationnaire. Or, une telle hypothèse est contraire aux inductions les plus légitimes. Tant qu'il y aura des sociétés distinctes, le nombre des unités sociales sera nécessairement variable dans chacune d'elles. A supposer même que le chiffre des naissances parvienne jamais à se maintenir à un niveau constant, il y aura toujours, d'un pays à l'autre, des mouvements de population, soit par suite de conquêtes violentes, soit par suite d'infiltrations lentes et silencieuses. En effet, il est impossible que les peuples les plus forts ne tendent pas à s'incorporer les plus faibles, comme les plus denses se déversent chez les moins denses; c'est une loi mécanique de l'équilibre social non moins nécessaire que celle qui régit l'équilibre des liquides. Pour qu'il en fût autrement, il faudrait que toutes les sociétés humaines eussent la même énergie vitale et la même densité, ce qui est irreprésentable, ne serait-ce que par suite de la diversité des habitats.

Il est vrai que cette source de variations serait tarie si l'humanité tout entière formait une seule et même société. Mais, outre que nous ignorons si un tel idéal est réalisable, pour que le progrès s'arrêtât, il faudrait encore qu'à l'intérieur de cette société gigantesque les rapports entre les unités sociales fussent eux-mêmes soustraits à tout changement. Il faudrait qu'ils restassent toujours distribués de la même manière; que non seulement l'agrégat total, mais encore chacun des agrégats élémentaires dont il serait formé conservât les mêmes dimensions. Mais une telle uniformité est impossible, par cela seul que ces groupes partiels n'ont pas tous la même étendue ni la même vitalité. La population ne peut pas être concentrée sur tous les points de la même manière; or, il est inévitable que les plus grands centres, ceux où la vie est le plus intense, exercent sur les autres une attraction proportionnée à leur importance. Les migrations qui se produisent ainsi ont pour effet de concentrer davantage les unités sociales dans certaines régions, et par conséquent d'y déterminer des progrès nouveaux qui s'irradient peu à peu des foyers où ils sont nés sur le reste du pays. D'autre part, ces changements en entraînent d'autres dans les voies de communication, qui en provoquent d'autres à leur tour, sans qu'il soit possible de dire où s'arrêtent ces répercussions. En fait, bien loin que les sociétés, à mesure qu'elles se développent, se rapprochent d'un état stationnaire, elles deviennent au contraire plus mobiles et plus plastiques.

Si, néanmoins, M. Spencer a pu admettre que l'évolution sociale a une limite qui ne saurait être dépassée (¹), c'est que, suivant lui, le progrès n'a d'autre raison d'être que d'adapter l'individu au milieu cosmique qui l'entoure. Pour ce philosophe, la perfection consiste dans l'accroissement de la vie individuelle, c'est-à-dire dans une correspondance plus complète de l'organisme avec ses conditions physiques. Quant à la société, c'est un des moyens par lesquels s'établit cette correspondance plutôt que le terme d'une correspondance spéciale. Parce que l'individu n'est pas seul au monde, mais qu'il est environné de rivaux qui lui disputent ses moyens d'existence, il a tout intérêt à établir entre ses semblables et lui des relations telles qu'ils le servent, au lieu de le gêner; ainsi naît la société, et tout le progrès social consiste à améliorer ces rapports, de manière à leur faire produire plus complètement l'effet en vue duquel ils sont établis. Ainsi, malgré les analogies biologiques sur lesquelles il a si longuement insisté, M. Spencer ne voit pas dans les sociétés une réalité proprement dite, qui existe par soi-même et en vertu de causes spécifiques et nécessaires, qui, par conséquent, s'impose à l'homme avec sa nature propre et à laquelle il est tenu de s'adapter pour vivre, tout aussi bien qu'au milieu physique; mais c'est un arrangement institué par les

(¹) *Premiers principes*, p. 451 et suiv.

individus afin d'étendre la vie individuelle « en longueur et en largeur (¹). Elle consiste tout entière dans la coopération soit positive, soit négative, et l'une et l'autre n'ont d'autre objet que d'adapter l'individu à son milieu physique. Sans doute, elle est bien en ce sens une condition secondaire de cette adaptation; elle peut, suivant la manière dont elle est organisée, rapprocher l'homme ou l'éloigner de l'état d'équilibre parfait, mais elle n'est pas elle-même un facteur qui contribue à déterminer la nature de cet équilibre. D'autre part, comme le milieu cosmique est doué d'une constance relative, que les changements y sont infiniment lents et rares, le développement qui a pour objet de nous mettre en harmonie avec lui est nécessairement limité. Il est inévitable qu'un moment arrive où il n'y ait plus de relations externes auxquelles ne correspondent des relations internes. Alors le progrès social ne pourra manquer de s'arrêter, puisqu'il sera arrivé au but où il tendait et qui en était la raison d'être : il sera achevé.

Mais, dans ces conditions, le progrès même de l'individu devient inexplicable.

En effet, pourquoi viserait-il à cette correspondance plus parfaite avec le milieu physique? Pour être plus heureux? Nous nous sommes déjà expliqués sur ce point. On ne peut même pas dire d'une correspondance qu'elle est plus complète qu'une autre, par cela seul qu'elle est plus complexe. En effet, on dit d'un organisme qu'il est en équilibre quand il répond d'une manière appropriée, non pas à toutes les forces externes, mais seulement à celles qui font impression sur lui. S'il en est qui ne l'affectent pas, elles sont pour lui comme si elles n'étaient pas et, par suite, il n'a pas à s'y adapter. Quelle que soit leur proximité matérielle, elles sont en dehors de son cercle d'adaptation, parce qu'il est en dehors de leur sphère d'action. Si donc le sujet est d'une constitution simple, homogène, il n'y aura qu'un

(¹) *Bases de la morale évolutionniste*, p. 11.

petit nombre de circonstances externes qui soient de nature à le
solliciter, et, par conséquent, il pourra se mettre en mesure de
répondre à toutes ces sollicitations, c'est-à-dire réaliser un état
d'équilibre irréprochable, à très peu de frais. Si, au contraire,
il est très complexe, les conditions de l'adaptation seront plus
nombreuses et plus compliquées, mais l'adaptation elle-même
ne sera pas plus entière pour cela. Parce que beaucoup d'excitants agissent sur nous qui laissaient insensible le système nerveux trop grossier des hommes d'autrefois, nous sommes tenus,
pour nous y ajuster, à un développement plus considérable.
Mais le produit de ce développement, à savoir l'ajustement qui
en résulte, n'est pas plus parfait dans un cas que dans l'autre; il
est seulement différent parce que les organismes qui s'ajustent
sont eux-mêmes différents. Le sauvage dont l'épiderme ne sent
pas fortement les variations de la température, y est aussi bien
adapté que le civilisé qui s'en défend à l'aide de ses vêtements.

Si donc l'homme ne dépend pas d'un milieu variable, on ne
voit pas quelle raison il aurait eue de varier; aussi la société
est-elle, non pas la condition secondaire, mais le facteur déterminant du progrès. Elle est une réalité qui n'est pas plus notre
œuvre que le monde extérieur et à laquelle, par conséquent,
nous devons nous plier pour pouvoir vivre; et c'est parce qu'elle
change que nous devons changer. Pour que le progrès s'arrêtât,
il faudrait donc qu'à un moment le milieu social parvînt à un
état stationnaire, et nous venons d'établir qu'une telle hypothèse est contraire à toutes les présomptions de la science.

Ainsi, non seulement une théorie mécaniste du progrès ne
nous prive pas d'idéal, mais elle nous permet de croire que
nous n'en manquerons jamais. Précisément parce que l'idéal
dépend du milieu social qui est essentiellement mobile, il se
déplace sans cesse. Il n'y a donc pas lieu de craindre que jamais
le terrain ne nous manque, que notre activité arrive au terme
de sa carrière et voie l'horizon se fermer devant elle. Mais,
quoique nous ne poursuivions jamais que des fins définies et

limitées, il y aura toujours, entre les points extrêmes où nous sommes parvenus et le but où nous tendons, un espace vide ouvert à nos efforts.

III

En même temps que les sociétés, les individus se transforment par suite des changements qui se produisent dans le nombre des unités sociales et leurs rapports.

Tout d'abord, ils s'affranchissent de plus en plus du joug de l'organisme. L'animal est placé presque exclusivement sous la dépendance du milieu physique; sa constitution biologique prédétermine son existence. L'homme, au contraire, dépend de causes sociales. Sans doute, l'animal forme aussi des sociétés; mais, comme elles sont très restreintes, la vie collective y est très simple; elle y est en même temps stationnaire parce que l'équilibre de si petites sociétés est nécessairement stable. Pour ces deux raisons, elle se fixe facilement dans l'organisme; elle n'y a pas seulement ses racines, elle s'y incarne tout entière au point de perdre ses caractères propres. Elle fonctionne grâce à un système d'instincts, de réflexes qui ne sont pas essentiellement distincts de ceux qui assurent le fonctionnement de la vie organique. Ils présentent, il est vrai, cette particularité qu'ils adaptent l'individu au milieu social et non au milieu physique, qu'ils ont pour causes des événements de la vie commune; cependant, ils ne sont pas d'une autre nature que ceux qui déterminent dans certains cas, sans éducation préalable, les mouvements nécessaires au vol et à la marche. Il en est tout autrement chez l'homme parce que les sociétés qu'il forme sont beaucoup plus vastes; même les plus petites que l'on connaisse dépassent en étendue la plupart des sociétés animales. Étant plus complexes, elles sont aussi plus changeantes, et ces deux causes réunies font que la vie sociale dans l'humanité ne se fige pas sous une forme

25

biologique. Là même où elle est le plus simple, elle garde sa
spécificité. Il y a toujours des croyances et des pratiques qui sont
communes aux hommes sans être inscrites dans leurs tissus.
Mais ce caractère s'accuse davantage à mesure que la matière et
que la densité sociales s'accroissent. Plus il y a d'associés et plus
ils réagissent les uns sur les autres, plus aussi le produit de ces
réactions déborde l'organisme. L'homme se trouve ainsi placé
sous l'empire de causes *sui generis* dont la part relative dans la
constitution de la nature humaine devient toujours plus considérable.

Il y a plus: l'influence de ce facteur n'augmente pas seulement
en valeur relative, mais en valeur absolue. La même cause qui
accroît l'importance du milieu collectif, ébranle le milieu organique de manière à le rendre plus accessible à l'action des
causes sociales et à l'y subordonner. Parce qu'il y a plus d'individus qui vivent ensemble, la vie commune est plus riche et plus
variée; mais, pour que cette variété soit possible, il faut que le
type organique soit moins défini afin de pouvoir se diversifier.
Nous avons vu en effet que les tendances et les aptitudes transmises par l'hérédité devenaient toujours plus générales et plus
indéterminées, plus réfractaires par conséquent à se prendre
sous forme d'instincts. Il se produit ainsi un phénomène qui est
exactement l'inverse de celui que l'on observe aux débuts de
l'évolution. Chez les animaux, c'est l'organisme qui s'assimile
les faits sociaux et, les dépouillant de leur nature spéciale, les
transforme en faits biologiques. La vie sociale se matérialise.
Dans l'humanité, au contraire, et surtout dans les sociétés supérieures, ce sont les causes sociales qui se substituent aux causes
organiques. C'est l'organisme qui se spiritualise.

Par suite de ce changement de dépendance, l'individu se
transforme. Comme cette activité qui surexcite l'action spéciale
des causes sociales ne peut pas se fixer dans l'organisme, une vie
nouvelle, *sui generis* elle aussi, se surajoute à celle du corps.
Plus libre, plus complexe, plus indépendante des organes qui la

supportent, les caractères qui la distinguent s'accusent toujours davantage à mesure qu'elle progresse et se consolide. On reconnaît à cette description les traits essentiels de la vie psychique. Sans doute, il serait exagéré de dire que la vie psychique ne commence qu'avec les sociétés; mais il est certain qu'elle ne prend de l'extension que quand les sociétés se développent. Voilà pourquoi, comme on l'a souvent remarqué, les progrès de la conscience sont en raison inverse de ceux de l'instinct. Quoi qu'on en ait dit, ce n'est pas la première qui dissout le second; l'instinct, produit d'expériences accumulées pendant des générations, a une trop grande force de résistance pour s'évanouir par cela seul qu'il devient conscient. La vérité, c'est que la conscience n'envahit que les terrains que l'instinct a cessé d'occuper ou bien ceux où il ne peut pas s'établir. Ce n'est pas elle qui le fait reculer; elle ne fait que remplir l'espace qu'il laisse libre. D'autre part, s'il régresse au lieu de s'étendre à mesure que s'étend la vie générale, la cause en est dans l'importance plus grande du facteur social. Ainsi, la grande différence qui sépare l'homme de l'animal, à savoir le plus grand développement de sa vie psychique, se ramène à celle-ci : sa plus grande sociabilité. Pour comprendre pourquoi les fonctions psychiques ont été portées, dès les premiers pas de l'espèce humaine, à un degré de perfectionnement inconnu des espèces animales, il faudrait d'abord savoir comment il se fait que les hommes, au lieu de vivre solitairement ou en petites bandes, se sont mis à former des sociétés plus étendues. Si, pour reprendre la définition classique, l'homme est un animal raisonnable, c'est qu'il est un animal sociable, ou du moins infiniment plus sociable que les autres animaux ([1]).

Ce n'est pas tout. Tant que les sociétés n'atteignent pas certaines dimensions ni un certain degré de concentration, la seule

---

([1]) La définition de M. de Quatrefages qui fait de l'homme un animal religieux est un cas particulier de la précédente; car la religiosité de l'homme est une conséquence de son éminente sociabilité. — V. supra, p. 182 et suiv.

vie psychique qui soit vraiment développée est celle qui est
commune à tous les membres du groupe, qui se retrouve identique chez chacun. Mais, à mesure que les sociétés deviennent
plus vastes et surtout plus condensées, une vie psychique d'un
genre nouveau apparait. Les diversités individuelles, d'abord
perdues et confondues dans la masse des similitudes sociales,
s'en dégagent, prennent du relief et se multiplient. Une multitude de choses qui restaient en dehors des consciences parce
qu'elles n'affectaient pas l'être collectif, deviennent objets de
représentations. Tandis que les individus n'agissaient qu'en-
traînés les uns par les autres, sauf les cas où leur conduite était
déterminée par des besoins physiques, chacun d'eux devient une
source d'activité spontanée. Les personnalités particulières se
constituent, prennent conscience d'elles-mêmes, et cependant
cet accroissement de la vie psychique de l'individu n'affaiblit
pas celle de la société, mais ne fait que la transformer. Elle
devient plus libre, plus étendue, et, comme en définitive elle n'a
pas d'autres substrats que les consciences individuelles, celles-ci
s'étendent, se compliquent et s'assouplissent par contre-coup.

Ainsi, la cause qui a suscité les différences qui séparent
l'homme des animaux est aussi celle qui l'a contraint à s'élever
au-dessus de lui-même. La distance toujours plus grande qu'il y
a entre le sauvage et le civilisé ne vient pas d'une autre source.
Si de la sensibilité confuse de l'origine la faculté d'idéation s'est
peu à peu dégagée; si l'homme a appris à former des concepts et
à formuler des lois; si son esprit a embrassé des portions de plus
en plus étendues de l'espace et du temps; si, non content de
retenir le passé, il a de plus en plus empiété sur l'avenir; si ses
émotions et ses tendances, d'abord simples et peu nombreuses,
se sont multipliées et diversifiées, c'est parce que le milieu social
a changé sans interruption. En effet, à moins que ces transformations ne soient nées de rien, elles ne peuvent avoir eu pour
causes que des transformations correspondantes des milieux
ambiants. Or, l'homme ne dépend que de trois sortes de milieux:

l'organisme, le monde extérieur, la société. Si l'on fait abstraction des variations accidentelles dues aux combinaisons de l'hérédité, — et leur rôle dans le progrès humain n'est certainement
pas très considérable, — l'organisme ne se modifie pas spontanément; il faut qu'il y soit lui-même contraint par quelque cause
externe. Quant au monde physique, depuis les commencements
de l'histoire il est resté sensiblement le même, si du moins on
ne tient pas compte des nouveautés qui sont d'origine sociale(¹).
Par conséquent, il n'y a que la société qui ait assez changé pour
pouvoir expliquer les changements parallèles de la nature individuelle.

Il n'y a donc pas de témérité à affirmer dès maintenant que,
quelques progrès que fasse la psycho-physiologie, elle ne pourra
jamais représenter qu'une fraction de la psychologie, puisque la
majeure partie des phénomènes psychiques ne dérivent pas de
causes organiques. C'est ce qu'ont compris les philosophes spiri-
tualistes, et le grand service qu'ils ont rendu à la science a été
de combattre toutes les doctrines qui réduisent la vie psychique
à n'être qu'une efflorescence de la vie physique. Ils avaient le
très juste sentiment que la première, dans ses manifestations les
plus hautes, est beaucoup trop libre et trop complexe pour n'être
qu'un prolongement de la seconde. Seulement, de ce qu'elle est
en partie indépendante de l'organisme, il ne s'ensuit pas qu'elle
ne dépende d'aucune cause naturelle et qu'il faille la mettre en
dehors de la nature. Mais tous ces faits dont on ne peut trouver
l'explication dans la constitution des tissus dérivent des propriétés du milieu social; c'est du moins une hypothèse qui tire
de ce qui précède une très grande vraisemblance. Or, le règne
social n'est pas moins naturel que le règne organique. Par conséquent, de ce qu'il y a une vaste région de la conscience dont
la genèse est inintelligible par la seule psycho-physiologie, on
ne doit pas conclure qu'elle s'est formée toute seule et qu'elle

(¹) Transformations du sol, des cours d'eau, par l'art des agriculteurs, des
ingénieurs, etc.

est, par suite, réfractaire à l'investigation scientifique; mais seulement qu'elle relève d'une autre science positive qu'on pourrait appeler la socio-psychologie. Les phénomènes qui en constitueraient la matière sont en effet de nature mixte; ils ont les mêmes caractères essentiels que les autres faits psychiques, mais ils proviennent de causes sociales.

Il ne faut donc pas, avec M. Spencer, présenter la vie sociale comme une simple résultante des natures individuelles, puisqu'au contraire c'est plutôt celles-ci qui résultent de celle-là. Les faits sociaux ne sont pas le simple développement des faits psychiques, mais les seconds ne sont en grande partie que le prolongement des premiers à l'intérieur des consciences. Cette proposition est fort importante, car le point de vue contraire expose à chaque instant le sociologue à prendre la cause pour l'effet, et réciproquement. Par exemple, si, comme il est arrivé souvent, on voit dans l'organisation de la famille l'expression logiquement nécessaire de sentiments humains inhérents à toute conscience, on renverse l'ordre réel des faits; tout au contraire, c'est l'organisation sociale des rapports de parenté qui a déterminé les sentiments respectifs des parents et des enfants. Ceux-ci eussent été tout autres si la structure sociale avait été différente, et la preuve, c'est qu'en effet l'amour paternel est inconnu dans une multitude de sociétés (¹). On pourrait citer bien d'autres exemples de la même erreur (²). Sans doute, c'est une vérité évidente qu'il n'y a rien dans la vie sociale qui ne soit dans les consciences individuelles; seulement, presque tout ce qui se trouve dans ces dernières vient de la société. La majeure partie de nos états de conscience ne se seraient pas produits chez des

(¹) C'est le cas des sociétés où règne la famille maternelle.
(2) Pour n'en citer qu'un exemple, c'est le cas de la religion que l'on a expliquée par des mouvements de la sensibilité individuelle, alors que ces mouvements ne sont que le prolongement chez l'individu des états sociaux qui donnent naissance aux religions. Nous avons donné quelques développements sur ce point dans un article de la *Revue philosophique*, *Études de science sociale*, juin 1886.

êtres isolés et se seraient produits tout autrement chez des êtres groupés d'une autre manière. Ils dérivent donc, non de la nature psychologique de l'homme en général, mais de la façon dont les hommes une fois associés s'affectent mutuellement, suivant qu'ils sont plus ou moins nombreux, plus ou moins rapprochés. Produits de la vie en groupe, c'est la nature du groupe qui seule les peut expliquer. Bien entendu, ils ne seraient pas possibles si les constitutions individuelles ne s'y prêtaient; mais celles-ci en sont seulement les conditions lointaines, non les causes déterminantes. M. Spencer compare quelque part (¹) l'œuvre du sociologue au calcul du mathématicien qui, de la forme d'un certain nombre de boulets, déduit la manière dont ils doivent être combinés pour se tenir en équilibre. La comparaison est inexacte et ne s'applique pas aux faits sociaux. Ici, c'est bien plutôt la forme du tout qui détermine celle des parties. La société ne trouve pas toutes faites dans les consciences les bases sur lesquelles elle repose; elle se les fait à elle-même (²).

(¹) *Introduction à la science sociale*, ch. I.
(²) En voilà assez, pensons-nous, pour répondre à ceux qui croient prouver que tout est individuel dans la vie sociale, parce que la société n'est faite que d'individus. Sans doute, elle n'a pas d'autre substrat; mais parce que les individus forment une société, des phénomènes nouveaux se produisent qui ont pour cause l'association et qui, réagissant sur les consciences individuelles, les forment en grande partie. Voilà pourquoi, quoique la société ne soit rien sans les individus, chacun d'eux est beaucoup plus un produit de la société qu'il n'en est l'auteur.

LIVRE III

—

LES FORMES ANORMALES

LIVRE III

—

Les Formes anormales

——

CHAPITRE I

—

LA DIVISION DU TRAVAIL ANOMIQUE

——

Jusqu'ici, nous n'avons étudié la division du travail que comme un phénomène normal; mais, comme tous les faits sociaux et, plus généralement, comme tous les faits biologiques, elle présente des formes pathologiques qu'il est nécessaire d'analyser. Si, normalement, la division du travail produit la solidarité sociale, il arrive cependant qu'elle a des résultats tout différents ou même opposés. Or il importe de rechercher ce qui la fait ainsi dévier de sa direction naturelle; car, tant qu'il n'est pas établi que ces cas sont exceptionnels, la division du travail pourrait être soupçonnée de les impliquer logiquement. D'ailleurs, l'étude des formes déviées nous permettra de mieux déterminer les conditions d'existence de l'état normal. Quand nous connaîtrons les circonstances dans lesquelles la division du travail cesse d'engendrer la solidarité, nous saurons mieux ce qui est nécessaire pour qu'elle ait tout son effet. La pathologie, ici comme ailleurs, est un précieux auxiliaire de la physiologie.

On pourrait être tenté de ranger parmi les formes irrégulière,

de la division du travail la profession du criminel et les autres
professions nuisibles. Elles sont la négation même de la solidarité, et pourtant elles sont constituées par autant d'activités
spéciales. Mais, à parler exactement, il n'y a pas ici division du
travail, mais différenciation pure et simple, et les deux termes
demandent à n'être pas confondus. C'est ainsi que le cancer, les
tubercules accroissent la diversité des tissus organiques sans
qu'il soit possible d'y voir une spécialisation nouvelle des fonctions biologiques(¹). Dans tous ces cas, il n'y a pas partage d'une
fonction commune; mais, au sein de l'organisme, soit individuel,
soit social, il s'en forme un autre qui cherche à vivre aux
dépens du premier. Il n'y a même pas de fonction du tout; car
une manière d'agir ne mérite ce nom que si elle concourt avec
d'autres à l'entretien de la vie générale. Cette question ne rentre
donc pas dans le cadre de notre recherche.

Nous ramènerons à trois types les formes exceptionnelles du
phénomène que nous étudions. Ce n'est pas qu'il ne puisse y en
avoir d'autres; mais celles dont nous allons parler sont les plus
générales et les plus graves.

I

Un premier cas de ce genre nous est fourni par les crises
industrielles ou commerciales, par les faillites qui sont autant
de ruptures partielles de la solidarité organique; elles témoignent
en effet que, sur certains points de l'organisme, certaines fonctions
sociales ne sont pas ajustées les unes aux autres. Or, à mesure que
le travail se divise davantage, ces phénomènes semblent devenir

---

(¹) C'est une distinction que ne fait pas M. Spencer; il semble que pour lui
les deux termes soient synonymes. Cependant la différenciation qui désintègre
(cancer, microbe, criminel) est bien différente de celle qui concentre les forces
vitales (division du travail).

plus fréquents, au moins dans certains cas. De 1845 à 1869, les faillites ont augmenté en France de 70 0/0 [1]. Cependant on ne saurait attribuer ce fait à l'accroissement de la vie économique; car les entreprises se sont beaucoup plutôt concentrées qu'elles ne se sont multipliées.

L'antagonisme du travail et du capital est un autre exemple, plus frappant, du même phénomène. A mesure que les fonctions industrielles se spécialisent davantage, la lutte devient plus vive, bien loin que la solidarité augmente. Au moyen âge, l'ouvrier vit partout à côté de son maître, partageant ses travaux « dans la même boutique, sur le même établi » [1]. Tous deux faisaient partie de la même corporation et menaient la même existence. « L'un et l'autre étaient presque égaux; quiconque avait fait son apprentissage pouvait, du moins dans beaucoup de métiers, s'établir s'il avait de quoi [3]. » Aussi les conflits étaient-ils tout à fait exceptionnels. A partir du XVᵉ siècle les choses commencèrent à changer. « Le corps de métier n'est plus un asile commun; c'est la possession exclusive des maîtres qui y décident seuls de toutes choses... Dès lors, une démarcation profonde s'établit entre les maîtres et les compagnons. Ceux-ci formèrent pour ainsi dire un ordre à part; ils eurent leurs habitudes, leurs règles, leurs associations indépendantes [1]. » Une fois que cette séparation fut effectuée, les querelles devinrent nombreuses. « Dès que les compagnons croyaient avoir à se plaindre, ils se mettaient en grève ou frappaient d'interdit une ville, un patron, et tous étaient tenus d'obéir au mot d'ordre... La puissance de l'association donnait aux ouvriers le moyen de lutter à armes égales contre leurs patrons [5]. » Cependant les choses étaient loin d'en être venues dès lors « au point où nous les voyons à présent. Les compagnons se rebellaient pour obtenir un salaire plus

[1] Y. Block, *Statistique de la France.*
[1] Levasseur, *Les Classes ouvrières en France jusqu'à la Révolution*, II, 315.
[3] *Ibid.*, I, 496.
[1] *Ibid.*
[5] *Ibid.*, I, 501.

fort ou tel autre changement dans la condition du travail, mais ils ne tenaient pas le patron pour un ennemi perpétuel auquel on obéit par contrainte. On voulait le faire céder sur un point et on s'y employait avec énergie, mais la lutte n'était pas éternelle ; les atel.. .. . . .tenaient pas deux races ennemies : nos doctrines socu.ist.s .taient inconnues (¹). » Enfin, au xviiᵉ siècle, commence la t..sième phase de cette histoire des classes ouvrières : l'avènement de la grande industrie. L'ouvrier se sépare plus complètement du patron. « Il est en quelque sorte enrégimenté. Chacun a sa fonction, et le système de la division du travail fait quelques progrès. Dans la manufacture des Van-Robais, qui occupait 1,692 ouvriers, il y avait des ateliers particuliers pour la charronnerie, pour la coutellerie, pour le lavage, pour la teinture, pour l'ourdissage, et les ateliers du tissage comprenaient eux-mêmes plusieurs espèces d'ouvriers dont le travail était entièrement distinct (²). » En même temps que la spécialisation devient plus grande, les révoltes deviennent plus fréquentes. « La moindre cause de mécontentement suffisait pour jeter l'interdit sur une maison, et malheur au compagnon qui n'aurait pas respecté l'arrêt de la communauté (³). » On sait assez que, depuis, la guerre est toujours devenue plus violente.

Nous verrons, il est vrai, dans le chapitre suivant que cette tension des rapports sociaux est due en partie à ce que les classes ouvrières ne veulent pas vraiment la condition qui leur est faite, mais ne l'acceptent trop souvent que contraintes et forcées, n'ayant pas les moyens d'en conquérir d'autres. Cependant, cette contrainte ne saurait à elle seule rendre compte du phénomène. En effet, elle ne pèse pas moins lourdement sur tous les déshérités de la fortune d'une manière générale, et pourtant cet état d'hostilité permanente est tout à fait particulier au monde industriel. Ensuite, à l'intérieur de ce monde, elle est la même pour

(¹) Hubert Valleroux, *Les Corporations d'arts et de métiers*, p. 49.
(²) Levasseur, II, 315.
(³) Levasseur, II, 319.

tous les travailleurs indistinctement. Or, la petite industrie, où
le travail est moins divisé, donne le spectacle d'une harmonie
relative entre le patron et l'ouvrier (¹); c'est seulement dans la
grande industrie que ces déchirements sont à l'état aigu. C'est
donc qu'ils dépendent en partie d'une autre cause.

On a souvent signalé dans l'histoire des sciences une autre
illustration du même phénomène. Jusqu'à des temps assez
récents, la science, n'étant pas très divisée, pouvait être cultivée
presque tout entière par un seul et même esprit. Aussi avait-on
un sentiment très vif de son unité. Les vérités particulières qui
la composaient n'étaient ni si nombreuses, ni si hétérogènes
qu'on ne vît facilement le lien qui les unissait en un seul et
même système. Les méthodes, étant elles-mêmes très générales,
différaient peu les unes des autres, et l'on pouvait apercevoir le
tronc commun à partir duquel elles divergeaient insensiblement.
Mais, à mesure que la spécialisation s'est introduite dans le
travail scientifique, chaque savant s'est de plus en plus renfermé,
non seulement dans une science particulière, mais dans un
ordre spécial de problèmes. Déjà A. Comte se plaignait que, de
son temps, il y eût dans le monde savant « bien peu d'intelligences
embrassant dans leurs conceptions l'ensemble même d'une
science unique, qui n'est cependant à son tour qu'une partie
d'un grand tout. La plupart, disait-il, se bornent déjà entièrement à la considération isolée d'une section plus ou moins
étendue d'une science déterminée, sans s'occuper beaucoup de
la relation de ces travaux particuliers avec le système général
des connaissances positives (²). » Mais alors la science, morcelée
en une multitude d'études de détail qui ne se rejoignent pas, ne
forme plus un tout solidaire. Ce qui manifeste le mieux peut-
être cette absence de concert et d'unité, c'est cette théorie, si
répandue, que chaque science particulière a une valeur absolue,
et que le savant doit se livrer à ses recherches spéciales sans se

(¹) V. Cauwès, *Précis d'économie politique*, II, 39.
(²) *Cours de philosophie positive*, I, 27.

préoccuper de savoir si elles servent à quelque chose et tendent
quelque part. « Cette division du travail intellectuel, dit
M. Schaeffle, donne de sérieuses raisons de craindre que ce
retour d'un nouvel Alexandrinisme n'amène une nouvelle fois
à sa suite la ruine de toute science (1). »

II

Ce qui fait la gravité de ces faits, c'est qu'on y a vu quelquefois un effet nécessaire de la division du travail, dès qu'elle a
dépassé un certain degré de développement. Dans ce cas, dit-on,
l'individu, courbé sur sa tâche, cesse de regarder au delà de la
petite sphère où il s'agite; il s'isole dans son activité spéciale; il
ne sent plus les collaborateurs qui travaillent à côté de lu. à la
même œuvre que lui, il n'a même plus du tout l'idée de cette
œuvre commune. La division du travail ne saurait donc être
poussée trop loin sans devenir une source de désintégration.
« Toute décomposition quelconque, dit Auguste Comte, devant
nécessairement tendre à déterminer une dispersion correspondante, la répartition fondamentale des travaux humains ne saurait éviter de susciter à un degré proportionnel les divergences
individuelles, à la fois intellectuelles et morales, dont l'influence
combinée doit exiger dans la même mesure une discipline permanente, propre à prévenir ou à contenir sans cesse leur essor
discordant. Si d'une part, en effet, la séparation des fonctions
sociales permet à l'esprit de détail un heureux développement,
impossible de toute autre manière, elle tend spontanément d'une
autre part à étouffer l'esprit d'ensemble ou, du moins, à l'entraver
profondément. Pareillement, sous le point de vue moral, en même
temps que chacun est ainsi placé sous une étroite dépendance

(1) *Bau und Leben des socialen Koerpers,* IV, 113.

envers la masse, il en est naturellement détourné par le propre essor de son activité spéciale qui le rappelle constamment à son intérêt privé dont il n'aperçoit que très vaguement la vraie relation avec l'intérêt public... C'est ainsi que le même principe qui a seul permis le développement et l'extension de la société générale menace, sous un autre aspect, de la décomposer en une multitude de corporations incohérentes qui semblent presque ne point appartenir à la même espèce ([1]). » M. Espinas s'exprime à peu près dans les mêmes termes : « Division, dit-il, c'est dispersion ([2]).»

La division du travail exercerait donc, en vertu de sa nature même, une influence dissolvante qui serait surtout sensible là où les fonctions sont très spécialisées. Comte, cependant, ne conclut pas de son principe qu'il faille ramener les sociétés à ce qu'il appelle lui-même l'âge de la généralité, c'est-à-dire à cet état d'indistinction et d'homogénéité qui fut leur point de départ. La diversité des fonctions est utile et nécessaire; mais, comme l'unité qui n'est pas moins indispensable n'en sort pas spontanément, le soin de la réaliser et de la maintenir devra constituer dans l'organisme social une fonction spéciale, représentée par un organe indépendant. Cet organe, c'est l'État ou le gouvernement. « La destination sociale du gouvernement, dit Comte, me paraît surtout consister à contenir suffisamment et à prévenir autant que possible cette fatale disposition à la dispersion fondamentale des idées, des sentiments et des intérêts, résultat inévitable du principe même du développement humain, et qui, si elle pouvait suivre sans obstacle son cours naturel, finirait inévitablement par arrêter la progression sociale sous tous les rapports importants. Cette conception constitue à mes yeux la première base positive et rationnelle de la théorie élémentaire et abstraite du gouvernement proprement dit, envisagé dans sa plus noble et plus entière extension scientifique, c'est-à-

---

([1]) *Cours*, IV, 429.
([2]) *Sociétés animales*, Conclusion, IV.

dire comme caractérisé en général par l'universelle réaction
nécessaire, d'abord spontanée et ensuite régularisée, de l'ensemble sur les parties. Il est clair en effet que le seul moyen réel
d'empêcher une telle dispersion consiste à ériger cette indispensable réaction en une nouvelle fonction spéciale, susceptible
d'intervenir convenablement dans l'accomplissement habituel de
toutes les diverses fonctions de l'économie sociale pour y rappeler sans cesse la pensée de l'ensemble et le sentiment de la
solidarité commune (¹). »

Ce que le gouvernement est à la société dans sa totalité, la
philosophie doit l'être aux sciences. Puisque la diversité des
sciences tend à briser l'unité de la science, il faut charger une
science nouvelle de la reconstituer. Puisque les études de détail
nous font perdre de vue l'ensemble des connaissances humaines,
il faut instituer un système particulier de recherches pour le
retrouver et le mettre en relief. En d'autres termes, « il faut
faire de l'étude des généralités scientifiques une grande spécialité de plus. Qu'une classe nouvelle de savants, préparés par une
éducation convenable, sans se livrer à la culture spéciale d'aucune branche particulière de la philosophie naturelle, s'occupe
uniquement, en considérant les diverses sciences positives dans
leur état actuel, à déterminer exactement l'esprit de chacune
d'elles, à découvrir leurs relations et leur enchaînement, à
résumer, s'il est possible, tous leurs principes propres en un
moindre nombre de principes communs... et la division du
travail dans les sciences sera poussée sans aucun danger aussi
loin que le développement des divers ordres de connaissances
l'exigera (²). »

Sans doute, nous avons montré nous-même que l'organe gou-

(¹) *Cours de philos. pos.*, IV, 430-431.
(²) Ce rapprochement entre le gouvernement et la philosophie n'a rien qui
doive surprendre; car, aux yeux de Comte, ces deux institutions sont inséparables l'une de l'autre. Le gouvernement, tel qu'il le conçoit, n'est possible
que si la philosophie positive est déjà constituée.

vernemental se développe avec la division du travail, non pour
y faire contrepoids, mais par une nécessité mécanique ([1]).
Comme les organes sont étroitement solidaires là où les fonctions
sont très partagées, ce qui affecte l'un en atteint d'autres et les
événements sociaux prennent plus facilement un intérêt général.
En même temps, par suite de l'effacement du type segmentaire,
ils se répandent avec plus de facilité dans toute l'étendue d'un
même tissu ou d'un même appareil. Pour ces deux séries de
raisons, il y en a davantage qui retentissent dans l'organe directeur dont l'activité fonctionnelle, plus souvent exercée, s'accroît
ainsi que le volume. Mais sa sphère d'action ne s'étend pas
plus loin.

Or, sous cette vie générale et superficielle, il en est une intes-
tine, un monde d'organes qui, sans être tout à fait indépendants
du premier, fonctionnent cependant sans qu'il intervienne, sans
même qu'il en ait conscience, du moins à l'état normal. Ils sont
soustraits à son action parce qu'il est trop loin d'eux. Ce n'est
pas le gouvernement qui peut à chaque instant régler les conditions des différents marchés économiques, fixer les prix des
choses et des services, proportionner la production aux besoins
de la consommation, etc. Tous ces problèmes pratiques soulèvent des multitudes de détails, tiennent à des milliers de circonstances particulières que ceux-là seuls connaissent qui en sont
tout près. A plus forte raison ne peut-il ajuster ces fonctions les
unes aux autres et les faire concourir harmoniquement si elles
ne concourent pas d'elles-mêmes. Si donc la division du travail
a les effets dispersifs qu'on lui attribue, ils doivent se développer
sans résistance dans cette région de la société, puisque aucun
obstacle ne peut les y contenir. Cependant, ce qui fait l'unité
des sociétés organisées, comme de tout organisme, c'est le
consensus spontané des parties, c'est cette solidarité interne qui
non seulement est tout aussi indispensable que l'action régula-

---

([1]) Voir plus haut, liv. I, ch. VII, § III, p. 239-247.

trice des centres supérieurs, mais qui en est même la condition
nécessaire; car ils ne font que la traduire en un autre langage
et, pour ainsi dire, la consacrer. C'est ainsi que le cerveau ne
crée pas l'unité de l'organisme, mais l'exprime et la couronne.
On parle de la nécessité d'une réaction de l'ensemble sur les
parties, mais encore faut-il que cet ensemble existe; c'est-à-dire
que les parties doivent être déjà solidaires les unes des autres
pour que le tout prenne conscience de soi et réagisse à ce titre.
On devrait donc voir, à mesure que le travail se divise, une
sorte de décomposition progressive se produire, non sur tels ou
tels points, mais dans toute l'étendue de la société, au lieu de la
concentration toujours plus forte qu'on y observe en réalité.

Mais, dit-on, il n'est pas besoin d'entrer dans ces détails. Il
suffit de rappeler partout où c'est nécessaire « l'esprit d'ensemble
et le sentiment de la solidarité commune », et cette action, le
gouvernement seul a qualité pour l'exercer. Il est vrai, mais elle
est beaucoup trop générale pour assurer le concours des fonctions sociales, s'il ne se réalise pas de soi-même. En effet, de
quoi s'agit-il? De faire sentir à chaque individu qu'il ne se
suffit pas, mais fait partie d'un tout dont il dépend? Mais
une telle représentation abstraite, vague et d'ailleurs intermittente comme toutes les représentations complexes, ne peut rien
contre les impressions vives, concrètes, qu'éveille à chaque
instant chez chacun de nous son activité professionnelle. Si
donc celle-ci a les effets qu'on lui prête, si les occupations qui
remplissent notre vie quotidienne tendent à nous détacher du
groupe social auquel nous appartenons, une telle conception,
qui ne s'éveille que de loin en loin et n'occupe jamais qu'une
petite partie du champ de la conscience, ne pourra pas suffire à
nous y retenir. Pour que le sentiment de l'état de dépendance
où nous sommes fût efficace, il faudrait qu'il fût lui aussi
continu, et il ne peut l'être que s'il est lié au jeu même de
chaque fonction spéciale. Mais alors la spécialisation n'aurait
plus les conséquences qu'on l'accuse de produire. Ou bien

l'action gouvernementale aura-t-elle pour objet de maintenir
entre les professions une certaine uniformité morale, d'empêcher que « les affections sociales, graduellement concentrées
entre les individus de même profession, y deviennent de plus en
plus étrangères aux autres classes, faute d'une suffisante analogie de mœurs et de pensées (¹) » ? Mais cette uniformité ne peut
pas être maintenue de force et en dépit de la nature des choses.
La diversité fonctionnelle entraine une diversité morale que rien
ne saurait prévenir, et il est inévitable que l'une s'accroisse en
même temps que l'autre. Nous savons d'ailleurs pour quelles
raisons ces deux phénomènes se développent parallèlement. Les
sentiments collectifs deviennent donc de plus en plus impuis-
sants à contenir les tendances centrifuges qu'est censée engendrer
la division du travail; car, d'une part, ces tendances augmentent
à mesure que le travail se divise davantage et, en même temps,
les sentiments collectifs eux-mêmes s'affaiblissent.

Pour la même raison, la philosophie devient de plus en plus
incapable d'assurer l'unité de la science. Tant qu'un même
esprit pouvait cultiver à la fois les différentes sciences, il était
possible d'acquérir la compétence nécessaire pour en reconstituer l'unité. Mais, à mesure qu'elles se spécialisent, ces grandes
synthèses ne peuvent plus guère être autre chose que des généralisations prématurées, car il devient de plus en plus impossible à
une intelligence humaine d'avoir une connaissance suffisamment
exacte de cette multitude innombrable de phénomènes, de lois,
d'hypothèses qu'elles doivent résumer. « Il serait intéressant de
se demander, dit justement M. Ribot, ce que la philosophie,
comme conception générale du monde, pourra être un jour
quand les sciences particulières, par suite de leur complexité
croissante, deviendront inabordables dans le détail et que les
philosophes en seront réduits à la connaissance des résultats les
plus généraux, nécessairement superficielle (²). »

(¹) *Cours de philos. posit.*, IV, 429.
(²) *Psychologie allemande*, Introduction, p. xxvii.

Sans doute, on a quelque raison de juger excessive cette fierté
du savant qui, enfermé dans ses recherches spéciales, refuse de
reconnaître tout contrôle étranger. Pourtant, il est certain que,
pour avoir d'une science une idée un peu exacte, il faut l'avoir
pratiquée et, pour ainsi dire, l'avoir vécue. C'est qu'en effet
elle ne tient pas tout entière dans les quelques propositions
qu'elle a définitivement démontrées. A côté de cette science
actuelle et réalisée, il en est une autre, concrète et vivante, qui
s'ignore en partie et se cherche encore; à côté des résultats
acquis, il y a les espérances, les habitudes, les instincts, les
besoins, les pressentiments si obscurs qu'on ne peut les exprimer avec des mots, si puissants cependant qu'ils dominent
parfois toute la vie du savant. Tout cela, c'est encore de la
science; c'en est même la meilleure et la majeure partie, car
les vérités découvertes sont en bien petit nombre à côté de celles
qui restent à découvrir, et, d'autre part, pour posséder tout le
sens des premières et comprendre tout ce qui s'y trouve con-
densé, il faut avoir vu de près la vie scientifique tandis qu'elle
est encore à l'état libre, c'est-à-dire avant qu'elle se soit fixée
sous forme de propositions définies. Autrement, on en aura la
lettre, non l'esprit. Chaque science a, pour ainsi dire, une âme
qui vit dans la conscience des savants. Une partie seulement de
cette âme prend un corps et des formes sensibles. Les formules
qui l'expriment, étant générales, sont aisément transmissibles.
Mais il n'en est pas de même de cette autre partie de la science
qu'aucun symbole ne traduit au dehors. Ici, tout est personnel
et doit être acquis par une expérience personnelle. Pour y
avoir part, il faut se mettre à l'œuvre et se placer devant les
faits. Suivant Comte, pour que l'unité de la science fût assurée,
il suffirait que les méthodes fussent ramenées à l'unité [1]; mais
c'est justement les méthodes qu'il est le plus difficile d'unifier.
Car, comme elles sont immanentes aux sciences elles-mêmes,

[1] *Op. cit.*, I, 45.

comme il est impossible de les dégager complètement du corps
des vérités établies pour les codifier à part, on ne peut les connaître que si on les a soi-même pratiquées. Or, il est dès maintenant impossible à un même homme de pratiquer un grand
nombre de sciences. Ces grandes généralisations ne peuvent donc
reposer que sur une vue assez sommaire des choses. Si, de plus,
on songe avec quelle lenteur et quelles patientes précautions les
savants procèdent d'ordinaire à la découverte de leurs vérités
même les plus particulières, on s'explique que ces disciplines
improvisées n'aient plus sur eux qu'une bien faible autorité.

Mais quelle que soit la valeur de ces généralités philosophiques, la science n'y saurait trouver l'unité dont elle a besoin.
Elles expriment bien ce qu'il y a de commun entre les sciences,
les lois, les méthodes particulières, mais, à côté des ressemblances, il y a les différences qui restent à intégrer. On dit souvent que le général contient en puissance les faits particuliers
qu'il résume; mais l'expression est inexacte. Il contient seulement ce qu'ils ont de commun. Or, il n'est pas dans le monde
deux phénomènes qui se ressemblent, si simples soient-ils. C'est
pourquoi toute proposition générale laisse échapper une partie
de la matière qu'elle essaie de maîtriser. Il est impossible de
fondre les caractères concrets et les propriétés distinctives des
choses au sein d'une même formule impersonnelle et homogène.
Seulement, tant que les ressemblances dépassent les différences,
elles suffisent à intégrer les représentations ainsi rapprochées;
les dissonances de détail disparaissent au sein de l'harmonie
totale. Au contraire, à mesure que les différences deviennent
plus nombreuses, la cohésion devient plus instable et a besoin
d'être consolidée par d'autres moyens. Qu'on se représente la
multiplicité croissante des sciences spéciales, avec leurs théorèmes, leurs lois, leurs axiomes, leurs conjectures, leurs procédés
et leurs méthodes, et on comprendra qu'une formule courte et
simple, comme la loi d'évolution par exemple, ne peut suffire à
intégrer une aussi prodigieuse complexité de phénomènes. Quand

même ces vues d'ensemble s'appliqueraient exactement à la
réalité, la partie qu'elles en expliquent est trop peu de chose à
côté de ce qu'elles laissent inexpliqué. Ce n'est donc pas par ce
moyen qu'on pourra jamais arracher les sciences positives à
leur isolement. Il y a un trop grand écart entre les recherches
de détail qui les alimentent et de telles synthèses. Le lien qui
rattache l'un à l'autre ces deux ordres de connaissances est trop
mince et trop lâche, et, par conséquent, si les sciences particulières
ne peuvent prendre conscience de leur mutuelle dépendance
qu'au sein d'une philosophie qui les embrasse, le sentiment
qu'elles en auront sera toujours trop vague pour être efficace.

La philosophie est comme la conscience collective de la
science, et, ici comme ailleurs, le rôle de la conscience collective
diminue à mesure que le travail se divise.

III

Quoique A. Comte ait reconnu que la division du travail est
une source de solidarité, il semble n'avoir pas aperçu que cette
solidarité est *sui generis* et se substitue peu à peu à celle qu'engendrent les similitudes sociales. C'est pourquoi, remarquant
que celles-ci sont très effacées là où les fonctions sont très
spécialisées, il a vu dans cet effacement un phénomène morbide,
une menace pour la cohésion sociale, due à l'excès de la spécialisation, et il a expliqué par là les faits d'incoordination qui
accompagnent parfois le développement de la division du travail.
Mais puisque nous avons établi que l'affaiblissement de la
conscience collective est un phénomène normal, nous ne saurions en faire la cause des phénomènes anormaux que nous
sommes en train d'étudier. Si, dans certains cas, la solidarité
organique n'est pas tout ce qu'elle doit être, ce n'est certainement pas parce que la solidarité mécanique a perdu du terrain,

mais c'est que toutes les conditions d'existence de la première ne sont pas réalisées.

Nous savons en effet que, partout où on l'observe, on rencontre en même temps une réglementation suffisamment développée qui détermine les rapports mutuels des fonctions (¹). Pour que la solidarité organique existe, il ne suffit pas qu'il y ait un système d'organes nécessaires les uns aux autres et qui sentent d'une façon générale leur solidarité, mais il faut encore que la manière dont ils doivent concourir, sinon dans toute espèce de rencontres, du moins dans les circonstances les plus fréquentes, soit prédéterminée. Autrement, il faudrait à chaque instant de nouvelles luttes pour qu'ils pussent s'équilibrer, car les conditions de cet équilibre ne peuvent être trouvées qu'à l'aide de tâtonnements au cours desquels chaque partie traite l'autre en adversaire au moins autant qu'en auxiliaire. Ces conflits se renouvelleraient donc sans cesse, et, par conséquent, la solidarité ne serait guère que virtuelle, si les obligations mutuelles devaient être tout entières débattues à nouveau dans chaque cas particulier. On dira qu'il y a les contrats. Mais, d'abord, toutes les relations sociales ne sont pas susceptibles de prendre cette forme juridique. Nous savons d'ailleurs que le contrat ne se suffit pas à lui-même, mais suppose une réglementation qui s'étend et se complique comme la vie contractuelle elle-même. De plus, les liens qui ont cette origine sont toujours de courte durée. Le contrat n'est qu'une trêve et assez précaire; il ne suspend que pour un temps les hostilités. Sans doute, si précise que soit une réglementation, elle laissera toujours une place libre pour bien des tiraillements. Mais il n'est ni nécessaire ni même possible que la vie sociale soit sans luttes. Le rôle de la solidarité n'est pas de supprimer la concurrence, mais de la modérer.

D'ailleurs, à l'état normal, ces règles se dégagent d'elles-mêmes

(¹) Voir liv. I, ch. VII.

de la division du travail; elles en sont comme le prolongement.
Assurément, si elle ne rapprochait que des individus qui s'unissent pour quelques instants en vue d'échanger des services personnels, elle ne pourrait donner naissance à aucune action régulatrice. Mais ce qu'elle met en présence, ce sont des fonctions, c'est-à-dire des manières d'agir définies, qui se répètent identiques à elles-mêmes dans des circonstances données, puisqu'elles tiennent aux conditions générales et constantes de la vie sociale. Les rapports qui se nouent entre ces fonctions ne peuvent donc manquer de parvenir au même degré de fixité et de régularité. Il y a certaines manières de réagir les unes sur les autres qui, se trouvant plus conformes à la nature des choses, se répètent plus souvent et deviennent des habitudes; puis les habitudes, à mesure qu'elles prennent de la force, se transforment en règles de conduite. Le passé prédétermine l'avenir. Autrement dit, il y a un certain départ des droits et des devoirs que l'usage établit et qui finit par devenir obligatoire. La règle ne crée donc pas l'état de dépendance mutuelle où sont les organes solidaires, mais ne fait que l'exprimer d'une manière sensible et définie, en fonction d'une situation donnée. De même le système nerveux, bien loin de dominer l'évolution de l'organisme, comme on l'a cru autrefois, en résulte ([1]). Les filets nerveux ne sont vraisemblablement que les lignes de passage qu'ont suivies les ondes de mouvements et d'excitations échangées entre les divers organes; ce sont des canaux que la vie s'est creusés à elle-même en coulant toujours dans le même sens, et les ganglions ne seraient que le lieu d'intersection de plusieurs de ces lignes ([2]). C'est pour avoir méconnu cet aspect du phénomène que certains moralistes ont accusé la division du travail de ne pas produire de solidarité véritable. Ils n'y ont vu que des échanges particuliers, combinaisons éphémères, sans passé comme sans lendemain, où l'individu est abandonné à lui-même;

([1]) V. Perrier, *Colonies animales*, p. 746.
([2]) V. Spencer, *Principes de biologie*, II, 438 et suiv.

ils n'ont pas aperçu ce lent travail de consolidation, ce réseau de liens qui peu à peu se tisse de soi-même et qui fait de la solidarité organique quelque chose de permanent.

Or, dans tous les cas que nous avons décrits plus haut, cette réglementation ou n'existe pas, ou n'est pas en rapport avec le degré de développement de la division du travail. Il n'y a plus aujourd'hui de règles qui fixent le nombre des entreprises économiques et, dans chaque branche d'industrie, la production n'est pas réglementée de manière à ce qu'elle reste exactement au niveau de la consommation. Nous ne voulons d'ailleurs tirer de ce fait aucune conclusion pratique; nous ne soutenons pas qu'une législation restrictive soit nécessaire; nous n'avons pas à en peser ici les avantages et les inconvénients. Ce qui est certain, c'est que ce défaut de réglementation ne permet pas l'harmonie régulière des fonctions. Les économistes démontrent, il est vrai, que cette harmonie se rétablit d'elle-même, quand il le faut, grâce à l'élévation ou à l'avilissement des prix, qui, suivant les besoins, stimule ou ralentit la production. Mais, en tout cas, elle ne se rétablit ainsi qu'après des ruptures d'équilibre et des troubles plus ou moins prolongés. D'autre part, ces troubles sont naturellement d'autant plus fréquents que les fonctions sont plus spécialisées; car plus une organisation est complexe, et plus la nécessité d'une réglementation étendue se fait sentir.

Les rapports du capital et du travail sont, jusqu'à présent, restés dans le même état d'indétermination juridique. Le contrat de louage de services occupe dans nos Codes une bien petite place, surtout quand on songe à la diversité et à la complexité des relations qu'il est appelé à régler. Au reste, il n'est pas nécessaire d'insister sur une lacune que tous les peuples sentent actuellement et s'efforcent de combler.

Les règles de la méthode sont à la science ce que les règles du droit et des mœurs sont à la conduite; elles dirigent la pensée du savant comme les secondes gouvernent les actions des hommes. Or, si chaque science a sa méthode, l'ordre qu'elle

réalise est tout interne. Elle coordonne les démarches des
savants qui cultivent une même science, non leurs relations
avec le dehors. Il n'y a guère de disciplines qui concertent les
efforts de sciences différentes en vue d'une fin commune. C'est
surtout vrai des sciences morales et sociales; car les sciences
mathématiques, physico-chimiques et même biologiques ne semblent pas être à ce point étrangères les unes aux autres. Mais le
juriste, le psychologue, l'anthropologiste, l'économiste, le statisticien, le linguiste, l'historien procèdent à leurs investigations
comme si les divers ordres de faits qu'ils étudient formaient
autant de mondes indépendants. Cependant, en réalité, ils se
pénètrent de toutes parts; par conséquent, il en devrait être de
même des sciences correspondantes. Voilà d'où vient l'anarchie
que l'on a signalée, non sans exagération d'ailleurs, dans la science
en général, mais qui est surtout vraie de ces sciences déterminées. Elles offrent en effet le spectacle d'un agrégat de parties
disjointes qui ne concourent pas entre elles. Si donc elles forment un ensemble sans unité, ce n'est pas parce qu'elles n'ont
pas un sentiment suffisant de leurs ressemblances; c'est qu'elles
ne sont pas organisées.

Ces divers exemples sont donc des variétés d'une même
espèce; dans tous ces cas, si la division du travail ne produit pas
la solidarité, c'est que les relations des organes ne sont pas
réglementées; c'est qu'elles sont dans un état d'*anomie*.

Mais d'où vient cet état?

Puisque un corps de règles est la forme définie que prennent
avec le temps les rapports qui s'établissent spontanément entre
les fonctions sociales, on peut dire *a priori* que l'état d'*anomie*
est impossible partout où les organes solidaires sont en contact
suffisant et suffisamment prolongé. En effet, étant contigus, ils
sont aisément avertis en chaque circonstance du besoin qu'ils
ont les uns des autres et ont par conséquent un sentiment vif et
continu de leur mutuelle dépendance. Comme, pour la même

raison, les échanges se font entre eux facilement, ils se font aussi fréquemment; étant réguliers, ils se régularisent d'eux-mêmes et le temps achève peu à peu l'œuvre de consolidation. Enfin, parce que les moindres réactions peuvent être ressenties de part et d'autre, les règles qui se forment ain : en portent l'empreinte, c'est-à-dire qu'elles prévoient et fixent jusque dans le détail les conditions de l'équilibre. Mais si, au contraire, quelque milieu opaque est interposé, il n'y a plus que les exci-tations d'une certaine intensité qui peuvent se communiquer d'un organe à l'autre. Les relations étant rares ne se répètent pas assez pour se déterminer; c'est à chaque fois nouvelle de nou-veaux tâtonnements. Les lignes de passage suivies par les ondes de mouvement ne peuvent pas se creuser parce que ces ondes elles-mêmes sont trop intermittentes. Du moins, si quelques règles parviennent cependant à se constituer, elles seront géné-rales et vagues; car, dans ces conditions, il n'y a que les con-tours les plus généraux des phénomènes qui puissent se fixer. Il en sera de même si la contiguïté, tout en étant suffisante, est trop récente ou a trop peu duré (¹).

Très généralement, cette condition se trouve réalisée par la force des choses. Car une fonction ne peut se partager entre deux ou plusieurs parties d'un organisme que si celles-ci sont plus ou moins contiguës. De plus, une fois que le travail est divisé, comme elles ont besoin les unes des autres, elles tendent naturellement à diminuer la distance qui les sépare. C'est pour-quoi, à mesure qu'on s'élève dans l'échelle animale, on voit les organes se rapprocher et, comme dit M. Spencer, s'introduire dans les interstices les uns des autres. Mais un concours de circonstances exceptionnelles peut faire qu'il en soit autrement.

C'est ce qui se produit dans les cas qui nous occupent. Tant

(¹) Il y a cependant un cas où l'anomie peut se produire quoique la conti-guïté soit suffisante. C'est quand la réglementation nécessaire ne peut s'établir qu'au prix de transformations dont la structure sociale n'est plus capable; car la plasticité des sociétés n'est pas indéfinie. Quand elle est à son terme, les changements même nécessaires sont impossibles.

que le type segmentaire est fortement marqué, il y a à peu près
autant de marchés économiques que de segments différents ; par
conséquent, chacun d'eux est très limité. Les producteurs, étant
très près des consommateurs, peuvent se rendre facilement
compte de l'étendue des besoins à satisfaire. L'équilibre s'établit
donc sans peine et la production se règle d'elle-même. Au
contraire, à mesure que le type organisé se développe, la fusion
des divers segments les uns dans les autres entraine celle des
marchés en un marché unique, qui embrasse à peu près toute
la société. Il s'étend même au delà et tend à devenir universel ;
car les frontières qui séparent les peuples s'abaissent en même
temps que celles qui séparaient les segments de chacun d'eux.
Il en résulte que chaque industrie produit pour des consommateurs qui sont dispersés sur toute la surface du pays ou même
du monde entier. Le contact n'est donc plus suffisant. Le pro-
ducteur ne peut plus embrasser le marché du regard, ni même
par la pensée ; il ne peut plus s'en représenter les limites, puisqu'il est pour ainsi dire illimité. Par suite, la production manque
de frein et de règle ; elle ne peut que tâtonner au hasard et, au
cours de ces tâtonnements, il est inévitable que la mesure
soit dépassée, tantôt dans un sens et tantôt dans l'autre. De là
ces crises qui troublent périodiquement les fonctions économiques. L'accroissement de ces crises locales et restreintes que
sont les faillites est vraisemblablement un effet de cette même
cause.

A mesure que le marché s'étend, la grande industrie apparait.
Or, elle a pour effet de transformer les relations des patrons et
des ouvriers. Une plus grande fatigue du système nerveux jointe
à l'influence contagieuse des grandes agglomérations accroît les
besoins de ces derniers. Le travail à la machine remplace celui
de l'homme ; le travail à la manufacture celui du petit atelier.
L'ouvrier est enrégimenté, enlevé pour toute la journée à sa
famille ; il vit toujours plus séparé de celui qui l'emploie, etc.
Ces conditions nouvelles de la vie industrielle réclament natu-

rellement une organisation nouvelle; mais comme ces transformations se sont accomplies avec une extrême rapidité, les intérêts en conflits n'ont pas encore eu le temps de s'équilibrer (1).

Enfin, ce qui explique que les sciences morales et sociales sont dans l'état que nous avons dit, c'est qu'elles ont été les dernières à entrer dans le cercle des sciences positives. Ce n'est guère en effet que depuis un siècle que ce nouveau champ de phénomènes s'est ouvert à l'investigation scientifique. Les savants s'y sont installés, les uns ici, les autres là, suivant leurs goûts naturels. Dispersés sur cette vaste surface, ils sont restés jusqu'à présent trop éloignés les uns des autres pour sentir tous les liens qui les unissent. Mais, par cela seul qu'ils pousseront leurs recherches toujours plus loin de leurs points de départ, ils finiront nécessairement par s'atteindre et, par conséquent, par prendre conscience de leur solidarité. L'unité de la science se formera ainsi d'elle-même; non pas l'unité abstraite d'une formule, d'ailleurs trop exiguë pour la multitude des choses qu'elle devrait embrasser, mais l'unité vivante d'un tout organique. Pour que la science soit une, il n'est pas nécessaire qu'elle tienne tout entière dans le champ de regard d'une seule et même conscience, — ce qui d'ailleurs est impossible, — mais il suffit que tous ceux qui la cultivent sentent qu'ils collaborent à une même œuvre.

Ce qui précède ôte tout fondement à un des plus graves reproches qu'on ait faits à la division du travail.

On l'a souvent accusée de diminuer l'individu en le réduisant au rôle de machine. Et en effet, s'il ne sait pas où tendent ces

---

(1) Rappelons toutefois que, comme on le verra au chapitre suivant, cet antagonisme n'est pas dû tout entier à la rapidité de ces transformations, mais, en bonne partie, à l'inégalité encore trop grande des conditions extérieures de la lutte. Sur ce facteur le temps n'a pas d'action.

opérations qu'on réclame de lui, s'il ne les rattache à aucun but, il ne peut plus s'en acquitter que par routine. Tous les jours, il répète les mêmes mouvements avec une régularité monotone, mais sans s'y intéresser ni les comprendre. Ce n'est plus la cellule vivante d'un organisme vivant, qui vibre sans cesse au contact des cellules voisines, qui agit sur elles et répond à son tour à leur action, s'étend, se contracte, se plie et se transforme suivant les besoins et les circonstances; ce n'est plus qu'un rouage inerte, qu'une force extérieure met en branle et qui se meut toujours dans le même sens et de la même façon. Évidemment, de quelque manière qu'on se représente l'idéal moral, on ne peut rester indifférent à un pareil avilissement de la nature humaine. Si la morale a pour but le perfectionnement individuel, elle ne peut permettre qu'on ruine à ce point l'individu, et, si elle a pour fin la société, elle ne peut laisser se tarir la source même de la vie sociale; car le mal ne menace pas seulement les fonctions économiques, mais toutes les fonctions sociales, si élevées soient-elles. « Si, dit A. Comte, l'on a souvent justement déploré dans l'ordre matériel l'ouvrier exclusivement occupé pendant sa vie entière à la fabrication de manches de couteaux ou de têtes d'épingles, la saine philosophie ne doit pas, au fond, faire moins regretter dans l'ordre intellectuel l'emploi exclusif et continu du cerveau humain à la résolution de quelques équations ou au classement de quelques insectes : l'effet moral, en l'un et l'autre cas, est malheureusement fort analogue (1). »

On a parfois proposé comme remède de donner aux travailleurs, à côté de leurs connaissances techniques et spéciales, une instruction générale. Mais, à supposer qu'on puisse ainsi racheter quelques-uns des mauvais effets attribués à la division du travail, ce n'est pas un moyen de les prévenir. La division du travail ne change pas de nature parce qu'on la fait précéder d'une culture

(1) *Cours*, IV, 430.

générale. Sans doute, il est bon que le travailleur soit en état de s'intéresser aux choses de l'art, de la littérature, etc.; mais il n'en reste pas moins mauvais qu'il ait été tout le jour traité comme une machine. Qui ne voit d'ailleurs que ces deux existences sont trop opposées pour être conciliables et pouvoir être menées de front par le même homme! Si l'on prend l'habitude des vastes horizons, des vues d'ensemble, des belles généralités, on ne se laisse plus confiner sans impatience dans les limites étroites d'une tâche spéciale. Un tel remède ne rendrait donc la spécialisation inoffensive qu'en la rendant intolérable et, par conséquent, plus ou moins impossible.

Ce qui lève la contradiction, c'est que, contrairement à ce qu'on a dit, la division du travail ne produit pas ces conséquences en vertu d'une nécessité de sa nature, mais seulement dans des circonstances exceptionnelles et anormales. Pour qu'elle puisse se développer sans avoir sur la conscience humaine une aussi désastreuse influence, il n'est pas nécessaire de la tempérer par son contraire; il faut et il suffit qu'elle soit elle-même, que rien ne vienne du dehors la dénaturer. Car, normalement, le jeu de chaque fonction spéciale exige que l'individu ne s'y enferme pas étroitement, mais se tienne en rapports constants avec les fonctions voisines, prenne conscience de leurs besoins, des changements qui y surviennent, etc. La division du travail suppose que le travailleur, bien loin de rester courbé sur sa tâche, ne perd pas de vue ses collaborateurs immédiats, agit sur eux et reçoit leur action. Ce n'est donc pas une machine qui répète des mouvements dont il n'aperçoit pas la direction; mais il sait qu'ils tendent quelque part, vers un but qu'il conçoit plus ou moins distinctement. Il sent qu'il sert à quelque chose. Pour cela, il n'est pas nécessaire qu'il embrasse de bien vastes portions de l'horizon social; il suffit qu'il en aperçoive assez pour comprendre que ses actions ont une fin en dehors d'elles-mêmes. Dès lors, si spéciale, si uniforme que puisse être son activité, c'est celle d'un être intelligent, car elle a un sens et il le sait.

27

Les économistes n'auraient pas laissé dans l'ombre ce caractère essentiel de la division du travail et, par suite, ne l'auraient pas exposée à ce reproche immérité, s'ils ne l'avaient réduite à n'être qu'un moyen d'accroître le rendement des forces sociales, s'ils avaient vu qu'elle est avant tout une source de solidarité.

CHAPITRE II

—

LA DIVISION DU TRAVAIL CONTRAINTE

———

I

Cependant, ce n'est pas assez qu'il y ait des règles; car, parfois, ce sont ces règles mêmes qui sont la cause du mal. C'est ce qui arrive dans les guerres de classes. L'institution des classes ou des castes constitue une organisation de la division du travail, et c'est une organisation étroitement réglementée; cependant elle est souvent une source de dissensions. Les classes inférieures n'étant pas ou n'étant plus satisfaites du rôle qui leur est dévolu par la coutume ou par la loi, aspirent aux fonctions qui leur sont interdites et cherchent à en déposséder ceux qui les exercent. De là des guerres intestines qui sont dues à la manière dont le travail est distribué.

On n'observe rien de semblable dans l'organisme. Sans doute, dans les moments de crise, les différents tissus se font la guerre et se nourrissent les uns aux dépens des autres. Mais jamais une cellule ou un organe ne cherche à usurper un autre rôle que celui qui lui revient. La raison en est que chaque élément anatomique va mécaniquement à son but. Sa constitution, sa place dans l'organisme déterminent sa vocation; sa tâche est une conséquence nécessaire de sa nature. Il peut s'en acquitter mal, mais il ne peut pas prendre celle d'un autre, à moins que celui-ci n'en fasse l'abandon, comme il arrive dans les rares cas

de substitution dont nous avons parlé. Il n'en est pas de même
dans les sociétés. Ici, la contingence est plus grande; il y a une
plus large distance entre les dispositions héréditaires de l'individu
et la fonction sociale qu'il remplira; les premières n'entraînent
pas les secondes avec une nécessité aussi immédiate. Cet espace,
ouvert aux tâtonnements et à la délibération, l'est aussi au jeu
d'une multitude de causes qui peuvent faire dévier la nature
individuelle de sa direction normale et créer un état pathologique. Parce que cette organisation est plus souple, elle
est aussi plus délicate et plus accessible au changement. Sans
doute, nous ne sommes pas, dès notre naissance, prédestinés
à tel emploi spécial; nous avons cependant des goûts et des
aptitudes qui limitent notre choix. S'il n'en est pas tenu compte,
s'ils sont sans cesse froissés par nos occupations quotidiennes,
nous souffrons et nous cherchons un moyen de mettre un terme
à nos souffrances. Or, il n'en est pas d'autre que de changer
l'ordre établi et d'en refaire un nouveau. Pour que la division
du travail produise la solidarité, il ne suffit donc pas que chacun
ait sa tâche, il faut encore que cette tâche lui convienne.

Or, c'est cette condition qui n'est pas réalisée dans l'exemple
que nous examinons. En effet, si l'institution des classes ou des
castes donne parfois naissance à des tiraillements douloureux au
lieu de produire la solidarité, c'est que la distribution des fonctions sociales sur laquelle elle repose ne répond pas, ou plutôt
ne répond plus à la distribution des talents naturels. Car, quoi
qu'on en ait dit (¹), ce n'est pas uniquement par esprit d'imitation que les classes inférieures finissent par ambitionner la vie
des classes plus élevées. Même, à vrai dire, l'imitation ne peut
rien expliquer à elle seule, car elle suppose autre chose qu'elle-
même. Elle n'est possible qu'entre des êtres qui se ressemblent
déjà et dans la mesure où ils se ressemblent; elle ne se produit
pas entre espèces ou variétés différentes. Il en est de la contagion

---

(¹) Tarde, *Lois de l'imitation.*

morale comme de la contagion physique : elle ne se manifeste
bien que sur des terrains prédisposés. Pour que des besoins se
répandent d'une classe dans une autre, il faut que les différences
qui primitivement séparaient ces classes aient disparu ou diminué. Il faut que, par un effet des changements qui se sont produits
dans la société, les uns soient devenus aptes à des fonctions qui
les dépassaient au premier abord, tandis que les autres perdaient
de leur supériorité originelle. Quand les plébé'ens se mirent à
disputer aux patriciens l'honneur des fonctions religieuses et
administratives, ce n'était pas seulement pour imiter ces derniers, mais c'est qu'ils étaient devenus plus intelligents, plus
riches, plus nombreux et que leurs goûts et leurs ambitions
s'étaient modifiés en conséquence. Par suite de ces transformations, l'accord se trouve rompu dans toute une région de la
société entre les aptitudes des individus et le genre d'activité qui
leur est assigné ; la contrainte seule, plus ou moins violente et
plus ou moins directe, les lie à leurs fonctions ; par conséquent,
il n'y a de possible qu'une solidarité imparfaite et troublée.

Ce résultat n'est donc pas une conséquence nécessaire de la
division du travail. Il ne se produit que dans des circonstances
toutes particulières, à savoir quand elle est l'effet d'une contrainte extérieure. Il en va tout autrement quand elle s'établit
en vertu de spontanéités purement internes, sans que rien ne
vienne gêner les initiatives des individus. A cette condition, en
effet, l'harmonie entre les natures individuelles et les fonctions
sociales ne peut manquer de se produire, du moins dans la
moyenne des cas. Car, si rien n'entrave ou ne favorise indûment
les concurrents qui se disputent les tâches, il est inévitable que
ceux-là seuls qui sont le plus aptes à chaque genre d'activité y
parviennent. La seule cause qui détermine alors la manière dont
le travail se divise est la diversité des capacités. Par la force des
choses, le partage se fait donc dans le sens des aptitudes puisqu'il n'y a pas de raison pour qu'il se fasse autrement. Ainsi se
réalise de soi-même l'harmonie entre la constitution de chaque

individu et sa condition. On dira que ce n'est pas toujours assez
pour contenter les hommes; qu'il en est dont les désirs dépassent toujours les facultés. Il est vrai; mais ce sont des cas exceptionnels et, peut-on dire, morbides. Normalement, l'homme
trouve le bonheur à accomplir sa nature; ses besoins sont en
rapport avec ses moyens. C'est ainsi que dans l'organisme chaque
organe ne réclame qu'une quantité d'aliments proportionnée à
sa dignité.

La division du travail contrainte est donc le second type morbide que nous reconnaissons. Mais il ne faut pas se tromper sur
le sens du mot. Ce qui fait la contrainte, ce n'est pas toute
espèce de réglementation puisque, au contraire, la division du
travail, nous venons de le voir, ne peut pas se passer de réglementation. Alors même que les fonctions se divisent d'après
des règles préétablies, le partage n'est pas nécessairement l'effet
d'une contrainte. C'est ce qui a lieu même sous le régime des
castes, tant qu'il est fondé dans la nature de la société. Cette
institution, en effet, n'est pas toujours et partout arbitraire.
Mais quand elle fonctionne dans une société d'une façon régulière et sans résistance, c'est qu'elle exprime, au moins en gros,
la manière immuable dont se distribuent les aptitudes professionnelles. C'est pourquoi, quoique les tâches soient dans une certaine mesure réparties par la loi, chaque organe s'acquitte de la
sienne spontanément. La contrainte ne commence que quand la
réglementation, ne correspondant plus à la nature vraie des
choses et, par suite, n'ayant plus de base dans les mœurs, ne se
soutient que par la force.

Inversement, on peut donc dire que la division du travail ne
produit la solidarité que si elle est spontanée et dans la mesure
où elle est spontanée. Mais, par spontanéité, il faut entendre
l'absence, non pas simplement de toute violence expresse et
formelle, mais de tout ce qui peut entraver même indirectement
le libre déploiement de la force sociale que chacun porte en soi.
Elle suppose, non seulement que les individus ne sont pas

relégués par force dans des fonctions déterminées, mais encore qu'aucun obstacle, de nature quelconque, ne les empêche d'occuper dans les cadres sociaux la place qui est en rapport avec leurs facultés. En un mot, le travail ne se divise spontanément que si la société est constituée de manière à ce que les inégalités sociales expriment exactement les inégalités naturelles. Or, pour cela, il faut et il suffit que ces dernières ne soient ni rehaussées ni dépréciées par quelque cause extérieure. La spontanéité parfaite n'est donc qu'une conséquence et une autre forme de cet autre fait : l'absolue égalité dans les conditions extérieures de la lutte. Elle consiste, non dans un état d'anarchie qui permettrait aux hommes de satisfaire librement toutes leurs tendances bonnes ou mauvaises, mais dans une organisation savante où chaque valeur sociale, n'étant exagérée ni dans un sens ni dans l'autre par rien qui lui fût étranger, serait estimée à son juste prix. On objectera que, même dans ces conditions, il y a encore lutte, par suite, des vainqueurs et des vaincus, et que ces derniers n'accepteront jamais leur défaite que contraints. Mais cette contrainte ne ressemble pas à l'autre et n'a de commun avec elle que le nom : ce qui constitue la contrainte proprement dite, c'est que la lutte même est impossible, c'est que l'on n'est même pas admis à combattre.

Il est vrai que cette spontanéité parfaite ne se rencontre nulle part comme un fait réalisé. Il n'y a pas de société où elle soit sans mélange. Si l'institution des castes correspond à la répartition naturelle des capacités, ce n'est cependant que d'une manière approximative et, en somme, grossière. L'hérédité, en effet, n'agit jamais avec une telle précision que, même là où elle rencontre les conditions les plus favorables à son influence, les enfants répètent identiquement les parents. Il y a toujours des exceptions à la règle et, par conséquent, des cas où l'individu n'est pas en harmonie avec les fonctions qui lui sont attribuées. Ces discordances deviennent plus nombreuses à mesure que la société se développe, jusqu'au jour où les cadres, devenus trop

étroits, se brisent. Quand le régime des castes a disparu juridiquement, il se survit à lui-même dans les mœurs grâce à la
persistance des préjugés; une certaine faveur s'attache aux uns,
une certaine défaveur aux autres qui est indépendante de leurs
mérites. Enfin, alors même qu'il ne reste, pour ainsi dire, plus
de trace de tous ces vestiges du passé, la transmission héréditaire de la richesse suffit à rendre très inégales les conditions
extérieures dans lesquelles la lutte s'engage; car elle constitue
au profit de quelques-uns des avantages qui ne correspondent
pas nécessairement à leur valeur personnelle. Même aujourd'hui
et chez les peuples les plus cultivés, il y a des carrières qui sont
ou totalement fermées, ou plus difficiles aux déshérités de la
fortune. Il pourrait donc sembler que l'on n'a pas le droit de
considérer comme normal un caractère que la division du travail
ne présente jamais à l'état de pureté, si l'on ne remarquait
d'autre part que plus on s'élève dans l'échelle sociale, plus le
type segmentaire disparaît sous le type organisé, plus aussi ces
inégalités tendent à se niveler complètement.

En effet, le déclin progressif des castes, à partir du moment
où la division du travail s'est établie, est une loi de l'histoire;
car, comme elles sont liées à l'organisation politico-familiale,
elles régressent nécessairement avec cette organisation. Les
préjugés auxquels elles ont donné naissance et qu'elles laissent
derrière elles ne leur survivent pas indéfiniment, mais s'étei-
gnent peu à peu. Les emplois publics sont de plus en plus librement ouverts à tout le monde, sans condition de fortune. Enfin,
même cette dernière inégalité qui vient de ce qu'il y a des riches
et des pauvres de naissance, sans disparaître complètement, est
du moins quelque peu atténuée. La société s'efforce de la réduire
autant que possible, en assistant par divers moyens ceux qui se
trouvent placés dans une situation trop désavantageuse et en
les aidant à en sortir. Elle témoigne ainsi qu'elle se sent obligée
de faire la place libre à tous les mérites et qu'elle reconnaît
comme injuste une infériorité qui n'est pas personnellement

méritée. Mais ce qui manifeste mieux encore cette tendance,
c'est la croyance, aujourd'hui si répandue, que l'égalité devient
toujours plus grande entre les citoyens et qu'il est juste qu'elle
devienne plus grande. Un sentiment aussi général ne saurait être
une pure illusion, mais doit exprimer, d'une manière confuse,
quelque aspect de la réalité. D'autre part, comme les progrès de
la division du travail impliquent au contraire une inégalité
toujours croissante, l'égalité dont la conscience publique affirme
ainsi la nécessité ne peut être que celle dont nous parlons, à
savoir l'égalité dans les conditions extérieures de la lutte.

Il est d'ailleurs aisé de comprendre ce qui rend nécessaire ce
nivellement. Nous venons de voir en effet que toute inégalité
extérieure compromet la solidarité organique. Ce résultat n'a
rien de bien fâcheux pour les sociétés inférieures où la solidarité
est surtout assurée par la communauté des croyances et des
sentiments. En effet, quelque tendus qu'y puissent être les liens
qui dérivent de la division du travail, comme ce n'est pas eux
qui attachent le plus fortement l'individu à la société, la cohésion sociale n'est pas menacée pour cela. Le malaise qui résulte
des aspirations contrariées ne suffit pas à tourner ceux-là mêmes
qui en souffrent contre l'ordre social qui en est la cause ; car ils
y tiennent, non parce qu'ils y trouvent le champ nécessaire au
développement de leur activité professionnelle, mais parce qu'il
résume à leurs yeux une multitude de croyances et de pratiques
dont ils vivent. Ils y tiennent, parce que toute leur vie intérieure
y est liée, parce que toutes leurs convictions le supposent, parce
que, servant de base à l'ordre moral et religieux, il leur apparaît
comme sacré. Des froissements privés et de nature temporelle
sont évidemment trop légers pour ébranler des états de conscience qui gardent d'une telle origine une force exceptionnelle.
D'ailleurs, comme la vie professionnelle est peu développée, ces
froissements ne sont qu'intermittents. Pour toutes ces raisons, ils
sont faiblement ressentis. On s'y fait donc sans peine ; on trouve
même ces inégalités, non seulement tolérables, mais naturelles.

C'est tout le contraire qui se produit quand la solidarité organique devient prédominante; car, alors, tout ce qui la relâche
atteint le lien social dans sa partie vitale. D'abord, comme, dans
ces conditions, les activités spéciales s'exercent d'une manière à
peu près continue, elles ne peuvent être contrariées sans qu'il en
résulte des souffrances de tous les instants. Ensuite, comme la
conscience collective s'affaiblit, les tiraillements qui se produisent ainsi ne peuvent plus être aussi complètement neutralisés.
Les sentiments communs n'ont plus la même force pour retenir
quand même l'individu attaché au groupe; les tendances subversives, n'ayant plus le même contrepoids, se font jour plus
facilement. Perdant de plus en plus le caractère transcendant
qui la plaçait comme dans une sphère supérieure aux intérêts
humains, l'organisation sociale n'a plus la même force de résistance, en même temps qu'elle est davantage battue en brèche;
œuvre tout humaine, elle ne peut plus s'opposer aussi bien aux
revendications humaines. Au moment même où le flot devient
plus violent, la digue qui le contenait est ébranlée; il se trouve
donc être beaucoup plus dangereux. Voilà pourquoi, dans les
sociétés organisées, il est indispensable que la division du travail
se rapproche de plus en plus de cet idéal de spontanéité que
nous venons de définir. Si elles s'efforcent et doivent s'efforcer
d'effacer autant que possible les inégalités extérieures, ce n'est
pas seulement parce que l'entreprise est belle, mais c'est que leur
existence même est engagée dans le problème. Car elles ne
peuvent se maintenir que si toutes les parties qui les forment
sont solidaires, et la solidarité n'en est possible qu'à cette condition. Aussi peut-on prévoir que cette œuvre de justice deviendra
toujours plus complète, à mesure que le type organisé se déve-
loppera. Quelque importants que soient les progrès réalisés dans
ce sens, ils ne donnent vraisemblablement qu'une faible idée
de ceux qui s'accompliront.

II

L'égalité dans les conditions extérieures de la lutte n'est pas seulement nécessaire pour attacher chaque individu à sa fonction, mais encore pour relier les fonctions les unes aux autres.

En effet, les relations contractuelles se développent nécessairement avec la division du travail, puisque celle-ci n'est pas possible sans l'échange dont le contrat est la forme juridique. Autrement dit, une des variétés importantes de la solidarité organique est ce qu'on pourrait appeler la solidarité contractuelle. Sans doute, il est faux de croire que toutes les relations sociales puissent se ramener au contrat, d'autant plus que le contrat suppose autre chose que lui-même; il y a cependant des liens spéciaux qui ont leur origine dans la volonté des individus. Il y a un *consensus* d'un certain genre qui s'exprime dans les contrats et qui, dans les espèces supérieures, représente un facteur important du *consensus* général. Il est donc nécessaire que, dans ces mêmes sociétés, la solidarité contractuelle soit autant que possible mise à l'abri de tout ce qui peut la troubler. Car si, dans les sociétés moins avancées, elle peut être instable sans grand inconvénient pour les raisons que nous avons dites, là où elle est une des formes éminentes de la solidarité sociale, elle ne peut être menacée sans que l'unité du corps social soit menacée du même coup. Les conflits qui naissent des contrats prennent donc plus de gravité à mesure que le contrat lui-même prend plus d'importance dans la vie générale. Aussi, tandis qu'il est des sociétés primitives qui n'interviennent même pas pour les résoudre (¹), le droit contractuel des peuples civilisés devient toujours plus volumineux; or, il n'a pas d'autre objet que d'as-

---

(¹) V. Strabon, p. 702. De même dans le *Pentateuque* on ne trouve pas de réglementation du contrat.

surer le concours régulier des fonctions qui entrent en rapports
de cette manière.

Mais, pour que ce résultat soit atteint, il ne suffit pas que l'autorité publique veille à ce que les engagements contractés soient
tenus; il faut encore que, du moins dans la grande moyenne des
cas, ils soient spontanément tenus. Si les contrats n'étaient
observés que par force ou par peur de la force, la solidarité
contractuelle serait singulièrement précaire. Un ordre tout extérieur dissimulerait mal des tiraillements trop généraux pour
pouvoir être indéfiniment contenus. Mais, dit-on, pour que ce
danger ne soit pas à craindre, il suffit que les contrats soient
librement consentis. Il est vrai; mais la difficulté n'est pas pour
cela résolue, car, qu'est-ce qui constitue le libre consentement?
L'acquiescement verbal ou écrit n'en est pas une preuve suffisante;
on peut n'acquiescer que forcé. Il faut donc que toute contrainte
soit absente; mais où commence la contrainte? Elle ne consiste
pas seulement dans l'emploi direct de la violence; car la violence
indirecte supprime tout aussi bien la liberté. Si l'engagement
que j'ai arraché en menaçant quelqu'un de la mort, est moralement et légalement nul, comment serait-il valable si, pour
l'obtenir, j'ai profité d'une situation dont je n'étais pas la cause,
il est vrai, mais qui mettait autrui dans la nécessité de me céder
ou de mourir?

Dans une société donnée, chaque objet d'échange a, à chaque
moment, une valeur déterminée que l'on pourrait appeler sa
valeur sociale. Elle représente la quantité de travail utile qu'il
contient; il faut entendre par là, non le travail intégral qu'il a
pu coûter, mais la part de cette énergie susceptible de produire
des effets sociaux utiles, c'est-à-dire qui répondent à des besoins
normaux. Quoique une telle grandeur ne puisse être calculée
mathématiquement, elle n'en est pas moins réelle. On aperçoit
même facilement les principales conditions en fonction desquelles
elle varie; c'est avant tout la somme d'efforts nécessaires à la
production de l'objet, l'intensité des besoins qu'il satisfait, et

enfin l'étendue de la satisfaction qu'il y apporte. En fait, d'ailleurs, c'est autour de ce point qu'oscille la valeur moyenne; elle ne s'en écarte que sous l'influence de facteurs anormaux et, dans ce cas, la conscience publique a généralement un sentiment plus ou moins vif de cet écart. Elle trouve injuste tout échange où le prix de l'objet est sans rapport avec la peine qu'il coûte et les services qu'il rend.

Cette définition posée, nous dirons que le contrat n'est pleinement consenti que si les services échangés ont une valeur sociale équivalente. Dans ces conditions, en effet, chacun reçoit la chose qu'il désire et livre celle qu'il donne en retour pour ce que l'une et l'autre valent. Cet équilibre des volontés que constate et consacre le contrat se produit donc et se maintient de soi-même, puisqu'il n'est qu'une conséquence et une autre forme de l'équilibre même des choses. Il est vraiment spontané. Il est vrai que nous désirons parfois recevoir, pour le produit que nous cédons, plus qu'il ne vaut; nos ambitions sont sans limites et, par conséquent, ne se modèrent que parce qu'elles se contiennent les unes les autres. Mais cette contrainte, qui nous empêche de satisfaire sans mesure nos désirs même déréglés, ne saurait être confondue avec celle qui nous ôte les moyens d'obtenir la juste rémunération de notre travail. La première n'existe pas pour l'homme sain. La seconde seule mérite d'être appelée de ce nom; seule, elle altère le consentement. Or, elle n'existe pas dans le cas que nous venons de dire. Si, au contraire, les valeurs échangées ne se font pas contrepoids, elles n'ont pu s'équilibrer que si quelque force extérieure a été jetée dans la balance. Il y a eu lésion d'un côté ou de l'autre; les volontés n'ont donc pu se mettre d'accord que si l'une d'elles a subi une pression directe ou indirecte, et cette pression constitue une violence. En un mot, pour que la force obligatoire du contrat soit entière, il ne suffit pas qu'il ait été l'objet d'un assentiment exprimé; il faut encore qu'il soit juste, et il n'est pas juste par cela seul qu'il a été verbalement consenti. Un simple état du sujet ne saurait

engendrer à lui seul ce pouvoir de lier qui est inhérent aux
conventions; du moins, pour que le consentement ait cette
vertu, il faut qu'il repose lui-même sur un fondement objectif.

La condition nécessaire et suffisante pour que cette équiva-
lence soit la règle des contrats, c'est que les contractants soient
placés dans des conditions extérieures égales. En effet, comme
l'appréciation des choses ne peut pas être déterminée *a priori*,
mais se dégage des échanges eux-mêmes, il faut que les individus
qui échangent n'aient pour faire apprécier ce que vaut leur travail d'autre force que celle qu'ils tirent de leur mérite social. De
cette manière, en effet, les valeurs des choses correspondent
exactement aux services qu'elles rendent et à la peine qu'elles
coûtent; car tout autre facteur, capable de les faire varier, est,
par hypothèse, éliminé. Sans doute, leur mérite inégal fera toujours aux hommes des situations inégales dans la société; mais
ces inégalités ne sont extérieures qu'en apparence, car elles ne
font que traduire au dehors des inégalités internes; elles n'ont
donc d'autre influence sur la détermination des valeurs que
d'établir entre ces dernières une graduation parallèle à la hiérarchie des fonctions sociales. Il n'en est plus de même si quelques-uns reçoivent de quelque autre source un supplément
d'énergie; car celle-ci a nécessairement pour effet de déplacer
le point d'équilibre, et il est clair que ce déplacement est indépendant de la valeur sociale des choses. Toute supériorité a son
contre-coup sur la manière dont les contrats se forment; si donc
elle ne tient pas à la personne des individus, à leurs services
sociaux, elle fausse les conditions morales de l'échange. Si une
classe de la société est obligée, pour vivre, de faire accepter à
tout prix ses services, tandis que l'autre peut s'en passer, grâce
aux ressources dont elle dispose et qui pourtant ne sont pas
nécessairement dues à quelque supériorité sociale, la seconde
fait injustement la loi à la première. Autrement dit, il ne peut
pas y avoir des riches et des pauvres de naissance sans qu'il y
ait des contrats injustes. A plus forte raison en était-il ainsi

quand la condition sociale elle-même était héréditaire et que le droit consacrait toute sorte d'inégalités.

Seulement, ces injustices ne sont pas fortement senties tant que les relations contractuelles sont peu développées et que la conscience collective est forte. Par suite de la rareté des contrats, elles ont moins d'occasions de se produire, et surtout les croyances communes en neutralisent les effets. La société n'en souffre pas parce qu'elle n'est pas en danger pour cela. Mais, à mesure que le travail se divise davantage et que la foi sociale s'affaiblit, elles deviennent plus insupportables parce que les circonstances qui leur donnent naissance reviennent plus souvent, et aussi parce que les sentiments qu'elles éveillent ne peuvent plus être aussi complètement tempérés par des sentiments contraires. C'est ce dont témoigne l'histoire du droit contractuel qui tend de plus en plus à retirer toute valeur aux conventions où les contractants se sont trouvés dans des situations trop inégales.

A l'origine, tout contrat, conclu dans les formes, a force obligatoire, de quelque manière qu'il ait été obtenu. Le consentement n'en est même pas le facteur primordial. L'accord des volontés ne suffit pas à les lier, et les liens formés ne résultent pas directement de cet accord. Pour que le contrat existe, il faut et il suffit que certaines cérémonies soient accomplies, que certaines paroles soient prononcées, et la nature des engagements est déterminée, non par l'intention des parties, mais par les formules employées (¹). Le contrat consensuel n'apparait qu'à une époque relativement récente (²). C'est un premier progrès dans la voie de la justice. Mais, pendant longtemps, le consentement, qui suffisait à valider les pactes, put être très imparfait, c'est-à-dire extorqué par la force ou par la fraude. Ce fut assez tard que le

---

(¹) Voir le contrat *verbis*, *litteris* et *re* dans le droit romain. Cf. Esmein, *Études sur les contrats dans le très ancien droit français*. Paris, 1883.

(²) Ulpien regarde les contrats consensuels comme étant *juris gentium*. (L. V, 4, 7 pr. et § 1, *De pact.*, II, 14.) Or tout le *jus gentium* est certainement d'origine postérieure au droit civil. V. Voigt, *Jus gentium*.

prêteur romain accorda aux victimes de la ruse et de la violence l'action *de dolo* et l'action *quod metus causa* (¹); encore la violence n'existait-elle légalement que s'il y avait eu menace de mort ou de supplices corporels (²). Notre droit est devenu plus exigeant sur ce point. En même temps, la lésion, dûment établie, fut admise parmi les causes qui peuvent dans certains cas vicier les contrats (³). N'est-ce pas, d'ailleurs, pour cette raison que les peuples civilisés refusent tous de reconnaître le contrat d'usure? C'est qu'en effet il suppose qu'un des contractants est trop complétement à la merci de l'autre. Enfin, la morale commune condamne plus sévèrement encore toute espèce de contrat léonin, où l'une des parties est exploitée par l'autre parce qu'elle est la plus faible, et ne reçoit pas le juste prix de sa peine. La conscience publique réclame d'une manière toujours plus instante une exacte réciprocité dans les services échangés, et, ne reconnaissant qu'une force obligatoire très réduite aux conventions qui ne remplissent pas cette condition fondamentale de toute justice, elle se montre beaucoup plus indulgente que la loi pour ceux qui les violent

C'est aux économistes que revient le mérite d'avoir les premiers signalé le caractère spontané de la vie sociale, d'avoir montré que la contrainte ne peut que la faire dévier de sa direction naturelle, et que, normalement, elle résulte, non d'arrangements extérieurs et imposés, mais d'une libre élaboration interne. A ce titre, ils ont rendu un important service à la science de la morale; seulement, ils se sont mépris sur la nature de cette liberté. Comme ils y voient un attribut constitutif de

(¹) L'action *quod metus causa* qui est un peu antérieure à l'action *de dolo* est postérieure à la dictature de Sylla. On en place la date en 674.
(²) V. L. 3, § 1, et L. 7, § 1.
(³) Dioclétien décida que le contrat pourrait être rescindé si le prix était inférieur à la moitié de la valeur réelle. Notre droit n'admet la rescision pour cause de lésion que dans les ventes d'immeubles.

l'homme, comme ils la déduisent logiquement du concept de l'individu en soi, elle leur semble être entière dès l'état de nature, abstraction faite de toute société. L'action sociale, d'après eux, n'a donc rien à y ajouter; tout ce qu'elle peut et doit faire, c'est d'en régler le fonctionnement extérieur de manière à ce que les libertés concurrentes ne se nuisent pas les unes aux autres. Mais si elle ne se renferme pas strictement dans ces limites, elle empiète sur leur domaine légitime et le diminue.

Mais, outre qu'il est faux que toute réglementation soit le produit de la contrainte, il se trouve que la liberté elle-même est le produit d'une réglementation. Loin d'être une sorte d'antagoniste de l'action sociale, elle en résulte. Elle est si peu une propriété inhérente de l'état de nature qu'elle est au contraire une conquête de la société sur la nature. Naturellement, les hommes sont inégaux en force physique; ils sont placés dans des conditions extérieures inégalement avantageuses; la vie domestique elle-même, avec l'hérédité des biens qu'elle implique et les inégalités qui en dérivent, est, de toutes les formes de la vie sociale, celle qui dépend le plus étroitement de causes naturelles, et nous venons de voir que toutes ces inégalités sont la négation même de la liberté. En définitive, ce qui constitue la liberté, c'est la subordination des forces extérieures aux forces sociales; car c'est seulement à cette condition que ces dernières peuvent se développer librement. Or, cette subordination est bien plutôt le renversement de l'ordre naturel (¹). Elle ne peut donc se réaliser que progressivement, à mesure que l'homme s'élève au-dessus des choses pour leur faire la loi, pour les dépouiller de leur caractère fortuit, absurde, amoral, c'est-à-dire dans la mesure où il devient un être social. Car il ne peut échapper à la nature qu'en se

---

(¹) Bien entendu, nous ne voulons pas dire que la société soit en dehors de la nature, si l'on entend par là l'ensemble des phénomènes soumis à la loi de causalité. Par ordre naturel, nous entendons seulement celui qui se produirait dans ce qu'on a appelé l'état de nature, c'est-à-dire sous l'influence exclusive de causes physiques et organico-psychiques.

créant un autre monde d'où il la domine, à savoir la société [1].

La tâche des sociétés les plus avancées est donc, peut-on dire, une œuvre de justice. Qu'en fait elles sentent la nécessité de s'orienter dans ce sens, c'est ce que nous avons montré déjà et ce que nous prouve l'expérience de chaque jour. De même que l'idéal des sociétés inférieures était de créer ou de maintenir une vie commune aussi intense que possible, où l'individu vint s'absorber, le nôtre est de mettre toujours plus d'équité dans nos rapports sociaux, afin d'assurer le libre déploiement de toutes les forces socialement utiles. Cependant, quand on songe que, pendant des siècles, les hommes se sont contentés d'une justice beaucoup moins parfaite, on se prend à se demander si ces aspirations ne seraient pas dues peut-être à des impatiences sans raison, si elles ne représentent pas une déviation de l'état normal plutôt qu'une anticipation de l'état normal à venir, si, en un mot, le moyen de guérir le mal dont elles révèlent l'existence est de les satisfaire ou de les combattre. Les propositions établies dans les livres précédents nous ont permis de répondre avec précision à cette question qui nous préoccupe. Il n'est pas de besoins mieux fondés que ces tendances, car elles sont une conséquence nécessaire des changements qui se sont faits dans la structure des sociétés. Parce que le type segmentaire s'efface et que le type organisé se développe, parce que la solidarité organique se substitue peu à peu à celle qui résulte des ressemblances, il est indispensable que les conditions extérieures se nivellent. L'harmonie des fonctions et, par suite, l'existence sont à ce prix. De même que les peuples anciens avaient, avant tout, besoin de foi commune pour vivre, nous, nous avons besoin de justice, et on peut être certain que ce besoin deviendra toujours plus exigeant si, comme tout le fait prévoir, les conditions qui dominent l'évolution sociale restent les mêmes.

[1] V. liv. II, ch. V. — On voit une fois de plus que le contrat libre ne se suffit pas à soi-même, puisqu'il n'est possible que grâce à une organisation sociale très complexe.

CHAPITRE III

—

AUTRE FORME ANORMALE

———

Il nous reste à décrire une dernière forme anormale.

Il arrive souvent dans une entreprise commerciale, industrielle ou autre, que les fonctions sont distribuées de telle sorte qu'elles n'offrent pas une matière suffisante à l'activité des individus. Qu'il y ait à cela une déplorable perte de forces, c'est ce qui est évident; mais nous n'avons pas à nous occuper du côté économique du phénomène. Ce qui doit nous intéresser, c'est un autre fait qui accompagne toujours ce gaspillage, à savoir une incoordination plus ou moins grande de ces fonctions. On sait en effet que, dans une administration où chaque employé n'a pas de quoi s'occuper suffisamment, les mouvements s'ajustent mal entre eux, les opérations se font sans ensemble, en un mot la solidarité se relâche, l'incohérence et le désordre apparaissent. A la cour du Bas-Empire, les fonctions étaient spécialisées à l'infini, et pourtant il en résultait une véritable anarchie. Ainsi, voilà des cas où la division du travail, poussée très loin, produit une intégration très imparfaite. D'où cela vient-il? On serait tenté de répondre que ce qui manque, c'est un organe régulateur, une direction. L'explication est peu satisfaisante, car, très souvent, cet état maladif est l'œuvre du pouvoir directeur lui-même. Pour que le mal disparaisse, il ne suffit donc pas qu'il y ait une action régulatrice, mais qu'elle s'exerce d'une certaine manière. Aussi bien savons-nous de quelle manière elle s'exercera. Le premier soin d'un chef intelligent et expérimenté sera

de supprimer les emplois inutiles, de distribuer le travail de
manière à ce que chacun soit suffisamment occupé, d'augmenter
par conséquent l'activité fonctionnelle de chaque travailleur, et
l'ordre renaîtra spontanément en même temps que le travail
sera plus économiquement aménagé. Comment cela se fait-il?
C'est ce qu'on voit mal au premier abord. Car enfin, si chaque
fonctionnaire a une tâche bien déterminée, s'il s'en acquitte
exactement, il aura nécessairement besoin des fonctionnaires
voisins et il ne pourra pas ne pas s'en sentir solidaire. Qu'importe que cette tâche soit petite ou grande, pourvu qu'elle soit
spéciale? Qu'importe qu'elle absorbe ou non son temps et ses
forces?

Il importe beaucoup au contraire. C'est qu'en effet, d'une
manière générale, la solidarité dépend très étroitement de l'activité fonctionnelle des parties spécialisées. Ces deux termes
varient l'un comme l'autre. Là où les fonctions sont languis-
santes, elles ont beau être spéciales, elles se coordonnent mal
entre elles et sentent incomplètement leur mutuelle dépendance.
Quelques exemples vont rendre ce fait très sensible. Chez un
homme, « la suffocation oppose une résistance au passage du sang
à travers les capillaires, et cet obstacle est suivi d'une congestion
et d'arrêt du cœur; en quelques secondes, il se produit un grand
trouble dans tout l'organisme, et au bout d'une minute ou deux
les fonctions cessent (1). » La vie tout entière dépend donc
très étroitement de la respiration. Mais, chez une grenouille, la
respiration peut être suspendue longtemps sans entraîner aucun
désordre, soit que l'aération du sang qui s'effectue à travers la
peau lui suffise, soit même qu'elle soit totalement privée d'air
respirable et se contente de l'oxygène emmagasiné dans ses
tissus. Il y a donc une assez grande indépendance et, par conséquent, une solidarité imparfaite entre la fonction de respiration
de la grenouille et les autres fonctions de l'organisme, puisque

(1) Spencer, *Principes de biologie*, II, 131.

celles-ci peuvent subsister sans le secours de celle-là. Ce résultat
est dû à ce fait que les tissus de la grenouille, ayant une activité
fonctionnelle moins grande que ceux de l'homme, ont aussi
moins besoin de renouveler leur oxygène et de se débarrasser de
l'acide carbonique produit par leur combustion. De même, un
mammifère a besoin de prendre de la nourriture très régulièrement; le rythme de sa respiration, à l'état normal, reste sensiblement le même; ses périodes de repos ne sont jamais très
longues; en d'autres termes, ses fonctions respiratoires, ses fonctions de nutrition, ses fonctions de relation sont sans cesse
nécessaires les unes aux autres et à l'organisme tout entier, à
tel point qu'aucune d'elles ne peut rester longtemps suspendue
sans danger pour les autres et pour la vie générale. Le serpent,
au contraire, ne prend de nourriture qu'à de longs intervalles;
ses périodes d'activité et d'assoupissement sont très distantes
l'une de l'autre; sa respiration, très apparente à de certains
moments, est parfois presque nulle, c'est-à-dire que ses
fonctions ne sont pas très étroitement liées, mais peuvent
sans inconvénient s'isoler les unes des autres. La raison en
est que son activité fonctionnelle est moindre que celle des
mammifères. La dépense des tissus étant plus faible, ils ont
moins besoin d'oxygène; l'usure étant moins grande, les réparations sont moins souvent nécessaires, ainsi que les mouvements
destinés à poursuivre une proie et à s'en emparer. M. Spencer a
d'ailleurs fait remarquer qu'on trouve dans la nature inorganisée
des exemples du même phénomène. « Voyez, dit-il, une machine
très compliquée dont les parties ne sont pas bien ajustées ou sont
devenues trop lâches par l'effet de l'usure; examinez-la quand
elle va s'arrêter. Vous observez certaines irrégularités de mouvement près du moment où elle arrive au repos : quelques parties s'arrêtent les premières, se remettent en mouvement par
l'effet de la continuation du mouvement des autres, et alors elles
deviennent à leur tour des causes de renouvellement du mouvement dans les autres parties qui avaient cessé de se mouvoir.

En d'autres termes, quand les changements rythmiques de la
machine sont rapides, les actions et les réactions qu'ils exercent
les uns sur les autres sont régulières et tous les mouvements
sont bien intégrés; mais, à mesure que la vitesse diminue, des
irrégularités se produisent, les mouvements se désintègrent ([1]). »

Ce qui fait que tout accroissement de l'activité fonctionnelle
détermine un accroissement de solidarité, c'est que les fonctions
d'un organisme ne peuvent devenir plus actives qu'à condition
de devenir aussi plus continues. Considérez-en une en particulier. Comme elle ne peut rien sans le concours des autres, elle
ne peut produire davantage que si les autres aussi produisent
plus; mais le rendement de celles-ci ne peut s'élever, à son
tour, que si celui de la précédente s'élève encore une fois par
un nouveau contre-coup. Tout surcroît d'activité dans une fonction, impliquant un surcroît correspondant dans les fonctions
solidaires, en implique un nouveau dans la première : ce qui
n'est possible que si celle-ci devient plus continue. Bien entendu,
d'ailleurs, ces contre-coups ne se produisent pas indéfiniment;
mais un moment arrive où l'équilibre s'établit de nouveau. Si
les muscles et les nerfs travaillent davantage, il leur faudra une
alimentation plus riche, que l'estomac leur fournira à condition
de fonctionner plus activement; mais, pour cela, il faudra qu'il
reçoive plus de matériaux nutritifs à élaborer, et ces matériaux
ne pourront être obtenus que par une nouvelle dépense d'énergie
nerveuse ou musculaire. Une production industrielle plus grande
nécessite l'immobilisation d'une plus grande quantité de capital
sous forme de machines; mais ce capital, à son tour, pour pouvoir s'entretenir, réparer ses pertes, c'est-à-dire payer le prix de
son loyer, réclame une production industrielle plus grande.
Quand le mouvement qui anime toutes les parties d'une machine
est très rapide, il est ininterrompu parce qu'il passe sans relâche
des unes aux autres. Elles s'entraînent mutuellement, pour ainsi

([1]) Spencer, *Principes de biologie*, II, 131.

dire. Si, de plus, ce n'est pas seulement une fonction isolée, mais toutes à la fois qui deviennent plus actives, la continuité de chacune d'elles sera encore augmentée.

Par suite, elles seront plus solidaires. En effet, étant plus continues, elles sont en rapports d'une manière plus suivie et ont plus continuellement besoin les unes des autres. Elles sentent donc mieux leur dépendance. Sous le règne de la grande industrie, l'entrepreneur est plus dépendant des ouvriers pourvu qu'ils sachent agir de concert; car les grèves, en arrêtant la production, empêchent le capital de s'entretenir. Mais l'ouvrier, lui aussi, peut moins facilement chômer parce que ses besoins se sont accrus avec son travail. Quand, au contraire, l'activité est moindre, les besoins sont plus intermittents et il en est ainsi des relations qui unissent les fonctions. Elles ne sentent que de temps en temps leur solidarité qui est plus lâche par cela même.

Si donc le travail fourni non seulement n'est pas considérable, mais encore n'est pas suffisant, il est naturel que la solidarité elle-même, non seulement soit moins parfaite, mais encore fasse plus ou moins complètement défaut. C'est ce qui arrive dans ces entreprises où les tâches sont partagées de telle sorte que l'activité de chaque travailleur est abaissée au-dessous de ce qu'elle devrait être normalement. Les différentes fonctions sont alors trop discontinues pour qu'elles puissent s'ajuster exactement les unes aux autres et marcher toujours de concert; voilà d'où vient l'incohérence qu'on y constate.

Mais il faut des circonstances exceptionnelles pour que la division du travail se fasse de cette manière. Normalement, elle ne se développe pas sans que l'activité fonctionnelle ne s'accroisse en même temps et dans la même mesure. En effet, les mêmes causes qui nous obligent à nous spécialiser davantage nous obligent aussi à travailler davantage. Quand le nombre des concurrents augmente dans l'ensemble de la société, il augmente aussi dans chaque profession particulière; la lutte y devient plus vive et, par conséquent, il faut plus d'efforts pour la pouvoir soutenir. De plus, la division du travail tend par elle-même à rendre les fonctions plus actives et plus continues. Les économistes ont depuis longtemps dit les raisons de ce phénomène ; voici quelles sont les principales : 1° Quand les travaux ne sont pas divisés, il faut sans cesse se déranger, passer d'une occupation à une autre. La division du travail fait l'économie de tout ce temps perdu ; suivant l'expression de Karl Marx, elle resserre les pores de la journée. 2° L'activité fonctionnelle augmente avec l'habileté, le talent du travailleur que la division du travail développe ; il y a moins de temps employé aux hésitations et aux tâtonnements.

Le sociologue américain Carey a fort bien mis en relief ce caractère de la division du travail. « Il ne peut, dit-il, exister de continuité dans les mouvements du colon isolé. Dépendant pour ses subsistances de sa puissance d'appropriation et forcé de parcourir des surfaces immenses de terrain, il se trouve souvent en danger de mourir faute de nourriture. Lors même qu'il réussit à s'en procurer, il est forcé de suspendre ses recherches et de songer à effectuer le changement de résidence indispensable pour transporter à la fois ses subsistances, sa misérable habitation et lui-même. Arrivé là, il est forcé de devenir tour à tour cuisinier, tailleur..... Privé du secours de la lumière artificielle, ses nuits sont complètement sans emploi, en même temps que le pouvoir de faire de ses journées un emploi fructueux dépend complètement des chances de la température. Découvrant enfin cependant qu'il a un voisin (1), il se fait des échanges entre eux ; mais, comme tous deux occupent des parties différentes de l'île, ils se trouvent forcés de se rapprocher exactement comme les pierres à l'aide desquelles ils broient leur blé... En outre, lorsqu'ils se rencontrent, il se présente des difficultés pour fixer les conditions du commerce, à raison de l'irrégularité dans l'approvision-

---

(1) Bien entendu, ce n'est là qu'une manière d'exposer les choses. Ce n'est pas ainsi qu'elles se sont historiquement passées. L'homme n'a pas découvert un beau jour qu'il avait un voisin.

nement des diverses denrées dont ils veulent se dessaisir. Le
pêcheur a eu une chance favorable et a pêché une grande quantité de poissons; mais le hasard a permis au chasseur de se
procurer du poisson et, en ce moment, il n'a besoin que de fruits,
et le pêcheur n'en possède pas. La différence étant, ainsi que
nous le savons, indispensable pour l'association, l'absence de
cette condition offrirait ici un obstacle à l'association, difficile à
surmonter.

Cependant, avec le temps, la richesse et la population se développent et, avec ce développement, il se manifeste un accroissement dans le mouvement de la société; dès lors, le mari échange
des services contre ceux de sa femme, les parents contre ceux
de leurs enfants, et les enfants échangent des services réciproques; l'un fournit le poisson, l'autre la viande, un troisième du
blé, tandis qu'un quatrième transforme la laine en drap. A chaque
pas, nous constatons un accroissement dans la rapidité du mouvement, en même temps qu'un accroissement de force de la part
de l'homme (1). »

D'ailleurs, en fait, on peut observer que le travail devient plus
continu à mesure qu'il se divise davantage. Les animaux, les sauvages travaillent de la manière la plus capricieuse, quand ils sont
poussés par la nécessité de satisfaire quelque besoin immédiat.
Dans les sociétés exclusivement agricoles et pastorales, le travail
est presque tout entier suspendu pendant la mauvaise saison. A
Rome, il était interrompu par une multitude de fêtes ou de jours
néfastes (2). Au moyen âge, les chômages sont encore multipliés (3). Cependant, à mesure que l'on avance, le travail devient
une occupation permanente, une habitude et même, si cette
habitude est suffisamment consolidée, un besoin. Mais elle
n'aurait pu se constituer, et le besoin correspondant n'aurait pu

(1) *Science sociale*, trad. franç., I, 220-231.
(2) V. Marquardt, *Roem. Staatsverwaltung*, III, 545 et suiv.
(3) V. Levasseur, *Les Classes ouvrières en France jusqu'à la Révolution*, I, 474 et 475.

naître, si le travail était resté irrégulier et intermittent comme autrefois.

Nous sommes ainsi conduits à reconnaître une nouvelle raison qui fait de la division du travail une source de cohésion sociale. Elle ne rend pas seulement les individus solidaires, comme nous l'avons dit jusqu'ici, parce qu'elle limite l'activité de chacun, mais encore parce qu'elle l'augmente. Elle accroît l'unité de l'organisme, par cela seul qu'elle en accroît la vie; du moins, à l'état normal, elle ne produit pas un de ces effets sans l'autre.

CONCLUSION

CONCLUSION

I

Nous pouvons maintenant résoudre le problème pratique que nous nous sommes posé au début de ce travail.

S'il est une règle de conduite dont le caractère moral n'est pas contesté, c'est celle qui nous ordonne de réaliser en nous les traits essentiels du type collectif. C'est chez les peuples inférieurs qu'elle atteint son maximum de rigueur. Là, le premier devoir est de ressembler à tout le monde, de n'avoir rien de personnel ni en fait de croyances, ni en fait de pratiques. Dans les sociétés plus avancées, les similitudes exigées sont moins nombreuses; il en est pourtant encore, nous l'avons vu, dont l'absence nous constitue en état de faute morale. Sans doute, le crime compte moins de catégories différentes; mais, aujourd'hui comme autrefois, si le criminel est l'objet de la réprobation, c'est parce qu'il n'est pas notre semblable. De même, à un degré inférieur, les actes simplement immoraux et prohibés comme tels sont ceux qui témoignent de dissemblances moins profondes, quoique encore graves. N'est-ce pas d'ailleurs cette règle que la morale commune exprime, quoique dans un langage un peu différent, quand elle ordonne à l'homme d'être un homme dans toute l'acception du mot, c'est-à-dire d'avoir toutes les idées et tous les sentiments qui constituent une conscience humaine? Sans doute, si l'on prend la formule à la lettre, l'homme qu'elle nous prescrit d'être serait l'homme en général et non celui de telle ou telle espèce sociale. Mais, en réalité, cette conscience humaine que nous devons réaliser intégralement en nous n'est autre chose que la conscience collective du groupe dont nous faisons partie. Car de quoi peut-elle être composée, sinon des idées et des sentiments auxquels nous sommes le plus attachés? Où irions-nous chercher les traits de notre modèle si ce n'est en nous et autour de nous? Si nous croyons que cet idéal collectif est celui de l'humanité tout entière, c'est qu'il est devenu assez abstrait et général pour paraître convenir à tous les hommes indistinctement. Mais, en fait, chaque peuple se fait de ce type soi-disant humain une conception particulière qui tient à son tempérament personnel. Chacun se le représente à son image. Même le moraliste qui croit pouvoir, par la force de la pensée, se soustraire à l'influence des idées ambiantes, ne saurait y parvenir; car il en est tout imprégné et, quoi qu'il fasse, c'est elles qu'il retrouve dans la suite de ses déductions. C'est pourquoi chaque nation a son école de philosophie morale en rapport avec son caractère.

D'autre part, nous avons montré que cette règle avait pour fonction de prévenir tout ébranlement de la conscience commune et, par conséquent, de la solidarité sociale, et qu'elle ne peut s'acquitter de ce rôle qu'à condition d'avoir un caractère moral. Il est impossible que les offenses aux sentiments collectifs les plus fondamentaux soient tolérées sans que la société se désintègre; mais il faut qu'elles soient combattues à l'aide de cette réaction particulièrement énergique qui est attachée aux règles morales.

Or, la règle contraire, qui nous ordonne de nous spécialiser, a exactement la même fonction. Elle aussi est nécessaire à la cohésion des sociétés, du moins à partir d'un certain moment de leur évolution. Sans doute, la solidarité qu'elle assure diffère de la précédente; mais si elle est autre, elle n'est pas moins indispensable. Les sociétés supérieures ne peuvent se maintenir en équilibre que si le travail y est divisé; l'attraction du sem-

blable pour le semblable suffit de moins en moins à produire
cet effet. Si donc le caractère moral de la première de ces règles
est nécessaire pour qu'elle puisse jouer son rôle, cette nécessité
n'est pas moindre pour la seconde. Elles correspondent toutes
deux au même besoin social et le satisfont seulement de manières
différentes, parce que les conditions d'existence des sociétés
diffèrent elles-mêmes. Par conséquent, sans qu'il soit nécessaire
de spéculer sur le fondement premier de l'éthique, nous pouvons induire la valeur morale de l'une de la valeur morale
de l'autre. Si, à certains points de vue, il y a entre elles un
véritable antagonisme, ce n'est pas qu'elles servent à des fins
différentes; au contraire, c'est qu'elles mènent au même but,
mais par des voies opposées. Par suite, il n'est pas nécessaire de
choisir entre elles une fois pour toutes, ni de condamner l'une
au nom de l'autre; ce qu'il faut, c'est faire à chacune, à chaque
moment de l'histoire, la place qui lui convient.

Peut-être même pouvons-nous généraliser davantage.

Les nécessités de notre sujet nous ont en effet obligé à classer
les règles morales et à en passer en revue les principales espèces.
Nous sommes ainsi mieux en état qu'au début pour apercevoir,
ou tout au moins pour conjecturer, non plus seulement le signe
extérieur, mais le caractère interne qui leur est commun à
toutes et qui peut servir à les définir. Nous les avons réparties
en deux genres : les règles à sanction répressive soit diffuse soit
organisée, et les règles à sanction restitutive. Nous avons vu que
les premières expriment les conditions de cette solidarité *sui
generis* qui dérive des ressemblances et à laquelle nous avons
donné le nom de mécanique; les secondes, celles de la solidarité
négative [1] et de la solidarité organique. Nous pouvons donc
dire d'une manière générale que la caractéristique des règles

[1] V. liv. I, ch. III, § 2.

morales est qu'elles énoncent les conditions fondamentales de la solidarité sociale. Le droit et la morale, c'est l'ensemble des liens qui nous attachent les uns aux autres et à la société, qui font de la masse des individus un agrégat un et cohérent. Est moral, peut-on dire, tout ce qui est source de solidarité, tout ce qui force l'homme à compter avec autrui, à régler ses mouvements sur autre chose que les impulsions de son égoïsme, et la moralité est d'autant plus solide que ces liens sont plus nombreux et plus forts. On voit combien il est inexact de la définir, comme on a fait souvent, par la liberté; elle consiste bien plutôt dans un état de dépendance. Loin qu'elle serve à émanciper l'individu, à le dégager du milieu qui l'enveloppe, elle a au contraire pour fonction essentielle d'en faire la partie intégrante d'un tout et, par conséquent, de lui enlever quelque chose de la liberté de ses mouvements. On rencontre parfois, il est vrai, des âmes qui ne sont pas sans noblesse et qui, pourtant, trouvent intolérable l'idée de cette dépendance. Mais c'est qu'elles n'aperçoivent pas les sources d'où découle leur propre moralité, parce que ces sources sont trop profondes. La conscience est un mauvais juge de ce qui se passe au fond de l'être, parce qu'elle n'y pénètre pas.

La société n'est donc pas, comme on l'a cru souvent, un événement étranger à la morale ou qui n'a sur elle que des répercussions secondaires; c'en est, au contraire, la condition nécessaire. Elle n'est pas une simple juxtaposition d'individus qui apportent, en y entrant, une moralité intrinsèque; mais l'homme n'est un être moral que parce qu'il vit en société, puisque la moralité consiste à être solidaire d'un groupe et varie comme cette solidarité. Faites évanouir toute vie sociale, et la vie morale s'évanouit du même coup, n'ayant plus d'objet où se prendre. L'état de nature des philosophes du xviii° siècle, s'il n'est pas immoral, est du moins *amoral;* c'est ce que Rousseau reconnaissait lui-même. D'ailleurs, nous ne revenons pas pour cela à la formule qui exprime la morale en fonction de l'intérêt social. Sans doute, la société ne peut exister si les parties n'en sont solidaires; mais la solidarité n'est qu'une de ses conditions d'existence. Il en est bien d'autres qui ne sont pas moins nécessaires et qui ne sont pas morales. De plus, il peut se faire que, dans ce réseau de liens qui constituent la morale, il y en ait qui ne soient pas utiles ou qui aient une force sans rapport avec leur degré d'utilité. L'idée d'utile n'entre donc pas comme élément essentiel dans notre définition.

Quant à ce qu'on appelle la morale individuelle, si l'on entend par là un ensemble de devoirs dont l'individu serait à la fois le sujet et l'objet, qui ne le relieraient qu'à lui-même et qui, par conséquent, subsisteraient alors même qu'il serait seul, c'est une conception abstraite qui ne correspond à rien dans la réalité. La morale, à tous ses degrés, ne s'est jamais rencontrée que dans l'état de société, n'a jamais varié qu'en fonction de conditions sociales. C'est donc sortir des faits et entrer dans le domaine des hypothèses gratuites et des imaginations invérifiables que de se demander ce qu'elle pourrait devenir si les sociétés n'existaient pas. Les devoirs de l'individu envers lui-même sont, en réalité, des devoirs envers la société; ils correspondent à certains sentiments collectifs qu'il n'est pas plus permis d'offenser, quand l'offensé et l'offenseur sont une seule et même personne, que quand ils sont deux êtres distincts. Aujourd'hui, par exemple, il y a dans toutes les consciences saines un très vif sentiment de respect pour la dignité humaine, auquel nous sommes tenus de conformer notre conduite tant dans nos relations avec nous-même que dans nos rapports avec autrui; et c'est même là tout l'essentiel de la morale qu'on appelle individuelle. Tout acte qui y contrevient est blâmé, alors même que l'agent et le patient du délit ne font qu'un. Voilà pourquoi, suivant la formule kantienne, nous devons respecter la personnalité humaine partout où elle se rencontre, c'est-à-dire chez nous comme chez nos semblables. C'est que le sentiment dont elle est l'objet n'est pas moins froissé dans un cas que dans l'autre.

Or, non seulement la division du travail présente le caractère par lequel nous définissons la moralité, mais elle tend de plus en plus à devenir la condition essentielle de la solidarité sociale. A mesure qu'on avance dans l'évolution, les liens qui attachent l'individu à sa famille, au sol natal, aux traditions que lui a léguées le passé, aux usages collectifs du groupe, se détendent. Plus mobile, il change plus aisément de milieu, quitte les siens pour aller ailleurs vivre d'une vie plus autonome, se fait davantage lui-même ses idées et ses sentiments. Sans doute, toute conscience commune ne disparaît pas pour cela; il restera toujours, tout au moins, ce culte de la personne, de la dignité individuelle dont nous venons de parler, et qui, dès aujourd'hui, est l'unique centre de ralliement de tant d'esprits. Mais combien c'est peu de chose, surtout quand on songe à l'étendue toujours croissante de la vie sociale et, par répercussion, des consciences individuelles! Car, comme elles deviennent plus volumineuses, comme l'intelligence devient plus riche, l'activité plus variée, pour que la moralité reste constante, c'est-à-dire pour que l'individu reste fixé au groupe avec une force simplement égale à celle d'autrefois, il faut que les liens qui l'y attachent deviennent plus forts et plus nombreux. Si donc il ne s'en formait pas d'autres que ceux qui dérivent des ressemblances, l'effacement du type segmentaire serait accompagné d'un abaissement régulier de la moralité. L'homme ne serait plus suffisamment retenu; il ne sentirait plus assez autour de lui et au-dessus de lui cette pression salutaire de la société, qui modère son égoïsme et qui fait de lui un être moral. Voilà ce qui fait la valeur morale de la division du travail. C'est que, par elle, l'individu reprend conscience de son état de dépendance vis-à-vis de la société; c'est d'elle que viennent les forces qui le retiennent et le contiennent. En un mot, puisque la division du travail devient la source éminente de la solidarité sociale, elle devient du même coup la base de l'ordre moral.

On peut donc dire à la lettre que, dans les sociétés supérieures, le devoir n'est pas d'étendre notre activité en surface, mais de la concentrer et de la spécialiser. Nous devons borner notre horizon, choisir une tâche définie et nous y engager tout entiers, au lieu de faire de notre être une sorte d'œuvre d'art achevée, complète, qui tire toute sa valeur d'elle-même et non des services qu'elle rend. Enfin, cette spécialisation doit être poussée d'autant plus loin que la société est d'une espèce plus élevée, sans qu'il soit possible d'y assigner d'autre limite (1). Sans doute, nous devons aussi travailler à réaliser en nous le type collectif dans la mesure où il existe. Il y a des sentiments communs, des idées communes, sans lesquels, comme on dit, on n'est pas un homme. La règle qui nous prescrit de nous spécialiser reste limitée par la règle contraire. Notre conclusion n'est pas qu'il est bon de pousser la spécialisation aussi loin que possible, mais aussi loin qu'il est nécessaire. Quant à la part à faire entre ces deux nécessités antagonistes, elle se détermine à l'expérience et ne saurait être calculée *a priori*. Il nous suffit d'avoir montré que la seconde n'est pas d'une autre nature que la première, mais qu'elle est elle-même morale, et que, de plus, ce devoir devient toujours plus important et plus pressant parce que les qualités générales dont il vient d'être question suffisent de moins en moins à socialiser l'individu.

Ce n'est donc pas sans raison que le sentiment public éprouve

(1) Cependant, il y a peut-être une autre limite, mais dont nous n'avons pas à parler, car elle concerne plutôt l'hygiène individuelle. On pourrait soutenir que, par suite de notre constitution organico-psychique, la division du travail ne peut dépasser une certaine limite sans qu'il en résulte des désordres. Sans entrer dans la question, remarquons toutefois que l'extrême spécialisation à laquelle sont parvenues les fonctions biologiques ne semble pas favorable à cette hypothèse. De plus, dans l'ordre même des fonctions psychiques et sociales, est-ce que, à la suite du développement historique, la division du travail n'a pas été portée au dernier degré entre l'homme et la femme? Est-ce que des facultés tout entières n'ont pas été perdues par cette dernière et réciproquement? Pourquoi le même phénomène ne se produirait-il pas entre individus du même sexe? Sans doute, il faut toujours du temps pour que l'organisme s'adapte à ces changements; mais on ne voit pas pourquoi un jour viendrait où cette adaptation deviendrait impossible.

un éloignement toujours plus prononcé pour le dilettante et
même pour ces hommes qui, trop épris d'une culture exclusivement générale, refusent de se laisser prendre tout entiers dans
les mailles de l'organisation professionnelle. C'est qu'en effet ils
ne tiennent pas assez à la société ou, si l'on veut, la société ne
les tient pas assez; ils lui échappent, et, précisément parce qu'ils
ne la sentent ni avec la vivacité, ni avec la continuité qu'il
faudrait, ils n'ont pas conscience de toutes les obligations que
leur impose leur condition d'êtres sociaux. L'idéal général
auquel ils sont attachés étant, pour les raisons que nous avons
dites, formel et flottant, ne peut pas les tirer beaucoup hors
d'eux-mêmes. On ne tient pas à grand'chose quand on n'a pas
d'objectif plus déterminé et, par conséquent, on ne peut guère
s'élever au-dessus d'un égoïsme plus ou moins raffiné. Celui, au
contraire, qui s'est donné à une tâche définie est, à chaque
instant, rappelé au sentiment de la solidarité commune par les
mille devoirs de la morale professionnelle (1).

II

Mais est-ce que la division du travail, en faisant de chacun de
nous un être incomplet, n'entraîne pas une diminution de
la personnalité individuelle? C'est un reproche qu'on lui a
souvent adressé.

(1) Parmi les conséquences pratiques que l'on pourrait déduire de la proposition que nous venons d'établir, il en est une qui intéresse la pédagogie. On
raisonne toujours en matière d'éducation comme si la base morale de l'homme
était faite de généralités. Nous venons de voir qu'il n'en est rien. L'homme
est destiné à remplir une fonction spéciale dans l'organisme social et, par
conséquent, il faut qu'il apprenne par avance à jouer son rôle d'organe; car
une éducation est nécessaire pour cela, tout aussi bien que pour lui apprendre
son rôle d'homme, comme on dit. Nous ne voulons pas dire d'ailleurs qu'il
faille élever l'enfant pour tel ou tel métier prématurément, mais il faut lui
faire aimer les tâches circonscrites et les horizons définis. Or, ce goût est bien
différent de celui des choses générales et ne peut pas être éveillé par les
mêmes moyens.

Remarquons tout d'abord qu'il est difficile de voir pourquoi il serait plus dans la logique de la nature humaine de se développer en surface qu'en profondeur. Pourquoi une activité plus étendue, mais plus dispersée, serait-elle supérieure à une activité plus concentrée, mais circonscrite? Pourquoi y aurait-il plus de dignité à être complet et médiocre, qu'à vivre d'une vie plus spéciale, mais plus intense, surtout s'il nous est possible de retrouver ce que nous perdons ainsi, par notre association avec d'autres êtres qui possèdent ce qui nous manque et qui nous complètent. On part de ce principe que l'homme doit réaliser sa nature d'homme, accomplir son οἰκεῖον ἔργον, comme disait Aristote. Mais cette nature ne reste pas constante aux différents moments de l'histoire; elle se modifie avec les sociétés. Chez les peuples inférieurs, l'acte propre de l'homme est de ressembler à ses compagnons, de réaliser en lui tous les traits du type collectif que l'on confond alors, plus encore qu'aujourd'hui, avec le type humain. Mais, dans les sociétés plus avancées, sa nature est en grande partie d'être un organe de la société, et son acte propre, par conséquent, est de jouer son rôle d'organe.

Il y a plus: loin d'être entamée par les progrès de la spécialisation, la personnalité individuelle se développe avec la division du travail.

En effet, être une personne, c'est être une source autonome d'action. L'homme n'acquiert donc cette qualité que dans la mesure où il y a en lui quelque chose qui est à lui, à lui seul et qui l'individualise, où il est plus qu'une simple incarnation du type générique de sa race et de son groupe. On dira que, en tout état de cause, il est doué de libre arbitre et que cela suffit à fonder sa personnalité. Mais, quoi qu'il en soit de cette liberté, objet de tant de discussions, ce n'est pas cet attribut métaphysique, impersonnel, invariable, qui peut servir de base unique à la personnalité concrète, empirique et variable des individus. Celle-ci ne saurait être constituée par le pouvoir tout abstrait de choisir entre deux contraires; mais encore faut-il que cette faculté s'exerce sur des fins et des mobiles qui soient propres à l'agent. En d'autres termes, il faut que les matériaux mêmes de sa conscience aient un caractère personnel. Or, nous avons vu dans le second livre de cet ouvrage que ce résultat se produit progressivement à mesure que la division du travail progresse elle-même. L'effacement du type segmentaire, en même temps qu'il nécessite une plus grande spécialisation, dégage partiellement la conscience individuelle du milieu organique qui la supporte comme du milieu social qui l'enveloppe et, par suite de cette double émancipation, l'individu devient davantage un facteur indépendant de sa propre conduite. La division du travail contribue elle-même à cet affranchissement; car les natures individuelles, en se spécialisant, deviennent plus complexes et, par cela même, sont soustraites en partie à l'action collective et aux influences héréditaires qui ne peuvent guère s'exercer que sur les choses simples et générales.

C'est donc par suite d'une véritable illusion que l'on a pu croire parfois que la personnalité était plus entière tant que la division du travail n'y avait pas pénétré. Sans doute, à voir du dehors la diversité d'occupations qu'embrasse alors l'individu, il peut sembler qu'il se développe d'une manière plus libre et plus complète. Mais, en réalité, cette activité qu'il manifeste n'est pas sienne. C'est la société, c'est la race qui agissent en lui et par lui; il n'est que l'intermédiaire par lequel elles se réalisent. Sa liberté n'est qu'apparente et sa personnalité d'emprunt. Parce que la vie de ces sociétés est, à certains égards, moins régulière, on s'imagine que les talents originaux peuvent plus aisément se faire jour, qu'il est plus facile à chacun de suivre ses goûts propres, qu'une plus large place est laissée à la libre fantaisie. Mais c'est oublier que les sentiments personnels sont alors très rares. Si les mobiles qui gouvernent la conduite ne reviennent pas avec la même périodicité qu'aujourd'hui, ils ne laissent pas d'être collectifs, par conséquent impersonnels, et il en est de même des actions qu'ils inspirent. D'autre part, nous avons montré plus haut comment l'activité devient plus riche et plus intense à mesure qu'elle devient plus spéciale (¹).

Ainsi, les progrès de la personnalité individuelle et ceux de la division du travail dépendent d'une seule et même cause. Il est donc impossible de vouloir les uns sans vouloir les autres. Or, nul ne conteste aujourd'hui le caractère obligatoire de la règle qui nous ordonne d'être, et d'être de plus en plus, une personne.

Une dernière considération va faire voir à quel point la division du travail est liée à toute notre vie morale.

C'est un rêve depuis longtemps caressé par les hommes que d'arriver enfin à réaliser dans les faits l'idéal de la fraternité humaine. Les peuples appellent de leurs vœux un état où la guerre ne serait plus la loi des rapports internationaux, où les relations des sociétés entre elles seraient réglées pacifiquement comme le sont déjà celles des individus entre eux, où tous les hommes collaboreraient à la même œuvre et vivraient de la même vie. Quoique ces aspirations soient en partie neutralisées par celles qui ont pour objet la société particulière dont nous faisons partie, elles ne laissent pas d'être très vives et prennent de plus en plus de force. Or, elles ne peuvent être satisfaites que si tous les hommes forment une même société, soumise aux mêmes lois. Car, de même que les conflits privés ne peuvent être contenus que par l'action régulatrice de la société qui enveloppe les individus, les conflits inter-sociaux ne peuvent être contenus que par l'action régulatrice d'une société qui comprenne en son sein toutes les autres. La seule puissance qui puisse servir de modérateur à l'égoïsme individuel est celle du groupe; la seule qui puisse servir de modérateur à l'égoïsme des groupes est celle d'un autre groupe qui les embrasse.

(¹) Voir plus haut, p. 301 et suiv. et p. 316.

A vrai dire, quand on a posé le problème en ces termes, il faut bien reconnaître que cet idéal n'est pas à la veille de se réaliser intégralement; car il y a trop de diversités intellectuelles et morales entre les différents types sociaux qui coexistent sur la terre pour qu'ils puissent fraterniser au sein d'une même société. Mais ce qui est possible, c'est que les sociétés de même espèce s'agrègent ensemble, et c'est bien dans ce sens que paraît se diriger notre évolution. Déjà nous avons vu qu'au-dessus des peuples européens tend à se former, par un mouvement spontané, une société européenne qui a, dès à présent, quelque sentiment d'elle-même et un commencement d'organisation (¹). Si la formation d'une société humaine unique est à jamais impossible, ce qui toutefois n'est pas démontré (²), du moins la formation de sociétés toujours plus vastes nous rapproche indéfiniment du but. Ces faits ne contredisent d'ailleurs en rien la définition que nous avons donnée de la moralité, car si nous tenons à l'humanité et si nous devons y tenir, c'est qu'elle est une société qui est en train de se réaliser de cette manière et dont nous sommes solidaires (³).

Or, nous savons que des sociétés plus vastes ne peuvent se former sans que la division du travail se développe; car non seulement elles ne pourraient se maintenir en équilibre sans une spécialisation plus grande des fonctions, mais encore l'élévation du nombre des concurrents suffirait à produire mécaniquement ce résultat; et cela, d'autant plus que l'accroissement de volume ne va généralement pas sans un accroissement de densité. On peut donc formuler la proposition suivante : l'idéal de la frater-

---

(¹) Voir p. 311-312.

(²) Rien ne dit que la diversité intellectuelle et morale des sociétés doive se maintenir. L'expansion toujours plus grande des sociétés supérieures, d'où résulte l'absorption ou l'élimination des sociétés moins avancées, tend, en tout cas, à la diminuer.

(³) Aussi les devoirs que nous avons envers elle ne priment-ils pas ceux qui nous lient à notre patrie. Car celle-ci est la seule société, actuellement réalisée, dont nous fassions partie; l'autre n'est guère qu'un *desideratum* dont la réalisation n'est même pas assurée.

nité humaine ne peut se réaliser que dans la mesure où la division du travail progresse. Il faut choisir : ou renoncer à notre
rêve, si nous nous refusons à circonscrire davantage notre
activité, ou bien en poursuivre l'accomplissement, mais à la
condition que nous venons de marquer.

III

Mais si la division du travail produit la solidarité, ce n'est pas
seulement parce qu'elle fait de chaque individu un échangiste,
comme disent les économistes [1]; c'est qu'elle crée entre les
hommes tout un système de droits et de devoirs qui les lient les
uns aux autres d'une manière durable. De même que les similitudes sociales donnent naissance à un droit et à une morale qui
les protègent, la division du travail donne naissance à des règles
qui assurent le concours pacifique et régulier des fonctions
divisées. Si les économistes ont cru qu'elle engendrait une solidarité suffisante, de quelque manière qu'elle se fît, et si, par suite,
ils ont soutenu que les sociétés humaines pouvaient et devaient
se résoudre en des associations purement économiques, c'est
qu'ils ont cru qu'elle n'affectait que des intérêts individuels et
temporaires. Par conséquent, pour estimer les intérêts en conflit
et la manière dont ils doivent s'équilibrer, c'est-à-dire pour déterminer les conditions dans lesquelles l'échange doit se faire, les
individus seuls sont compétents; et comme ces intérêts sont dans
un perpétuel devenir, il n'y a place pour aucune réglementation
permanente. Mais une telle conception est de tous points inadéquate aux faits. La division du travail ne met pas en présence
des individus, mais des fonctions sociales. Or, la société est
intéressée au jeu de ces dernières : suivant qu'elles concourent

[1] Le mot est de M. de Molinari, *La Morale économique*, p. 248.

régulièrement ou non, elle sera saine ou malade. Son existence en dépend donc, et d'autant plus étroitement qu'elles sont plus divisées. C'est pourquoi elle ne peut les laisser dans un état d'indétermination, et d'ailleurs elles se déterminent d'elles-mêmes. Ainsi se forment ces règles dont le nombre s'accroît à mesure que le travail se divise et dont l'absence rend la solidarité organique ou impossible ou imparfaite.

Mais il ne suffit pas qu'il y ait des règles, il faut encore qu'elles soient justes et, pour cela, il est nécessaire que les conditions extérieures de la concurrence soient égales. Si, d'autre part, on se rappelle que la conscience collective se réduit de plus en plus au culte de l'individu, on verra que ce qui caractérise la morale des sociétés organisées, comparée à celle des sociétés segmentaires, c'est qu'elle a quelque chose de plus humain, partant, de plus rationnel. Elle ne suspend pas notre activité à des fins qui ne nous touchent pas directement; elle ne fait pas de nous les serviteurs de puissances idéales et d'une tout autre nature que la nôtre, qui suivent leurs voies propres sans se préoccuper des intérêts des hommes. Elle nous demande seulement d'être tendres pour nos semblables et d'être justes, de bien remplir notre tâche, de travailler à ce que chacun soit appelé à la fonction qu'il peut le mieux remplir, et reçoive le juste prix de ses efforts. Les règles qui la constituent n'ont pas une force contraignante qui étouffe le libre examen; mais, parce qu'elles sont davantage faites pour nous et, dans un certain sens, par nous, nous sommes plus libres vis-à-vis d'elles. Nous voulons les comprendre, et nous craignons moins de les changer. Il faut se garder d'ailleurs de trouver insuffisant un tel idéal sous prétexte qu'il est trop terrestre et trop à notre portée. Un idéal n'est pas plus élevé parce qu'il est plus transcendant, mais parce qu'il nous ménage de plus vastes perspectives. Ce qui importe, ce n'est pas qu'il plane bien haut au-dessus de nous, au point de nous devenir étranger, mais c'est qu'il ouvre à notre activité une assez longue carrière, et il s'en faut que celui-ci soit à la veille d'être réalisé. Nous ne

sentons que trop combien c'est une œuvre laborieuse que
d'édifier cette société où chaque individu aura la place qu'il
mérite, sera récompensé comme il le mérite, où tout le monde,
par suite, concourra spontanément au bien de tous et de chacun.
De même, une morale n'est pas au-dessus d'une autre parce
qu'elle commande d'une manière plus sèche et plus autoritaire,
parce qu'elle est plus soustraite à la réflexion. Sans doute, il
faut qu'elle nous attache à autre chose que nous-même; mais il
n'est pas nécessaire qu'elle nous enchaîne jusqu'à nous immo-
biliser.

On a dit avec raison (¹) que la morale — et par là il faut
entendre, non seulement les doctrines, mais les mœurs — tra-
versait une crise redoutable. Ce qui précède peut nous aider à
comprendre la nature et les causes de cet état maladif. Des
changements profonds se sont produits, et en très peu de temps,
dans la structure de nos sociétés; elles se sont affranchies du
type segmentaire avec une rapidité et dans des proportions dont
on ne trouve pas un autre exemple dans l'histoire. Par suite, la
morale qui correspond à ce type social a régressé, mais sans que
l'autre se développât assez vite pour remplir le terrain que
la première laissait vide dans nos consciences. Notre foi s'est
troublée; la tradition a perdu de son empire; le jugement
individuel s'est émancipé du jugement collectif. Mais, d'un autre
côté, les fonctions qui se sont dissociées au cours de la tourmente
n'ont pas eu le temps de s'ajuster les unes aux autres, la vie
nouvelle qui s'est dégagée comme tout d'un coup n'a pas pu
s'organiser complètement, et surtout ne s'est pas organisée de
façon à satisfaire le besoin de justice qui s'est éveillé plus ardent
dans nos cœurs. S'il en est ainsi, le remède au mal n'est pas de
chercher à ressusciter quand même des traditions et des pratiques
qui, ne répondant plus aux conditions présentes de l'état social,
ne pourraient vivre que d'une vie artificielle et apparente. Ce

---

(¹) V. Beaussire, *Les Principes de la morale*, Introduction.

qu'il faut, c'est faire cesser cette anomie, c'est trouver les moyens de faire concourir harmoniquement ces organes qui se heurtent encore en des mouvements discordants, c'est introduire dans leurs rapports plus de justice en atténuant de plus en plus ces inégalités extérieures qui sont la source du mal. Notre malaise n'est donc pas, comme on semble parfois le croire, d'ordre intellectuel; il tient à des causes plus profondes. Nous ne souffrons pas parce que nous ne savons plus sur quelle notion théorique appuyer la morale que nous pratiquions jusqu'ici; mais parce que, dans certaines de ses parties, cette morale est irrémédiablement ébranlée et que celle qui nous est nécessaire est seulement en train de se former. Notre anxiété ne vient pas de ce que la critique des savants a ruiné l'explication traditionnelle qu'on nous donnait de nos devoirs et, par conséquent, ce n'est pas un nouveau système philosophique qui pourra jamais la dissiper; mais c'est que, certains de ces devoirs n'étant plus fondés dans la réalité des choses, il en est résulté un relâchement qui ne pourra prendre fin qu'à mesure qu'une discipline nouvelle s'établira et se consolidera. En un mot, notre premier devoir actuellement est de nous faire une morale. Une telle œuvre ne saurait s'improviser dans le silence du cabinet; elle ne peut s'élever que d'elle-même, peu à peu, sous la pression des causes internes qui la rendent nécessaire. Mais ce à quoi la réflexion peut et doit servir, c'est à marquer le but qu'il faut atteindre. C'est ce que nous avons essayé de faire.

TABLE DES MATIÈRES

LIVRE I

LA FONCTION DE LA DIVISION DU TRAVAIL

CHAPITRE I (p. 49-72)

MÉTHODE POUR DÉTERMINER CETTE FONCTION

CHAPITRE II (p. 73-117)

SOLIDARITÉ MÉCANIQUE OU PAR SIMILITUDES

CHAPITRE III (p. 118-141)

LA SOLIDARITÉ DUE A LA DIVISION DU TRAVAIL OU ORGANIQUE

CHAPITRE IV (p. 142-157)

AUTRE PREUVE DE CE QUI PRÉCÈDE

CHAPITRE V (p. 158-188)

PRÉPONDÉRANCE PROGRESSIVE DE LA SOLIDARITÉ ORGANIQUE ET SES CONSÉQUENCES

LIVRE II

LES CAUSES ET LES CONDITIONS

CHAPITRE I (p. 255-281)

LES PROGRÈS DE LA DIVISION DU TRAVAIL ET CEUX DU BONHEUR

LIVRE III

LES FORMES ANORMALES

CHAPITRE I (p. 395-418)

LA DIVISION DU TRAVAIL ANOMIQUE

CHAPITRE II (p. 419-434)

LA DIVISION DU TRAVAIL CONTRAINTE

Bordeaux. — Impr. G. GOUNOUILHOU, rue Guiraude, 11.

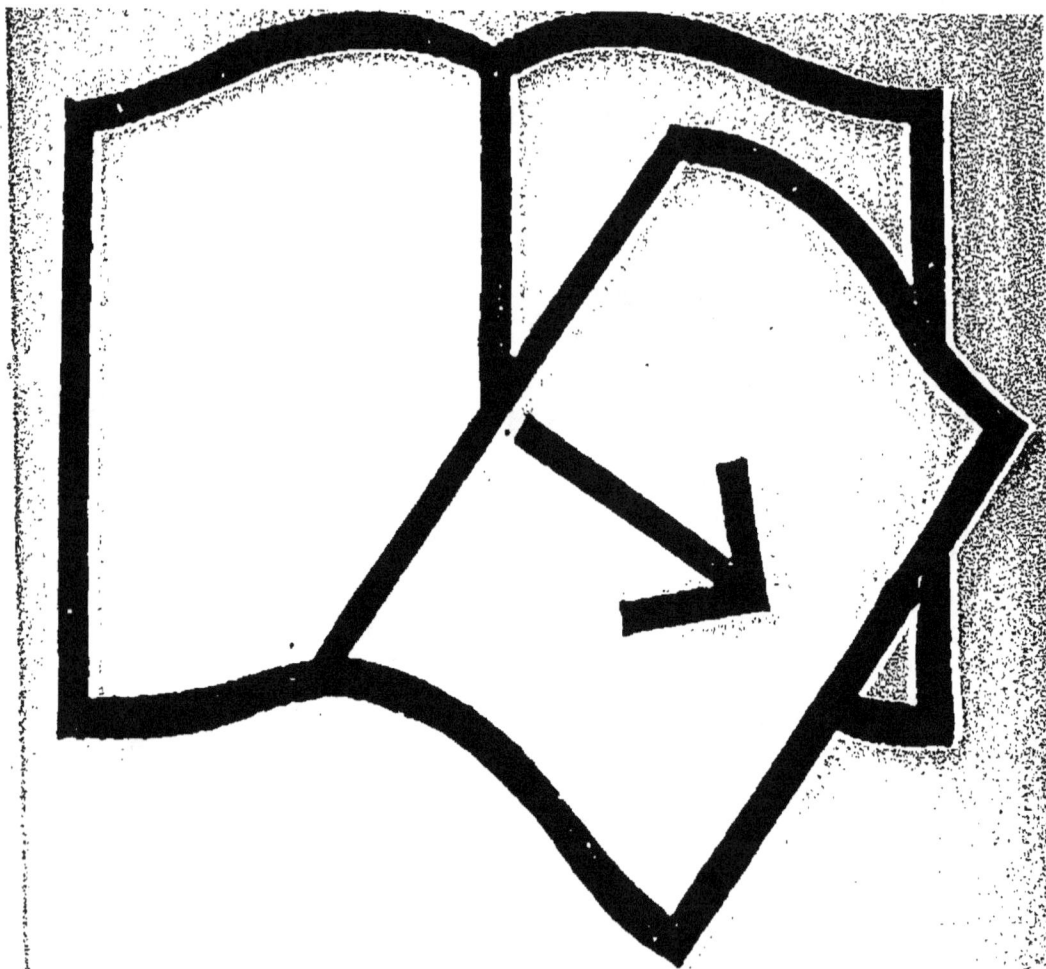

Documents manquants (pages, cahiers...)
NF Z 43-120-13

www.ingramcontent.com/pod-product-compliance
Lightning Source LLC
Chambersburg PA
CBHW070714280326
41926CB00087B/1950